项目依托：
文化名家暨"四个一批"人才计划项
"新发展理念与民族地区经济社会发展研
四川省研究生教育改革创新项目
"民族高校应用经济学研究生创新人才培养模式改革研究"

现代西方城市经济理论

XIANDAI XIFANG
CHENGSHI JINGJI LILUN

主编

郑长德　钟海燕

中国财经出版传媒集团
经济科学出版社
Economic Science Press

图书在版编目（CIP）数据

现代西方城市经济理论/郑长德，钟海燕主编．--北京：经济科学出版社，2021.11
ISBN 978-7-5218-3162-7

Ⅰ.①现… Ⅱ.①郑…②钟… Ⅲ.①城市经济学-西方国家 Ⅳ.①F290

中国版本图书馆 CIP 数据核字（2021）第 248463 号

责任编辑：王 娟 李艳红
责任校对：杨 海
责任印制：张佳裕

现代西方城市经济理论
主编 郑长德 钟海燕
经济科学出版社出版、发行 新华书店经销
社址：北京市海淀区阜成路甲 28 号 邮编：100142
总编部电话：010-88191217 发行部电话：010-88191522
网址：www.esp.com.cn
电子邮箱：esp@esp.com.cn
天猫网店：经济科学出版社旗舰店
网址：http://jjkxcbs.tmall.com
北京季蜂印刷有限公司印装
710×1000 16 开 27 印张 440000 字
2022 年 10 月第 1 版 2022 年 10 月第 1 次印刷
ISBN 978-7-5218-3162-7 定价：98.00 元
（图书出现印装问题，本社负责调换。电话：010-88191510）
（版权所有 侵权必究 打击盗版 举报热线：010-88191661）
QQ：2242791300 营销中心电话：010-88191537
电子邮箱：dbts@esp.com.cn

目　　录

第一篇　导　　论

第1章　城市经济学的产生与发展 ······ 3

1.1　西方城市经济学的产生和发展 ······ 3
1.2　西方城市经济学的研究对象和内容 ······ 7
1.3　西方城市经济学的流派 ······ 9
1.4　经济全球化与西方城市经济学的发展 ······ 11
1.5　西方城市经济理论体系框架 ······ 13

第二篇　城市微观经济理论

第2章　城市的起源和成长 ······ 17

2.1　城市的起源 ······ 17
2.2　城市的成长 ······ 26
2.3　西方城市成长管理政策及工具 ······ 30

第3章　城市区位论 ······ 35

3.1　城市居住区位理论 ······ 35
3.2　城市企业区位理论 ······ 41
3.3　居住区位与企业区位的结合 ······ 46

第4章 城市规模经济理论 ········· 49

4.1 城市最佳规模理论 ········· 49
4.2 城市规模分布理论 ········· 62

第5章 城市空间结构理论 ········· 72

5.1 西方研究城市空间结构的学派 ········· 72
5.2 城市空间结构的传统模式 ········· 75
5.3 城市空间结构的现代模式 ········· 80
5.4 中心商务区 ········· 85
5.5 城市内部市场空间结构理论 ········· 93
5.6 城市社会空间理论 ········· 97
5.7 城市感应空间理论 ········· 103

第6章 城市住房市场理论 ········· 108

6.1 住房市场概述 ········· 108
6.2 住房需求理论 ········· 110
6.3 城市住房的供给理论 ········· 121

第7章 城市劳动力市场 ········· 124

7.1 城市劳动力需求理论 ········· 125
7.2 城市劳动力供给理论 ········· 128
7.3 城市劳动市场 ········· 131
7.4 通勤成本与就业区位选择 ········· 134
7.5 城市失业理论 ········· 137

第三篇 城市宏观经济理论

第8章 城市经济增长理论 ········· 143

8.1 引言 ········· 143

- 8.2 新古典城市经济增长理论 ·········· 145
- 8.3 理查森的区域经济增长模型 ·········· 147
- 8.4 城市经济增长的贸易基础模型 ·········· 148
- 8.5 非均衡增长论 ·········· 150
- 8.6 出口导向经济增长模型 ·········· 153
- 8.7 规模报酬递增与城市经济的内生增长 ·········· 156

第 9 章 | 城市化理论 165

- 9.1 城市化概述 ·········· 165
- 9.2 西方城市化研究的三个理论视角 ·········· 171
- 9.3 城市化理论的新发展：新兴古典城市化理论 ·········· 181
- 9.4 郊区化理论 ·········· 183
- 9.5 城市精明增长 ·········· 186
- 9.6 新城市主义 ·········· 188
- 9.7 城市化与经济发展 ·········· 190

第 10 章 | 城市体系理论 195

- 10.1 空间相互作用理论 ·········· 195
- 10.2 克里斯泰勒的中心地理论 ·········· 204
- 10.3 廖什景观 ·········· 213
- 10.4 城市体系的一般均衡模型 ·········· 218

第 11 章 | 城市群理论 221

- 11.1 城市群基本概念辨析 ·········· 221
- 11.2 城市群的成长 ·········· 228
- 11.3 戈特曼的大都市带理论 ·········· 230
- 11.4 城市圈域经济理论 ·········· 233
- 11.5 城市等级组合理论 ·········· 235
- 11.6 世界城市理论 ·········· 237

第 12 章 城市产业发展理论 ... 245

12.1 城市产业 ... 245
12.2 总部经济 ... 253
12.3 会展经济 ... 261

第 13 章 城市集聚经济理论 ... 267

13.1 韦伯的集聚理论 ... 267
13.2 新经济地理学理论 ... 270
13.3 社会经济网络理论 ... 274
13.4 新产业区理论 ... 275

第 14 章 城市竞争力 ... 281

14.1 城市竞争力的概念和理论基础 ... 281
14.2 西方城市竞争力理论的主要内容 ... 284
14.3 城市竞争力理论模型 ... 289

第 15 章 城市与区域发展 ... 301

15.1 增长极理论 ... 301
15.2 中心—外围模型 ... 304
15.3 城乡一体化理论 ... 310
15.4 新区域主义 ... 316

第 16 章 城市公共经济理论 ... 321

16.1 公共产品论 ... 321
16.2 最优税制理论 ... 323
16.3 城市公共开支决策理论 ... 326
16.4 城市公共产品的融资理论 ... 331

第 17 章 城市环境经济理论 ... 343

17.1 城市与环境 ... 343

- 17.2 城市病 ······ 345
- 17.3 城市生态思想 ······ 350
- 17.4 城市可持续发展理论 ······ 357
- 17.5 健康城市 ······ 365

第18章 智慧城市 ······ 373

- 18.1 智慧城市的概念和内涵 ······ 373
- 18.2 智慧城市的核心特征 ······ 376
- 18.3 智慧城市的作用及价值 ······ 378
- 18.4 智慧城市的分类 ······ 383
- 18.5 智慧城市的空间系统分析 ······ 390

参考文献 ······ 397
后记 ······ 422

第一篇
导　论

第1章

城市经济学的产生与发展

1.1 西方城市经济学的产生和发展

在西方，对城市问题的研究源远流长。例如，柏拉图（Platon）就曾经研究过城市的理想规模，亚当·斯密（Adam Smith，1776）对城市及其功能进行过详细的论述。约翰·冯·杜能（Johann Von Thunen，1826）提出了城市经济学家后来经常引用的理论概念。然而，城市经济学是一门新兴的经济学分支学科，它的发展历程至今只有短短的几十年。

西方城市经济学的起源可追溯至20世纪初期的新古典主义经济学，它吸收了凯恩斯经济学和马克思主义政治经济学的多方面知识，也从人口统计学、社会学、地理学、房地产发展与投资、城市规划和环境研究中获取实证数据和理论支撑。关于城市经济学产生的具体时间，学术界看法不一。有人认为，1965年美国学者威尔帕·汤普森（Wilbur Thompson）编写的城市经济专著《城市经济学导论》的问世，标志着城市经济学的诞生[1]。有人认为，西方城市经济学的产生可以从1956年纽约大都市区研究项目算起，这个研究的最终成果于1959年出版，即胡佛（Edgar M Hoover）和弗农（Raymond Vernon）两位经济学家合著的《都市解析》（*Anatomy of a Metropolis*）[2]。美国著名城市经

---

[1] 王明浩，高微. 城市经济学理论与发展[J]. 城市，2003（1）：15.
[2] 李青. 管视西方城市经济学和城市地理学研究的流变[J]. 城市问题，2001（4）：8.

济学家埃德温·S. 米尔斯在其主编的《区域和城市经济学手册》（城市经济学卷）中认为，以1964年阿朗索（Alonso）的专著《区位与土地利用》（*Location and Land Use*）为起点，城市经济学才成为了一门具备统一的理论基础的学科[①]。阿朗索在这部著作中对城市经济活动的经济主体即家庭和企业的空间经济活动和区位选择进行了研究，从理论上阐述了土地市场和土地价格的形成，从而形成了城市经济分析的理论体系。尽管这些看法存在差异，但总体上，可以认为，西方城市经济学的正式形成大约是在20世纪50~60年代。

西方城市经济学的产生不是偶然的，一方面因为有了历史上的理论准备而使之成为可能，更重要的在于城市发展的实践需要直接推动了城市经济学的形成与发展。

城市是工业革命的摇篮，而工业革命反过来促进了城市化的发展。自从18世纪后期产业革命在英国兴起，之后是法国、德国、美国等国家相继完成了产业革命。伴随产业革命的是人口迅速从乡村向城市集中，工业化和城市化同步前进。城市化的过程，使得生产力得到迅速发展，居民有可能享受一切现代化生活设施；但由于种种原因，城市化的推进也产生了很多问题，尤其是给城市带来的交通拥挤、住房紧张、污染严重、失业率和犯罪率上升以及公用事业超负荷等"城市病"问题。这些问题特别是在第二次世界大战以后，表现尤为显著。

第二次世界大战以后，西方国家科学技术突飞猛进，生产力有了很大的发展，推动城市化以比过去更大的规模和更快的速度向前发展，城市化水平有了大幅度提高，大城市的数量和人口迅猛增长。城市化的迅猛发展，是社会进步、繁荣和文明的标志，同时也带来了"城市病"。现实需要建立一系列以城市为对象的学科，寻找城市问题产生的原因和解决的办法，西方城市经济学正是在这种背景下产生的。

另一方面，早在城市经济学作为一门学科产生之前，西方就已经出现了相当数量的有关城市经济问题的深刻论述，这些论述给城市经济学的产生提供了理论准备。

1826年，德国经济学家约翰·冯·杜能在其著作《孤立国同农业和国民

---

① 埃德温·S. 米尔斯. 区域和城市经济学手册：第2卷 [M]. 北京：经济科学出版社，2003：1.

经济的关系》中创立了农业区位论；1909 年，德国经济学家韦伯发表了《工业区位论：论工业区位》，系统地提出了工业区位论；1933 年，德国经济学家克里斯泰勒发表了《南德的中心地》，提出了中心地理论；1939 年，德国经济学家廖什出版了《经济空间秩序——经济财货与地理间的关系》。从 19 世纪 20 年代杜能的农业区位论开始，到 20 世纪 30 年代，研究资源或经济活动空间配置的区位经济理论得以形成和发展，为后来城市经济学的产生奠定了重要的理论基础，区位经济理论的某些理论概念，也成为了今天城市经济学的基本概念。

除了区位经济理论外，研究城市功能分区及其演化的城市空间结构理论，如 1925 年美国社会学家伯吉斯提出的同心圆学说；1924 年美国土地经济学家赫德提出的扇形理论；1933 年美国的麦肯齐提出的多核心理论；研究城市土地利用的城市土地经济理论，如 1924 年美国经济学家伊利和莫尔毫斯出版的《土地经济学原理》，拉特克里夫于 1945 年出版的《城市土地经济学》等，都对城市经济学的形成产生了重大影响。

此外，第二次世界大战后到 1964 年间，对城市经济学作为独立的经济学分支学科的产生作出过重要贡献的学者还有：1951 年，克拉克发表了战后第一篇关于城市问题的经验研究，涉及对世界众多城市人口密度函数的估计；一位重要的理论研究先驱是温格（Wingo，1961），他的《运输与城市土地》是"未来资源"机构有关城市经济学研究计划的一个组成部分；尼德考恩（Niedercorn，1963）的"大都市就业和人口增长的计量经济学模型"，把理论研究和计量分析相结合，对后来的城市经济学的产生也具有重要影响[1]。

1964 年后，城市经济学进入了飞速发展时期。出现了大量的研究专著、论文和教科书，西方许多大学都设立了城市经济学专业。这一时期，除了对城市经济学基础理论进行深入研究外，研究者还从经济学的角度对各种城市问题进行探讨，把城市经济学的研究推向更高的阶段。

根据埃德温·S. 米尔斯在其主编的《区域和城市经济学手册》（第 2 卷）的综述，我们发现，作为一门应用经济学科，城市经济学在具备了统一的理论分析体系后，除了继续对城市经济基础理论进行探讨外，还把它的研究重点放

---

[1] 埃德温·S. 米尔斯. 区域和城市经济学手册：第 2 卷 [M]. 北京：经济科学出版社，2003：2.

在城市经济问题的研究上，理论的探讨往往与实际问题紧密地结合在一起。此外，微观的理论分析工具和数学分析方法成为进行研究工作的利器。概括起来，目前，西方城市经济学的研究有如下一些特征[①]。

第一，运用微观分析工具。城市经济学的历史虽然只有短短几十年时间，但是它的研究大量地借鉴和吸收了区位经济理论、城市空间结构理论和城市土地经济理论并加以发展。这些理论，尤其是区位经济理论的一个重要特点就是重视微观分析。城市经济学把微观分析方法发挥到了一个新的高度，从住宅区位到企业区位，以及空间的一般均衡问题等，都要求把微观经济学的工具应用于空间分析框架之内。同时，第二次世界大战后，微观经济学理论也得到了飞速的发展，如一般均衡理论、信息经济学、博弈论等，城市经济学从微观经济学那里借鉴了大量的分析工具用于分析城市问题。

第二，重视数学工具和建模。第二次世界大战后，特别是20世纪60年代，计量经济学得到了迅速发展。计量经济学作为经济学科科学化的途径，深刻地改变了几乎每一个经济学分支学科。始于20世纪60年代的城市经济学一开始就深受这种趋势的影响，再加上城市经济学应用学科的特点，使得进行定量分析并构建数学模型成为城市经济学研究的一个趋势，并产生了大量的有关城市经济的经验计量研究成果。计算机技术和数据库技术的发展推动了这一趋势，它们使得应用复杂但更为精确的模型成为可能。

第三，理论与实际相结合。城市经济学是一门应用经济学科，其产生就是问题导向的，也就是说，城市经济学对城市的研究一开始就是研究和解决城市问题的，如城市空间布局、城市交通和城市规划、城市环境等问题。随着1964年后城市经济学基础理论研究的飞速发展，今天的城市经济学很好地把理论和实际相结合，理论研究的进展使得对城市问题研究的深度和广度都大大超过了过去。同时，对城市问题的研究，如城市住宅市场、城市交通、城市贫困、城市公共设施和城市移民等问题的研究，也大大促进了城市经济学基础理论的发展。近年来，西方城市经济学研究的几个主要领域，如区位分析与城市内部空间结构演化，城市化与城市体系的一般均衡模型设计，特定城市市场与城市经济模型的建立，城市经济问题、城市政府行为和城市经济政策分析等，

---

① 埃德温·S. 米尔斯. 区域和城市经济学手册：第2卷 [M]. 北京：经济科学出版社，2003：1.

每一个都需要理论和实际的结合。

1.2 西方城市经济学的研究对象和内容

20世纪70年代以来，西方国家出版了大量有关城市经济学的著作，综观这些著作，关于城市经济学是什么，存在不同的定义。这里择其要者介绍。

1.2.1 城市经济学的研究对象

美国学者休·诺斯（Hush Nourse，1970）在《区域经济学和城市经济学是否有区别》一书中，为了把区域经济学和城市经济学区别开来，给城市经济学下的定义是：城市经济学集中研究城市内部的经济、政治和社会活动的空间分析，而把城市作为国民经济体系中一个点来研究，则应属于区域经济学的范围。

可以看出，休·诺斯的定义，一方面认为城市经济学不仅研究城市地区内部的经济活动，而且研究政治和社会活动。尽管城市的经济活动和政治、社会活动密切相关，但把它们都作为城市经济学的研究对象，似乎显得范畴过宽。另一方面，他认为城市经济学只研究城市内部的经济活动的空间分析，而把城市作为国民经济体系中的一个点来研究，归属于区域经济学的范围，这又显得过于狭窄。实际上，这种认识与城市经济活动的实际不符，也和城市经济学后来的发展不符。

美国另一位学者麦基恩（N Mckean，1973）在《一个门外汉看城市经济学》一书中提出：城市经济学就是把经济分析用于发展那种与城市问题有关的知识。麦基恩的这一定义被后来的许多学者接受并得到进一步发展。

英国的K. J. 巴顿（1975）在《城市经济学——理论与政策》中，指出：在这门学科发展的现阶段，最现实的做法是把任何系统地运用经济学原理去解决城市问题，都当作城市经济学。……虽然，这是一个在理论上还不太令人满意的定义，但它却是我们目前所能找到的定义中最好的一个了。

巴顿的这个定义，可以说是西方城市经济学者中一种比较成熟并带有普遍性的观点，例如，日本学者山田浩之（1977）在《城市经济学》中就提出：

城市经济学就是抱着解决城市问题的愿望，从经济学的角度对城市的空间结构进行分析，探讨理想的公共政策的方案。

又如，美国学者赫希（1984）的《城市经济学》对城市经济学下的定义是：城市经济学就是运用经济学原理和分析方法去研究城市问题以及城市地区所特有的经济活动。

因此，通常西方城市经济学都把城市问题作为研究的对象，以对城市问题进行经济学求解作为研究的任务和目的。至于什么是城市问题？从近期的西方城市经济学论著中可以看出，城市问题大体上包括微观的城市问题和宏观的城市问题两类，相应的，城市经济学就分为微观城市经济学和宏观城市经济学，微观城市经济学考察单个经济单位如企业、家庭、消费者的经济行为，以及个别企业、个别市场或个别领域的经济活动，如企业和家庭的选址、住房市场、土地市场、劳动力市场、交通、生态环境等。宏观城市经济学把整个城市经济活动作为考察对象，研究经济中各个有关的总量及其变化，如城市经济增长、城市化、城市规模、城市与区域间的关系，等等。

1.2.2 城市经济学的主要内容

巴顿的《城市经济学》、山田浩之的《城市经济学》和赫希的《城市经济学》，它们在内容结构上，可以归纳为三个部分：城市经济学基本理论、微观城市问题和城市政府。

关于城市经济学的基本理论，上述的三本书在内容上虽然有些差异，但总体上可概括为以下几点。

（1）关于城市本质的理论：如城市的集聚本质。

（2）关于城市发展和城市化的理论：如城市发展和城市化的原因、机制和形态。

（3）关于城市规模的理论：如城市最佳规模和城市规模分布。

（4）关于城市的外部性的理论。

（5）关于聚集经济效益的理论：如聚集经济效益产生的原因和类型。

（6）关于城市土地利用与空间结构的理论：如地租理论和选址理论。

（7）关于城市经济增长的理论：如经济增长模型、影响因素和稳定性条件。

其中，关于城市土地利用与空间结构的理论，得到了高度强调。如巴顿指出："发展空间经济理论，为现代城市经济学的研究奠定基础"；山田浩之认为，这一理论"接近城市基础理论的核心"；赫希则强调，"经济活动的空间特征是城市经济学的存在理由。"

关于微观城市问题，西方的主流城市经济学关注的重心是微观城市问题，一般的研究思路是首先对城市问题进行经济学分析，然后提出解决这些问题的经济方法。涉及的主要微观城市问题有以下几点。

（1）城市住房：如城市住房市场的经济学分析、住房政策等。

（2）城市环境：如城市环境问题产生的原因及成本－收益分析、治理城市环境问题的经济政策。

（3）城市交通：如城市交通拥挤产生的经济原因及成本－收益分析、减少拥挤的经济政策。

（4）城市劳动力市场。

（5）城市贫困：如城市贫困的形态、定义、贫困线的确定、贫困的恶性循环、治理城市贫困的公共政策。

（6）城市文化艺术问题：如城市文化艺术的投资和税收同城市经济整体发展的关系。

（7）城市犯罪问题：如城市犯罪产生的原因及与城市经济萎缩的关系；犯罪的社会成本对经济发展的制约等。

（8）歧视与隔离：如歧视与隔离的消极影响以及与城市贫困的关系。

关于城市政府，主要从城市公共经济学的角度，研究城市公共产品的需求与供给、税收制度、政府公共开支、预算及相应的财政政策；城市政府干预城市经济发展的必要性、干预的方式、城市管理等。

1.3 西方城市经济学的流派

城市经济学虽然起步很晚，但各国城市经济学家颇有见解和价值的观点对于今后城市经济学的发展起到了很好的推动和引导作用。城市经济学作为理论经济学的延伸和体现，大致有三个与理论经济学相一致的流派，即主流经济学、保守主义经济学和马克思主义经济学[①][②]。

1.3.1 主流城市经济学

主流城市经济学主要研究城市经济的运行规律，侧重于对不同政策行动进行成本与收益分析，该学派研究的主要目标是使社会成员效用最大化，他们认为效用取决于个人消费的物品及个人如何度过其时间（城市成员的工作时间具有稀缺性）。主流经济学认为，由于资源用途的多样化而应由市场来完成资源配置，但同时也需要政府干预。由于垄断、外部性和公共物品等因素的存在，需要采取公共行动来改善资源配置，并认为市场经济会引起收入分配不均，应采取公共政策减少这种不均。虽然政府在对收入进行再分配的过程中会有一些效率损失，但是社会容许一定的损失来达到收入公平。他们相信政府有能力采取货币、财政政策在短期内稳定经济并促进经济长期增长。

1.3.2 保守主义城市经济学

保守主义城市经济学对个人的尊重是与自由放任的市场经济相关联的，他们不相信政府政策能够提高个人自由，认为政府的作用应限制在一定范围内——提供纯公共产品。保守主义经济学的代表人物包括哈耶克（Friedman A Hayek）、弗里德曼（Milton Friedman）、科斯（Ronald Coase）、斯蒂格勒（George Stigler）等。保守主义经济学近年来具有较大影响，在城市经济方面主要关心城市土地利用、城市改造等社会经济问题。

哈耶克主要关心的问题是以规划实现竞争的渐进式替代过程以及集权式计划的方法。他对西方国家中尤其是英国社会主义的发展怀有忧虑。他认为，即使是对通过民主方式进行选择的社会目标的追逐，都不可避免地限制个人自由。

弗里德曼 1962 年出版的《资本主义与自由》清楚地表达了保守主义经济学的理念。其论点之一是政府范围须受其功能的制约，政府结构应是分权的而非集权的。在城市研究方面，弗里德曼所热衷的两个问题分别是公共住宅和城

[①] John F McDonald. Fundamentals of Urban Ecnomics [M]. Upper Saddle River: Prentice Hall, 1997: 1-545.

[②] 李青. 管视西方城市经济学和城市地理学研究的流变 [J]. 城市问题, 2001 (4): 8.

市改造。弗里德曼认为，如同对污染者征税一样，应采取对贫民征收负所得税的政策，并通过累进收入税使穷人获得更多收入，政府建造公共住宅是父爱主义的表现。

1.3.3 马克思主义城市经济学

半个世纪以来马克思主义经济学说在西方取得了很多成果，也出现了一些著名学者，无论是作为社会思潮还是经济理论，都产生了很大影响。例如，在战后比较长的时间内，马克思主义经济学派在美国受到压制，马克思主义经济学根据美国的情况被修改并适应着美国的国情，但其阶级斗争的主题依然保留了下来。在20世纪五六十年代，该学派最著名的代表人物是巴朗（Paul Baran）和斯维茨（Sweezy），他们合著的《垄断资本主义》一书于1966年出版。

由于在美国及其他资本主义国家中的产业工人未能建立国家革命政治学说，同时由于高度城市化，使城市成为各种经济和社会活动的中心。因此马克思主义者将视线转到城市政治经济问题研究中。他们认为城市是发生阶级矛盾的地方，资本主义必然导致阶级矛盾并最终引发社会主义革命。

20世纪70年代初，马克思主义者开始研究城市的阶级矛盾和政府的作用，他们认为激化地区矛盾的城市问题具有其国内乃至国际经济的根源。其间，他们关心多种社会经济问题，例如，为何产业投资向美国阳光地带及欠发达国家转移？为何美国经济从工业转向服务业？这些力量如何影响着美国城市的经济矛盾以及这些矛盾的结果等。马克思主义者试图弄清资本主义经济中社会问题的深层结构性矛盾。例如，希尔（Richard Child Hill）的城市危机和艾德（Mattew Edel）的土地利用研究理论。

1.4 经济全球化与西方城市经济学的发展

西方的城市经济研究以解决城市问题作为出发点和己任，在不断进行理论探索的基础上更加注重城市实际问题的解决。近年来，随着经济全球化和世界经济一体化的加速，生产要素流动的速度和规模达到空前的程度，一国的经济发展不仅取决于该国的资源禀赋，还取决于如何更好地利用外部资源。因此，原本研究一国内部城市问题的城市经济学，其内容也逐渐发生了变化：如要素资源的空间布局与区位选择研究从传统的本国空间，扩展到全球（特别是对跨国企业而言）范围内的比较竞争；资源配置研究从如何发挥一国静态比较优势转向如何利用国际资源的城市竞争力研究；城市密集区域经济的协调发展研究从单纯的城市圈经济协调转向城市圈域之间的竞争、合作和国际的竞争与协调。

在经济全球化的背景下，当代的城市发展问题变得越来越复杂，城市化和城市增长确实改变了经济活动的地域范围。全球化的经济、社会和政治力正在塑造或重塑全球的城市建成环境，但是城市化和城市发展及人口聚集度的地域差异仍广泛存在。现在，环境问题的解决和可持续发展的实现已不只是单个城市发展的问题，而必须从全球的角度去研究和着手。

保罗·贝尔琴（Paul N Balchin）、大卫·艾萨克（David Isaac）和陈简（Jean Chen）出版的《城市经济学——全球化的视角》（*Urban Economics—A Global Perspective*），就是把城市经济学放到全球的背景下进行研究，从全球化的角度研究具体的城市经济问题。

20世纪下半叶，经济的发展日益呈现全球化的趋势，区域性的中心城市、国际性的中心城市在经济全球化的过程中起着越来越重要的作用。人们发现，国与国的竞争已变成为主要城市之间的竞争，城市与其区域之间的传统垂直联系日益让位于城市与城市之间的"网络"式联系。不但对宏观城市经济学的研究已不能再囿于城市—区域或国家的关系，而且对涉及城市土地、房地产、空间发展等一般认为属于微观城市经济学范畴问题的研究也不能再仅从城市"内部"的角度去研究了。一些新的城市经济理论，如全球城市理论、新区域主义理论等不断涌现并逐渐纳入城市经济学的研究范畴。

全球化时代的城市经济学研究不但跨越了宏观城市经济学和微观城市经济学两大领域，而且将研究和考察的尺度放到了全球的范围，体现了对城市经济研究的新尝试，开拓了空间经济问题研究的视角。把城市经济学放在经济全球化的背景下进行研究，无疑扩大了城市经济研究的视野和范围，同时也加大了研究的难度和深度。

1.5 西方城市经济理论体系框架

当前，我国正处于城市化的高速发展时期，城市经济学的研究方兴未艾，也有很多文章和书籍介绍西方城市经济学理论，但相对分散和不完整。本书试图较为全面完整地介绍西方城市经济理论，意在为我国研究城市经济理论的学者提供借鉴。

我们认为，西方城市经济理论主要包括城市宏观经济理论和城市微观经济理论两大部分，并以此建立起本书的分析框架。本书前半部分主要是城市微观经济理论，后半部分主要是城市宏观经济理论。实际上，城市微观经济理论和城市宏观经济理论是密切联系的。有的理论既可看成微观的，也可从宏观的角度去认识。

本书的具体安排分为以下几个部分。

（1）城市的起源和成长：包括西方城市学家对城市的起源、城市的成长的理论研究。

（2）城市区位论：包括微观领域的城市住宅区位论、城市企业区位论，以及如何利用现代计算机模拟模型进行城市区位研究等。

（3）城市规模经济理论：包括西方城市经济学家为实现城市最优规模而提出的一系列理论，还有城市首位律、金字塔、位序—规模法则等城市规模分布理论。

（4）城市空间结构理论：包括城市空间结构的模式、中心商务区、城市内部市场空间结构理论、城市社会空间理论、城市感应空间理论、新城市主义等。

（5）城市住房市场理论：主要研究住房的供给、住房的需求以及如何实现供求均衡。

（6）城市劳动力市场：主要研究城市劳动力供给、城市劳动力需求以及如何实现供求均衡。

（7）城市经济增长理论：包括新古典城市经济增长理论、空间索罗模型、贸易基础理论、非均衡增长理论、规模报酬递增与城市经济的内生增长理论等。

（8）城市化理论：包括城市化的概念、城市化的阶段、城市化理论、郊区化理论、城市化与经济发展等。

（9）城市体系理论：包括城市之间的空间相互作用理论、克里斯泰勒的中心地理论、廖什景观以及城市体系的一般均衡模型等。

（10）城市群理论：包括城市群的基本概念、城市群的成长、城市等级组合理论、戈特曼的大都市带理论以及在全球化背景下出现的全球城市模型等。

（11）城市产业发展理论：包括城市产业分类、城市产业结构、会展经济、总部经济等。

（12）城市集聚经济理论：包括韦伯的集聚理论、新经济地理学理论、社会经济网络理论、新产业区理论等。

（13）城市竞争力理论：主要包括西方城市竞争力理论及相关模型，如波特、彼得、丹尼斯等人的理论。

（14）城市与区域发展：包括核心—外围模型、增长极理论、城乡一体化理论、新区域主义等。

（15）城市公共经济理论：包括城市公共产品论、城市的财政收入、城市公共支出理论、城市公共物品的融资理论等。

（16）城市环境经济理论：主要包括应对"城市病"而提出的城市生态学、城市可持续发展等相关理论。

（17）智慧城市：包括智慧城市的概念、内涵、特征、分类和空间系统分析等。

第二篇
城市微观经济理论

第 2 章

城市的起源和成长

城市经济的发生地在城市,本章主要介绍城市的起源、城市的成长以及西方城市成长管理的政策及工具。

2.1 城市的起源

西方学者从不同的角度研究了城市的定义、城市起源的标志、城市形成的标准和条件、城市的本质等理论问题。本节从城市的定义开始,介绍西方学者对城市的起源和成长等相关问题的讨论。

2.1.1 城市的定义

何谓城市?不同的学者从不同的角度有不同的定义。

沃思(Wirth)曾给早期城市下过一个定义:"不同社会成员所组成的一种相对较大,密集的永久性居址。"[1]

特里格(Trigger)写道:"城市常被定义为一种实施与大小村落联系的种种机能的人口聚居中心。"[2]

有的学者认为,对于城市的界定应该把握住城市的本质性特点,具体说来

---

[1] Louis Wirth. Urbanism as a Way of Life [J]. American Journal of Sociology, 1938, 44 (1): 1-24.
[2] Trigger B J. Determinants of Urban Growth in Pre-industrial Societies, in Man, Settlement, and Urbanism [M]. Cambridge: Schenkman, 1972.

有三个方面：一是集中。马克思指出："城市本身表明了人口、生产工具、资本、享乐和需求的集中；而在乡村里所看到的却是完全相反的情况：孤立和分散。"① 二是中心。列宁认为："城市是经济、政治和人民精神生活的中心，是前进的主要动力。"②。三是有别于乡村聚落的高级聚落。聚落属于地理空间概念，对于聚落，有各种各样的分类，其中一个被广泛采用的分类是把聚落划分为农村型聚落和城市型聚落两大类③。

根据以上对城市的本质性特征的认识，可将城市定义为：城市是一定区域范围内政治、经济、文化、宗教、人口等的集中之地和中心所在，是伴随着人类文明的形成发展而形成发展的一种有别于乡村的高级聚落④。

惠特利（Wheatley）指出，城市化（urbanism）是一个最变化多端的术语，它常常是指某一特定时间里代表人口移动中心轨迹的较大和较集中的居址所拥有的特征，并体现了以"城市"为特点的生活方式。他还指出，在城市起源后的 5000 年中，它们显示了极其多样的形式并且相互之间差异极大。实际上没有理由可以将古今所有城市归入逻辑和定义上统一的范畴。对社会工作者来说，要定义城市的性质和基本特征是不会有结果的⑤。

可见，在现有相关研究文献中，很难找到一个能为多数人认可的定义。因为城市本身是一个包含人类各种活动的复杂系统，它既是社会学、经济学、文化学和历史学等学科的研究对象，也是地理学、建筑学、考古学和规划学等学科的研究对象。综观现代人们对城市的定义，不外乎有五种类型：一是从城市起源角度对城市定义，这种定义是建立在城市起源的几种假说基础上对城市进行定义的（详见后面的阐述）。二是从聚集角度对城市定义，认为城市是一个地区各种要素的聚集中心，并通过要素聚集形成对该地区产生强大辐射作用的"发展极"，再通过"发展极"向周边地区辐射和扩散以带动周围地区的发展。三是从城市的功能意义上定义，认为城市是集防御功能、交易功能、行政管理

---

① 马克思恩格斯选集：第 3 卷 [M]. 北京：人民出版社，1972：57.
② 列宁全集 [M]. 北京：人民出版社，1972：264.
③ 罗澍伟. 城市、城市理论与城市史 [A]//城市史研究（第 17 - 18 辑）[C]. 天津：天津社会科学院出版社，2000：124.
④ 毛曦. 试论城市的起源和形成 [J]. 天津师范大学学报（社会科学版），2004（5）：38 - 42.
⑤ Wheatley P. The Concept of Urbanism in Man, Settlement & Urbanism [M]. London：Duckworth，1972：601 - 637.

功能、宗教功能和经济功能等于一体的一种活动场所，应该说，这种定义与第二种聚集定义直接相联系，这也正是城市有别于乡村的一个基本特征。四是从文化角度对城市定义，认为："城市是一种心理状态，是各种礼俗和传统构成的整体，是这些礼俗中所包含的，并随传统而流传的那些统一思想和情感所构成的整体"①。五是从系统角度定义，认为："城市是一个坐落在有限空间内的各种经济市场——住房、劳动力、土地、运输等相互交织在一起的网状系统"，"是一个空间地域系统，系统内各组成部分之间通过相互联系和制约而形成的有一定地域范围的有机体"②。

由于城市本身还是一个从无到有、从简单到复杂、从低级到高级的动态变化过程，正如美国城市理论学家刘易斯·芒福德（L Munford）在其编撰的《国际社会科学百科全书》中所说的"城市的定义尚在争论中"，因为"城市的起源至今还不甚了然，它的发展史，相当大一部分还埋在地下，或已消磨得难以考证了，而它的发展前景又是那样难以估量"③。"人类用了5000多年的时间，才对城市的本质和演变过程获得了一个局部的认识，也许要用更长的时间才能完全弄清它那些尚未被认识的潜在特性。"④⑤ 可见，"城市的定义已经成了著名的难题"⑥。

2.1.2 城市起源假说

所谓城市，从词义而言，是由"城"和"市"组成。"城"在我国古代，是指一定地域上做防卫用途而围起来的墙垣，"市"则指进行交易的场所。因此，"城"和"市"联合起来构成的"城市"，最初就是指用城垣围起来进行交易的地方。显然，这种理解应是城市发展历史长河中带有起源性的解释。从历史角度分析，城市的产生和发展是一个漫长的历史过程，是经济社会发展到一定历史阶段后的产物。因此，国内外关于城市的起源，归纳起来有以下几种

---

① 蔡竞. 可持续城市化发展研究［M］. 北京：科学出版社，2003：94.
② 蔡竞. 可持续城市化发展研究［M］. 北京：科学出版社，2003：95.
③ 刘易斯·芒福德. 城市发展史——起源、演变和前景［M］. 宋俊岭，倪文彦，译. 北京：中国建筑工业出版社，2005：1.
④ 刘易斯·芒福德. 城市发展史——起源、演变和前景［M］. 宋俊岭，倪文彦，译. 北京：中国建筑工业出版社，2005：2.
⑤ 王圣学. 城市的起源及其发展［J］. 现代城市研究，1995（1）：37-41.
⑥ 宋俊岭. 城市的定义和本质［J］. 北京社会科学，1994（2）：108.

具有代表性的假说。

（1）防御假说。这种假说认为，最早出现的城市主要是出于防御需要，为了防御和保护统治阶级利益不受别的部落、氏族或国家的侵犯，需要在其居住地修筑墙垣城廓，形成要塞或堡垒，以保护统治阶级的财富不被抢夺。

（2）地利假说。这种假说认为，城市之所以在此处兴起而不在彼处出现，主要是因为此处的自然地理环境位置较好。城市兴起的地方往往是商路交叉点、河川渡口或港湾，交通运输方便，货物流畅便利。这也许正是大多数古代和现代城市纷纷建立在交通枢纽所在地的原因。

（3）集市假说。这种假说认为，城市的出现主要是因为随着社会分工的不断发展，人们需要把自己生产的产品拿到集市去交换。这种简单的物物交换的场所就构成了"市"。而集市交换的经常化，在一个地点便形成了以交换为主的城镇。这种假说从一个侧面反映了城市的经济职能。

（4）血缘与宗教假说。刘易斯·芒福德认为，人类城市文明生活方式的最早活动，实际上开始于以墓地表达对祖先的怀念和祭扫以及到岩洞举行礼仪活动的行为需要[1]，"从某种意义上说，死人城市确实是每个活人城市的先驱和前身，几乎是活人城市的形成核心"，"一个旅行者，当他来到一座古希腊或古罗马城市时，他首先见到的便是一排排的陵墓，和通往城市的大道两旁的许多墓碑。至于古埃及，它虽有过伟大的文明，社会生活的各个方面都曾有过极繁荣、欢快的景象，但留存至今的也多是些（庙）宇和陵墓"[2]。另外，"旧石器时代的岩洞还让人想起许多其他古老的圣地，这些圣地也是各种神圣含义和权力的象征，能把人群从很远的地方吸引到各自领地范围来，……。这些固定的地面目标和纪念性聚会地点便逐渐地把有共同的祭祀礼俗或宗教信仰的人们，定期地或永久地集中到一起。"[3] 正是由于古代社会的血缘与宗教性推动力的协同作用，才使那些固定的地面目标和纪念性聚会地点得以发展成为城市的最初胚胎。例如，麦加如果不是一处朝圣地的话，也许至今仍是一个村庄。

---

[1] 蔡竞. 可持续城市化发展研究 [M]. 北京：科学出版社，2003：93.
[2] 刘易斯·芒福德. 城市发展史——起源、演变和前景 [M]. 宋俊岭，倪文彦，译. 北京：中国建筑工业出版社，2005：5.
[3] 刘易斯·芒福德. 城市发展史——起源、演变和前景 [M]. 宋俊岭，倪文彦，译. 北京：中国建筑工业出版社，2005：1，5-8.

2.1.3 城市起源的标志和形成的标准

城市的起源植根于原始经济发展基础上的社会变革，是社会的变化反映在聚落上的一种变化，即新的聚落的防御功能进一步加强，不仅要防御来自自然界的破坏（如野兽的侵扰、洪水的围困），更要防御来自人类社会变革中日益频繁的战争的威胁。从这个意义上说，晚于壕沟而出现的围墙或者说城墙的出现，在一定意义上反映出城市的起源，当然这也并不否认处于起源阶段的城市聚落利用山川地形的险要而非建筑城墙以加强聚落的防御能力，另外，市的出现也表明了城市的起源[1][2]。

亚当·斯密认为，城市起源与农业起源一样，是一种坡状的渐变而非阶梯状的飞跃。它应被视为一种发展的过程而不是一种突发的事件[3]。可见，稳定的农业经济是城市起源的重要条件。换句话说，城市的出现标志着农业经济的发展已能提供相当数量的剩余农产品来供养官吏、工匠、商人、军队等一批非农业人口。因此，有人认为城市主要是非农业人口的聚居地。

城市起源常常被认为是国家和文明起源的重要标志之一。国家和城市的起源又标志着以家庭和血缘关系为纽带的社会结构解体，以横向联系为特点，以市场贸易为动力的开放型经济形成并迅速发展。

另外，手工业专门化和市场的发展是早期城市发展的一个特色，也是城市形成的一个标志。因为手工业和市场的发展会促进贸易的发展，剩余产品的积累，货物和原料分布的不平衡，会刺激双向和多向的贸易和交流，并使一些地理位置重要的聚居点发展成原料和商品的集散地，并以此带动其他行业的发展。所以，手工业和市场的发展往往是早期城市生存的支柱和命脉。[4]

在人类社会历史发展的漫长岁月中，曾经有过很长一段时间没有城市，没有工商业，没有阶级和国家的原始共产主义社会时期，但随着私有制的出现和社会分工的不断发展，出于防卫和贸易的需要，一些地理位置适当、条件较

---

[1] 傅崇兰. 中国运河城市发展史 [M]. 成都：四川人民出版社，1985：8-11.
[2] 毛曦. 试论城市的起源和形成 [J]. 天津师范大学学报（社会科学版），2004（5）：38-42.
[3] Adams R M. The Evolution of Urban Society [M]. London: Transaction Publishers, 2005: 1-204.
[4] 陈淳. 城市起源之研究 [J]. 文物世界，1998（2）：58-64.

好、规模较大的村落就逐渐演变成最初形态的城市。

根据考古发现，世界上最早的城市出现在原始社会末期的西亚地中海、波斯湾沿岸的安纳托利亚高原、美索不达米亚平原的肥沃地区，后来又出现在北非的尼罗河流域、东亚的黄河流域、南亚的印度河流域以及欧洲大陆和中美洲地区。

从城市的起源和早期发展看，在古代社会世界各地的城市基本是一样的，其本质和发展道路也大致相同。但到了中世纪封建社会时期，欧洲和亚洲等地区的城市则采取了不同的发展道路，且发展成为截然不同类型的城市，并对以后各地经济社会发展发挥着不同的作用。进入到近现代以后，城市的发展更是与经济发展密切相连，城市成了工业革命的产物，正如恩格斯曾对英国大机器工业生产在城市形成和发展中的作用中所说的那样："居民也像资本一样在集中着，……大工业企业要求许多工人在一个地点共同劳动，这些工人必须居住在一起。因此，他即使在最小的工厂附近，也形成了整个村镇，……村镇变成小城市，小城市又转化为大城市。大城市越大，住起来也越方便，……由于这个原故，大工业城市的数目急剧增加起来。"[1] 工业革命后发展起来的近现代城市与古代城市相比，不仅发展速度加快，规模日益扩大，而且城市的性质和功能也发生了很大转变，在古代主要作为统治阶级的政治、军事统治中枢，宗教活动中心和简单商品交易的城市转变成近现代一个地区的政治、经济和文化中心。[2]

从城市发展的历史来看，城市的形成是在经历了漫长的萌芽或者说是起源的历史过程后才完成的。处于起源阶段的城市还不能算是真正意义上的城市，真正意义上的城市必须具备城市形成的必要标准。有学者指出："在国家产生以前的原始社会里，氏族村落已逐渐采用壕沟或围墙作为保护安全的措施，整个村落也已有一定的布局。这就是城市的萌芽，也可以说是都城的起源"[3]。

考古学家在研究城市起源时与地理学家和社会学家不同，往往偏重于直观判断的标准和现象。英国著名考古学家柴尔德在《城市革命》一书中列举了

---

[1] 马克斯恩格斯全集：第2卷 [M]. 北京：人民出版社，1957：318.
[2] 王圣学. 城市的起源及其发展 [J]. 现代城市研究，1995（1）：37-41.
[3] 杨宽. 中国古代都城制度史研究 [M]. 上海：上海古籍出版社，1993：10.

城市起源的 10 条标准。

（1）在有限的区域中集中了较多的人口；（2）手工业专门化；（3）剩余产品由中央权力机关支配；（4）存在公共祭祀建筑；（5）社会等级差异明显；（6）采用文字；（7）科学研究发轫；（8）自然主义艺术出现；（9）存在对外贸易；（10）栖居方式不再依血缘关系而定。[1]

苏联学者古梁耶夫根据古代东方和中美洲的相关材料概括出城市形成的 8 项标准。

（1）出现了统治者及其王室居住的宫殿群；（2）出现了宏大的寺庙和宗教区域；（3）最重要的宫殿、寺庙建筑群与平民的房舍相隔离；（4）宗教区域与住宅区明显不同；（5）具有奢华的王陵和墓葬；（6）产生了大型的艺术品；（7）形成了文字（碑铭石刻）；（8）数量上的标志：大型广场、大量住宅和公用房屋，较密集的居民等。[2]

而日本学者狩野千秋将古代城市形成的标准归纳为 7 个方面。

（1）原始的国家组织和王权的确立；（2）稠密的人口；（3）社会阶级的分化与职业的专门化；（4）大型纪念性建筑物的出现；（5）文字、金属器物的发明和科学技术的发达；（6）由于剩余产品的生产而出现了有余暇从事的知识性的活动；（7）商业的出现和贸易组织的发达。[3]

弗里德曼（Friedman）则强调了城市作为复杂社会发展到特定阶段时所起的特殊调节功能，也间接反映了城市形成的标准。他指出，城市布局所反映的等级关系是将一个区域按政治、经济活动加以安排的基本手段。不同区域成为有效的配合空间完全是通过城市不同机构的作用将其影响外延，把周边地区维系在中心城市上，并把城市的思维和行为方式传输给这些农村地区。[4]

从以上各国学者对城市形成标准的表述中可以看出，虽然在叙述时所用语言和所处角度有所不同，但他们表达的基本内容应该说基本一样。归纳起来，这些基本内容主要包括以下几个方面：（1）人口的大量聚集，出现大型社会

---

[1] V Gordon Childe. The Urban Revolution [J]. The Town Planning Review, 1950, 21 (1)：3-17.
[2] 刘文鹏. 古埃及的早期城市 [J]. 历史研究, 1988 (3)：175.
[3] 陈桥驿. 中国历史名城 [M]. 北京：中国青年出版社, 1987：序言.
[4] John Friedman. Cities in Social Transformation [J]. Comparative Studies in Society and History, 1961, 4 (1)：86-103.

定居群落；(2) 社会分工明显，出现私有制和产生了社会阶级的分化；(3) 有可供城市人口需求的剩余产品出现；(4) 科学和文化的发展，国家和文明的形成；(5) 市场的形成和贸易的发展；(6) 存在大型建筑物。一般来说，只要具备这些标准的大部分就可以断定某聚落已属于城市。

2.1.4 城市形成的基本条件

从城市形成的标准可以归纳出城市形成的基本条件，一般而言，城市形成必须具备以下几个基本条件。

2.1.4.1 要有城市产生的经济基础

这是城市形成的先决条件，无论从早期的"日中为市"看，还是从现代城市的职能看，城市发展离不开经济的发展、产品的交换，只不过不同时期的城市发展的经济内容有所区别，这说明城市的形成是建立在一定的生产力发展水平之上的。众所周知，在生产力水平极其低下的原始社会前期，人们为了生存，过着游牧生活，没有固定的住所，也没有多余的产品需要与别人交换。因此，在原始社会初期根本不具备形成城市的基本条件。随着社会向前发展，生产力水平不断提高，人类社会先后出现了三次社会大分工。第一次大分工是畜牧业从农业中分离出来，形成了以农业为主的固定居民点，即村庄。第二次大分工是手工业从农业中分离出来，使得劳动生产条件进一步提高，人们有了可供交换的剩余产品和剩余劳动力，具备了城市形成的先决条件。为此，有的地方修起了石墙和城楼，使得原来的村庄慢慢向城市演化。第三次社会大分工是商业从农业、畜牧业和手工业中分离出来，这次社会大分工奠定了城市形成的经济基础。据史料记载，进入奴隶社会后城市发展速度明显快于原始社会末期，而现在城市发展的速度更是以往任何历史时期都无法比拟的，城市化水平也越来越高。

2.1.4.2 要有城市产生的社会基础

私有制和社会阶级矛盾的不断发展是城市产生的社会基础。在私有制社会中，统治阶级出于对内压迫和剥削，对外防卫和侵略的需要，设置了城市。从原始社会"城池不设"到奴隶制社会"一个城市就是一个国家"可见一斑。只不过古代城市为了保护统治阶级的利益不受侵害，更多、更直接体现的是防御职能。现代城市虽从外表形式上已没有古代城市的"墙垣城廓"，但却是有着周密规划设计的现代"开放"城市。城市职能也主要体现为维护经济运行的中枢神经。同时，城市往往都是由政府来规划、设计和修建，反映了代表大多数人利益的统治阶级的根本目的。可见，城市的形成和发展与私有制和社会阶级矛盾的产生一开始就存在着十分密切的相关关系。

2.1.4.3 要有城市产生的自然地理环境条件

适宜的地理位置和气候是城市产生的自然地理条件。据大量史料记载，最早的城市产生于北纬30°~40°之间的两河流域（底格里斯河、幼发拉底河）、尼罗河谷地、地中海沿岸、印度河流域和黄河流域。这些地方因气候温和、交通方便以及物产丰实，最适宜人类居住和从事经济活动。因此，在这些地方自然会形成大量的城市。例如，埃及盖斯菲城、卡洪城等地球上的第一批城市就诞生在尼罗河流域。当然，在不同时期，根据统治阶级建城目的的不同，城市形成所要求的自然环境条件也有所区别。在古代，防御是早期城市的主要职能。在现代，要求城市在社会经济运行中发挥中枢神经调节职能，因此，城市兴起的地方往往是交通枢纽所在地、文明发源地和权力控制中心。

2.1.5 城市的本质特征

从城市起源过程、起源标志和形成标准，可窥见城市的本质特征，这正如法国地理学家菲利普·潘什梅尔[①]所描述的那样，"城市即是一个景观、一片经济空间、一种人口密集；也是一个生活中心和活动中心；更具体地说，也可能是一种气氛、一种特征或者一个灵魂"。因此，作为城市，它应具有以下几个本质特征。

（1）非农业人口为城市居民的主体，非农业劳动为主要经济活动。一定人口聚集的地域范围内，如果居住人口主体是农业人口，且主要经济活动为农业劳动，那么这种地域就不是城市，而是乡村。

（2）社会物质财富高度集中，具有高度聚集的经济效益、社会效益和环境效益。作为城市应具有各种聚集效应，但一般认为只有城市规模达到一定程度后，才能较好地发挥聚集效应。有学者研究后认为：城市规模一般应达到城镇人口25万人以上，才能带来较好的经济、社会、环境的聚集效应和对周边

---

① 菲利普·潘什梅尔. 法国：下册 [M]. 叶闻法，译. 上海：上海译文出版社，1980：183.

地区的辐射带动效应①。当然，这并不是说城市的规模越大越好。城市规模应与其经济、人口、环境等各种要素的容纳度相适应，否则，盲目追求城市规模，会带来一系列"城市病"，影响城市发展效果。

（3）政治、经济、社会、自然条件优越，是一定地域范围内的政治、经济、科学技术和文化教育等方面的中心。凡是各个时期的政治、经济和文化中心都是当时有名的城市所在地。

2.2 城市的成长

2.2.1 城市成长的概念

与生物有机体的成长相似，城市犹如一个复杂的"社会有机体"，它也有其产生、发展等一系列变化过程，我们把城市的产生、发展等一系列变化过程称为城市的成长。城市成长应当包括量和质两个方面，城市量的成长是指城市规模的成长，具体表现为空间规模、人口规模、经济规模等各方面的成长，因受资源有限的硬约束，城市规模成长往往是有限的，要受城市边界（urban boundaries）的制约；城市质的成长是指城市素质的成长，具体表现为城市自组织能力的增强、城市结构的优化、技术的进步、文化的发展、制度的变迁、管理的改善、环境的优化以及人的全面发展等，素质成长会使城市更美丽、更清洁、更和谐、更文明、更富裕、更高效、更民主、更富有活力以及更适宜人类居住，因此城市素质成长是无限的②。

城市成长在实际中表现为城市数量的增多，规模的扩大，产出的增加，宜居性的增强。根据有关资料显示，从远古时代标志城市萌芽的圣地、村庄或要塞发展到现代的特大城市或超大城市，其间经历了漫长的过程，在这一过程中，无论是城市的数量、规模或质量都发生了巨大的变化。在人类社会进入21世纪之后，全球化的势头有增无减，逐步向广度和深度推进。美国人口部门的一项题为《世界城市化前景展望》的研究报告以及联合国一项关于世界

---

① 韩俊. 关于增加农民收入的思考 [J]. 新视野, 2001 (1): 33.
② 梁兴辉. 城市成长的制导系统、路径选择和核心过程 [J]. 城市, 2004 (2): 17–19.

人口问题的研究报告均显示：人类社会正从农村生活方式向城市生活方式转变[1][2]。在18世纪仅有3%的世界人口生活在城市，19世纪有14%，21世纪，全球城市人口比例飞速增长，2003年有48%的人口居住在城市，2007年，居住在城市的人口超过居住在农村的人口。报告预见到2030年将有60%的世界人口在城市居住。所有这些数据都传达了一个信息：世界范围内城市在快速地成长！

2.2.2 城市成长相关理论

2.2.2.1 城市成长动因解释

（1）产业发展、技术进步推动城市成长。该理论主要从生产力发展的时间维度来解释城市增长，认为城市兴起、成长的主要原因是由于农业生产力扩大而产生粮食剩余并向非农业部门提供农村剩余劳动力，而工业化和第三产业的发展则是现代城市化的主要动力[3]。

以巴勒斯（R Barras，2000）、布罗奇（J Brotchie，1996）等为代表的学者认为技术进步是城市增长的内在持续动力。因为技术发展尤其是技术革命决定了社会和城市发展的阶段性特征，技术进步通过对经济增长的推动间接影响城市发展，特别是第三次科技革命对城市发展产生了革命性的影响。卡斯泰尔斯（M Castells）还提出了信息城市理论，认为获得信息空间的进入权和对信息空间结点的控制权是成为世界城市的关键。

（2）集聚经济理论。集聚经济是城市成长的根本动力。集聚经济理论来源于韦伯的工业区位论。在工业区位论中，韦伯将集聚作用分为两种形态：一是在一个企业内部因经营规模的扩大而产生的生产集聚，这种集聚的结果称为规模经济；二是使多个企业在空间上集中产生的集聚，实现基础设施、信息、技术、创新观念等生产要素的共享和交易成本的降低，这种集聚称为集聚经济。但是，无论是集聚效益和规模效益，当其超过一定的饱和状态后，都会转

---

[1] Eng S A. World Urbanization Prospects: The 2003 Revision [J]. New York United Nations Mar, 2003, 71 (1): 319-330.

[2] Human Population: Fundamentals of Growth Patterns of World Urbanization [R]. Washington D.C.: Population Reference Bureau, U.S., 2005.

[3] Knox A D, Myrdal Gunnar. Economic Theory and Under-Developed Regions [J]. Economica, 1960, 27 (107): 280-281.

化为一种不经济，产生企业生产效率低下、城市生存环境恶化等不良后果，这时，企业就会自发向城市边缘区和外部迁移，而城市的规模膨胀可能会采取新的方式。可见，正是由于集聚经济这种持续的利益驱动，才使城市不断膨胀和发展。

(3) 基本/非基本理论和乘数原理。基本/非基本理论将城市经济活动分为基本活动和非基本活动两大类。基本活动指为城市以外地区服务的活动，而非基本活动则是为城市内部居民服务的活动。城市增长的内部动力主要来自基本活动的建立和发展。城市增长的过程就是基本活动和非基本活动循环往复、不断集聚的过程。城市基本活动每一次的投资、收入和职工的增加，都会产生数倍于这笔投资额的总量增长，这就是城市经济活动的乘数原理。一个城市的活力和增长潜力主要体现于其对外服务的基本活动的强度，因此，只有开放性的城市才真正具有持续发展能力。

(4) 循环累积因果原理。循环累积因果原理是瑞典经济学家缪尔达尔 (G Myrdal) 于《经济理论和欠发达地区》(1957) 一书中提出的。该理论认为，由于不断递增的内部和外部经济的作用，核心区经济增长总是表现为一种上升的、循环的正反馈运动，而边缘区则表现为一种下降的、循环的负反馈运动，且市场力量的作用通常倾向于增加而不是减少这种区际差异。在缪尔达尔的循环模型中，一个区域的初始优势（如自然资源优势）是模型循环启动的开关。换句话说，城市中各产业部门是相互联系和互为因果的，一旦某种力触发了城市的成长，在初始产业基础上，将不断诱发产生或引入新产业去置换老产业，城市正是在这种累积和循环过程中逐渐成长起来的。

(5) 马克思的平均利润率理论。主流城市经济学认为，城市成长的动因来自工业的发展和农业人口的剩余，工业发展的需要是城市成长的内部拉力，而农业人口的剩余是城市成长的外部推力，具体又体现为比较优势、规模经济和聚集经济对城市成长的推动，这应是大多数经济学者的共识。但有学者[①]认为马克思在《资本论》中阐述的平均利润率才是促使资本在空间中流动的直接动因。这一规律体现在城市发展的前期和中期，由于城市（特别是大城市）存在较高的平均利润率，使投资者和劳动力云集于城市，从而推动了集中型城

---

① 王晓玲. 城市成长动因新探 [J]. 社会科学辑刊, 2005 (6)：220–222.

市化阶段城市经济的发展；而在城市发展的中期和后期，随着资本的竞争而逐步上涨的工资、土地价格等因素使生产成本越来越高，城市的边际收益递减，出现了规模不经济，此时，投资者为了追逐平均利润便将资本转移到平均利润率较高的郊区或其他中小城市，使得城市郊区或中小城市迅速发展，带来了城市化郊区化趋向。因此，无论是城市成长过程中的集中型城市化，还是城市发展过程中的郊区化现象，都受资本的平均利润率规律的影响，平均利润率才是城市成长最根本的动因。实际上，仔细分析和比较以上两种观点，其实质是一致的。因为城市成长中追求比较优势、规模经济和集聚经济的结果就是平均利润率的提高。

2.2.2.2 城市空间结构演化理论

城市的成长在很大程度上表现为城市空间的变化。城市空间变化理论就是从城市空间拓展的影响因素和动力机制去研究城市的增长，城市与区域各要素空间上的相互作用和反馈机制。具体又可分为以下几个空间变化理论[1]。

（1）集聚与扩散理论。集聚与扩散本身是一对方向相反、相互交织的作用力，是推动城市不断发展最基本的源泉。城市是人口、产业、各种资源和要素的集中地，它不断地吸引周边的人才、资金、技术等资源向其集聚，获得明显的空间规模效应和集聚效应，并成为城市不断发展和成长的原动力。与此同时，城市先进的技术、管理方式、生活方式等又自发地向周边扩散，从而带动和促进周边区域的发展，最终也有助于周边地区城市的形成与发展。该理论对于解释城市地域增长和制定城市发展战略有重要的理论价值[2]。

（2）竞争和协合理论。竞争就是利用某种优势，在有限资源的前提下，通过相互作用，获取生存和发展的优越机会，在时间和空间上选择、劣汰和发展的过程；协合则是竞争后期空间自组织化的一种表现，是系统维持动态稳定的保证，合理的协合本质上仍属竞争范畴[3]。

首先，在地域系统中，开发者对优势区位进行竞争，以成本最小、利润最

---

[1] Fan C C. The Vertical and Horizontal Expansion of China's City System [J]. Urban Geography, 1999, 20 (6): 493–515.

[2] Gaile G L, Willmott C. Spatial Statistics and Models [M]. Dordrecht: Springer, 1984: 3–443.

[3] Fischer M M, Nijkamp P, Papageorgion Y Y, et al. Spatial Choice and Process [M]. North Holland: Elsevier Science & Technology Books, 1990: 1–366.

大和市场最优原则,开创发展极和生长点,形成空间集聚和中心化。其次,众多的城市通过空间地域的竞争,培育各自的腹地、市场和影响区,逐步产生空间的扩散,形成合理的地域空间结构。区位理论、规模分布理论和城市体系理论,都符合这种原理。最后,城市内部已形成的空间结构,因系统的进化和发展不断促发新的竞争,导致空间功能、性质发生演替和更新。由此产生一系列的空间演化规律,如空间地租级差、核心与边缘结构、生长点与发展极、社区的自循环发展等[1]。

(3) 城市规划理论[2]。城市规划理论主要是研究如何通过人为的城市规划手段去改变城市空间结构,使城市布局合理、综合效益更高、宜居性更强。它体现了人类在城市成长中所施加的能动作用。[3]

2.3 西方城市成长管理政策及工具

2.3.1 成长管理的含义

"成长管理"或"增长管理"(growth management)一词最早来源于1975年美国出版的《成长的管理和控制》(*Management & Control of Growth*)一书,其含义是指"从地方政府开始,运用各种管理手段结合土地使用分区管制来协调地方上的发展与土地开发行为的矛盾的一系列措施"[4],或"泛指用于引导增长与发展的各种政策和法规,包括从积极鼓励增长到限制甚至阻止增长的所有政策和法规"[5]。美国城市土地协会(ULI)在1975年出版的系列刊物《对增长的管理与控制》中对增长管理的定义是:"政府运用各种传统与演进的技术、工具、计划及活动,对地方的土地使用模式,包括发展的方式、区位、速

---

[1] L Lo. Spatial Structure and Spatial Interaction: A Simulation Approach [J]. Environment and Planning A, 1991, 23 (9): 1279 – 1300.

[2] Levy J M. Contemporary Urban Pianning [M]. Upper Saddle River: Prentice Hall, 2003: 1.

[3] 王宏伟,等. 城市增长理论论述与启示 [J]. 国外城市规划, 2003 (3): 36 – 39.

[4] 方凌霄. 美国的土地成长管理制度及其借鉴 [J]. 中国土地, 1999 (8): 42 – 43.

[5] Fonder E. Better Not Bigger: How to Take Control of Urban Growth and Improve Your Community [M]. Vanconver: New Society, 1999: 1 – 185.

度和性质等进行有目的的引导"。而奇尼茨（Chinitz）则认为"增长管理是积极的、能动的……；旨在保持发展与保护之间、各种形式的开发与基础设施同步配套之间、增长所产生的公共服务需求与满足这些需求的财政供给之间，以及进步与公平之间的动态平衡"[①]。波特（Porter）在此基础上进一步将增长管理概括为"解决因社区特征变化而导致的后果与问题的种种公共努力"，是"一种动态过程，在此过程中，政府预测社区的发展并设法平衡土地利用中的矛盾、协调地方与区域的利益，以适应社区的发展"[②]。

　　成长管理的目的是使地方政府旨在通过土地管理，考虑地区发展速度、环境承载能力以及兴建公共设施资金等因素来制订成长管理方案，控制土地开发速度并引导地方的综合发展；或者通过"平衡成长"的方式，再结合经济发展、公共设施和环境保护等方面的需求，引导城市发展，减缓城市发展的压力，控制土地开发的区位、时序与公共设施水准的平衡，以保证城市协调发展。在美国，现已有10多个州由州政府立法（如佛罗里达州于1985年、佛蒙特州于1988年及华盛顿州于1990年分别制定了各自的"增长管理法"），通过规划的方法来实施地方土地使用政策[③]。

　　皮埃尔（Pierre，1999）根据城市管治的参与者、目标、手段和结果将城市管治划分为四个模型：管理型（managerial）、社团型（cooperative）、促进增长型（progrowth）和福利型（welfare）。[④]

　　管理模式是按照市场原则将城市公共服务的生产者与消费者视为市场的参与者，通过基于市场的广泛的专业管理手段，以提高公共服务生产与输送效率为目的，并真正让消费者选择产品和生产者的一种城市管治模式。社团模式是通过利益集团高层的直接参与和大众的间接参与，利用再分配部门的协商和谈判以确保集团成员利益和人人共享民主的一种城市管治模式。促进增长模式是商界精英和推动经济发展过程中分享利益的高层官员直接参与的，通过有利于推动经济发展、吸引外资的广泛手段特别是公私伙伴关系来

---

① Benjamin Chinitz. Growth Management Good for the Town, Bad for the Nation？[J]. Journal of the American Planning Association，1990，56（1）：3 - 8.
② Porter D. Managing Growth in America's Communities [M]. Washington D. C.：Island Press，1997：1 - 321.
③ 方凌霄. 美国的土地成长管理制度及其借鉴 [J]. 中国土地，1999（8）：42 - 43.
④ Jon Pierre. Models of Urban Governance [J]. Urban Affairs Review，1999，34（3）：372 - 396.

促进经济增长的城市管治模式。福利模式是政府官员及官僚主义者通过与高层政府的关系网络来确保国家基金的流入，以复兴地方经济的一种城市管治模式。这一模式是国家为了扶持和复兴那些曾经是繁荣的工业地区，但目前没有能力引入商业或公共组织以重新组织地方经济基础的城市而设置的管治模式。

城市的成长管理是指通过对城市成长种类、发展地区、发展时序等管理手段，在协调经济发展、生活环境和自然环境的开发与保护二者均衡的同时，促进城市基础设施建设，提高城市环境质量。城市成长管理的实质，就是城市政府通过一定的手段和措施，对城市的发展速度、发展时序和发展总量实施有效的组织、协调、引导和控制的一项公共活动。

城市成长管理实践与可持续发展的思想不谋而合。坚持城市成长管理，可以有效地遏止城市规模的无序蔓延，保护珍贵的土地资源和生态环境；此外，实行城市成长管理还有助于保护与改善社区生活质量、保持老街坊和商业区的活力，确保各社区间财政与社会公平；并能拓宽住房和就业机会、降低公共及私人投资在开发过程中的风险。

2.3.2 西方城市成长管理政策

这里主要以美国的城市成长管理政策为例，分析说明西方城市成长管理政策。

美国最初的城市成长管理政策始于20世纪60年代的纽约市历史建筑的保护运动，但成长管理受到重视则是在20世纪70年代大城市郊区的小城市开展的旨在保护自然环境的成长停止或成长抑制运动中开始的。科罗拉多州的宝路达市、加利福尼亚州的派特鲁玛市和纽约州的拉马坡城等是最初代表。此外，美国城市的成长管理政策始于1970年的巴蒙特州，并很快先后于1972年在佛罗里达州（只限海岸地区）、1973年在俄勒冈州、1974年在科罗拉多州哈斯卡劳拉伊纳（只限海岸地区）被采用。城市成长管理政策也由过去的以"成长停止"或"成长抑制"为主要内容，逐渐发展成为以"促进城市的健康成长（经济开发与环境保护协调）"为基本方针。

20世纪80年代，大城市圈地区的成长管理政策才真正如火如荼地开展起来。在抑制城市无计划开发的同时为了有效地提供公共服务，广域城市圈也采取了成长管理政策。① 在具体操作上，一般由地方政府按州政府要求拟订土地使用计划、公共设施建设及城市发展方案，并在这些方案的指导下，采取不同的管制方法实现城市成长管理目标。

2.3.3 西方城市成长管理工具

现代西方（以美国为例）城市成长管理主要从公共设施配套、总量控制、分期分区发展和设立成长管制区等方面入手，具体工具表现为：划定城市成长边界、执行土地开发许可证制度、执行土地开发准入制度和设立成长管制区②③。

（1）划定城市成长边界，实行城市成长管理的总量控制。城市成长边界（Urban Growth Boundaries，UGB）④，是指围绕现有城市划出的法律界线，把城市所有成长事项限定在该边界以内，边界之外是农田、林地和开敞地，仅限于发展农业、林业和其他非建设用途。如首创城市成长边界线的俄勒冈州规定，城市成长边界线范围内应包含现已建设土地、闲置土地及足以容纳20年规划期限内城市成长需求的未开发土地，地方政府必须对土地供应情况进行监督，并定期考查有无必要对现有成长界线进行调整。

划定城市成长边界，是管制城市发展速度的具体措施。通过确定城市边界，达到对城市成长进行总量控制的目的，限制建设用地随意开发。

（2）实行公共设施的配套开发，执行土地开发许可证制度。城市成长管理的核心是对土地的管理，土地管理的显著特征是对土地开发进行综合管理，而这种管理的一个有效措施则是要求对土地开发项目进行公共设施配套，只有配套了公共设施，才能颁发土地开发许可证。比如，华盛顿州执行的土地开发许可证，就明确规定开发项目必须要具备足够的公共配套设施。

配套的公共设施可以由政府建设，也可以由开发单位负责建设，但必须先行建设或在开发期间配套建设。换句话说，只有一个地区的公共设施满足了该地区发展的需要，政府才能审批开发许可证。当然，地方政府也可以拒绝提供

---

①② 吕斌，等. 美国城市成长管理政策研究及其借鉴 [J]. 海外规划研究，2005（3）：44-54.
③ 方凌霄. 美国的土地成长管理制度及其借鉴 [J]. 中国土地，1999（8）：42-43.
④ Knaap G J. The Price Effects of Urban Growth Boundaries in Metropolitan Portand, Oregon [J]. Lnad Economics, 1985, 61 (1): 26-35.

足够的公共设施（如水、电、道路、学校等）来达到抑制某些地区发展的目的，或者针对不同的地区设定不同的标准以达到鼓励或限制某些地区发展的管理目标。

（3）提供社区和环境影响报告，执行土地开发的准入制度。由于某些大型开发项目可能会对整个社区造成影响，因此在开发项目提案被批准之前应全面评估该开发项目对社区可能造成的影响，并将评估结果公之于众。开发项目的社区影响评估报告一般须包含如下因素：项目可能增加的各年龄组的人口数量，10年之内预期增加的学生数，现有教学设施的容量；现有市政设施、公共设施可利用程度和所面临的新要求，项目内外的道路系统情况；社区（市、县、学校系统）财务影响分析等。

除了开发项目对社区可能造成的影响而需提供社区报告外，还应提供该开发项目对当地环境的影响报告。环境报告是批准开发项目提案前获取其环境影响信息的一种手段。一般项目环境提案须证明符合以下3项要求方予批准：不致对环境造成明显破坏；有对区域资源保护的构想和设计；不会对可用于该项目以及将来任何项目的整个资源提出不相称或过度需求。

（4）设立成长管制区，促进城市分期分区发展。设立成长管制区，一方面是为了保护土地资源，有效地提供公共设施，防止城市跳跃式的发展、大量占用耕地和破坏城市景观的行为；另一方面也是为了实现城市土地的有序使用，通过控制开发区的公共设施来控制城市发展的区位和时序，以促进土地分期分区发展。通过设立成长管制区，引导城市在适当的地区发展，在管制区内允许土地开发，并提供适当充足的公共设施，管制区外则限制开发。例如，在美国马里兰州的乔治王子郡制定的成长管制规划将全郡划分成为优先发展区、经济发展潜力区、限制发展区和延缓发展区四种。成长管制区可以通过向外扩张的同心圆划分，也可通过系统分析的方法划分。

第3章

城市区位论

土地是城市经济活动的关键投入,如果所有的经济活动都使用凸性技术(convex technologies),即在自然资源均匀分布的地理区域上,任何产品都能以相同的成本生产并消费,那么土地的特征就可以忽略。但是,技术的非凸性使得经济活动只在空间上的某些点进行,这就产生了城市经济活动的最优区位问题。[1] 因此,城市经济学不仅要研究家庭和厂商的产出、产品质量和劳动的雇佣情况,而且要研究他们的区位决策问题。

3.1 城市居住区位理论

城市居住区位理论是家庭理论的一个应用。追求效用最大化的家庭在选择了某一空间区位的同时,也选择了该区位上特有的舒适度和一定数量的住房与土地。区位是消费组合中的一个自变量,家庭上班的通勤成本和土地与住房的价格都依赖于区位。西方城市经济学中经典的城市居住区位理论是阿朗索(Alonso)模型,该模型是现代新古典城市区位理论的里程碑。本节主要介绍阿朗索模型[2][3]。

---

[1] 埃德温·S. 米尔斯. 区域和城市经济学手册:第2卷 [M]. 北京:经济科学出版社,2003:45.
[2] 本节主要参考和引用马龙·斯特拉斯蔡姆的城市住宅区位理论和阿朗索的土地市场模型;埃德温·S. 米尔斯. 区域和城市经济学手册:第2卷 [M]. 北京:经济科学出版社,2003:11-44.
[3] Alonso W. Location and Use: Toward a General Theory of Land Rent [J]. Economic Geography, 1964, 42 (3): 277-279.

3.1.1 阿朗索土地市场模型

现代城市区位模型的先驱是阿朗索的土地市场模型。该模型假设城市是一个无任何特征的平原，区位用到市中心的距离来表示。家庭对区位和消费束的选择由一个静态效用最大化模型来描述。家庭试图最大化效用 $V(z, q, u)$，这里 u 代表家庭与市中心的距离，q 是土地数量，而 z 是复合商品（用货币表示）。假设效用函数是递增、连续且二次可微，严格拟凹的，并且是 u 的减函数。其边际效用如下：$V_z > 0$，$V_q > 0$，$V_u < 0$。效用函数中包含了距离因素，这表明家庭是不喜欢通勤的。家庭到市中心的交通支出 $T(u)$ 随距离增加而增加，而土地价格 $r(u)$ 则随距离增加而递减：

$$\frac{\partial r}{\partial u} < 0, \quad \frac{\partial T}{\partial u} > 0 \tag{3.1}$$

远离市中心的地租相对较低，因为那里的通勤成本较高。假设家庭的收入为 Y。这样，家庭的效用可描述为：

$$\max V(z, q, u)$$
$$s.t.$$
$$z + qr(u) + T(u) = Y \tag{3.2}$$

由拉格朗日函数 $V(z, q, u) - \lambda[z + qr(u) + T(u) - Y]$，其一阶条件如下：

$$V_z - \lambda = 0$$
$$V_q - \lambda r(u) = 0$$
$$V_u - \lambda \left(q \frac{\partial r}{\partial u} + \frac{\partial T}{\partial u} \right) = 0$$
$$z + r(u)q + T(u) - Y = 0 \tag{3.3}$$

前两个条件表明，在最优区位上 z 与 q 的边际替代率等于其价格比率：

$$\frac{V_z}{V_q} = \frac{1}{r(u)} \tag{3.4}$$

第三个条件定义了区位均衡。家庭在平衡通勤成本和土地成本的基础上做出接近或远离市中心的区位选择。将 $\lambda = V_z$，即收入的边际效用带入该式，得

$$\frac{\partial r}{\partial u} q = -\left(\frac{\partial T}{\partial u} - \frac{V_u}{V_z} \right) \tag{3.5}$$

等式右边是运输费用的变动加上较长距离通勤所造成负效用的货币价值 V_u/V_z。在最优区位上，它必然等于土地费用的变动。

3.1.2 竞租

阿朗索提出的另一个关于区位选择决策的观点是，在竞争的土地市场中，家庭为得到土地而竞价，而土地所有者则将土地卖给出价最高者。"竞租函数"就是在给定效用水平下，家庭对离市中心不同距离的土地的竞租水平的集合，相当于"价格无差异曲线"。阿朗索（W Alonso）认为存在一组互不相交的竞租函数，其效用水平与竞租水平具有反向关系。同时，家庭的竞租水平和效用水平的高低取决于来自其他竞租者的竞争。区位选择均衡的性质和竞租函数可由间接效用函数导出。替换掉一阶条件式（3.3）中的一般需求方程，就得到间接效用函数 V^*。

$$V[\bar{z}(I(u), r(u)), \bar{q}(I(u), r(u)), u] = V^*[I(u), r(u), u]$$
(3.6)

式中，$I(u) = Y - T(U)$ 表示区位 u 上收入与运输成本之差，$\bar{z}$ 和 $\bar{q}$ 表示效用最大化的解，且 $V_I^* > 0$，$V_r^* < 0$，$V_u^* < 0$。间接效用函数暗含地定义了每一距离上的地租，地租的水平使得家庭在各处的效用相同。罗伊恒等式可以用来定义竞租。对间接效用函数求偏导得：

$$V_r^* = V_z\left(\bar{z}_r + \frac{V_q}{V_z}\bar{q}_r\right)$$

$$V_I^* = V_z\left(\bar{z}_I + \frac{V_q}{V_z}\bar{q}_I\right)$$
(3.7)

式中，下标 r 和 I 表示关于 $r(u)$ 和 $I(u)$ 的偏导，接下来对预算约束求导得：

$$\bar{q} + r\bar{q}_r + \bar{z}_r = 0$$
$$r\bar{q}_I + \bar{z}_I = 1$$
(3.8)

综合式（3.7）和式（3.8）一阶条件 $V_q/V_z = r(u)$，得到恒等式：

$$\frac{V_r^*}{V_I^*} = -q$$
(3.9)

式中，V_r 是在最优区位上地租每降低一美元所增加的效用，增加值必然等于一美元的边际效用乘以距离 u 上地租可降低的美元数，在这里也就等于消费的土地量乘以收入的边际效用。

对间接效用函数求导就得到了竞租函数：

$$dV^* = V_r^* \frac{dr}{du} - V_l^* \frac{dT}{du} + V_u^* \qquad (3.10)$$

将式（3.10）除以 V_l^*，代入罗伊恒等式，并注意到 $V_l^* = V_z$，就得到了竞租梯度斜率的表达式：

$$\frac{dr}{du} = \frac{1}{q}\left(\frac{V_u}{V_z} - \frac{dT}{du}\right) \qquad (3.11)$$

利用 $r(u)$ 的一阶微分方程可以得到任意效用水平的竞租梯度。式（3.11）描述了区位均衡的一阶条件，因为 $V_u < 0$，式（3.11）等号右边括号内的两项均为负，即竞租梯度是向下倾斜的。

竞租梯度依赖于效用水平。存在着一组互不相交的竞租梯度，每个梯度对应一个效用水平，且竞租水平与效用水平呈反向关系。

下面讨论式（3.11）某一特定解所需的初始必要条件。竞租梯度的形状还可由包络定理得到。由包络定理可知，若 $V^*(\alpha)$ 是 $g(\alpha)=0$ 约束条件下 $V(\alpha)$ 最大化问题的解，且 α 是所求参数，由拉格朗日函数 L 关于 α 的导数可得到 $\partial V^*/\partial \alpha$。在这里，给定间接效用函数 $V^*(u)$，并假设 $dV_u^* = 0$，则拉格朗日函数的导数如下：

$$V_u^* = L_u = V_u - \lambda\left(q\frac{dr}{du} + \frac{dT}{du}\right) \qquad (3.12)$$

求间接效用函数的导数，注意到 $\lambda = V_z$，就得到了竞租函数：

$$dV^* = V_u^* du = 0$$

$$\frac{dr}{du} = \frac{1}{q}\left(\frac{V_U^*}{V_r^*} - \frac{dT}{du}\right) \qquad (3.13)$$

对式（3.13）再求一次导数，就会发现竞租梯度凸性条件 $\partial^2 r/\partial u^2$ 依赖于土地和距离（闲暇）的边际替代率和运输成本函数。

西方城市经济学界将大部分注意力集中在分析收入对竞租函数、区位和消费选择的影响之上。在一个竞争的土地市场中，具有不同竞租梯度的竞价者们按各自梯度的高度进行排序，竞租梯度最为陡峭的竞价者获得最接近中心的区位。这是因为竞租梯度的斜率随收入的增加而减小。

3.1.3 简化阿朗索模型

从效用函数中略去距离项,而将全部的通勤成本表示为预算约束中的货币支出,这样对阿朗索模型进行简化后,能够得到有关竞租函数、土地消费量和人口密度的其他定性结论。于是,区位均衡条件式(3.5)和竞租梯度的斜率就简化为:

$$\frac{\partial r}{\partial u} = -\frac{1}{q}\left(\frac{\partial T}{\partial u}\right) \tag{3.14}$$

利用上面的简化方法可以求出土地消费的形态①。

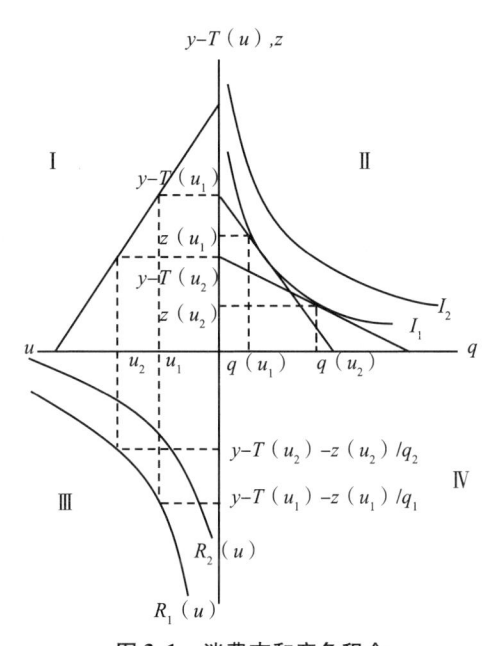

图 3.1 消费束和竞争租金

资料来源:埃德温·S. 米尔斯. 区域和城市经济学手册:第2卷[M]. 北京:经济科学出版社,2003:16-17.

图3.1描绘了简化过的阿朗索模型的解。在图中,假设运输成本是线性的,从而用于支付其他消费的净支出也是线性的(左上第一象限中的梯度)。第二象限中描绘了其他距离上家庭效用最大化的消费束。在距离市中心较近的

---

① 埃德温·S. 米尔斯. 区域和城市经济学手册:第2卷[M]. 北京:经济科学出版社,2003:16-17.

距离 u_1 上，家庭选择了 $z(u_1)$、$q(u_1)$，预算线与无差异曲线 I_1 相切。第三象限描绘了距离 u_1 上家庭竞租梯度的斜率。在较远的距离 u_2 上，土地价格较低，无差异曲线的切点对应了较高的 $q(u_2)$。竞租函数 R_1 上的点对应着无差异曲线上各点切线的斜率 I_1，竞租函数 R_2 上的点对应着无差异曲线上各点切线的斜率 I_2。因为无差异曲线是凸性的，u_2 上的竞争租金必然低于 u_1。如果效用水平是较高的 I_2，对应的竞租梯度 R_2 就会低于 R_1。

3.1.4 穆特—米尔斯住房模型

米尔斯（1967）和穆特（1969）提出了与阿朗索模型相关的住宅区位模型，其偏好集合中用住房替换了土地。住房的生产需要土地和其他非土地投入，从而家庭对土地就具有一种派生需求，这一需求取决于家庭对住房的偏好和住房生产函数的特征。

在穆特—米尔斯最初的表述中，通勤成本 $T(u, y)$ 依赖于距离和收入，收入变量代表了时间的价值，较高收入家庭具有较高的通勤成本，即 $T_y > 0$。效用函数省略了距离项。在拉格朗日函数 $V(Z, q) - \lambda [Z + P(u)q + T(u, Y) - Y]$ 中，q 代表住房量，$P(u)$ 代表住房价格。除区位均衡条件外，上面拉格朗日函数的一阶条件与阿朗索模型完全相同①。

区位均衡条件现在简化为：

$$-\frac{\partial P}{\partial u} q = \frac{\partial T}{\partial u} \tag{3.15}$$

在最优区位上，通勤距离增加导致的运输成本提高肯定会被相应的住房成本减少所抵消。

利用穆特模型和观察到的区位选择可以推算时间的价值：

$$-\frac{\partial P/\partial u}{P(u)} = \frac{\partial T/\partial u}{P(u)q} \tag{3.16}$$

式（3.16）中等号左边和等号左边的分母是可观测的，这样就可以计算时间的边际成本。从 $(\partial T/\partial u)$ 中减去边际通勤费用后所剩部分可以视为时间成本。

蒂萨尔沃（DeSalvo，1977）对穆特—米尔斯模型进行了比较静态分析。

---

① 布吕克纳曾对穆特—米尔斯模型进行了描述和统一处理，参见埃德温·S. 米尔斯. 区域和城市经济学手册：第2卷 [M]. 北京：经济科学出版社，2003：94 – 109.

此外穆特—米尔斯模型可进行多方面扩展,如对住房生产函数进行新的解释(麦克唐纳,1979;布吕克纳,1983);城市空间结构是动态变化的,且住房资本是耐用的(阿纳斯,1978),等等。

3.2 城市企业区位理论

现在考察企业的区位选择问题。企业的区位选择理论要回答下列问题:生产、零售、消费活动的空间分布是如何形成的?在生产技术、零售技术、人口密度、收入等发生变动时,上述活动的空间分布结构如何调整?生产活动和零售活动的中心和亚中心(subcenters)是如何形成的?从效率或公平的角度看,商品劳务的质量和价格能否得到改善?如果能,那么应采取什么样的政策来影响企业在进入市场、选择区位、生产产品和制定价格等方面的效率?[①]

3.2.1 企业的区位选择

同家庭的选址一样,研究企业的选址决策也是建立在一些通常的假设的基础上。首先,厂商的生产是为了追求最大利润。其次,他们使用土地投入和非土地投入这两种投入,后者以劳动与资本的形式出现,土地与非土地要素之间的要素替代是可能的。再其次,不论厂商位于什么区位,他们都必须把产品运到一个交易中心以便出卖。因为运输产品是要付出成本的,厂商所能接受的价格应包括运输成本在内。最后,假设 CBD 是交易中心。

首先假设企业的边际要素生产率是递减的,即任何投入增加一个单位,这种投入的边际产出尽管起初可能增加,但最终必将减少。要理解这个法则的合理性,只要考察如果这个法则不成立的结果就可以了。假设非土地要素的边际产量在土地量不变的情况下,随着更多单位非土地要素的使用,其边际产量递增,那企业绝不会花钱使用更多土地,因为要无限扩大产量所需要做的只是使用更多的非土地要素就可以了,显然这种结果不合理。这说明企业的边际要素生产力是递减的。

---

① 埃德温·S. 米尔斯. 区域和城市经济学手册:第 2 卷 [M]. 北京:经济科学出版社,2003:45-46.

把边际生产率递减的规律与产出价格联系起来。如果产品以价格 P 出售，且市场是完全竞争的，那么一个追加单位要素对产出贡献的总价值就等于价格和边际产量之积。由于企业所得的价格是除去运输成本的价格，故边际产出价值 VMP 就等于除去运输成本的价格和边际要素生产力之积。企业正是用边际产出价值来决定对某种要素的使用，即企业选择使要素的边际产出价值等于要素的边际成本来决定要素的使用。

现在考察企业的区位选择，企业希望接近中心商务区，不仅是考虑到运输成本，还考虑到聚集收益。所有企业都为中心商务区附近的有限空间竞争，出价最高的企业才能够使用离中心商务区最近的土地。地租于是随着 u 的增加而下降。企业面临着中心商务区和便宜的土地之间的权衡。土地租金是一种要素的价格，距离也就与企业对每种要素使用数量的选择有关。企业的区位既影响产出的净价格，也增加了土地费用。企业在区位选择上，会选择地租等于土地的边际产出价值的距离。这就引出了租金梯度的概念。

租金梯度表示土地租金随距离而变动的一条曲线。租金梯度曲线在家庭选择模式中的斜率为负，因为土地租金随 u 的增加而下降。为了推导租金梯度曲线，有必要引入租金出价曲线。租金出价曲线表明一个企业为了维持某种利润水平而在每个距离愿意为土地支付的最大租金。当一块土地的租金高于土地的边际产出价值时，企业就不再愿意支付。所以租金出价曲线由每个距离 u 处土地的边际产出价值决定。图 3.2 中有四条可能的租金出价曲线 B_1、B_2、B_3、B_4，图中的租金出价与距离线性相关（如果除了接近中心商务区运输成本较低之外，所有位置上土地的生产力相等，就会出现这种情况）。

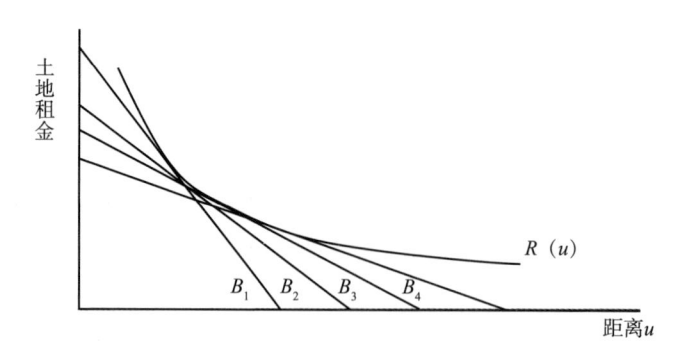

图 3.2 租金梯度曲线是租金出价函数的包络线

资料来源：作者绘制。

为了推导租金梯度曲线，假设不同的企业或工业有不同的租金出价函数，这种租金出价函数决定于每一块接近中心商务区的土地对于企业的重要性如何。图 3.2 中画出了几条这样的租金出价曲线。首先 B_1 代表企业对离中心商务区最近的土地愿意支付最高租金，其次是 B_2，B_3，B_4。在每一区位上的最高租金出价曲线决定着谁使用这块土地及出价。因此，租金梯度曲线就是所有最高租金出价曲线的包络线 $R(u)$，表明在每一距离上实际支付的租金。

假定市场是完全竞争的，企业不会获得垄断利润，也就是企业的全部收入分配给土地要素和非土地要素。如果非土地投入的价格在城市中任何地方均相等，生产者支付距离 u 处土地的最大租金就是这个距离上土地的边际产出价值。如果土地的边际生产力 MP_L 在所有距离上均相等，则如上所述，土地的边际产出价值 VMP_L 将仅因运输成本的节约而变化。用等式表示就是：

$$VMP_L = (P - t_u)MP_L \tag{3.17}$$

当 u 增加时，价格 $P - t_u$ 将减少，于是土地的边际产出价值 VMP_L 也减少，如果土地的边际生产力 MP_L 不变，则土地的边际产出价值 VMP_L 将随距离的增加而线性减少，如图 3.2 所示。但是，如果土地的出价随 u 的减少而增加，并且非土地投入的价格不变，则土地比其他投入变得越来越贵。如果允许土地和非土地之间进行替换，那么生产者就会在 u 减少时用非土地投入来代替土地投入。但若存在边际生产力递减，则土地的边际生产力会因使用土地减少而增加。所以，土地的边际产出价值不仅由于 u 的减少而增加，而且也由于土地的边际生产力的增加而增加。如果各种要素均按其边际产出价值支付，那么在离中心商务区的距离减少时，企业的租金出价曲线的增加就会大于线性增加。租金出价曲线的形状就类似于租金梯度曲线的形状，这样得到的租金梯度曲线仍然是企业租金出价曲线的包络线。

当企业向中心商务区移动越近时，往往使用更多的劳动和资本。非土地与土地要素的替代比率越来越高，一般来说，可以预期，商业企业或办事机构往往设在城市中心，因为使用小块土地建筑的高楼就可以完成许多工作。工业企业一般不能如此有效地使用高层建筑物，因为楼层之间的搬运消耗成本。因此，离中心商务区较远的地方，往往设立工业企业。

按照艾萨德（W Israd, 1975）的观点，决定城市商务用地租金的因素包括：(1) 离城市中心的有效距离；(2) 该区域与潜在消费者的可接近程度；(3) 竞争者数目、区位及竞争程度；(4) 用于单一项目或系列项目的土地之间的接近程度，不论从事什么样的经济活动。这里只考虑距离引起的交通费用对地租和土地利用的影响[①]。

回到阿朗索的条件，在一个具有单个 CBD 的城市，企业也有竞租函数，其水平曲线用于描述同等的利润而非效用的轨迹。在完全竞争条件下，土地将被分配到出价最高的厂商。假设企业利用从要素市场购买的投入集 x 和劳动力 L，生产在中心市场出售的产品 $Z_i(Z_i \in Z)$。设 $s(D)$ 表示位置 D 的交通费用。每个企业在零利润条件下寻找地租的最大化。即：

$$\max p_{hi}$$

s. t.

$$(1) [p_{zi} - s_{zi}(D)]z_i - wL_i - \sum_{j=1}^{m}[p_{xj} - s_{xj}(D)]x_{ji} - p_h \geq 0 \quad (3.18)$$

$$(2) z_i = f(x_i, l, L_i); x_{ij} \geq 0; h = 1.$$

将解出的最优值 L_i^*, x_i^*, z_i^* 代入式（3.18）的（1）式，解出 p_h：

$$\hat{p}_{hi}(D) = [p_{zi} - s_{zi}(D)]z_i^* - wL_i^* - \sum_{i=1}^{m}[p_{xj} - s_{xj}(D)x_j^*]$$

$$\hat{p}_h = \max[\hat{p}_{h1}(D), \cdots, \hat{p}_{hm}] \quad (3.19)$$

对于所有的 x，只要保证 $ds_{xj}/dD > 0$，且 $ds_{zi}/dD > 0$，不难得到 $\partial \hat{p}_h(D)/\partial D < 0$，即竞租函数是距离的减函数。区域化分界线是明显存在的。在产品 i 和 k 之间的边界（$D_i > D_k$），有：

$$\frac{\partial \hat{p}(D)}{\partial D} < \frac{\partial \hat{p}_{hk}(D)}{\partial D} \quad (3.20)$$

即，处在靠近 CBD 中心的企业的竞租函数比在外部的陡峭。

$$\left[\frac{dp_{z_j}(D)}{dD}z_i^* + \sum_{j=1}^{m}\frac{ds_{xj}(D)}{dD}x_{ji}^*\right] > \left[\frac{dp_{zk}(D)}{dD}z_i^* + \sum_{j=1}^{m}\frac{ds_{x_j}(D)}{dD}x_{jk}^*\right] \quad (3.21)$$

这意味着，具有较高的单位面积土地的边际运输费用的生产企业应该更靠近 CBD。

[①] 瓦尔特·艾萨德. 区域科学导论 [M]. 北京：高等教育出版社，1991：1 - 603.

3.2.2 零售商业区位选择模型

下面简单介绍一下零售商业区位选择模型。零售业基本上属于服务性活动，因而必须接近其服务的人口。零售业需要具有购买力的人口，大量的低收入者或少量的高收入者是不够的。零售业的区位要求总结在式（3.22）中：

$$P_{ij}^t = \frac{\dfrac{S_j^t}{T_{ij}^{ht}}}{\sum_{j=1}^{J} \dfrac{S_j^t}{T_{ij}^{ht}}} \tag{3.22}$$

式中，P_{ij}^t——居住在区位 i 的人到区位 j 购买商品 t 的可能性；S_j^t——在区位 j 的 t 商品零售活动规模度量，如销售额、营业面积，或雇佣人数；T_{ij}——i 区位到 j 区位的距离，通常用时间度量；ht——距离衰减或购买 t 商品的不方便因素度量。

公式（3.22）说明，居住在 i 地的人到区位 j 购物的可能性是直接与 j 点的零售业规模成正比的，与两地之间的距离成反比。各区位零售业的竞争反映在分母中。P_{ij}^t 越大，说明在 j 区位设立 t 商品零售店的合理性越大。

对于区位决策来说，p_{ij}^t 是决定区位 j 是否合适的第一步骤。适合与否还取决于收入、人口和收入中花在零售商品上的比例。把这些因素引进来，建立起方程：

$$SP_j^t = \sum_{i=1}^{I} P_{ij}^t (POP_i) \cdot (INCOME_i) \cdot (MPC_i^t) \tag{3.23}$$

式中，SP_j^t——区位 j 上 t 商品的销售潜力；P_{ij}^t——前面计算的购买 t 商品的可能性；POP_i——区位 i 的总人口；$INCOME_i$——区位 i 人均可供支出的收入；MPC_i^t——i 区位的人在总支出中对 t 商品消费的边际偏好。

一个区位的人口、收入和偏好对销售潜力的影响都是成正比例的。这就是说，人们到 j 去购买 t 商品的可能性越高，潜力就越大。类似的，每个区位的收入越高，花费在 t 商品的收入比例越高，j 区位 t 商品的销售潜力就越大。不同类型的商品将在不同的区位被买卖。例如，对低价值商品，如面包、牛奶，我们可预料其距离衰减参数 h 很高，因而其市场范围是狭小的，其区位要求最大限度地靠近其服务人口。高价值商品市场范围大，往往趋向于中心区位（城市中心或地区中心）。

3.3 居住区位与企业区位的结合

现在来看在同一个城市内居住与厂商区位选择结合起来的情况。让家庭和企业在同一城市（地区）为土地出价，家庭和企业要在接近中心商务区与更便宜的土地之间进行权衡。家庭的租金出价函数可以用类似于企业的租金出价函数的方法建立起来。任意距离上，土地由出价最高的出价者使用。

图 3.3 和图 3.4 给出了居住区位和企业区位相结合时的土地使用模式①。图 3.3 表示了交错的租金出价函数。从中心商务区到距离 u_1 归出价者 B_1 使用，从 u_1 到 u_2 归出价者 B_2 使用，u_2 以外归出价者 B_3 使用。城市土地使用模式是围绕中心商务区的同心圆状，内环是商务区，中环是工业区，外环是住宅区，如图 3.4 所示。

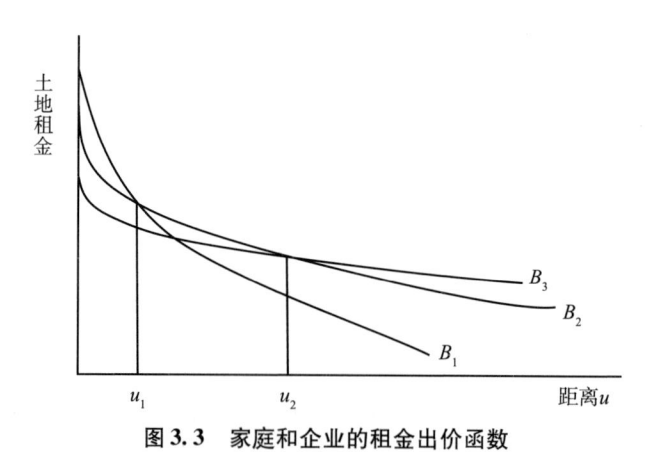

图 3.3　家庭和企业的租金出价函数

资料来源：沃纳·赫希. 城市经济学［M］. 刘世庆, 等译. 北京：中国社会科学出版社，1987：76.

---

① 沃纳·赫希. 城市经济学［M］. 刘世庆, 等译. 北京：中国社会科学出版社，1987：76.

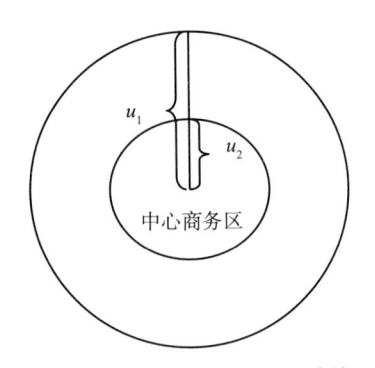

图 3.4　不同的租金出价函数产生的城市土地使用同心环状模式

资料来源：沃纳·赫希. 城市经济学[M]. 刘世庆，等译. 北京：中国社会科学出版社，1987：76.

米尔斯（Mills）对企业与家庭区位之间的相互作用进行了很有意义的解释。假定企业通过 CBD 输出产品，工人每天乘车上下班。另一个选择，企业的产品不必运送到 CBD，生产可以分散在工人的家庭附近，则相应的，工人不需要每天乘车上下班。斜率的问题在于：运送工人和运送产品哪个更便宜？米尔斯指出，行之有效的是由市场来分配每个区域的区位；而且仅当运送工人比运送他们的产品更便宜时，把工厂配置在 CBD 附近。米尔斯注意到最近 100 多年来运送商品的费用较之工人每日搭车上下班的费用持续下降，从而得出了就业应向居住地分散的结论。

沿袭竞租函数方法，则各类住户、各类产业的竞标地租曲线的斜率在城市土地利用的均衡中具有十分重要的意义。从住户的竞租函数看，影响竞标曲线斜率的最主要因素是边际交通费用；而在不同类型的住户中，高收入者比低收入者的竞标曲线平缓，这可以从一定意义上解释西方国家高收入者为什么常常居住在低收入者外围的问题。从各类产业分析上看，一般来说，工业企业的敏感性较之商务活动要小，所以商业位于靠近城市中心的地带，而工业则选择较远的区位。据此可以给出一个单中心的城市土地利用模型，[①] 如图 3.5 所示。在图 3.5 中，由市中心向外依次为中心商业区、多户住宅或公寓用地、工业用地、独户住宅用地和农业用地。

---

① 安虎森. 区域经济学通论[M]. 北京：经济科学出版社，2004：609.

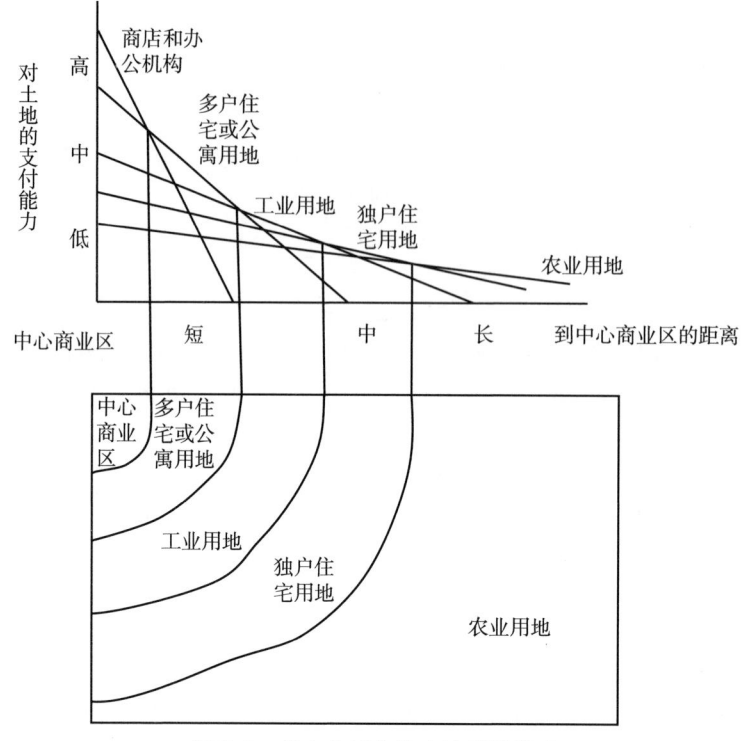

图 3.5 单中心城市的土地利用模式

资料来源：安虎森. 区域经济学通论［M］. 北京：经济科学出版社，2004：609.

第4章

城市规模经济理论

城市规模经济问题是城市经济学里经典的研究课题，对城市规模经济的理论研究为数众多。在纷繁复杂的理论研究中，有两条清晰的既相互区别又相互联系的主线：一是寻求理想的城市规模，二是探讨城市之间规模分布的规律性。

4.1 城市最佳规模理论

20世纪60年代经济学家提出"最佳城市规模"（optimal city size），最佳城市规模问题是城市化过程中的一个重要的理论与现实问题，以集聚经济理论为理论基础，包括最小成本分析和成本—效益分析等，在现代城市总体布局中常运用城市最佳规模理论。

4.1.1 成本效益理论

同微观领域的企业一样，城市也存在规模经济与规模不经济问题，有集聚效益和规模效益。西方城市经济学家对城市规模的研究通常围绕成本—效益分析展开。

阿朗索的成本—效益分析可以代表一般城市经济学家对城市最佳规模的研究思路：集聚经济带来城市规模的扩大，空间集聚效益并不总是随着集聚规模的扩大而递增，开始时城市集聚经济创造出正的外部性，当城市的规模一旦超过一定的限度，反而将带来集聚效应的下降，造成负的外部性，当城市集聚效益与外部成本之差最大时，城市规模经济的转折点即为城市最佳规模。阿朗索（1964）建立了城市集聚经济与城市人口规模间的二次函数模型，用来度量最佳城市规模。[①]

阿朗索（1971）就城市规模提出了一种综合个人成本、公共成本、社会成本与效益的分析曲线。[②] 他假定成本和效益的变化只同城市规模有关，同城市的形式和密集程度等无关。图4.1中，AC是平均成本曲线，MC是边际成本曲线，成本曲线综合个人成本、公共成本和社会成本，按人口计算的平均成本，随人口的增长先有一些下降，然后开始上升。AB是平均效益曲线，MB是边际效益曲线，效益曲线综合考虑了对于住户的优先权益，集聚的社会和私人效益，大城市中为消费者服务的广大范围，以及适用于制造业和商业的各种集聚经济。在他的分析中，平均成本与平均效益的交点对应的城市规模P_n点对全社会而言并不是城市最佳规模，它是符合城市居民意愿的最佳城市规模。对全社会而言，边际成本与边际效益曲线的交点对应的城市规模P_0是城市的最佳规模，超过此点，人口增加带来的追加成本都将大于追加效益，如果不加控制，人口增长将达到平均效益与平均成本相等所对应的P_n点上，因此任何城市的平均规模总要大于最佳规模。[③]

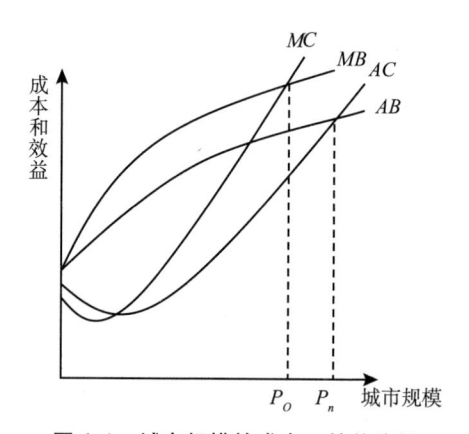

图4.1 城市规模的成本—效益分析

资料来源：艾伦·埃文斯.城市经济学［M］.甘士杰，等译.上海：上海远东出版社，1987：86.

[①] 金相郁.最佳城市规模理论与实证分析：以中国三大直辖市为例［J］.上海经济研究，2004（7）：38.

[②] Alonso W. The Economics of Urban Size［J］. Papers of the Regional Science Association, 1971, 26（1）：67–83.

[③] 艾伦·埃文斯.城市经济［M］.甘士杰，等译.上海：上海远东出版社，1987：86–88.

阿朗索的模型建立在微观经济分析框架之上，他综合考虑了成本和效益因素，但集聚经济的度量在现实中存在一定难度。米尔斯（Mills，1967）、穆特（Muth，1969）、德·萨尔沃（De Salvo，1977）、藤田（Fujita，1989）及其他经济学家们丰富和发展了此领域的研究。

巴顿（Button，1976）也就城市规模的成本—效益在理论上进行了经济学探讨。[①] 他分别从城市行政管理、私人成本与效益、最佳城市工业人口规模三方面分析了城市规模的成本与效益。尽管考虑的变量因素各不相同，从市政服务的人均费用，私人的平均生活费用和合并平均效益，到商品生产成本和收入，此三者均得出了相类似的变化趋势。即随着城市人口增加，城市规模扩大，效益开始增加，当达到一定城市规模后效益趋于下降。

巴顿专注于与城市规模相关的私人成本与效益研究，他的城市规模成本—效益曲线基于几个前提假设：与城市生活相关的费用和效益随人口数量多少变化，不考虑人口密度和地理面积等的影响；城市的实际布局与特性应与城市的历史发展与年代有所关联，在分析时有所简化；没有考虑其他城市的邻近性和特点。事实上，由于影响城市发展的变量因素太多，巴顿的城市规模成本—效益曲线在现实中可能面临各种形状的改变。

图 4.2 中 *AB* 是合并平均效益曲线，代表每位城市居民获得的包括货币收入和社会福利的平均效益随城市规模的变化情况。*MB* 是边际效益曲线，表示城市每增加一名成员应有的效益。在集聚经济作用下，对于规模较小的城市，由于城市规模扩大而增加的平均效益开始迅速增长，体现在就业人口拥有更高收入和更好的社会福利上，随着城市扩张到一定规模，平均效益和边际效益升势逐渐减弱，最后有所下降。*MC* 是边际费用曲线，*AC* 是城市平均生活费用曲线，费用曲线的基本形状是向上的。城市的平均生活费用在小城市随城市规模增长有所下降，当城市人口达到一定规模，城市通勤带来的交通费用、更高的房价和租金、城市环境问题及城市治安问题等带来一系列费用的增加，两类费用曲线呈上升趋势。比较 *AB* 和 *AC* 曲线可以反映城市居民或移民对城市规模的生活成本与收益判断，比较 *MB* 和 *MC* 能够权衡城市的边际效益与边际成本。

[①] Button K J. Urban Economics：Theory and Policy ［M］. London：Macmillan Press Ltd.，1976：1-218.

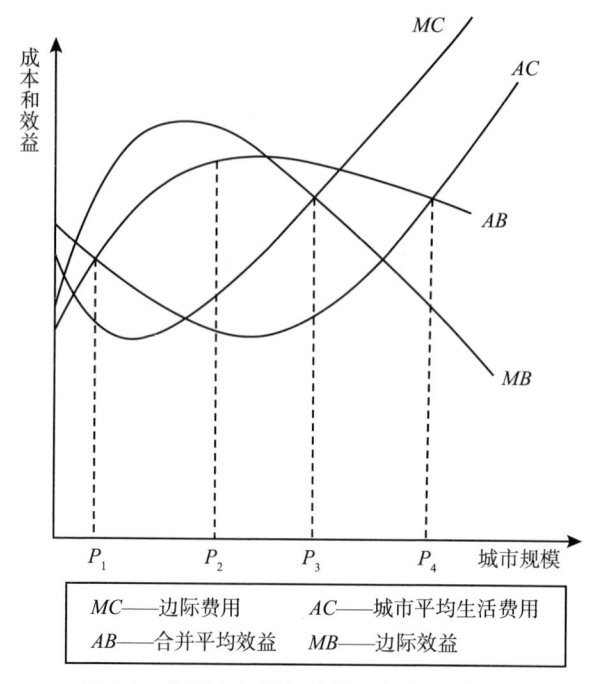

```
                              MC
          成                        AC
          本
          和
          效
          益
                                        AB


                                        MB


              P₁  P₂  P₃  P₄  城市规模

    ┌─────────────────────────────────────┐
    │ MC——边际费用      AC——城市平均生活费用 │
    │ AB——合并平均效益   MB——边际效益       │
    └─────────────────────────────────────┘
```

图 4.2　与城市规模相关的私人成本与效益

资料来源：K. J. 巴顿. 城市经济学：理论和政策 [M]. 北京：商务印书馆，1984：92.

P_1 是平均效益曲线与平均费用曲线交接之处（$AC=AB$）所对应的城市规模，代表城市最小规模的人口，城市人口少于 P_1 是不经济的，因为城市生活的平均费用大于平均效益。P_2 是城市生活每人净效益最高时的规模，此时平均生活费用与平均效益相距最远，城市规模符合每一现有居民的最大纯效益，对城市居民来说是理想规模，但并非稳定的平衡。人口迁入城市的边际效益大于边际费用，会吸引移民迁入该城市。P_3 为城市化所得到的总的纯效益最高时的规模（$MC=MB$），此时社会效益最高，超过这一点后边际费用 MC 大于边际效益 MB，人口继续增加将降低现有居民的福利。但城市生活平均费用 AC 低于合并平均效益 AB，人口可能继续集中和增长。P_4 为平均效益曲线与平均费用曲线第二次交接之处（$AC=AB$）所对应的城市规模，居民的效益和平均费用获得平衡，最佳规模达到下限，人口进一步增长超出最佳规模就会出现不经济。

4.1.2 最小成本理论

最小成本理论认为最佳城市规模是人均成本的函数，二者之间呈现U字形关系。至于人均成本的范畴，有不同的口径，主要包括市政服务费用、城市运输成本等。如苏联的达维多维奇在《城市和区域规划》（1964年）一书[①]中提出研究城市合理规模，要考虑三个方面的要求：考虑生产布局的经济合理性、城市的卫生条件和服务设施、城市公用事业建设和经营费用的合理性，其中又以城市公用事业建设和经营费用的合理性为重点，通过计算不同人口规模下一个城市在市政设施上的基建投资及5年、10年、20年内的经营费用的"综合费用"，来判定城市最佳规模。美国的莫里尔（R L Morrill，1974）在《社会的空间组织》一书中也涉及城市合理规模问题。他得出结论：中等规模的城市比特大巨型城市和小城镇更为有效，当一个城市达到25万~35万人口规模时，才能成为某种相对独立的、为一定地区服务的中心，才能维持较高质量的文化和教育设施，才能吸引现代化工业，同时又能避免特大巨型城市的严重社会弊病和拥挤。而人口规模在20万~200万这一范围的城市，可能是最具有吸引力的。[②]

巴顿（1976）在分析市政管理意义上和企业意义上城市规模最佳选择时采用了最小成本法。政府要求降低市政服务的人均费用，这一费用曲线呈现"U形"，在城市扩展之初是下降的，当达到某种最低水平之后就开始上升。曲线的最低点代表的最低成本就是行政管理上的城市最佳规模。巴顿意识到由于各个国家和地区的市政组合情况悬殊，形成普遍适用的行政管理上的城市规模最佳选择比较困难，并且完全把城市公用事业的效率当作最佳城市规模的指针，这一做法值得商榷。

企业对于城市规模考虑的是商品的成本效益随不同人口规模发生的变化。图4.3是一个简单的图示，在商品价格不随人口规模变化的前提下，价格曲线 TR 呈现水平，商品成本曲线 TC 呈现 U 形，U 形谷底的最低成本点就是最佳城市规模。这里进行的是成本效益分析，因为假定商品价格 TR 保持不变，商品成本是唯一的变量，也可视为最小成本分析。当然，巴顿认为经验分

---

① 城市规划译文集1 [M]. 北京：中国建筑工业出版社，1981：序言.
② 城市规划译文集1 [M]. 北京：中国建筑工业出版社，1981：2-16.

析的结果有所不同,其显示为 TR 曲线是向上倾斜的,现实中的城市最佳规模略大于 P_1 点。

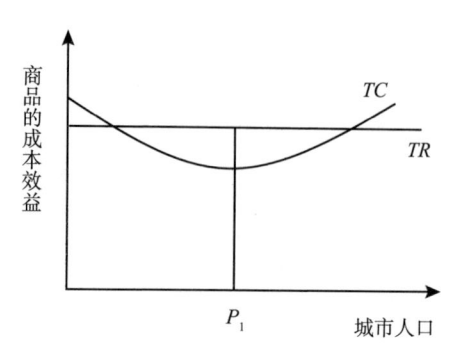

图 4.3 与企业相关的城市规模分析

资料来源:作者自绘。

最小成本理论采用不同的成本口径、分析对象、分析方法会导致不同的结果。在成本口径选择中,该理论更多是从城市在建设造价和经营费用上的经济性去考虑,而不是基于整个国民经济的效果出发来考虑。并且,最佳城市规模并不单纯是公共成本的函数,也会受到社会偏好函数的影响,如果排除非经济因素,有学者认为这是评价城市最佳规模的片面观点。而且,厂商的效益主要取决于城市中工业的部门结构、企业大小、技术水平和生产组织等因素,而不在于城市规模的大小。而且,最小成本理论不考虑城市规模效益,效益也是城市规模的函数。尽管存在诸多缺陷,最小成本分析由于具有简单、可操作性而被广泛应用。

4.1.3 其他角度的分析

除了单纯的成本效益分析,西方经济学家们还从多种角度去衡量城市规模。

波兰城市经济学专家马列士在《城市建设经济》(1963)一书中以"门槛"理论作为衡量城市发展规模的合理限度。他认为,由于城市所处的地理环境不同,随着人口增长、城市用地扩大,会有各种阻碍城市往某一方向发展的限制因素。这些限制大体可分为三种:地理环境的限制、基本的工程管网铺设技术的限制、发展需要而必须对城市的结构或某一部分进行改造带来的限制。这些限制并非绝对无法克服，为了克服其中任何一个限制，都需要增加基建投资。这种基建投资不是如一般城市扩建那样按比例地增长，而是突增。"门槛"就是指城市发展中的这种限制，要建造城市规模跨越"门槛"的服务设施所需的基本建设投资是一次性的。跨越"门槛"后，增加单位居民所增加的投资会下降。城市在两个"门槛"之间发展比较容易，所需投资较低，然而城市发展接近下一个"门槛"时，经济管理部门往往倾向控制城市发展，避免作克服"门槛"的一次性巨额投资。在实际中，控制城市发展是非常困难的，为了节省投资，不去克服"门槛"，城市往往增加建筑密度，使城市拥挤不堪，从而造成生活居住标准下降，甚至危及居民的健康和安全。此时，迫使经济管理部门做出跨越"门槛"的解救办法，如图4.4所示。[①]

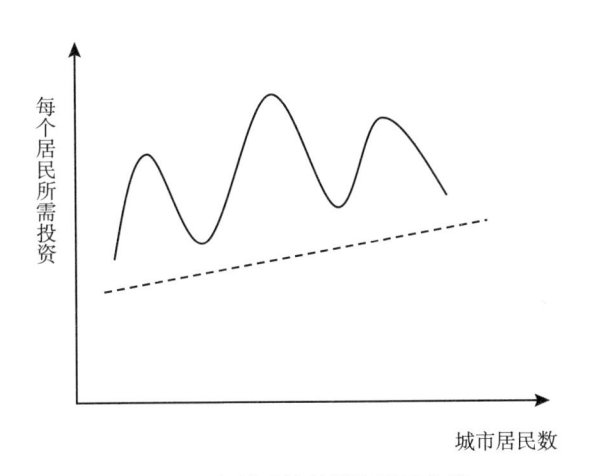

图4.4 门槛理论的投资增长曲线

资料来源：《城市合理规模》课题调研组. 研究城镇合理规模的理论与方法 [M]. 南京：南京大学出版社，1986：9-10.

由于"门槛"理论的作用，城市太小居民不可能享受齐全的服务设施，而在太大的城市里居民生活的生物环境和社会条件有所恶化，并且继续发展所需的城市造价越来越高。在实际应用中，人们通过研究"门槛"来确定一个

[①] 《城镇合理规模》课题调研组. 研究城镇合理规模的理论与方法 [M]. 南京：南京大学出版社，1986：9-10.

城市在一定时期之内规模的合理界限，使城市既能满足居民的需求，又避免超越"门槛"，过于增加投资。

从城市功能角度看，苏联的霍列夫在1975年发表的《城市问题》一书中，提出决定城市规模的首要因素是城市在国民经济中的职能，可以对城市按其职能进行分类，并确定每类城市相应的典型规模。工业城市的合理规模，主要决定于该城市工业的专业性质和配套情况。地区性行政管理中心城市的合理规模，主要取决于其影响地区的人口规模和服务半径，应采用不同的方法。休疗养城市的规模取决于休疗养者的数量。从市政事业的经济性、居民的卫生条件和文化福利设施的要求分析，也必须根据城市不同的职能而区别对待。[①] 罗富珍（Fu-chen Lo）和卡迈勒·萨利赫（Kamal Salih）在1978年共同撰写的文献中也指出了最佳城市规模和不同的城市机能阶段、城市规模效率之间的关系。城市主要具有农村机能的时候，城市机能效率集中在农村服务，并具有农业城市的最佳城市规模。随着城市规模的扩大，城市规模具有以制造业为主的效率。当城市化水平不断提高，城市规模日益扩大，就会出现以服务业为主的最佳城市规模。因而，城市在主要提供农业服务机能、制造业服务机能和第三产业服务机能的不同阶段，最佳城市规模都会不同。[②]

亨德森（Henderson，1974）的模型分析也得出了城市最佳规模取决于职能的结论。[③] 他的模型假设外部经济与一个城市内特定产业的地理集中相关，而外部不经济则与城市规模相关，综合外部经济、外部不经济两股力量的净效应就是城市居民的效用，代表城市居民的福利。这个效用函数受到人口规模的影响，如图4.5所示，二者之间呈现倒U形关系。从图4.5中可以看出A点是最佳规模点，城市规模在A点与B点之间是比较合理的。这里的分析似乎在重复上文提到的成本效益和最小成本方法，其实不然，亨德森将城市最佳规模研究引向城市功能。

---

① 城市规划译文集1 [M]. 北京：中国建筑工业出版社，1981：7-8.
② 金相郁. 最佳城市规模理论与实证分析：以中国三大直辖市为例 [J]. 上海经济研究，2004（7）：37.
③ J V Henderson. The Sizes and Types of Cities [J]. The American Economic Review，1974，64（4）：640-656.

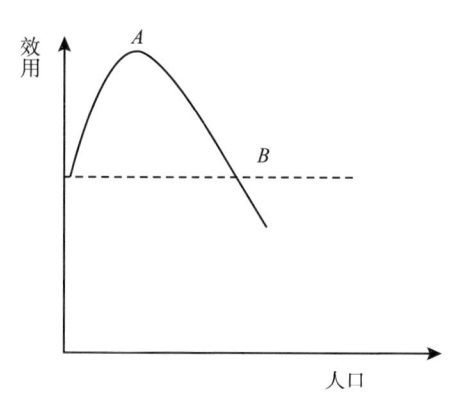

图 4.5 亨德森的城市规模与效用

资料来源：作者自绘。

亨德森认为，由于城市规模具有不经济性，把不存在相互溢出的产业放到一起通常就产生不了外部经济，所以城市应专注于某些能产生外部经济的产业或部分，而不同产业和部分的外部经济差异很大，功能差异导致城市最佳规模差异悬殊。在他的模型中，"城市公司"不断将大量人口迁移到新城，直到各种功能的城市达到最佳规模时，各个城市代表性居民的福利就处于同一水平，即各城市具有相同效用。亨德森提出，"城市规模的不同是由于它们专门化生产不同的贸易商品，然后出口到其他城市或经济体去。如果这些商品涉及不同程度的规模经济，那么城市的规模大小就会由于不同城市能支持不同水平的交通成本和拥挤成本而不同。"如图 4.6 所示，两条曲线代表功能不同的两个城

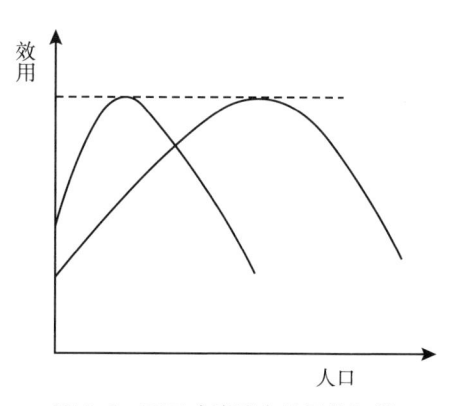

图 4.6 不同功能城市的最佳规模

资料来源：藤田昌久，保罗·R. 克鲁格曼，安东尼·J. 维纳布尔斯. 空间经济学——城市、区域与国际贸易 [M]. 梁琦，译. 北京：中国人民大学出版社，2005：24–26.

市的居民效用随城市规模变化的情况。换言之，不同功能的城市具有不同的最佳规模。亨德森的模型解释了现实中城市实际规模范围十分广泛而没有缩小的迹象。①

西方城市经济学家也从生活质量指数和人口增长率角度衡量城市最佳规模。美国的吉布森（J E Gibson，1977）认为，3 万人的城镇规模可以称为是适合"人的尺度"的"自然规模"，城市提供给人们满意的环境，人与人之间可以普遍地直接交往。如果城镇规模超过 5 万人，人们对城镇的"控制感"开始消失，容易造成城市居民精神上的孤立，但获得更多的工作和金钱，更富于多样化。当城市规模达到 25 万人左右时，人们就会开始享受"大城市的好处"。更大规模的城市可能会供给更高水平的一些服务，从而可能会提高城市居民的生活质量。按城市的"自然规模"的概念，如果不考虑经济因素，则不超过 5 万人口的小城镇是适当的；但从经济及其他因素考虑，一个新建的独立城市的最佳规模应为 20 万～200 万人，而以 80 万～120 万人为最好。当然，城市的"自然规模"是个动态概念，3 万～5 万人口远远低于现实城市生活中符合"人的尺度"的"自然规模"。此外，要进行生活质量指数的测量也具有一定的难度。②

4.1.4 批判与发展

对城市最佳规模理论的研究还在不断地丰富和发展中，同时，传统的城市最佳规模理论遭遇了来自理论界和现实中的各种置疑和批评。

首先，吉尔伯特（Gilbert A，1976）认为成本—收益理论的限度是总成本和总生产的度量，实际上这两种综合性的变量需要考虑所有复杂的因素，难于进行定量分析。上述大部分最佳城市规模理论都在一定的假设下才能得出其结果，并且，其分析也是静态的。城市经济是一个不断发展的动态过程，城市存在于相互联系的环境中。相反，最佳城市规模理论没有就城市所处的空间背景进行动态分析。其次，正如理查德森（Richardson，1972）所说，之所以城市规模的传统理论与现实之间存在矛盾，因为它没有充分考虑其他能够解释城市集聚经济的因素。如果城市之间是相互区别、各具特色的，最佳城市规模也应

---

① 藤田昌久，保罗·R. 克鲁格曼，安东尼·J. 维纳布尔斯. 空间经济学——城市、区域与国际贸易 [M]. 梁琦，译. 北京：中国人民大学出版社，2005：24－26.

② J E Gibson, Designting the New City: A Systematic Approach [M]. New York: John Wiley & Sons, 1977: 166-167.

该是不同的。亨德森（1985，1996）也提出，城市拥有不同的功能和专业特点，新古典方法在经济计量分析中用同一个城市生产函数来估计所有城市的最佳规模必定受限。此外，城市规模不仅与集聚经济有关，还同产业多样化程度和城市中工厂的平均规模等有关。奇尼兹（Chinitz，1961）就对城市生产力因素主要依托于城市物质规模的说法表示怀疑。相反，他强调城市生产系统的多样性与竞争力对城市生产力的作用。

最佳城市规模理论面临的最大挑战来自于现实的城市规模增长。根据各种最佳城市规模理论，城市规模增长到达一定水平之后，其规模应该缩小，但是，现实中城市人口的持续增加与城市规模的不断扩大成为全球的发展趋势，如何判定城市最佳规模，人们对这一问题的疑惑长期得不到准确的解答。

显然，城市最佳规模理论更加适合单一城市分析，以克里斯泰勒模型为逻辑基础的新古典城市范式从城市等级体系角度对此领域进行了拓展性研究，这在其他章节将进行专门介绍。在对最佳城市规模理论批判的基础上，一些学者通过运用"城市生命周期"理论来充实最佳城市规模理论的静态框架，一些学者认为城市规模变化并不是以人口为基础的静态过程，而是以城市网络为基础的动态过程，并提出"城市网络理论"。

城市网络理论（urban network theory）认为，在城市中，经济部门、物力部门和社会部门三种部门的相互作用和相互发展的效益和成本决定最佳城市规模。城市网络理论打破了城市规模与城市功能的必然联系，认为在大的城市中心，规模并非是要素生产力与集聚经济的唯一决定因素。高等级城市功能以及城市体系网络的整合同样极为重要地解释着城市的规模。即使在小城市，这些因素都可能帮助获得规模经济。[①]

罗伯塔·卡皮娄（Roberta Capello）和罗伯塔·卡马格尼（Roberto Camagni）结合城市网络理论于2000年提出了"有效规模"（efficient city size）理论。[②]他们希望建立一个超越新古典理论限制的理论框架，认为除了规模之外，城市的产业特征及其与外界的联系程度同样是关系到城市良性成长的重要因素。并以58座意大利城市为对象展开实证分析，得出了在不同的规模级别、产业特征、对

[①] 朱玮，王德. 从"最佳规模"到"有效规模"[J]. 城市规划，2003（3）：91–96.
[②] Roberta Capello, Roberto Camagni. Beyond Optimal City Size: An Evaluation of Alternative Urban Growth Patterns [J]. Urban Studies, 2000, 37 (9): 1479–1496.

外联系程度下,城市规模变化所带来的正负效应改变及相关规律,如表4.1所示。

表4.1 城市效益与城市负载

	经济与物质环境的交互作用	经济与社会环境的交互作用	社会与物质环境的交互作用
城市效益	有效能源使用;有效非再生资源使用;使用城市环境资源的规模经济性	优质住房、熟练的工作、社会设施、社会交往、教育设施、健康设施等因素的可达性	作为社会设施的绿地;绿地中的居住类设施;城市环境设施的可达性
城市负载	自然资源的消耗;能源使用强度;水体、空气污染;绿地损耗;交通拥挤;噪音	由城市高地租引起的郊区化、劳动力市场的社会摩擦、新贫困	城市健康问题;对历史建筑的破坏;文化历史的遗失

资料来源:朱玮,王德. 从"最佳规模"到"有效规模"[J]. 城市规划,2003(3):91-96.

在他们的研究中,综合考虑了物质环境、经济环境和社会环境三个方面的相互作用,以及引发的正向外部性和负向外部性,或者说效益与成本。对于城市集聚经济与不经济的度量采用计量经济模型,对效益、成本方程进行拟合,得出不同的城市规模等级、不同的功能类型、不同的网络整合程度三个特定环境下的城市效益与负载的规模弹性。式(4.1)、式(4.2)是平均城市效益与平均城市负载的对数方程式。通过式(4.1)、式(4.2)可以推导出城市效益的规模弹性 e_D 和城市负载的规模弹性。从式(4.3)可以看出规模效益弹性与各个城市规模、经济功能、网络整合度几个变量之间的关系。

$$\ln ALB = \ln \eta + \alpha_1 \ln D + \alpha_2 \ln FUN + \alpha_3 \ln NET$$
$$= \beta_1 \frac{1}{2}(\ln D)^2 + \beta_2 \frac{1}{2}(\ln FUN) + \beta_3 \frac{1}{2}(\ln NET)^2$$
$$+ \delta_1 (\ln D)(\ln FUN) + \delta_2 (\ln D)(\ln NET)$$
$$+ \delta_3 (\ln D)(\ln FUN)(\ln NET) \quad (4.1)$$

$$\ln ALC = \ln \eta + \alpha_1 \ln D + \alpha_2 \ln FUN + \alpha_3 \ln NET$$
$$= \beta_1 \frac{1}{2}(\ln D)^2 + \beta_2 \frac{1}{2}(\ln FUN) + \beta_3 \frac{1}{2}(\ln NET)^2$$
$$+ \delta_1 (\ln D)(\ln FUN) + \delta_2 (\ln D)(\ln NET)$$
$$+ \delta_3 (\ln D)(\ln FUN)(\ln NET) \quad (4.2)$$

$$e_D = \alpha_1 + \beta_1 \ln D + \delta_1 \ln FUN + \delta_2 \ln NET \quad (4.3)$$

式中，e_D——城市效益的规模弹性系数；ALB——平均城市效益；ALC——平均城市负载；D——规模；FUN——产业；NET——网络特征；δ_1、δ_2、δ_3、α_1、α_2、α_3、β_1、β_2、β_3、η——参数。

图 4.7 的结论表明，最佳城市规模理论依然有效，城市效益随规模增加经历由增到减的过程，城市负载曲线则表现为由减到增；较高层次的产业特征可以带来更多的城市效益，负载的变化随着高等级职能比重的上升经历着逐渐趋缓的上升过程，因为高等级职能更加重视环境问题；网络外部效应的存在使城市效益随着网络整合度的提高由降为升，也使城市负载呈现逐渐趋缓的上升态势。对城市规模做单方面的有效性评价是不够的，城市的专业化水平和城市体系的网络整合程度同样不可忽视，要从"最佳规模"到"有效规模"。规模经济在一定的城市尺度下会转化为规模不经济，这就需要结构上的转换来提高城市功能的级别。

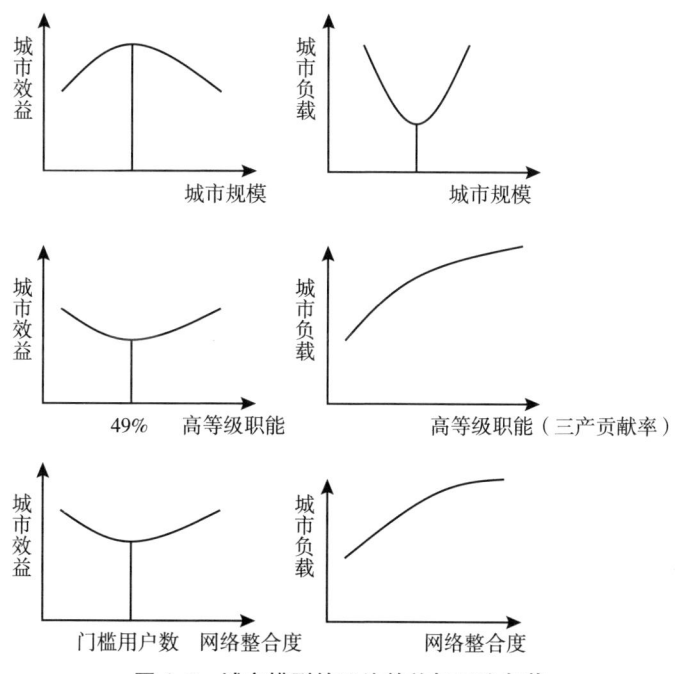

图 4.7 城市模型的平均效益与平均负载

资料来源：朱玮，王德. 从"最佳规模"到"有效规模"[J]. 城市规划, 2003（3）: 95. 作者在此基础上进行了修改。

城市规模是西方城市经济学界研究的古老课题，对城市最优规模的争论一直没有停息，因为"最优"意味着要进行价值判断。现实中城市规模越来越大，何种规模才是城市最优规模？很难得到一个普遍适用的标准。很可能城市规模本身并无所谓最佳规模状态，只有一系列的合理规模，而每一个合理规模都适用于我们所研究的城市的特性。而且，城市合理规模也并非固定不变的，它与一个国家的生产力发展水平和科学技术水平有着密切的关系，受到生产性质、自然条件、规划布局、服务设施等多种因素的影响，物质技术条件变化了，"合理规模"的概念也将随之而变化，即合理规模存在于一个合理的区间内并且随时间、地点而变化。

4.2 城市规模分布理论

所谓城市规模分布，是指一个国家或区域内，城市人口规模的层次分布，通过城市规模分布的研究可以明确城市从大到小的序列与其人口规模的关系。西方城市经济学家关于城市规模分布的研究主要围绕着城市规模的首位式分布（primary law）和序列式分布（rank size rule）两个经验分析法则而展开，在城市首位式分布方面具有代表性的是杰佛逊的城市首位律，在序列式分布方面以奥埃贝奇序列分布法则、捷夫法则最为典型。杰佛逊和捷夫指出了城市规模结构的一般形式，帕累托则引进了变量指数，使模型具有更大的一般性和适用性。

4.2.1 城市首位律

马克·杰佛逊（Mark Jefferson）于1939年提出了城市首位律或称首位城市法则（the law of the primate city），用来解释拥有一个国家的大量人口，具有雄厚经济实力的首位城市的发展趋势，城市首位律是城市规模分布的早期理论之一。

城市首位律将首位城市（the primate city）定义为：是一个国家的"领导城市"，通常在规模上超乎寻常的大，而且体现了一个国家的智能与情感。有人将首位城市定义为在一国中规模最大的城市，这种定义其实没有反映出首位城市的真正含义，规模最大的城市和第二位城市比较而言，规模不一定"超乎寻常的大"。现在人们常常将首位城市概念泛化到一般区域分析中，把一个区域中规模最大的城市称为首位城市。

杰佛逊对世界上51个国家的资料进行了分析，发现一个国家的首位城市，其规模往往比其他城市大得多，首位城市通常是第二位城市规模的两倍或两倍以上，并且在经济、文化、政治等方面具有重要性。首位城市通常是一国的首都，例如，阿根廷的首都布宜诺斯艾利斯，另外一个极好的首位城市的例子就是巴黎。当然也有例外，在巴西首位城市是圣保罗，而首都是巴西利亚。

他认为，在一个国家（区域）城市发展的特定阶段，某个城市由于具有固有的优势得到持续发展，起先成为经济中心，以后又往往形成政治中心，从而拥有最优越的社会服务设施和更多的就业机会，并吸引了大量人口，从而普遍地形成了首位分布的城市网络。首位城市在国民经济中占优势地位，它们的规模和能力成为强有力的牵引器，吸引外来人口到这个城市定居，并使首位城市相对于其他更小的城市来说变得更大。

通常采用首位度的概念来衡量首位城市的地位，所谓首位度就是首位城市与第二大城市的人口比值。后来学者们又提出了四城市指数和十一城市指数概念，分别表示第一大城市与第二、三、四大城市的人口比值；第一大城市人口的两倍与第二大城市人口到第十一大城市人口之和的比值。式（4.4）和式（4.5）中，P_1，P_2，…，P_{11}为城镇体系中按人口规模从大到小排序后某位次城市的人口规模。在现实应用中，我们可以采用首位度、四城市指数和十一城市指数来衡量人口在首位城市的集中程度。

$$四城市指数\ S = P_1/(P_2 + P_3 + P_4) \tag{4.4}$$

$$十一城市指数\ S = 2P_1/(P_2 + P_3 + \cdots + P_{11}) \tag{4.5}$$

4.2.2 城市金字塔

在一定的区域范围内，不同规模的城市数量是不同的，城市规模与城市数目之间存在一定的关系。按照城市规模将城市分为不同的等级，城市规模与城市数目成反比，规模越大的城市数量越少，规模越小的城市数量越多，城市位序排列犹如金字塔，塔顶是一国（区域）内的首位城市或少数大城市，塔基是众多的小城镇，而相应城市的人口数目则以倒金字塔排列。这就是城市金字塔规律，它解释了城市体系内城市等级规模与城市数量之间的关联。克里斯泰勒在中心地理论中提出了这一规律。每一规模级城市数与其上一规模级城市数相除的商可用 K 值来表示。西方经济学家对 K 值是否是常数持有不同观点，如中心地理论提出 K 值是常数，也有人认为 K 值是个变量。对城市规模等级划分的间距不同，会得出不同的结论。在现实应用中，通过比较不同国家、不同区域的城市金字塔形态，可以比较其城市等级规模差异或变动趋势；也可以比较同一区域不同时段的城市金字塔，可以分析出这一区域等级规模的变动趋势。

4.2.3 位序—规模法则

位序—规模法则（rank size rule）是一个城市的规模及该城市在一国所有城市按人口规模排序中的位序关系之间的规律，解释了城市位序与城市人口之间的关联。最早由奥埃贝奇提出，经过罗特卡、辛格、捷夫等人得以完善。

早在 1913 年，德国学者奥埃贝奇（F Auerbach）通过对美国及欧洲五国城市规模分布的分析后，提出了区域内城市按人口规模呈有规律的序列分布法则，即城市的位序—规模法则。这说明城市规模分布接近帕累托分布。卡洛尔（G R Carroll）认为这是一种限制性的位序—规模法则。

$$P_i R_i = K \tag{4.6}$$

式中，P_i——第 i 位城市的人口；R_i——按城市人口规模从大到小排列的城市位序；K——常数。

罗特卡（A J Lotka）于 1925 年对美国 100 多个城市进行研究，发现美国的城市体系符合以下公式。其贡献在于对位序变量允许有一个指数。

$$P_i R_i^{0.93} = 5000000 \tag{4.7}$$

式中，P_i——第 i 位城市的人口；R_i——按城市人口规模从大到小排列的城市位序。

1936 年辛格（H W Singer）提出了一般转换公式：

$$\ln R_i = \ln K - q(\ln P_i) \tag{4.8}$$

$$R_i P_i^q = K \tag{4.9}$$

捷夫法则（Zipf's law）是著名的有关城市规模分布的法则，也叫位序—规模分布（rank-size distribution），由哈佛大学教授捷夫（George Kingsley Zipf，1949）提出。捷夫的位序—规模法则用来解释一国中不同规模的城市的存在。他采用1940年美国的都市区人口进行数据分析，虽然考虑的城市个体是自然边界而不是政治边界意义上的，捷夫认为行政区边界的城市满足同样的等式。他认为第二位城市及其后更小的城市应当同最大规模城市保持一定的比例关系。以下公式是一个简单的示意。例如，如果一国的最大城市有居民1000000人，其位序 r 为1，人口是 P_1；第二位城市位序为2，应当有第一大城市的一半人口，P_2 为500000，第三位城市有第一位城市的三分之一人口，P_3 是333333，第四位城市有第一城市的四分之一人口，P_4 等于250000，按照城市位序以此类推。因此，依照捷夫法则，正常的首位度应当是2，四城市指数和十一城市指数都应该是1，指标高于这一些数值说明人口集中在首位城市的特征相当明显，指标过低说明人口集中程度不明显或者属于双中心格局。将这一函数落到横坐标为位序、纵坐标为人口数的坐标轴上，将各点连接起来，会得到一条曲线，如图4.8所示。

$$P_i = P_1/i \tag{4.10}$$

式中，P_i——第 i 位城市的人口；P_1——最大城市的人口；i——按城市规模从大到小排列的城市位序。

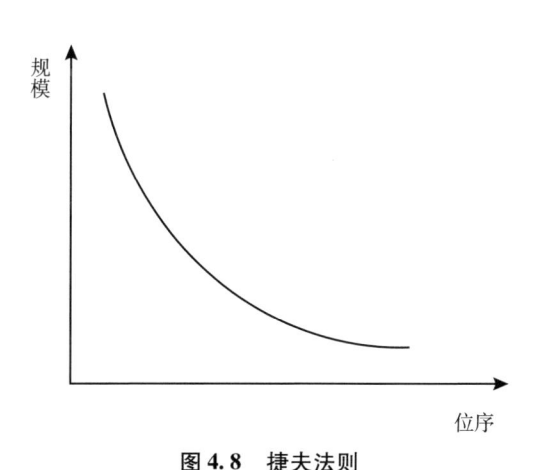

图4.8 捷夫法则

资料来源：作者自绘。

虽然捷夫并非最早提出位序—规模法则的西方学者,但捷夫法则在理论研究中被广泛运用,它也引发了更多学者对位序—规模问题的思考,后来者对这一法则进行了各种变形。现在我们所熟知的城市规模的位序—规模模式如式(4.11)所示,实质是修正后通用的城市规模分布模式,是捷夫模式的推广。当 $q=1$,城市呈有规则的序列式分布,即等级规模分布,捷夫模式就是 $q=1$ 时的理想状态;当 $q<1$,呈序列式分布,中间序列的城市比较发达,且 q 值越小特征越明显;当 $q>1$,则呈现首位型分布,且 q 越大,首位城市特征越突出;当 $q=0$ 或趋向无穷大时,表示所有城市一般大或只有一个城市。当然,这种情况在现实社会极少出现。[①]

$$P_i R_i^q = P_1 \text{ 或 } P_i = P_1 R_i^{-q} \tag{4.11}$$

式中,$P_1 \geq P_2 \geq P_3 \geq P_4 \geq \cdots \geq P_i \geq \cdots \geq P_n$;$i$——城市位序;$P_i$——按人口计量的第 i 位城市的规模;R_i——按城市人口规模从大到小排列的城市位序;P_1——最大城市的人口;q——参数。

对式(4.11)进行以 10 为底的对数转换:

$$\ln P_i = \ln P_1 - q(\ln R_i) \tag{4.12}$$

如果对城市规模位序的公式取自然对数,即式(4.12)的结果以图表的形式表达出来,这就是位序—规模分布。图 4.9 是捷夫于 1949 年对美国城市 1940 年做的位序—规模分布图,函数为 $\ln Y = 7.05 - 0.98 \ln X$($Y = P_i$,$X = R_i$),这里的 $q \approx 1$。当城市等级足够多时,城市规模分布在双对数坐标图上形成一条直线,这种关系就称为捷夫法则。捷夫对美国 1790~1930 年人口大于 2500 人的城市进行统计分析,发现美国的城市体系基本符合位序—规模分布,历年的城市规模分布曲线接近于直线。图 4.10 中,印度在 1911 年、1931 年两年的城市规模分布也验证了捷夫法则的有效性。

---

① 彭震伟. 区域研究与区域规划 [M]. 上海:同济大学出版社,2004:1-157.

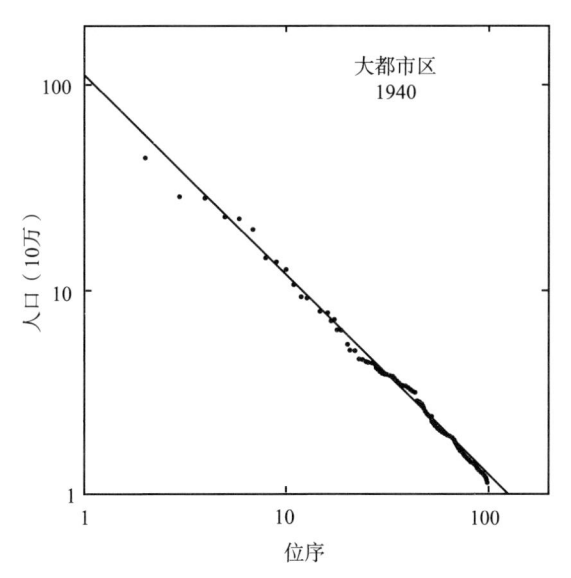

图 4.9 捷夫法则的位序—规模分布（对数级）

资料来源：Zipf, George K. Human Behavior and the Principle of Least Effort [M]. Cambridge, Mass：Addison – Wesley, 1949.

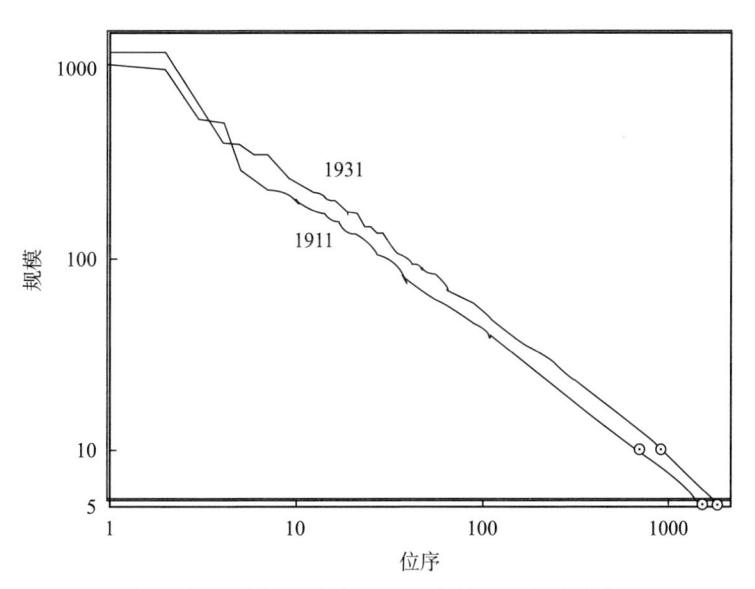

图 4.10 印度 1911 年、1931 年的城市规模分布

资料来源：Zipf, George K. Human Behavior and the Principle of Least Effort [M]. Cambridge, Mass：Addison – Wesley, 1949.

此外，对于位序—规模法则，城市经济学中还经常用帕累托（Pareto）公式来表示。帕累托公式引进了变量指数，使模型具有更大的一般性和适用性。帕累托分布描述了某一确定的城市规模水平 $\bar{P}$ 以上的城市规模分布，其数学表达式为：

$$N(\bar{p}) = AP^{-d} \quad (d > 0) \quad (4.13)$$

位序—规模分布说明城市的规模分布可以用一个幂律（power law）很好地描述出来，这里，$N(\bar{p})$ 是在 $\bar{P}$ 临界值以上的城市累计数百分比，也就是大于门槛规模的城市数量，P 代表城市人口规模，A、d 为参数。其相应的自然对数形式为：

$$\ln N(\bar{p}) = \ln A - d\ln P \quad (4.14)$$

4.2.4 城市等级规模的指数模型

西方经济学对城市规模分布的理论解释在方法论上主要有两类：一类是以数学关系来证明，是以经济联系或经济模型为基础对城市规模分布做出的解释；另一类是不表现出数学关系，后者包括吉布莱特（Gibrat）和西蒙（Simon）的随机模式、Beckman 的城市等级体系模式、机制分析模式等，20 世纪 50 年代后，中心地理论开始影响城市规模分布领域的研究。中心地理论就是典型的城市等级系列模式，贝克曼（M J Beckman）认为中心地等级体系与等级规模法则具有很强的一致性，他于 1958 年提出了建立在中心地理论基础之上的城市等级规模的指数模型。

贝克曼的模型以均质平原为研究对象，建立在中心地理论的两个假设基础之上。

第一，假定城市人口与由它提供服务的市场区人口之间存在一种比例关系，如式（4.15）所示：

这里， $$P_i = kH_i \quad (4.15)$$

式中，i——城市等级；P_i——第 i 级城市人口规模；H_i——第 i 级城市所控制的市场区人口数；k——比例常数，代表居住在城市并获其服务的人口比例。

第二，假定在城市体系中，除了等级最低的城市外，每一规模级城市人口将包括次一级城市的人口，每一等级城市都为一定数量的更低等级城市（腹地范围）服务，即各级城市及其腹地范围数都按照相同的比例增减。例如，i 级城市能支配 S 个 $i-1$ 级城市及其腹地，则每个 $i-1$ 级城市所支配的 $i-2$ 级城

市及其腹地亦为 S 个。

$$H_i = P_i + SH_{i-1} \tag{4.16}$$

将式（4.15）代入式（4.16），可见：

$$H_i = kH_i + SH_{i-1}$$

$$H_i = \frac{S}{1-k}H_{i-1}$$

而 $H_{i-1} = \frac{S}{1-k}H_{i-2}$，…，$H_2 = \frac{S}{1-k}H_1$

可以推导出：

$$H_i = \left[\frac{S}{1-k}\right]^{i-1} H_1 \tag{4.17}$$

假定城市体系中最低等级城市的人口数为 P_1，其腹地人口数为 R_1，则这一城市支配和提供服务的市场区人口 H_1 为：

$$H_1 = P_1 + R_1$$

由于 $P_1 = kH_1$

$$H_1 = kH_1 + R_1 = \frac{R_1}{1-k} \tag{4.18}$$

将式（4.18）代入式（4.17），有：

$$H_i = \left[\frac{S}{1-k}\right]^{i-1}\left[\frac{R_1}{1-k}\right] = \frac{S^{i-1}R_1}{(1-k)^i} \tag{4.19}$$

将式（4.19）代入式（4.15），得到：

$$P_i = \frac{kS^{i-1}R_1}{(1-k)^i} \tag{4.20}$$

与奥埃贝奇、捷夫等人的经验分析不同，贝克曼的指数模型采用逻辑推理方式，得出城市人口规模随其在等级体系中序位的升高，呈指数增长的特征。城市体系中的等级越多，城市规模就与连续分布更加一致[1]。

4.2.5　贝里的理论

在 20 世纪五六十年代，西方掀起了解释和检验城市规模分布的高潮，其中具有代表性的是美国的贝里（Berry）。他于 1961 年选取了 38 个不同类型的

---

[1] Richardson H W. Elements of Regional Economics [J]. Revue Conomique, 1969, 53 (1): 318-326.

典型国家,以其中人口在 2 万人以上的 4187 个城市作为研究对象分析其城市规模分布,发现这些城市的规模分布类型各异,城市规模分布与经济发展水平间的关系不尽相同。

图 4.11 中,横坐标代表城市人口规模的对数,纵坐标代表高于某一门槛规模以上城市占总城市数的累计百分比。实际上是将位序—规模分布公式用帕累托分布的方式表示出来,再进行对数变换。贝里在 38 个国家的分析比较中,把国家城市规模分布类型划分为三种:一是符合位序—规模分布,有 13 个国家;二是首位分布,包括 15 个国家;三是其余 10 个国家,城市规模分布特征介于前二者之间。贝里把这种差异同经济发展水平联系起来,他认为城市序列大小分布是各种不同的城市发展因素随机结合的结果;而首位型分布是由于个别特强的因素支配城市发展,使原有大小城市不能以相同的增长率扩大的结果。如特强因素随时间推移而消失,由各因素随机结合,导致序列大小出现,从而形成了由首位分布向序列大小分布的演变模式。①

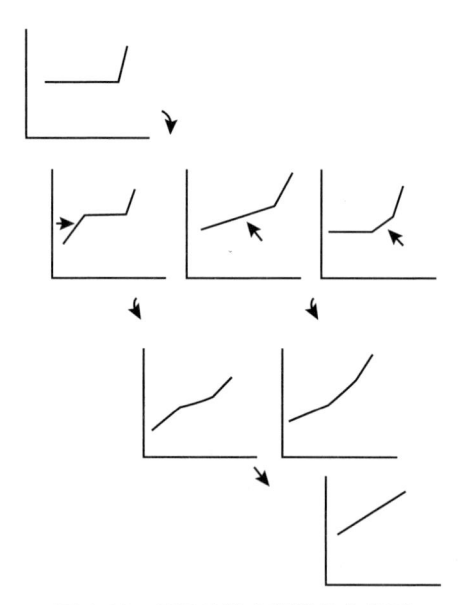

图 4.11 贝里的城市规模分布类型

资料来源:Berry, B J L. City Size Distributions and Economic Development [J]. Economic Development and Cultural Change, 1961, 9 (4): 573–588.

---

① 周一星. 城市地理学 [M]. 北京:商务印书馆,2003:260.

对城市规模分布的理论研究从来没有终止,罗森和雷斯尼克(1980)分析了44个样本国家的指数值,提出位序—规模法则包含着单位数量的帕累托指数,他们发现帕累托分布具有凹性和凸性双重特征,而且超过2/3的国家显示出向上的凹性特征。阿尔佩罗维奇(1984)推出了一系列城市系统与位序—规模法则一致性的检验方法。

第 5 章

城市空间结构理论

城市空间结构由各构成要素在城市地域范围内的有序分布和组合而形成。城市的一切功能活动都是在各类基本城市物质要素相互作用的基础上进行的。在不同的社会经济条件下，城市各要素有着不同的组合方式，从而形成各具特色的城市空间结构形态，也就带来不同的城市空间结构类型。西方城市研究者从不同角度提出了城市空间结构的多种模式。

5.1 西方研究城市空间结构的学派

城市空间结构是城市地理学、城市规划学和城市经济学等多种学科共同关注的重要内容。早期的研究具有空间的非社会性，而现代西方学者对城市空间结构的研究更加重视空间的人本性。

5.1.1 景观学派

西方学者早期对城市空间结构的研究主要是从城市土地利用角度进行的，在这方面的研究取得了相当丰富的研究成果。德国地理学家 O. 施吕特尔于 19 世纪末 20 世纪初提出景观学说，他认为地理学的中心是对可见景观的研究，景观是一个区域结合的外貌单元，其中所有"可以感觉到的"具有地域意义的自然和人文现象，共同形成一种独特的结合，而且人也是景观的一个组成部分。景观学派（landscape school）从"外观"上研究城市空间结构，这集中表现在城市建筑物、道路、河流等的空间配置。城市的形成基础和发展阶段不同,其形态与土地利用结构也不同。严格说景观分析方法属于城市地理学的研究范畴。这种从"景观"上研究城市空间结构的方法,没有涉及作为城市地域结构中的人类活动本身,具有空间的非社会性。后来的城市地域研究转向了以城市社会为对象,说明城市形成发展机制的社会生态学方法逐渐得到认同。

5.1.2 社会生态学派

社会生态学派（socio-ecological school）的代表学派为芝加哥学派,美国芝加哥社会学派的帕克和伯吉斯等人是城市生态学的创始人。人类生态学派的代表人物帕克（R E Park）、麦肯齐（R D McKenzie）、伯吉斯（E W Burgess）等人深受达尔文生物进化论的影响,认为具有空间特色的地域结构是不同社会集团在各种人类活动中的竞争的结果。该学派从城市社会学角度对城市空间结构进行分析,并提出了关于城市空间结构的三大经典理论:同心圆结构、扇形结构、多核心结构。后来学者们提出的区域城市结构、大都市空间结构等都是建立在芝加哥学派研究的基础之上。但是,也有学者认为社会生态学派把人看得过于机械化和一般化,忽视了人类活动背后的文化及传统的影响。

5.1.3 区位论学派

早期的区位论被称为古典区位论,如杜能的农业区位论、韦伯的工业区位论、克里斯泰勒的中心地理论、廖什的市场区位论等。区位论的创始人杜能提出了著名的"孤立国"模式,他发现了围绕消费中心（城市）,农业经营和企业形式按集约化程度的空间排列的原则,认为空间结构将呈现以消费地为中心由内向外的六个同心圆,称为"杜能圈"。克里斯特勒的中心地理论提出了一个理想的六边形空间结构。廖什 1939 年在其出版的重要著作《经济空间秩序》中运用定量分析的方法揭示了城市经济圈的形成过程,即由单一的城市区—城市市场网—城市经济圈的演进过程。20 世纪五六十年代以后,区位论学派（location school）得以快速发展,现代区位论主要包括艾萨德的区位指向理论、胡佛的区位理论等。

5.1.4 行为学派

人们在批评社会生态学方法把人看得过于机械化和一般化的同时，对城市空间结构的研究转向注重人类主观行为的行为论方法，关注空间与个人行为。20 世纪 60 年代，行为学派（behavioral school）引入行为学的理论和方法，注重行为的意识决定过程，研究城市地域空间结构时，尤其注重城市中人的购物和迁居行为。还引进了心理学和行为学的理论和方法，从人们对环境做出空间选择的感应、行为过程的角度，研究城市的空间组织问题，产生了城市地理学的行为学派。后来的学者们又认识到，在行为论方法中只强调了人类活动的主观因素，而忽视了制约人类活动的各种客观因素，因而现代的城市空间结构研究开始考虑产生人类活动各种社会制约的政治、经济制度的结构主义方法，以及考察各种制约条件、动态研究人类活动的时间地理学方法。

5.1.5 结构主义学派

到了 20 世纪 70 年代，结构主义学派（structuralism school）产生。结构主义方法强调要深入城市内部，解读城市社会的背景与文脉，注重研究各种社会制度与城市社会空间结构的相互关系。这一学派又分为制度学派（in-stitutional school）和马克思主义学派（marxism school）。制度学派认为人类行为绝对不是自由的，而是受到社会制度的制约，因此特别注重产生各种社会制度的政治、经济体制对城市空间结构形成的影响。而马克思主义学派则注重社会各阶层之间的力量关系，研究重点在于城市中产生社会不平等现象的政治、经济体制及其对城市空间结构的影响。

5.1.6 时间地理学派

时间地理学派（time-geography school）于 20 世纪 60 年代后期由瑞典地理学家哈格斯坦德提出，并由以他为首的伦德学派发展而成。这一学派注重围绕人们活动的各种制约条件的分析，在时空轴上动态地、连续地描述和解释人类活动对城市空间结构的影响。并且，关心人们的生活质量问题，强调从微观上研究作为个体的人的各种活动，进而为市民提供更加公平合理的城市服务设施配置方案。[1]

5.2 城市空间结构的传统模式

城市空间结构的研究，是随着世界城市化过程而出现和发展的，不同的城市空间结构学说，反映了时代的社会经济背景对城市的影响。西方的城市空间结构理论大体上可以第二次世界大战为界，分为城市空间结构的传统理论和现代理论。本节首先介绍城市空间结构的传统模式。

5.2.1 同心圆模式

美国芝加哥大学社会学教授伯吉斯（Burgess）于1925年提出同心圆城市空间结构理论（concentric zone theory）[2]。在他之前，胡尔德（Hurd）和加平（Garpin）曾分别于1904年和1918年提出过自城市中心向外呈同心圆状推进和沿主要交通线呈放射状推进的构想。

伯吉斯通过对美国芝加哥市的研究，总结出城市社会人口流动对城市空间结构的五种作用力：向心（centralization）；专门化（specialization）；分离（segregation）；离心（decentralization）和向心性离心（centralized decentralization）。在这五种作用力的综合作用下，形成了城市地域的空间结构模式。

伯吉斯认为：城市以不同功能的用地围绕单一的核心，有规则地向外扩展形成同心圆结构（如图 5.1 所示）。这一理论实质上将城市的地域结构划分为中央商务区（CBD）、居住区和通勤区三个同心圆地带。

（1）中央商务区（CBD）：主要由中心商业街、事务所、银行、股票市场、高级购物中心和零售商店组成城市的中心区。

（2）居住区分为三个层次，紧靠中心区的第一圈层为海外移民和贫民居住带；第二圈层为低收入工人居住带；第三圈层为中产阶级居住带。

---

[1] 顾朝林，等. 集聚与扩散——城市空间结构新论 [M]. 南京：东南大学出版社，2000：35-37.
[2] Burgess Watson E. The City [M]. Chicago：University of Chicago Press，1967：1-239.

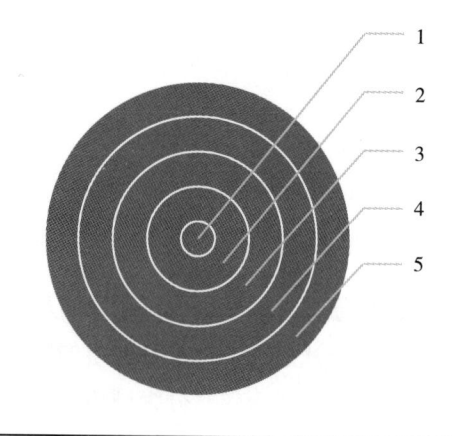

1——中央商务区　2——过渡地带　3——工人家庭带
4——中产阶级住宅区　5——高级住宅带和通勤带

图 5.1　同心圆城市空间结构

资料来源：作者自绘。

（3）通勤区位于居住环境良好的郊区，分布着各种低层高级住宅和娱乐设施，高收入阶层往返于城郊间的通勤区。

从本质上看，伯吉斯的同心圆城市空间结构为城郊二分法，即中央商务区和居住区组成城区，通勤区组成郊区。

同心圆理论认为城市人口迁入及其移动导致城市地域结构分化，由此形成同心圆的城市空间结构。在方法论上，这一理论开始动态地研究城市，注重实证研究方法和社会调查，特别是对城市空间结构进行社会分析。

很显然，伯吉斯的同心圆理论没有考虑交通线对城市空间结构的影响。巴布科克（Babcock）于1932年对这一理论进行了修正，提出了轴向—同心圆的城市空间结构模式（如图5.2所示）。这一模式更进一步考虑运输轴线对同心圆模式的影响，认为城市主要活动沿交通干线分布，商业中心区有沿放射干线延伸形成星状形态的趋势。从图5.2可见，轴向—同心圆结构是同心圆结构沿交通干线扭曲变形而成的[1]。

---

[1] 顾朝林，等. 集聚与扩散——城市空间结构新论 [M]. 南京：东南大学出版社，2000：42.

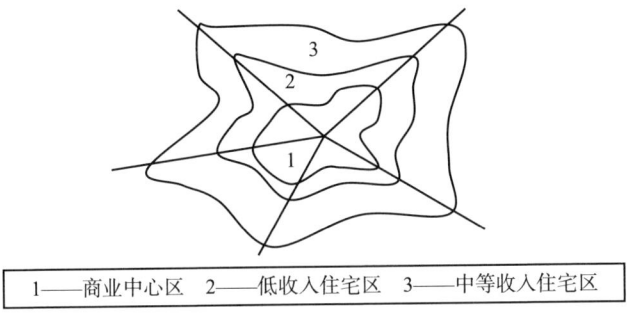

1——商业中心区　2——低收入住宅区　3——中等收入住宅区

图 5.2　轴向—同心圆城市空间结构

资料来源：作者自绘。

5.2.2　霍伊特的扇形模式

1939 年，通过对 142 个北美城市房租的研究和城市地价分布的考察，美国经济学家霍伊特（H Hoyt）提出了关于城市空间结构的扇形理论（sector theory）（如图 5.3 所示）[1]。他认为地价地区从市中心向外呈放射状延伸并在一定的扇形区域内成楔状发展；低地价地区同样也在一定扇面内从中心向外延伸，扇形内部的地价不随离市中心的距离而变动。据此，他得出结论：城市的发展总是从市中心向外沿主要交通干线或沿阻碍最小的路线向外延伸。也就是说，城市

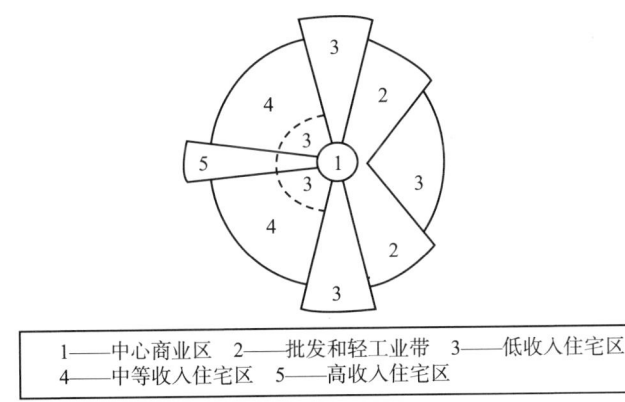

1——中心商业区　2——批发和轻工业带　3——低收入住宅区
4——中等收入住宅区　5——高收入住宅区

图 5.3　扇形城市空间结构

资料来源：H. Hoyt. The Structure and Growth of Residential Neighborhoods in American Cities [M]. Washington D. C.：Federal Housing Administration, 1939.

---

[1]　H Hoyt. The Structure and Growth of Residential Neighborhoods in American Cities [M]. Washington D. C.：Federal Housing Administration, 1939.

地域的某一扇形方向的性质一旦决定,随着城市成长扇形向外扩大以后也不会发生很大变化。

按照霍伊特的扇形理论,城市空间结构被描述为:中央商务区位居中心区;批发和轻工业区沿交通线从市中心向外呈楔状延伸;居住区呈现为由低租金向中租金区的过渡,高房租区沿一条或几条城市交通干道从低房租区开始向郊区呈楔状延伸。可见,扇形理论关注城市中人的社会经济地位及按照不同社会经济地位进行的住宅区划分。

霍伊特的扇形理论虽然强调了交通干线对城市空间结构的影响,但仅仅分析了城区结构形态,而忽略了城区以外广大地域的描述。扇形模式与同心圆模式的最大差异在于扇形模式是针对居住用地,而同心圆模式描述的是城市全域[①]。

5.2.3 哈里斯—乌尔曼多中心模式

1945年,美国地理学者哈里斯(Harris)和乌尔曼(Ullman)在研究不同类型城市的地域结构情况下发现,除CBD为大城市的中心外,还有支配一定地域的其他中心存在(如图5.4所示)。这些核的形成与地域分化的原因是以下四方面及其组合的结果:(1)某些活动需要专门性的便利,如零售业地区在通达性最好的地方、工业需要广阔的土地和便利的交通。(2)由于同类活动因素具有集聚效果而集中。(3)不同类型的活动之间可能产生利益冲突,如工厂和高级住宅区。(4)某些活动负担不起理想区位的高地价。因此,越是大城市其核心就越多、越专门化。行业区位、地价房租、集聚利益和扩散效益是导致城市空间结构分异的主要因素。现代城市正是由于这四种因素的相互作用,以及历史遗留习惯和局部地区的特殊性,导致城市地域多极核心的产生,他们提出了城市空间结构的多核心理论[②](multiple—nuclei theory)。

这一理论认为:城市是由若干不连续的地域所组成,这些地域分别围绕不同的核心而形成和发展。如图5.4所示,中央商务区不一定居城市几何中心,

---

[①] 顾朝林. 城市社会学[M]. 南京:东南大学出版社,2002:125-126.
[②] Chauncy D Harris, Edward L Ullman. The Nature of Cities [J]. The Annals of the American Academy of Political and Social Science,1945,242(1):7-17.

但却是市区交通的焦点；批发和轻工业区虽靠近市中心，但又位于对外交通联系方便的地方；居住区仍分为三类，低级住宅区靠近中央商务区和批发、轻工业区，中级住宅区和高级住宅区为了寻求好的居住环境常常偏向城市的一侧发展，而且它们具有相应的城市次中心；重工业区和卫星城镇则布置在城市的郊区。

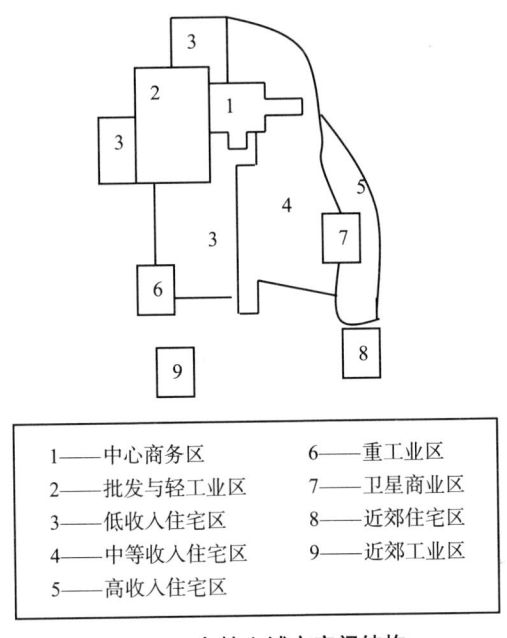

1——中心商务区　　6——重工业区
2——批发与轻工业区　7——卫星商业区
3——低收入住宅区　　8——近郊住宅区
4——中等收入住宅区　9——近郊工业区
5——高收入住宅区

图 5.4　多核心城市空间结构

资料来源：Chauncy D Harris, Edward L Ullman. The Nature of Cities [J]. The Annals of the American Academy of Political and Social Science, 1945, 242 (1): 7-17.

多核心模式与前两个模式相比更具现实性。城市地域里集聚与扩散两种力量相互作用的最后结果通常是多核心结构。这对现代大城市的研究与规划很有启示，因为当今大城市的发展趋势是多核化，城市地域规划的倾向是分散多核型。多核心城市空间结构虽然比较准确地反映了按功能区组织城市空间结构和城市向郊区发展的趋势，比同心圆结构和扇形结构也更接近实际，但这种模式仍偏重于城区内部结构的描述，忽略了对城区外围的深入研究。

5.3 城市空间结构的现代模式

在城市空间结构的三大古典模式中,同心圆、扇形和多核心是社会地区分析和因子生态研究中的一个方面,城市因子生态结构分解后即是同心圆、扇形和局部集中的三种成分,所以说,这三种空间成分是城市空间结构组合的基本因素。城市空间结构的古典模式至今仍然在城市空间结构的理论研究和现实应用中具有重要意义。但是,三种模式研究的对象局限在城市内部空间结构,而且是进行简单的城郊二分法。第二次世界大战以后,各国城市经济得到迅速发展,城区对其周围地区越来越保持着一种非常深刻的相互依存关系。出现了一种新的城市空间结构概念:城市地域。城市与其周围地区之间已经不限于郊区对中心城市的依附关系,而是构成了一个统一的地域。对城市空间结构的研究不再局限于城市内部,西方城市经济学家们开始了城区—边缘区—影响区三分法的探索模式以及更广域的城市空间结构研究[1]。

5.3.1 迪肯森的三地带模式

1947年R. E. 迪肯森(Dikinson)在伯吉斯的同心圆理论基础上,进一步提出三地带理论(three zones theory),即城市空间结构从市中心向外发展按中央地带(central zone)、中间地带(middle zone)和外缘地带(outer zone)或郊区地带(suburban zone)顺序排列,开创了城市边缘区研究的先河。1951年日本也有学者研究城市的人口变化与空间结构关系,并提出了类似的三地带模式;理想城市模式将城市划分为市中心、中心边缘区、中间带、外缘带、近郊区五个区域;大都市地域结构模式将城市分为衰落的中心城市、内郊区、外郊区和城市边缘区四个部分,这些模式的提出进一步发展了三地带学说理论。弗里德曼的城市空间扩展模型则认为城市扩张分为原始城市、边缘启动、副中心形成、巨大城市带四个阶段,并由此引发城市发展中的多中心空间。这些研究的重点主要在于城市内部空间结构在集聚和扩散两种效应作用之下形成的转变。

---

[1] 顾朝林,等. 集聚与扩散——城市空间结构新论 [M]. 南京:东南大学出版社,2000:46.

5.3.2 塔弗的理想城市模式

1963年，塔弗（Taaffe）、加纳（Garner）和蒂托斯（Teatos）根据城市发展从城市社会学角度提出了城市地域理想结构模式（如图5.5所示）。

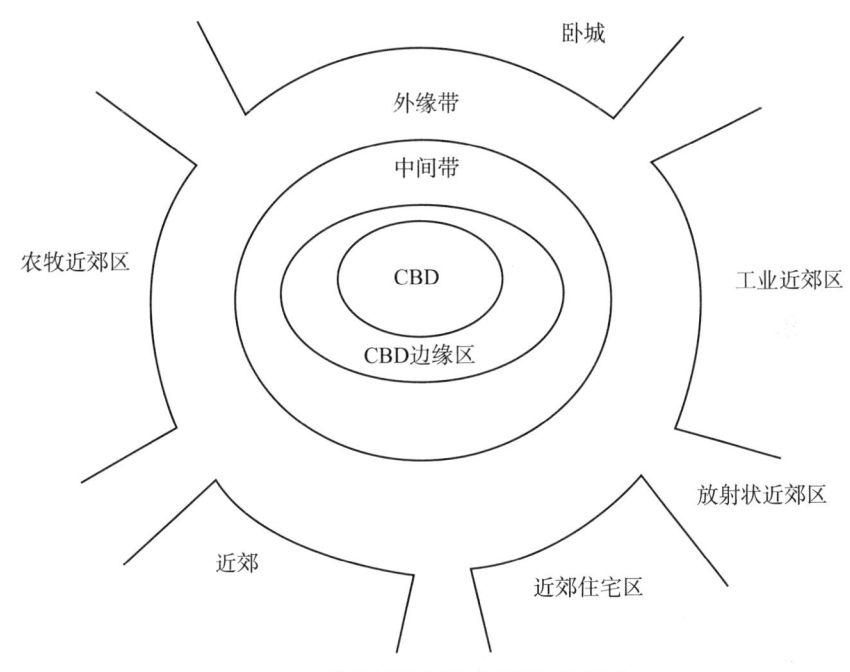

图 5.5 塔弗的城市地域理想结构模式

资料来源：作者自绘。

从图5.5可以看出，塔弗等的城市地域理想结构模式主要由下述五个部分组成：(1) 中央商务区（CBD）。本区由集中的摩天大楼、银行、保险公司的总办事机构、股票交易市场、百货商店和大量的文化娱乐场所组成。(2) 中心边缘区。本区由中央商务区向四周延伸，往往由若干扇面组合而成，商业地段、工业小区和住宅区分布其间。(3) 中间带。本区具有混合型社会经济活动特征，由高级单元住宅区、中级单元住宅区和低级单元住宅区组成，且高密度住宅区距中央商务区较近，低密度住宅区分布在其外围。(4) 外缘带。本区为城市新区，轻工业特别是大耗电和需要大量空间的食品、服装、纺织、日用化工业在该地带逐渐发展；中等收入者多在此拥有独户住宅，形成连片的住宅区；同时，由于环城道路和区域性干道枢纽大多位于这一地带，使之既与市中心保持密切的联系，又具有广阔的用地空间，所以各种中级旅馆、大面积停车场、大型购物中心（超级市场）均分布于此区。（5）近郊区。本区由于城市对外高速公路向外围的辐射，便利的交通条件，逐步形成近郊住宅区、近郊工业区和近郊农牧区等。

5.3.3 麦吉的殖民化城市模式

麦吉（McGee）通过对大量的殖民化城市空间结构研究发现，现代城市是由于前工业社会城市和工业社会城市两种文化相互作用而发展起来的，从他1967年提出的东南亚港口城市空间结构模式（如图5.6所示）可以看出，东南亚的城市在已西方化了的中央商务区和外围商业区之间存在明显的差异，边缘地带的工业区和内城的家庭手工业之间也存在明显的差异，即使在高密度拥挤的商店、街道和舒适的中产阶级居住区之间也仍保留着乡村特点。

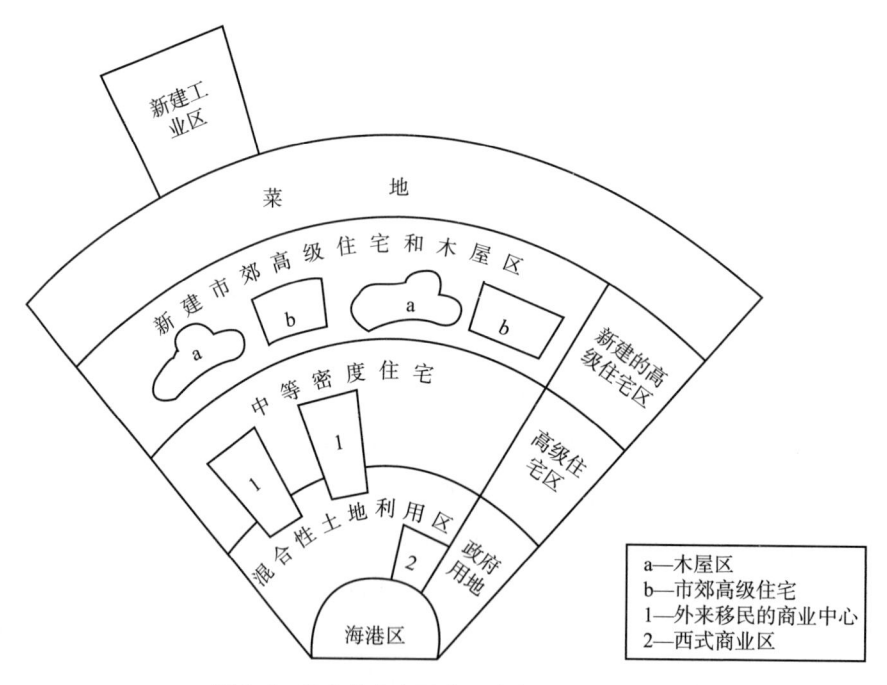

图5.6 麦吉的东南亚港口城市空间结构模式

资料来源：许学强，周一星，宁越敏. 城市地理学 [M]. 北京：高等教育出版社，2003：279. 作者在此基础上自绘而成。

5.3.4 洛斯乌姆的区域城市模式

1975年，洛斯乌姆（Russwurm）在研究了城市地区和乡村腹地以后发现，在城市地区和乡村腹地之间存在着一个连续的统一体，在《城市边缘区和城市影响区》一文中描述了现代社会的区域城市结构。根据他的研究，现代社会的城市空间结构如图5.7所示[①]。

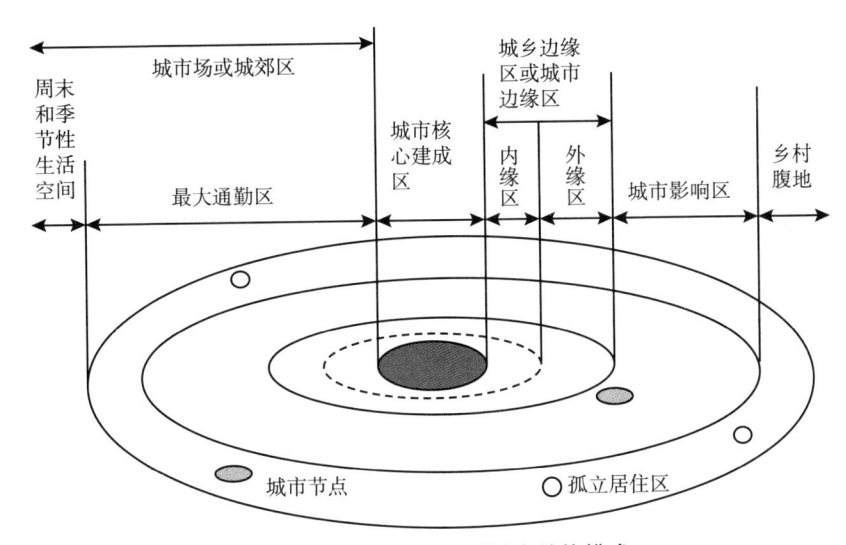

图5.7　洛斯乌姆的区域城市结构模式

资料来源：作者自绘。

（1）城市核心区（cote built-up area）。这一地区大致包含了相当于城市建成区（urban built-up area）和城市新区地带（urban new tract）的范围。城市建成区系指在城市行政辖区内、已建设发展起来的集中连片的非农业生产建设地区。城市新区地带系指与城市建成区相连，由一系列居住新区、工厂、批发商店、港口码头、城市公园和娱乐场所组成的楔状连片地区。这一地区的总特征是它们之中已没有农业用地。

（2）城市边缘区（urban fringe）。这一地区位于城市核心区外围，其土地利用已处于农村转变为城市的高级阶段，是城市发展指向性因素集中渗透的地

---

① 顾朝林，等．集聚与扩散——城市空间结构新论［M］．南京：东南大学出版社，2000：49-50．

带，也是郊区城市化和乡村城市化地区。由于这一地区是一种特定的社会空间结构实体，因此它已发展成为介于城市和乡村间的连续统一体（continuum）。

（3）城市影响区（urban shadow）。这一地区位于城市边缘区外部，从理论上讲，是指城市对其周围地区的投资区位选择、市场分配、产品流通、技术转让、产业扩散等多种经济因素共同作用所波及的最大地域范围。这种区域，由于物资、商品、劳力、金融和信息的向心吸引，从而构成结节区区域整体，表现为距离城市中心愈近影响力愈大，距离愈远影响力愈小，并逐渐过渡到另一个城市影响区的空间结构特征。

（4）乡村腹地（rural hinterland）。这一地区位于城市影响区的外围，由一系列乡村组成，它们受周围多个城市中心的作用，与城市没有明显的内在联系。

5.3.5 穆勒的大都市结构模式

1981年穆勒（Muller）在研究了日益郊区化的大都市地区后，提出郊区小城市（suburban minicity）是一种新因素，代表了郊区范围内的主要核心。他运用万斯（Vance）1977年提出的城市地域（urban realm）概念，对哈里斯和乌尔曼的多核心理论作了进一步的扩展，建立了一种新的大都市空间结构模式[1]（如图5.8所示）。

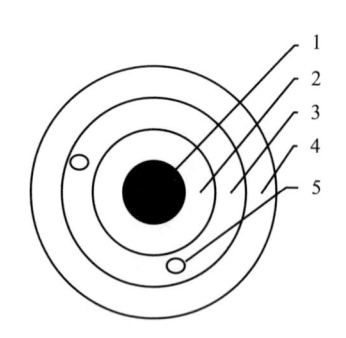

1——衰落的中心城市　2——内郊区　3——外郊区　4——城市边缘区　5——小城市

图5.8　穆勒的大都市地域结构模式

资料来源：作者自绘。

---

[1] 顾朝林，等. 集聚与扩散——城市空间结构新论[M]. 南京：东南大学出版社，2000：50.

穆勒的大都市地域结构模式由四部分组成：(1) 衰落的中心城市（declining central city）；(2) 内郊区（inner suburbs）；(3) 外郊区（outer suburbs）；(4) 城市边缘区（urban fringe）。这一模式与哈里斯—乌尔曼的多核心模式相比，简单地说，可称为多中心城市模式（polycentric city）。在大都市地区，除衰落中的中心城市外，在外郊区正在形成若干个小城市（mini cities），它们依据自然环境、区域交通网络、经济活动的内部区域化（internal regionalization），形成各自特定的城市地域（urban realm），再由这些特定的城市地域组合成大都市地区（metropolitan area）。

5.4 中心商务区

在城市空间结构中，最重要、最受人关注、研究成果最多的莫过于中心商务区。CBD 即 Central Business District，译为中心商务区。最初，CBD 主要是以零售业和服务业为主。随着世界经济的发展，办公事务、金融活动所占地位越来越重要。尤其是近年来，信息产业的迅猛发展更成为 CBD 的主要活动。目前 CBD 的活动包括金融、贸易、信息、展览、会议、经营管理、旅游机构及设施、公寓及配套的商业文化、市政、交通服务设施等，它是城市中上述商务活动和人流最集中、交通最便捷、建筑密度最高、吸引力和服务范围最大的地区，同时它也是地价最高的地区。简言之，现代城市的 CBD 是城市、区域乃至全国经济发展的中枢。因此，研究 CBD 的内涵、发展演变规律及内部结构等问题，是今天城市研究的一个重要课题。

5.4.1 CBD 的理论起源

CBD 最早是由美国学者伯吉斯于 1923 年在其创立的"同心环模式"中提出的。他在研究芝加哥等北美大城市结构形态时，提出城市的同心圆结构，即城市的社会功能环绕中心呈同心圆结构，其中的核心区就叫做 CBD，由此向外依次为转运区、低收入阶级居住区、中产阶级居住区和高收入阶级居住区，共五个圈层。

伯吉斯的"同心圆模式"是在地租理论的基础上通过对社会各阶层的调

查而得出的。地租理论是19世纪古老的土地经济理论,土地的经济地租是指利用土地所得报酬,减去成本后的剩余。最差土地的经济地租为零,一般CBD的经济地租最高,随着离开CBD的距离的增大,经济地租随之递减,在完全竞争的条件下,不同行业的递减速度也不一样,零售业的经济地租递减最快,但其在CBD的经济地租为各行业之冠;服务业和其他行业的递减速度较缓,其中多层和低层住宅为最缓。因此,各种功能的土地利用呈同心圆布局(如图5.9、图5.10所示)。

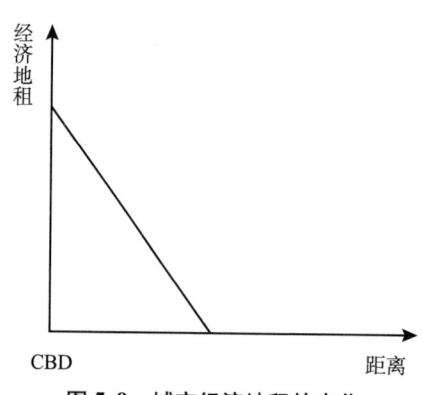

图5.9 城市经济地租的变化

资料来源:作者自绘。

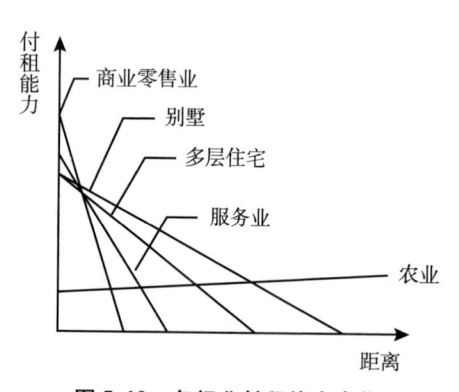

图5.10 各行业付租能力变化

资料来源:作者自绘。

CBD的另一个理论起源是中心地理论。中心地理论是研究区域空间分布的基础理论,它是20世纪30年代由德国地理学家克里斯泰勒在研究德国南部空间分布时创立的。中心地理论认为，中心地是一个地区商品和服务交换的中心市场，它是人类社会由自给自足的农业自然经济社会进入商品经济社会的必然产物，人们的产品除了满足自己生活之外有了剩余，需要和其他的产品进行交换，因此需要一个交换商品的场所，而这个场所往往在一个地区的中心，故名为"中心地"。由于竞争的缘故，中心地按服务范围被分成若干等级，高级中心地为其腹地提供高档商品和服务；低级中心地为其腹地提供低档日用品和服务。由此形成现有的城市和区域分布格局，城市中高级中心地往往发展成CBD或城市中心，低级中心地发展为商业网点或副中心[①]。

5.4.2 CBD 的界定和特征

早期的研究者们认为，CBD 是城市中具有某些特征的不很确定的地区，并不关心给 CBD 下个确切的定义。后来的学者们从 CBD 的形态、内部结构及其变化特征上来分析，试图明确划定 CBD 的界线，但往往因资料不易获取而失败。普劳德富特（Proudfoot）于1937年、奥尔森（Olsson）于1940年采用城市街区中的零售业贸易额、商店租金及临街商店的长度指标来确定 CBD。方法虽然合理，但由于完全真实的贸易额及租金的资料不容易获得，所以问题也很多。

1954 年美国学者墨菲（Murphy）和万斯（Vance）提出了一个比较综合的方法，即将人口密度、车流量、地价等因素综合考虑，那些白天人口密度最大、就业人数最多、地价最高和车流、人流量最大的地区即为 CBD。此方法必须建立在对城市的土地利用进行很细致的调查基础之上[②]。

墨菲和万斯认为地价峰值区（the Peak Land Value Intersection，简写为 PLVI）是 CBD 最明显的特点，在此区的用地称为中心商务用地，其中包括零售和服务业，诸如商店、饭店、旅馆、娱乐业、商业活动及报纸出版业（因为它对商业的影响远大于对制造业的影响），不包括批发业（除少数外）、铁路编组站、工业、居住区、公园、学校、政府机关等。他们在对美国9个城市 CBD 的土地利用进行细致深入的调查后，提出下面的界定指标：

---

① 详见第10章城市体系理论。
② Murphy R E. The Central Business District: A study in Urban Geography [J]. Geografiska Annaler, 1974, 26 (4): 448–460.

中心商务高度指数（Central Business Height Index，CBHI）

$$CBHI = \frac{中心商务区建筑面积总和}{总建筑基底面积}$$

中心商务强度指数（Central Business Intensity Index，CBII）

$$CBII = \frac{中心商务用地建筑面积总和}{总建筑面积} \times 100\%$$

将 $CBHI>1$，$CBII>50\%$ 的地区界定为 CBD。然而，各国城市中心商务用地的划分是不同的。戴蒙德（Daimond）于 1962 年对英国格拉斯哥的调查发现，英国的批发业与顾客关系紧密，常布局在地价峰值区内，属于中心商务用地。而美国城市中的批发业与铁路、高速公路更加密切，因此在墨菲和万斯的分类中，不属于中心商务用地。1959 年戴维斯（Davies）在其对开普敦的研究中认为，墨菲和万斯定义的 CBD 范围太大，应将电影院、旅馆、办公总部、报纸出版业、政府机关等用地排除在外，他提出了"硬核"（hardcore）的概念：即 $CBHI>4$，$CBII>80\%$ 的地区为"硬核"，也就是真正具有实力的 CBD，其余地区则称为"核缘"（core fringe）。

赫伯特（Herbert）和卡特（Carter）进一步提出了中心商务区建筑面积指数比率（Central Business Floorspace Index Ratio，CBI）的概念，将城市的规模、形状及其他有关因素考虑在内，使人们可以用更精确的方法去界定 CBD。许多学者，如卡特和罗利，1966 年在对英国加的夫市的研究中，均将 CBHI、CBII 和 CBI 三指标综合使用，收到了较好的效果，为以后对 CBD 内部结构、演变等的研究奠定了基础[①]。

根据西方学者的研究，CBD 具有以下一些基本特征[②]。

（1）可达性。可达性是 CBD 的最基本的特征，CBD 位于城市的中心位置，从城市的任何一处都可以方便的到达。除此之外，CBD 还是城市的信息中枢，是城市中人与人交换商品、信息和进行各种社会活动的中心。如果说大城市是工业社会的产物，那么 CBD 就是信息社会大城市的产物。

首先，由于 CBD 的这种高效率的特征，它对于商品零售业特别重要。特别是对于一些大型商场和购物中心，这些商店需要大量的顾客才能维持其经

[①] 许学强，周一星，宁越敏. 城市地理学 [M]. 北京：高等教育出版社，2003：228 - 230.
[②] 李芳，等. 国外 CBD 研究及规划实例简介（一）[J]. 城市问题，1994（2）：59 - 64；李芳，等. 国外 CBD 研究及规划实例简介（二）[J]. 城市问题，1994（3）：61 - 65.

营，所以它们往往选择繁华的商业街来建造。相反，一些小型的专营店则因负担不起这么高的地租而纷纷迁往次要的街道，但其中也有一些如珠宝店、金店、名牌时装店、高档家具店仍然留在CBD，一方面因其销售利润高可以负担昂贵的地租，另一方面是因为它们需要在重要地段吸引大量的客流，促其销售。

其次，CBD的可达性对于商务办公非常重要。就像商场要吸引大量顾客一样，商务办公也需要吸引尽可能多的客户。此外，CBD中还有许多可为商务办公服务的律师事务所、广告代理、会计师事务所、银行和保险公司等。与这些人员方便的交往和合作非常重要，如果和他们联系不便则会给生意带来很多麻烦。金融业中的股票交易和期货交易更是需要信息的快速传递和频繁的会晤。另外，CBD之中还有充足的流动人才资源作后盾。所以，许多大公司都把总部设在CBD中并且往往和金融机构集中在一起，形成金融中心与商业街相毗邻的模式。

最后，由于大量的商务机构的积聚，其他服务业如餐饮、美容、理发、宾馆等也纷纷跻身CBD并以那些进入CBD购物和洽谈业务的客户为服务对象。

（2）高密度。各商家竞相抢占对自己有利的地段，造成CBD的商业零售业用地紧张，地价上涨，密度越来越高。在形态上表现为随地价的上涨，建筑的高度和密度也在增长，形成CBD的特有景观，特别是在美国大城市中较为明显，即摩天大楼林立。

追溯美国的发展历史，最早的CBD建设是19世纪70年代的芝加哥。1871年的芝加哥大火造成大量楼房被毁，当地政府为了重建芝加哥，掀起了兴建楼宇的高潮，著名的芝加哥学派提出了结构与功能决定形式与空间的论断，金属框架结构技术的运用使房屋可以造得很高。1900年，钢取代了铁作为结构的抗弯材料，掀起建筑业的一场革命，使建筑摆脱了承重墙的束缚，并爆发了20世纪20年代的现代建筑运动。建筑施工的速度和质量都有了突飞猛进的发展，房子越造越高，20世纪30年代在纽约建成的帝国大厦是当时世界上最高的建筑，高度为381米。建筑技术发展的同时，电梯的技术也发展飞快。直至今天，CBD发展成这种高密度的形态。

在CBD高楼中，不同的楼层其租金也不同，商场往往占据最佳位置而位于裙房部分，其他用户不需要临街招揽顾客，而位于高层部分往往是公寓或写字间（如图5.11所示）。

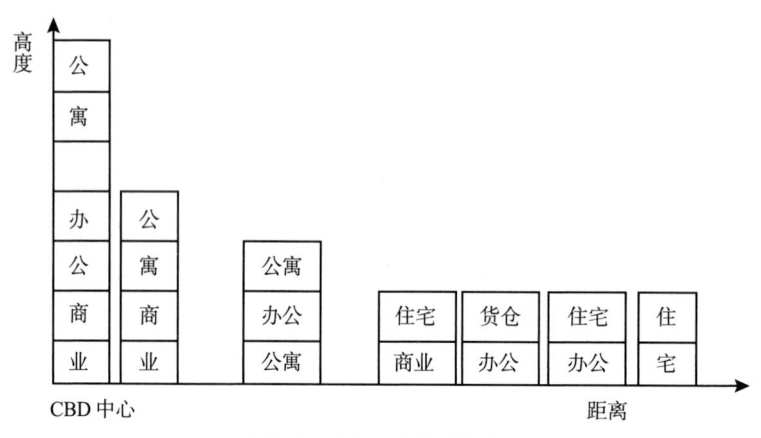

图5.11 CBD垂直功能分布

资料来源：作者自绘。

CBD的高密度也带来了不少问题，其中人员拥挤和交通阻塞是首要矛盾，无论是水平交通还是垂直交通都非常拥挤。电梯的数置一再增加，过去在纽约大约有3万台电梯每天其行程共计20万公里。人行道明显不足，如果所有大楼中的人员同时走到街上，那么人行道只能容纳1/3的人员。除了交通问题，环境问题也日趋严重。由于高层建筑的互相遮挡，大量汽车尾气的排放，使CBD的阳光和新鲜空气成了不可多得的事物。不少写字楼不得不在白天用人工照明。时至今日，CBD的密度还在增加，其引发的一系列问题还没有足够引起一些国家的注意。

（3）行业分区。行业分区是CBD特有的现象，城市中的其他地区则不很明显。CBD并不是一个均质的地区，虽然初看起来，各个行业的混合似乎毫无秩序可言，特别是在一些发展中国家，新老建筑混杂，CBD中还有不少旧厂房和住宅没有迁出。但是从理论上来讲，特别是在一些发达国家，相同行业功能的相对集中有利于效率的提高。以伦敦CBD为例，它的主要金融机构集中在伦敦的中世纪老城和码头区附近；而英国议会和行政管理部门集中在伦敦河上游地区，在以上两者之间是伦敦的商业和娱乐中心。纽约CBD曼哈顿也明显分为两部分，下曼哈顿是金融中心，北曼哈顿是商业娱乐中心。

5.4.3 CBD 的内部结构

1955 年，墨菲、万斯和爱泼斯坦（Epstein）对 CBD 内商务活动的布局进行了研究，认为由于不同区位的便捷性不同，获得的产业利润相异，因此地价不同，这正是造成 CBD 中商务活动空间分布的主要原因。经过对 8 个城市 CBD 的研究得出，若将 CBD 内的商务活动以圈层划分，则第一圈是零售业集中区，以大型百货商场和高档购物商店为主，它们围绕着 PLVI 分布；第二圈是零售服务业，其底层为金融业、高层为办公机构的多层建筑集中区；第三圈以办公机构为主，旅馆也多见；第四圈以商业性较弱的活动为主，如家具店、汽车修理厂、超级商场等需要大面积低价土地的商务活动。他们还进一步指出，CBD 内部的结构还可以更加细致地分析：百货店倾向于聚集在一起；文具店及办公用品商店与办公事务机构集中区联系紧密；律师事务所和房地产公司毗邻法院；低档的活动，如低档剧院、当铺、廉价餐馆及旧服装店在 CBD 边缘互相竞争相对优越的区位，以此获益。

1959 年，斯科特（Scott）对澳大利亚 6 个州府的 CBD 进行了研究。他认为 CBD 的内部结构可分为三大功能圈，即零售业内圈，以百货店和女装店集中为特征；零售业外圈，以杂品店、服务业等专业化较弱的多种零售活动为主；办公事务圈，往往集中大量商务写字楼，紧随 CBD 周围发展。其中，零售业内圈总是环绕 PLVI 及城市的地理中心分布，而零售业外圈并不总是围绕第一圈分布，办公事务圈总在 CBD 的一侧发展。1970 年，斯科特还运用"投标—地租（bid—rent）"曲线的概念来说明 CBD 内部结构中零售业的空间分布，从而证明更广泛的分布与这条曲线的情况类似（如图 5.12 所示）。

1972 年，戴维斯为 CBD 的零售业布局提出了一个结构模式（如图 5.13 所示）。此模式假定零售业为主的区位决策受三个相互独立的便捷性影响而不仅仅是距离一个因子。传统的城市中心购物活动受一般便捷性（general accessibility）影响最大，因而常常与顾客的分布相关，呈圆形以体现其等级状况及相关的潜在利益；其他商务，如汽车修理厂、咖啡馆等与进入市中心的交通干道紧密相关，即受干线便捷性（arterial accessibility）影响最大；一些特殊的功能，如娱乐设施、家具展销店或产品市场等的区位与场地、历史背景或环境条件相关，即受特殊便捷性（special accessibility）影响最大。

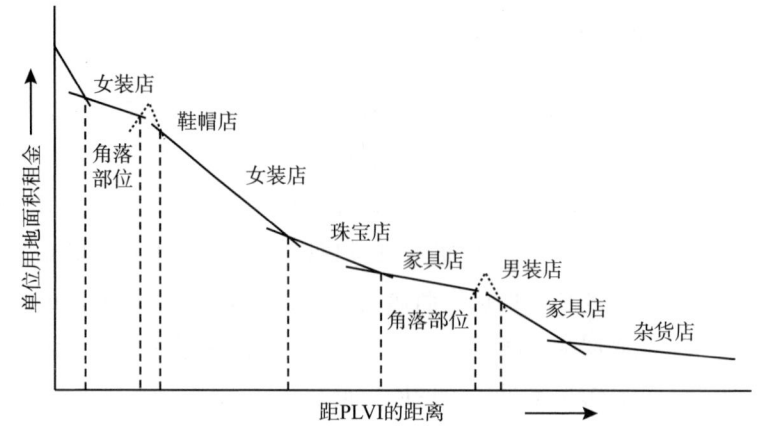

图 5.12 CBD 内部结构中零售业的空间分布

资料来源：许学强，周一星，宁越敏．城市地理学［M］．北京：高等教育出版社，1997：231．

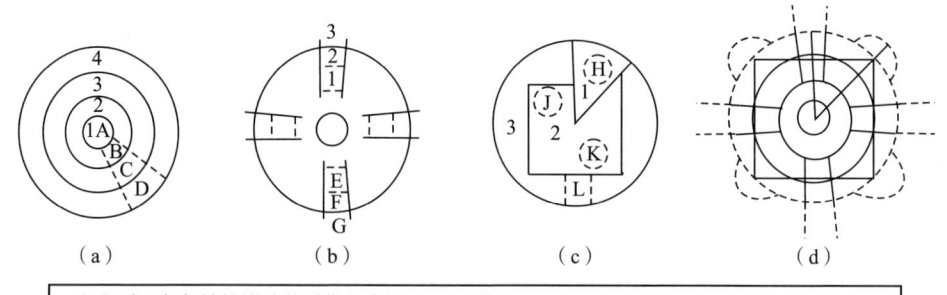

（a）受一般便捷性影响的零售业布局：1——核心；2——地区中心；3——社区中心；4——邻卫中心；A——服装店；B——各种商店；C——礼品店；D——食品店
（b）受干线便捷性影响的零售业布局：1——传统街道；2——干线地带；3——郊区；E——银行；F——咖啡馆；G——汽车修理厂
（c）受特殊便捷性影响的零售业布局：1——高档商店；2——中档商店；3——低档商店；H——娱乐场所；J——市场；K——家具展销店；L——器械店
（d）综合布局模式

图 5.13 戴维斯的 CBD 中零售业布局模式（顺序从左至右）

资料来源：许学强，周一星，宁越敏．城市地理学［M］．北京：高等教育出版社，1997：231．

5.4.4 西方关于 CBD 演变的研究

上述种种方法及模式均是对 CBD 作静态研究。然而，墨菲、万斯和爱泼斯坦于 1955 年提出了一种"短期空间调整过程"理论，通过此过程，CBD 可以在某些方向向前推进，即同化作用圈层，而在其他方向则衰退，即退化作用圈层。典型的同化圈层位于城市中、上层居民住宅区附近，以新颖别致的商店、汽车展销厅、办公机构总部及新饭店的集中发展为特征。反之，退化圈层常邻近工业和批发业，与铁路及下层居民住宅区靠近，且以当铺、廉价服装店、廉价餐馆及汽车站的密集分布为特征。这一理论比较切合实际。

1971年，鲍登（Bowden）将旧金山市CBD的发展分为1850年、1906年及1931年三个时期进行了考察。他采用了贸易指南、照片、报纸及火灾保险图等多种资料，得出了有三种增长方式影响着CBD的空间结构变化的结论。

第一种是在人口增长缓慢的情况下，通过"周边增长"（peripheral accretion）方式，即通过新增加功能圈层或已有圈层向外围的发展来实现。

第二种是"爆发增长"（burst）方式，即在城市快速增长时期，CBD在短期内迅速扩张，这种扩张主要发生在同化圈层，其功能变化的典型过程为：从金融区开始向服装业区扩展，再向旅馆业区扩展，如此循环以达到新的动态平衡。

第三种是"分化"（separation）方式，若城市在一定的时间内保持较高增长速度的话，在此情况下，每一个主要功能将向市中心拥有其运作优势的特定区位发展，零售业可能随着市场的扩展而变化，而商业和公共管理机构及批发业留在原区位，从而造成不同功能圈层更大的空间分化。在多数城市，随着时间的推移，这种分离的状态改变很慢。在特大城市，这种分化的状态将是CBD的固定形态。

5.5　城市内部市场空间结构理论

城市内部的商业布局一般分为三种：（1）多层次商业中心；（2）带状商业网点（购物街和干道商业带）；（3）专业化商业区。城市内部市场空间则是由这三种商业布局组成的复杂的系统结构[①]（如图5.14所示）。西方学者关于城市内部市场空间构成的研究提出的模式主要有加纳的商业中心空间模式和赫夫的商业零售引力模式。

---

① 许学强，周一星，宁越敏. 城市地理学[M]. 北京：高等教育出版社，2003：234.

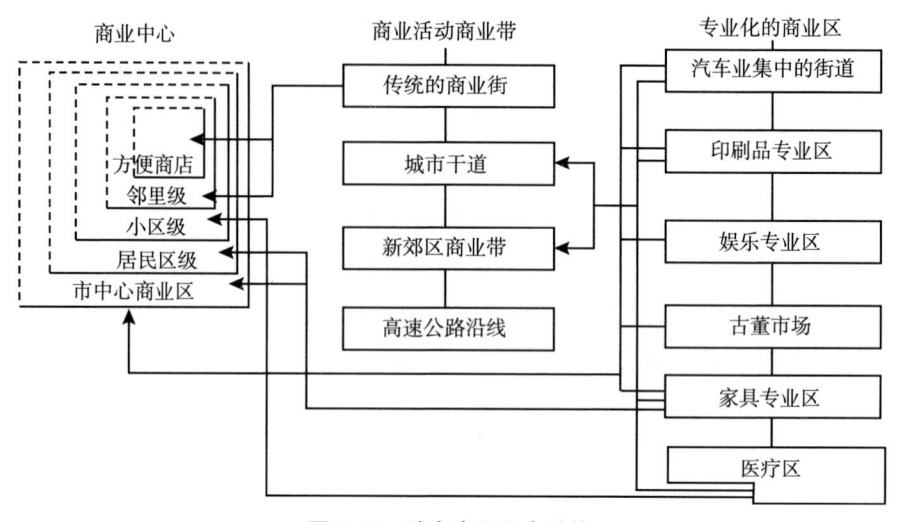

图 5.14 城市商业网点结构

资料来源：许学强，周一星，宁越敏. 城市地理学 [M]. 北京：高等教育出版社，2003：234.

5.5.1 加纳的商业中心空间模式

加纳的商业中心空间模式是在土地价值论的思想基础上于 1966 年建立起来的。他通过对不同门槛职能的投标—地租分析，探讨了商业中心的结构，构造出不同等级商业中心的空间模式（如图 5.15 所示）。模式要点如下[①]。

（1）门槛大小的系列在空间上可以表示为：最高门槛的活动靠近地价峰值区，它占据了地价最高的土地，在它的周围，将按照门槛递减的顺序，依次环绕其他职能活动。

（2）任何商业中心的核心区，总是被那些能够显示商业中心最高级别的职能部门所占据。

（3）随着商业中心级别的提高，低级职能部门占据的位置将越来越被排斥到商业中心的边缘，即地价较低的地方。

（4）在任何一级商业中心的典型职能组内，每一项职能的位置也按照门槛大小的系列排列。如在街区级职能中，门槛最高的活动将占据所有街区级职能中地价最高的土地。

该模式对合理布局城市商业网点有一定指导意义。然而，实际情况却表现

---

① 许学强，周一星，宁越敏. 城市地理学 [M]. 北京：高等教育出版社，2003：235-236.

出商店的位置并不总是与地价峰值区的距离有关，地价也不完全取决于离核心区的距离。还有其他因素影响地价，如土地面积的大小、人口和收入分布、交通和便捷性的不规则状况等。因此，加纳模式具有较大的局限性。

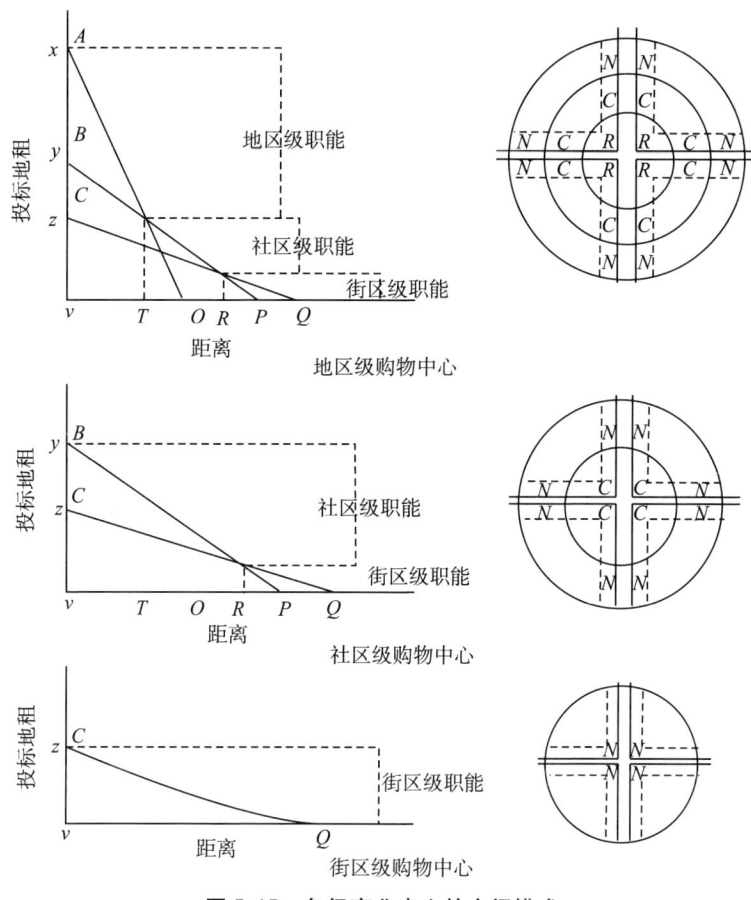

图 5.15　各级商业中心的空间模式

资料来源：许学强，周一星，宁越敏. 城市地理学 [M]. 北京：高等教育出版社，2003：235-238.

5.5.2　赫夫的商业零售引力模式

经研究表明，城市内部不同层次的商业中心和服务范围的结构和空间布局均符合克里斯泰勒的中心地学说，只是由于城市人口比农村人口密集，所以各中心的服务（零售）范围多重叠，且不易确定。1964年，赫夫从概率论角度提出了一个计算商业零售范围的公式，即零售引力模式，并用来区别各重叠的市场空间。

$$P_{Ai} = \frac{\dfrac{S_i}{T_{Ai}}}{\sum_{i=1}^{n} \dfrac{S_i}{T_{Ai}^{\lambda}}}, \quad \sum P_{Ai} = 1.0 \qquad (5.1)$$

式（5.1）中，P_{Ai}——位于 A 区的消费者到零售店 i 的概率，而整个地区共有 r 个零售点；每个店的吸引力分别为 $S_1, \cdots, S_r$；T——交通时间或距离，即 $T_{A1}, \cdots, T_{Ar}$；λ——对交通时间或距离的函数，交通时间愈长或距离愈远，消费者愈不愿光顾此商店。零售店的大小、雇员的多少等可用来代表吸引力 S，不过，应根据引力的重要性对 S 加上权数。

通过式（5.1），便可计算出市内各大小不同的商店群或商业中心对周围地区顾客达成交易的概率（如图 5.16 所示），从而可以了解每一商业中心的顾客来源，并可通过概率等值线（probability contour）的绘制，查出每个居民区对不同的商业中心的等值概率点（indifference points），连点成片，即为每个商业网点的市场区域。应用这个方法，除了可以比较准确地划出城市中重叠的商业中心的服务范围外，还可以将每一居民区的消费能力乘上到每个商业中心的概率，得出 P_{Ai} 所代表的实际金额。设城市内有 N 个居民区，则商业中心 A 的营业总额的预测数便是 $P_{A1} + P_{A2} + \cdots + P_{AN}$ 的总值。

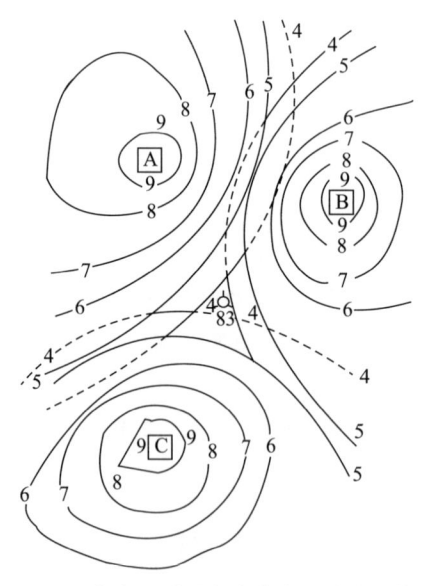

图 5.16　三个中心对顾客达成交易的概率等值线

资料来源：许学强，周一星，宁越敏. 城市地理学［M］. 北京：高等教育出版社，1997：237.

这个模式在大城市规划中也有一定的使用价值,可以用于新商业中心的布点,或规划零售商业的布局。但这个模式也受到一些批评。如理论基础薄弱,基本是一个平衡的模式;不能预测动态变化,只考虑相互作用供应一方,即只考虑消费者对商业中心规模和便捷性的反作用,而对需求一方,如消费者的感应和特征都被忽视了,等等。因此,模式的应用有一定局限性。

需要指出的是,这个模式仅适用于分析同一层次的商业中心的市场区域和预测其营业额,不适用于呈带状的商业网点和面向全市的专门化商业区域,因为这两种非中心形态分布的城市商业,其服务对象既包括全城居民,也包括城市居民以外的游客和郊外居民。因此,有必要采取其他办法来估计市场潜量。其方法主要有上加法和下分法两种。前者首先确定不同专门市场的等级,通过市场调查,找出每一专门市场的顾客平均购买力和潜在顾客人数,两者相乘得出每个等级的专门市场的市场潜量,最后把不同等级的专门市场潜量相加为总市场潜量。下分法则是根据某种标准,估计出整个市场潜量,然后再分配给各个市场。最常用的标准是购买力指数。根据影响购买力的因素,先预测总的购买力,然后根据各商业中心的规模、往年销售额等,把购买力分配给每个商业中心。由于商品或服务性质的不同,两种方法或标准的适用性因行业而异,因此没有通用的模式或方法[①]。

5.6 城市社会空间理论

西方学者对城市社会空间的研究始于美国社会学家史域奇(E Shevky)、威廉斯(M Williams)和贝尔(W Bell)。他们于20世纪40年代末和50年代初分析了洛杉矶和旧金山的社会区,提出了城市社会区理论[②]。

5.6.1 邻里、社区、社会区和社会空间

邻里(neighborhood)是城市社会的基本单位,是相同社会特征的人群的汇集。个人交往的大部分内容在邻里内进行,这种交往只需要步行即可完成,

---

① 许学强,周一星,宁越敏. 城市地理学[M]. 北京:高等教育出版社,2003:238.
② 虞蔚. 城市社会空间结构的研究与预测[J]. 城市规划,1986(6):25-28.

比需要交通工具才能完成的交往要频繁得多，其形式以面对面接触为主。

社区（community）是指占据一定地域，彼此相互作用，不同社会特征的人类生活共同体。社区是一个相对独立的地区性社会，类似植物群落。社区人口之间本质上是一种共生体，有明显的相互依存的关系。社区由邻里构成，但具有比邻里更复杂的动态特征与空间特征。

社会区（social area）是指占据一定地域，具有大致相同生活标准，相同生活方式，以及相同社会地位的同质人口的汇集。社会区人口之间是社会关系。生活在不同社会区的人具有不同的特性、观念和行为。反映在空间上，社会区是由数个社区构成的更大范围的城市均质地域。社会区不同于城市本身有比较明显的空间范围，也不同于多数邻里和社区有固定的地物界线，社会区的边界比较模糊，不易辨认。

社会空间（social space）依学科不同有不同的定义。社会学所指的社会空间，一是英美社会学界的所谓基层社会（substrate society），以涂尔干为代表，指的是社会分化，包括社会地位、宗教和种族的变化；一是法国社会学界有关邻里和人与人的交往的研究，以劳韦（C D Lauwe）为代表。地理学所指的社会空间，近似劳韦的观点，不过有明显的地域意义，最小单位为家庭，较大的为邻里（街坊）、社区，最大的为城市区域甚至国家（如图5.17所示）。城市地理学所研究的社会空间通常包括邻里、社区和社会区三个层次，而以社会区为主。

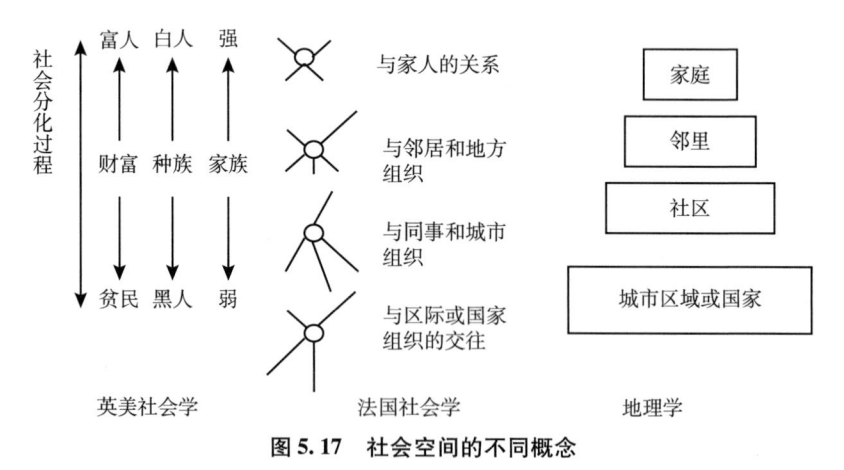

图 5.17　社会空间的不同概念

资料来源：许学强，周一星，宁越敏. 城市地理学[M]. 北京：高等教育出版社，2003：307. 作者在此基础上自绘而成。

5.6.2 史域奇和贝尔的社会区理论

史域奇（Shevky）和贝尔（Bell）的社会区分析的主要内容包括以下几点[①]。

5.6.2.1 形成社会区的主要因素

史域奇和贝尔认为，随着工业社会规模不断扩大和工业化的深入，城市社会出现了三种趋向，导致了社会区的形成（如图5.18所示）。(1) 社会经济关系的深度和广度变化。表现为劳动分工和技术分工的变化，如体力劳动的重要性减弱，而脑力劳动的重要性增强。(2) 功能分化。表现为经济结构的转变，进而使人们的社会地位、经济收入、生活方式、消费类型、对居住环境的

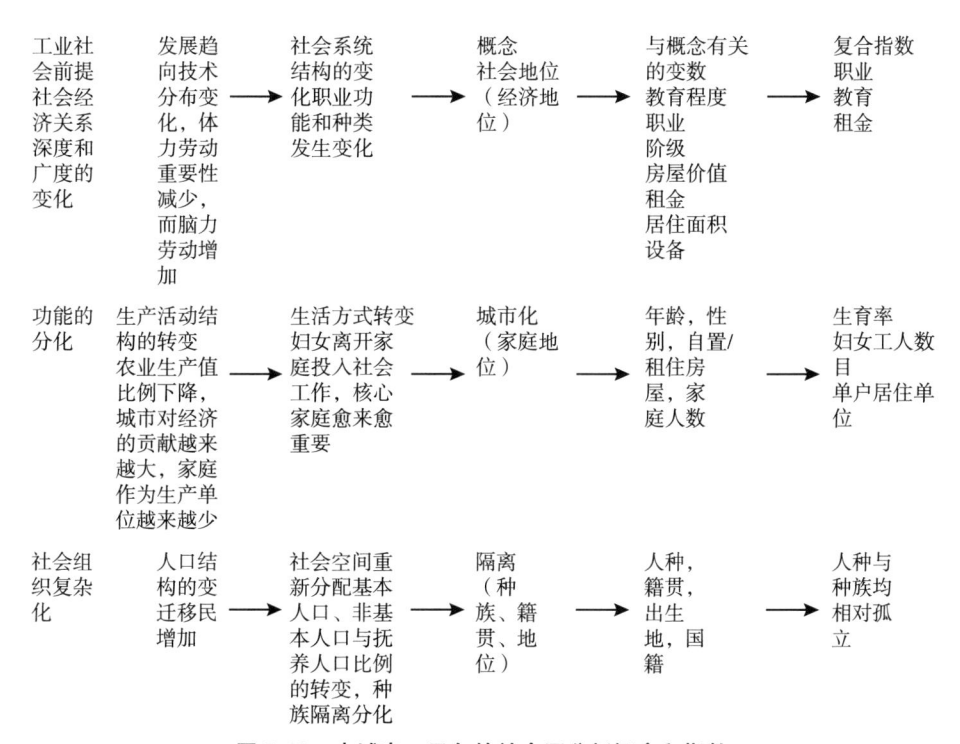

工业社会前提	发展趋向技术分布变化，体力劳动重要性减少，而脑力劳动增加	社会系统结构的变化职业功能和种类发生变化	概念社会地位（经济地位）	与概念有关的变数教育程度职业阶级房屋价值租金居住面积设备	复合指数职业教育租金
社会经济关系深度和广度的变化					
功能的分化	生产活动结构的转变农业生产值比例下降，城市对经济的贡献越来越大，家庭作为生产单位越来越少	生活方式转变妇女离开家庭投入社会工作，核心家庭愈来愈重要	城市化（家庭地位）	年龄，性别，自置/租住房屋，家庭人数	生育率妇女工人数目单户居住单位
社会组织复杂化	人口结构的变迁移民增加	社会空间重新分配基本人口、非基本人口与抚养人口比例的转变，种族隔离分化	隔离（种族、籍贯、地位）	人种，籍贯，出生地，国籍	人种与种族均相对孤立

图5.18 史域奇、贝尔的社会区分析概念和指数

资料来源：许学强，周一星，宁越敏. 城市地理学 [M]. 北京：高等教育出版社，2003：308. 作者在此基础上自绘而成。

[①] Shevky E, Williams M. The Social Areas of Los Angeles [M]. Los Angeles：University of Los Angeles Press，1949.

需求产生进一步的分化。工业化促使城市妇女就业增多，大家庭逐步被核心家庭所代替。（3）社会组织复杂化。表现为人口结构的变化，如人们的流动性加快，年龄和性别分布状况改变。移民涌入城市，并且同种族或同乡的移民聚居在一起，对其他种族或异乡人则有排斥倾向，种族隔离加重。

史域奇和贝尔将这三种趋向转换成三个概念：社会经济状况、城市化（家庭状况）和隔离（种族状况）。这三个概念就是形成社会区的主要因素。不同的社会区因素形成不同的社会空间类型：社会经济状况的空间分异呈扇形；家庭状况多体现为同心环结构；种族状况一般呈分散的群组分布。这三种社会空间类型叠加在一起，就是现实中看见的综合的城市社会空间（如图 5.19 所示），它们表现出高度的差异性和异质性特征。

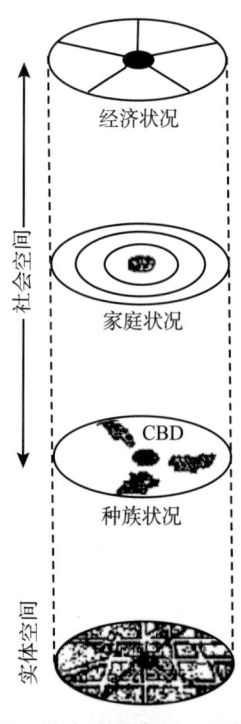

图 5.19　社会空间类型：理论模式

资料来源：许学强，周一星，宁越敏. 城市地理学 [M]. 北京：高等教育出版社，2003：309.

社会空间差异性是整个城市社会经济差异性的表现。社会越是现代化，城市里的人们按经济、家庭、种族的分化就越强烈，社会区差异就越大。也就是说，社会空间差异在一定程度上是城市社会内部矛盾的反映，是城市经济发展同城市其他方面发展不相协调的产物。

5.6.2.2 社会区分析的指数

史域奇和贝尔用三组社会描述变量分别表示"社会经济状况、家庭状况和种族状况"三个概念，并将这三组变量组合成三个复合指数（如图 5.19 所示）。表示社会经济状况的复合指数为职业（体力劳动者比例）、教育（受教育不到九年的成年人比例）、租金（提供商品和服务的价格）；表示家庭状况的复合指数为生育率、就业妇女（妇女劳动力的比例）、单身居住者（单身居住者的比例）；表示种族状况的复合指数为种族群（少数民族群体的比例）。

他们根据这三个复合指数进行社会区类型的划分。具体方法包括以下几点。

（1）以人口普查带为基本单位。根据普查资料，将三个复合指数的变量标准化，标准化值的平均值（未加权）则为衡量复合指数的指标。

（2）图 5.20 中纵坐标表示城市化（家庭状况），横坐标表示社会地位（社会经济状况），其范围都是 0~100。将两个指标范围四等分，从而形成 16 种类型。种族状况复合指数值是衡量种族隔离程度的尺度，数值以上表示种族隔离程度高，数值以下表示种族隔离程度低。

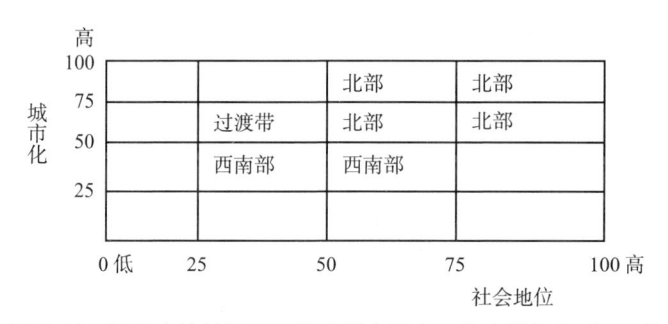

	0~25	25~50	50~75	75~100
75~100			北部	北部
50~75		过渡带	北部	北部
25~50		西南部	西南部	
0~25				

纵轴：城市化 高 100 / 75 / 50 / 25
横轴：社会地位 0 低 / 25 / 50 / 75 / 100 高

图 5.20　旧金山湾地区不同类型社会区人口普查带分布（1950）

资料来源：许学强，周一星，宁越敏. 城市地理学［M］. 北京：高等教育出版社，2003：309. 作者在此基础上自会而成。

（3）用经过处理的数据作图。数值相近的普查带被组合成一类社会区，并把具有高种族隔离程度的普查带用点表示出来，由此可绘制出城市社会区类型分布图。

史域奇和贝尔的社会区分析遭到很多学者的批评：社会区分析没有理论支

持；社会区分析没有解释社会分化怎样决定城市空间结构。由于这些不足，社会区分析方法逐渐萎缩。

5.6.3 因子生态分析

今天，研究城市内的社会空间结构虽然沿用社会区概念，但是，多因子统计归纳法已经取代了史域奇和贝尔的社会学解释。这种新的研究，又称为城市因子生态系统（urban factorial ecology）。

因子生态分析方法多从人口普查的资料中，抽取有关人口特征、社会经济及房屋等指标为变数，基本面积单位可以是街坊，也可以是较大的人口普查地域单位。然后对此资料矩阵进行因子分析，按因子载荷量的高低对各因子冠以名称。求得的这些因子，可以视为城市内社会空间变异的主要支配性因素。以因子载荷量矩阵乘以原来的资料矩阵，得出因子分数矩阵，可以绘成每一因子的因子分数图，也可以进一步纳入聚类分析，通过联系树便可把性质相似的地域单位聚集成社会区。

因子生态分析最重要的结果是因子载荷量矩阵。若运用因子分析方法，社会区分析中的社会描述变量的因子载荷量矩阵可简单地表示成图 5.21。图中纵列的"职业""受教育程度"等是社会特征描述变量。横行表示从六个描述变量"抽取"出的三个主要因子，符号"●"表示因子与变量的相关程度高，"○"表示相关程度一般或较低。结果表明，"经济状况"与"职业"及"受教育程度"相关，而"家庭状况"则由"子女""家庭主妇""单身居住者"决定，"种族状况"由社区中的"黑人比例"决定。

	经济状况	家庭状况	种族状况
职业	●	○	○
受教育程度	●	○	○
子女	○	●	○
家庭主妇	○	●	○
单身居住者	○	●	○
黑人比例	○	○	●

图 5.21 因子分析计算结果之一：因子负荷矩阵

资料来源：许学强，周一星，宁越敏. 城市地理学 [M]. 北京：高等教育出版社，2003：311. 作者在此基础上自绘而成。

因子生态分析已发展成为一种比较成熟的研究城市社会空间结构的方法。其优点在于把较多的统计变量归结为较少的因子来说明观察对象的性质（当然要保证抽取出的少数因子不至于"失真"）。这有助于把问题"简单化"，并且可能基于抽取出的因子建立新的概念来解释观测变量的变异性。进一步便可以建立新的理论模式，找到新的规律。本质上，因子生态分析法毋须作任何假设，而是纯粹的归纳。但是也可以借用史域奇及贝尔的假说，以检验归纳的结果。

但是，因子分析也有明显的缺点：第一，大多数因子没有实体的意义，而只有抽象的综合意义，这要求研究者具备深厚的专业知识，如"社会经济地位"，它只是头脑中的抽象、综合概念，同眼见手摸的"房屋质量""学历程度"不同。第二，因子分析常常受到来自哲学方面的批评，具体地说，受到逻辑实证主义者的批评。一般说来，某项陈述如能成立，必须具有可证伪性，否则不是同义反复就是毫无意义。在因子分析中输入任何数据都会得到某种结果模式。这一事实在评价因子分析的结果时必须考虑进去，因为因子并非总是有意义的。辩证的态度是把因子分析作为在一定条件下才可使用的研究方法。

因子生态分析最大的用处，是可以分析一个城市不同时期的社区，以查明各时期社会空间结构因素是否转变，这对城市的管理和规划有一定的意义。如经过分析确定某一因子（如房屋类型或种族）为该阶段的支配性因子，那么，就可拟定相应的政策（如各类型房屋的供应和防止种族歧视等），减少社会空间的分割和促进融合。

5.7 城市感应空间理论

传统研究城市内部空间结构的方法是土地利用功能分区和社会区分析，这两种分析方法的共同缺点是机械地把城市作为一个物体来分析。从20世纪50年代开始，部分学者把注意力从区域特征研究转移到个人和集体的行为研究上。20世纪60年代行为科学（行为地理学）的出现，被认为是研究城市内部空间结构的一个突破。

行为地理学的研究是以非规范的方式，用实证的方法，研究形式和过程之间的关系，特别重视行为过程产生空间模式的方式和途径，它是心理学和地理学的结合。但不同的是，传统心理学中把人作为变数，把环境当成常数，专门研究人对环境的心理活动。传统地理学是把人作为常数,环境作为变数,研究客观环境。而在行为地理学看来,环境、人的感应和行为都是变数,它把个人决策放在首位,把个人的外在行为和内在心理行为综合起来考虑以解决复杂的人—环境相互作用的空间现象[①]。

5.7.1 感应、环境和行为

感应是指人们从实际中感觉的(听觉、视觉、嗅觉等)以及对整个过程的反应。只要是社会人(集团、阶层、阶级、不同性别的人)都会对环境产生感应,而只有对环境产生了一种稳定概念,才能真正产生感应。产生感应的过程实际上是对环境的一个认识过程。人们感应过程包括许多心理学方面的内容,如信息的获取、破译、储存、回忆、处理和生理过程等,而行为地理学所注意的是输入和输出结果上的差异。

环境是指一个人以外的所有能影响感应的部分。环境可分成四部分,从小到大的顺序是:行为环境、感应环境、操作环境(人类活动的部分)、绝对客观环境。行为地理学感兴趣的是行为环境和感应环境。

所谓行为,一般是人们对环境做出行动上的反应,包括态度、动机、信念和期望。人们在空间中的活动称为空间行为,如移居、购物、上下班和社交等。空间行为是一种复杂的活动,它受抑于多种因子(如图 5.22 所示)。

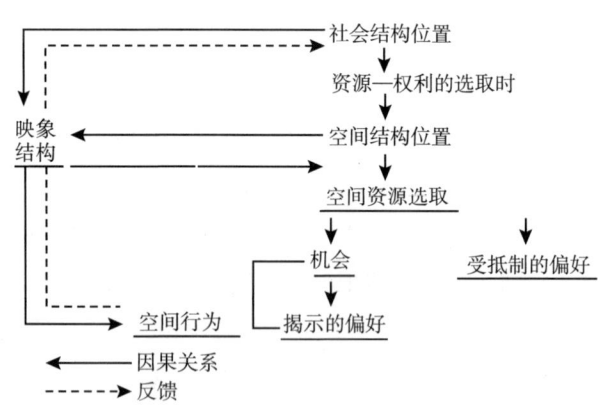

图 5.22 行为限制因子

资料来源:许学强,周一星,宁越敏. 城市地理学 [M]. 北京:高等教育出版社,1997:252.

---

① 王兴中. 行为地理学导论 [M]. 西安:陕西人民出版社,1988:4-8.

人们从对客观环境的感应到产生行为的过程如图 5.23 所示。人通过感应获得有关环境的信息，并根据自己的价值观来评价这些信息，从而获得进行决策的行为意象。因此，人对环境的感应可以指导人的行为。

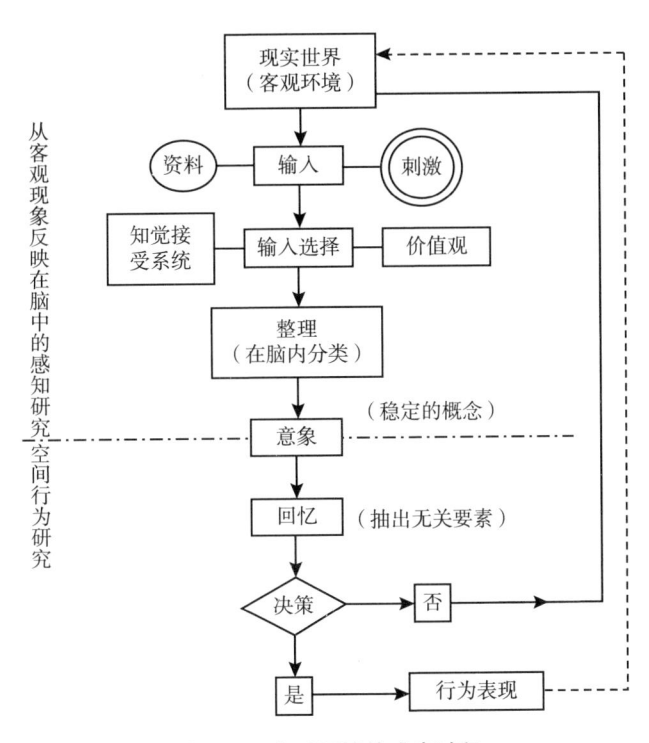

图 5.23　人对环境的感应过程

资料来源：许学强，周一星，宁越敏. 城市地理学 [M]. 北京：高等教育出版社，1997：252.

5.7.2　城市意象图

感应空间的研究成果说明，个人的空间行为，包括寻找工作和居所、购物等，多数不是由客观的空间组织所决定，而是由个人的感应空间组织所支配。一般来说，感应空间包括三个层次：(1) 结构性的；(2) 评估性的；(3) 个人感情的。城市空间结构的感应，最为基础的是居民构想图。

美国学者林奇（K Lynch）早在 20 世纪 50 年代曾要求波士顿、新泽西市、洛杉矶的受调查居民画出其各自城市的略图。其结果是，他们所勾勒的简图省略了许多重要细节，并将复杂的几何形状简略为更容易理解的直线或直角。这样就简化了所感应环境的空间结构。这种简图称为居民构想图（城市意象图）。居民构想图可以使我们了解居民对城市特点的感应和认识，借以测度城市物质空间及其文化风貌对人刺激的能力，以便为设计一个美的城市空间和城市环境提供依据。居民构想图是研究感应空间的最基本的方法。

林奇认为，居民构想图主要由下列五项要素构成：（1）路径（paths）。指人能够移动通行的道路，包括市内交往和交通的渠道，如街道、人行道。（2）界线或边沿（edges）。区与区之间的分隔线（或障碍），包括线性的自然或人为的各种边线，如湖畔、斜坡、铁路。（3）区或区域（districts）。城内有特殊文化或经济属性的区域，如伦敦市中心的鸽子广场及其周围地区。（4）枢纽或节点（nodes）。为交通交汇或群众喜欢聚集的地点，如莫斯科的红场。（5）标志（landmarks）。人们用以识别方向和区位的参考物，如巴黎埃菲尔铁塔。

需要说明的是，这五项要素并非界限分明。对某些人来说，教堂可能是枢纽（因为经常光顾），但对另一些人来说，可能是标志（因不常光顾，但却具有方向指示作用）。在分析中应该注意这一点。外来游客由于他们对城市的认识肤浅，因而对城市的感应往往仅限于一些标志，而当地居民对城市的感应无疑会更加全面、深入。

居民构想图能够反映个人的空间行为。不同种族、经济文化背景、性别的居民，其城市意象也不相同，即他们对城市空间结构的感应不同，从而空间行为不同。就不同经济地位的人来说，高收入群体的感应空间大，低收入群体的感应空间小。就不同性别的人来说，男性的生活感应空间大，女性尤其是家庭主妇的感应空间小。

林奇的方法在不同类型城市的应用中取得了相当大的成功，较好地从人的感应和行为的角度解释了人与环境的关系。但也有不少学者提出了批评：（1）构想图是徒手绘制的，这要求居民受过一定程度的教育和训练，但事实并非完全如此，对教育程度低的人来说不易绘制出来，从而不能真实地反映他们的空间行为。（2）林奇研究的整个焦点都指向了意象的可见因素，忽视了声音、气味等因素。这表明对城市空间的职能及象征意义未给予足够的重视（如医院的味道、工厂的机器声），因而影响了分析效果。

5.7.3 国外对城市感应空间研究的实例

弗朗西斯卡托（Francescato）及麦彬（Mebane）在研究罗马市的时候发

现，中产阶级和下层社会感应中的罗马是完全不同的。总的来说，前者脑海中的罗马（如图 5.24 所示）空间宽度大，内容丰富；后者空间宽度小，内容简单。其原因是中产阶级富有，活动范围大，嗜好多，对广泛分散在城市内的各种资源也不计较距离远近都去享受；而下层社会不那么活跃，上下班距离较短，有限的收入限制了他们的嗜好和空间宽度。但值得注意的是，下层社会对其近邻事物的认识较中产阶级深，说明穷人的生活空间狭窄，但邻里关系却很密切。

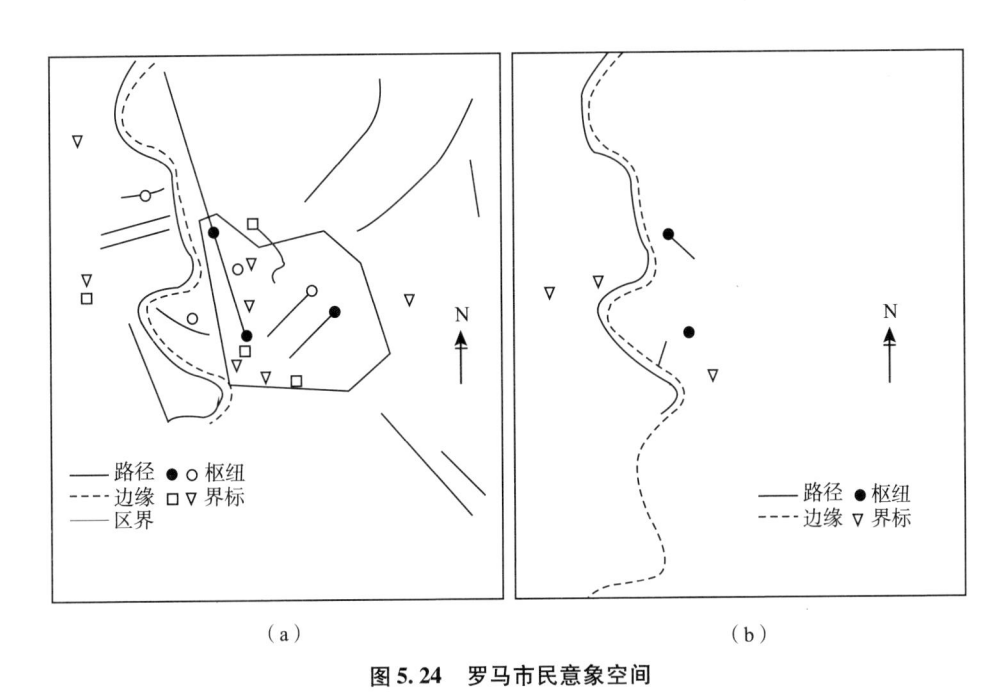

图 5.24 罗马市民意象空间

注：(a) 图为罗马中产阶级对罗马的构想图，(b) 图为罗马下层社会对罗马的构想图。
资料来源：许学强，周一星，宁越敏. 城市地理学 [M]. 北京：高等教育出版社，1997：255.

此外，西方学者对洛杉矶的研究成果显示，种族隔离影响了各自对城市的感应。

行为科学家关于感应空间的研究，不是取代土地利用功能区和社会区的分析，而是提供另一种关于人与环境关系的解释，是对城市土地利用功能区和社会区分析的补充。

第6章

城市住房市场理论

住房是城市的一个重要组成部分,在城市建设中占有很大的比例。城市中的任何人都离不开住房,而且,居民花费在住房上的费用,占总支出的相当大的部分,因而这是一个与每个城市居民有关的经济问题。从经济学角度看,居民购买住房的行为既是一种投资决策也是一种消费决策,因此,研究城市住房市场,特别是住房市场价格是非常重要的。西方学者对城市住房市场的研究遵循一般市场的方法,即从住房的需求和供给开始。

6.1 住房市场概述

6.1.1 住房的基本属性

城市住房首先是一种代表性的异质商品,住房作为一种异质商品由其特有的属性组成,可以从区位、结构或邻里等方面进行区分。但是,住房与其他的异质商品又有不同之处,住房的异质性和特点体现在以下几个方面[①]。

第一,住房的异质性。因为每个住房具有一系列不同的特征或提供不同的服务,住房具有异质性。住房有两种特征:居住特征和位置特征。仅考虑住房的居住特征本身,住房的差别在于面积(生活的空间)、结构(住房内空间的

---

① 安虎森. 区域经济学通论 [M]. 北京:经济科学出版社,2004:624-625.

安排)、实用系统、内部设计和结构的完整性等方面。

第二，住房的固定性。因为住房是固定的，住房的位置成为住房的一个重要特征。住房的购买者购买住房的同时也选择了居住的区位。第一个显著的区位特征是可达性，即不同地点对于工作、购物和娱乐的可达性的差异。第二个特征是对地方公共服务的拥有：不同的地方政府征取不同的税收并提供不同的公共服务（教育、消防和警力）。第三个特征是环境质量：不同地点的空气质量和噪音水平（来自于汽车、卡车、飞机）不同。第四个位置特征是邻里的外部状况（临近住房的外部特征）。

第三，住房的耐用性。住房比大多数商品更为耐用，如果住房保持良好，可以持续100年以上的时间。在美国，房屋的平均寿命约为四五十年，在欧洲则更长一些。尽管老的建筑可能已经过时了，但只要有适当的维护，它们总是有用的和有价值的。住房的耐用性从三个方面对住房市场起作用：其一，房主可以通过投资于修缮和维护控制住房的损坏速度；其二，每年市场上有大量的旧住房供给，通常的规律是在给定的年份，新建筑占总住房存量的比例很少，不到5%，即使是10年间，新住房的供应也远远少于总住房存量。所以绝大多数的居民都是居住在10年以上的住房内；其三，住房供给的相对弹性较低，所以价格的变动对供应量的影响较小。

第四，住房的外部性。特定住房所提供的服务的质量不仅取决于住房的特征，而且还取决于邻里的特征。如果一个居民通过对住房的维修和对外观的修缮改善了住房的外部景观，对邻里会产生积极的影响，邻近地区变得更适合居住，周围住房的价值得到提升，这就是住房的外部性，即住房外观的积极的改变对周围的住房产生了效益的外溢（提高了市场价值）。

6.1.2 住房市场的基本特点

住房市场的特点与住房商品的特点密切相关，住房市场上的价格构成、交易手段以及供求平衡的实现条件比一般市场要复杂得多。西方学者的研究表明，住房市场有如下几个方面的特征。

其一，住房市场的地域性。由住房的不可移动性可以看出住房市场供求具有显著的地域特征：即使在同一个国家中，各地区经济发展、城市化水平的差异也使得住房商品价格及基本建筑标准有着很大的差别。住房市场本质上是有关空间的，住房包括不同的土地数量以及特定的位置。如果所有（或大部分）有关地方适宜性的问题得到了解释，那么位置特性就显得很重要了。这样，某一位置区别于其他位置的唯一因素就是运输成本了。从这个意义上讲，可达性好的位置，其竞租曲线由运输成本函数来决定。

其二，住房市场的层次性。一般的市场分层概念是企业根据消费者收入层次、性别、年龄等消费属性自行确定的，分层的目的是生产出面对不同消费群体或市场层次的产品系列。它纯粹是企业的自身行为。然而在住房市场上，除了这种一般的分层外，还有政府住房政策规定的、针对低收入住房消费者的市场层次。与之相对应的市场价格也具有明显的差别性。世界各国由于住房政策干预和调节的范围和方法不同，市场层次的运行方式和范围也各不相同。

其三，住房市场包括搜寻过程。收集有关包含在特定结构中的特征要素方面的信息需要很大的成本，在搜寻了一系列不同结构的房屋以后才进入报价过程。直到继续搜寻所获得的预期效用的增加值小于搜寻成本时，消费者才购买房屋。从这个意义上讲，住房市场类似于其他"匹配"型的市场，如劳动力市场。

其四，住房市场同时包含新建房屋和现存房屋。住房市场和其他异质商品市场之间最大的不同点可能在于现存（以前生产的）商品销售的重要性。对绝大多数的住房市场而言，新建住房在住房销售中所占的份额相对较小，消费者可以在新建房屋和现存房屋中任意选择，以达到效用最大化。

6.2 住房需求理论

首先区分两个概念：住房存量和住房流量。住房存量是指其固定资本存量，是为了给人们提供一个居住所而累积起来的。住房流量是指住房为其住户提供的服务量，是由存量的使用而引起的，如位置、供暖、面积、装饰等。住房服务流量越多，则住房质量越高。

住房是一种复杂商品，因此住房服务流量不是一种定义准确的同质商品，而是一种异质商品。因此，对住房需求的分析可以设想两种不同的需求分析理论，一种与住房存量有关，另一种与住房服务有关。前者视住房为同质商品，后者视住房为异质商品。

6.2.1 标准住房的需求理论

当我们不考虑住房质量或只处理一种不变的住房质量时,也就把住房作为一种同质商品来考虑,此时就可以使用一种把租金与住房套数联系起来的需求分析理论①。

人们获得住房的方式主要有两种,即租用或购买。两种方式的需求函数是不同的,但函数的自变量都是单位时间的住房支出(即租金)。对租用者来说,合同租金代表了住房支出。对自我拥有者来说,住房支出是较难确定的。它是拥有者在抵押利息、保险费用、房地产税、维修成本和折旧等方面放弃的价值总和。

在把住房视作同质商品的情况下,住房的需求函数表示租金与需求住房套数的关系。若把影响需求的其他因素诸如收入、其他商品价格和区位等考虑进去,住房的总需求函数将可表示为:

$$R = f(H, Y, T, D, P_g) \tag{6.1}$$

式中,R——月或年合同租金;H——住房数量;Y——收入;T——偏好;D——区位;P_g——其他商品价格。

为了简化分析,常常把 Y,T 和 P_g 看作常量,以确定需求随租金变化的规律。把这个函数进一步具体化,设住户的人口规模、偏好和收入都没有差别,只是住房区位不同,由距 CBD 的距离 d 反映出来,住户的效用最大化受其预算的约束。

预算约束精确满足下列方程:

$$Y = r(d)h(d) + P_g \cdot g + c(d)t(d) \tag{6.2}$$

式中,$r(d)$——区位单位面积住房的租金;g——其他商品消费量;$c(d)$——单位交通服务成本;$t(d)$——区位使用的交通服务量;$h(d)$——区位的住房消费量。

则有,住房支出 $= r(d)h(d)$,交通支出 $= c(d)t(d)$,二者都是取决于 d 的②,即收入花费在住房、商品和交通上。

现在考虑交通成本对住房消费的影响,假设其他变量都保持不变。交通成本可能由于燃料价格的上升而增加。设交通成本每单位增加了 $\Delta c(d)$,交通总

---

① 沃纳·赫希. 城市经济学 [M]. 刘世庆等,译. 北京:中国社会科学出版社,1987:94.
② 孟晓晨. 西方城市经济学——理论与方法 [M]. 北京:北京大学出版社,1992:157-158.

成本的增加为 $\Delta c(d)t(d)$。这个增加量要由住房消费的减少来平衡，以保持收入不变。因而：

$$-\Delta[r(d)h(d)] = \Delta c(d)t(d) \tag{6.3}$$

这个模型中，住户出行只是前往 CBD。

如果假设住户的出行次数是确定的，为 t，让 $t(d)=t$。交通成本与出行距离是成比例的，即 $c(d)=cd$，c 为单位距离交通费用，边际交通费用就是 c。当由于燃料的涨价而使单位交通成本增长了一倍（即 $\Delta c(d)=cd$）时，增加的交通费用为：

$$\Delta c(d)t(d) = ctd \tag{6.4}$$

这是住户在区位不变条件下增加的交通费用，同时意味着住房消费的减少量。若假设 $h(d)=h$，住房服务的消费在任何区位都是一致的。把式（6.3）与式（6.4）结合起来，有：

$$-\Delta r(d) = \frac{ctd}{h} \tag{6.5}$$

这说明租金是随 d 的增加而下降的。

下面看一下住房需求量 $h(d)$ 和租金分布 $r(d)$。住房支出变化量与交通成本变化量相等，只是符号相反，即一正一负。当住房离开 CBD 后，距离越远，交通成本越高，则租金越低。假设租金随距离呈指数下降，形式为：

$$r(d) = ae^{-bd} \tag{6.6}$$

这里 a 和 b 为参数，边际房租 $\Delta r(d)$ 必然也成指数下降。当交通成本的增长速度低于租金的下降速度时，一部分租金的下降将由住房需求的增长所填补，以使总支出不变。

用这个方法能决定住房与租金的分配。租金成指数下降时，边际租金也成指数下降，住房消费量则随距离的增加而增加。因而，当其他条件不变时，郊区住房面积要比城内大。

6.2.2 异质住房的需求理论

异质住房需求理论主要是针对住房服务。这种分析把住房看成异质商品，分析由不同属性决定的住房价格。通常使用的方法是享乐价格分析方法[①]。

---

① 安虎森. 区域经济学通论 [M]. 北京：经济科学出版社，2004：627 – 636.

6.2.2.1　享乐价格分析方法建模的理论基础

享乐价格分析方法是以兰开斯特的消费者理论和隐性市场理论为理论基础的。

（1）兰开斯特的消费者理论。传统的消费者理论认为效用是直接来源于商品的，消费者消费商品从中获得满足。与传统理论不同，兰开斯特的消费者行为理论认为，所有商品的需求不是根源于商品本身，而是根源于这些商品所体现的特征要素。家庭购买这些商品，就是把它们视为一种投入，并且把它们转化成为某种效用，效用的大小将取决于所购商品包含的特征要素的数量。

兰开斯特的新的消费者理论的本质可以归纳如下：商品本身并不能满足消费者对效用的需求，商品拥有自身的属性，这些属性产生了效用；通常来说，一个商品拥有一种以上的属性，一种属性会在许多商品中得到体现。商品束拥有的属性与这些商品分开来所拥有的属性不同[1]。

（2）隐性市场理论。隐性市场，主要是指一揽子具有不同属性同时进行交易的商品的生产、交换和消费过程。隐性市场是相对于显性市场而言的，显性市场是指商品束具有显性价格，并且可以观察到其交易过程。不过，这种显性市场也被认为是由针对不同商品束的几个隐性市场所组成的。特别是当商品束是不同质的，而且随着它们所包含的不同要素的数量的变动而变动时，这一点尤其重要。

在隐性市场的理解上，存在着两种看法。第一种观点认为，所有商品的需求不是根源于商品本身，而是根源于这些商品所体现的属性要素。这种方法来源于兰开斯特的新的消费者理论，这种观点一般把重点放在家庭用商品以及家庭对特征要素（有时无法观察到）的需求特性方面。另一种观点认为，强调一些商品之间是有联系的，并认为商品是在单一"市场"上进行交易的，但这些商品是异质的，如汽车、劳动力和房子等。这种市场不可能只有一种价格或者用一种价格来进行表述的，而是由商品质量或商品所含特征要素质量所决定的一系列价格来表述的。

如果让 Z 表示用来区分不同商品的那些不同属性的数量所构成的向量，那

---

[1] Kelvin J Lancaster. A New Approach Consumer Theory [J]. Journal of Political Economy, 1966, 74 (2): 132-157.

么在满足下面两个条件的情况下,可以进行享乐分析:第一,每位消费者可能消费包含不同数量Z的单位商品,从这个意义上讲,每位消费者可以消费不同的商品;第二,每位消费者可能为某种商品支付不同的价格,这样就可能存在不同的边际价格,而这些边际价格,一般来讲,取决于Z的数量。

6.2.2.2 享乐分析的假设前提

享乐价格模型的假设前提包括:

(1) 住房市场是在完全竞争情况下运作的,存在很多买方和卖方。因此没有单个房屋的供给方或需求方能够对住房的价格产生显著的影响。

(2) 假定生产者和消费者可以自由进出市场。

(3) 假设住房的买方和卖方对住房产品和价格拥有完全信息。

(4) 假设所有消费者对于每个产品内部特征的量的理解力是相同的。

(5) 假定享乐价格函数是凸性的。

6.2.2.3 享乐产品的市场均衡

模型本身描述了在买方和卖方所在的多维平面上的竞争均衡。所考察的产品的等级用 n 个可观测的特征来描述。因此,平面上的任何位置都可以表示成坐标向量 $Z = (Z_1, Z_2, \cdots, Z_i)$,其中 Z_i 指包含在商品中的第 i 种特征的量。产品可以完全用 Z 的量值来描述,消费者可以选择不同的属性组合成的商品。

价格 $p(Z) = p(Z_1, Z_2, \cdots, Z_n)$ 表示平面上的每一点,它引导着生产者和消费者在考虑到特征组合的情况下的选择。单一个体的选择对市场和价格 $p(Z)$ 不会产生影响,市场是完全竞争的。考察一个产品由 n 个属性或特征组成的向量 $Z = (Z_1, Z_2, \cdots, Z_n)$ 来表示的市场。每一种产品对应着固定的属性向量值,其市场价格表示为 $p(Z) = p(Z_1, Z_2, \cdots, Z_n)$,这个函数是买方(或卖方)的享乐价格函数,它是买方(或卖方)通过收集信息,对比包含不同属性的商品的价格后得出的。它是任意属性束的最小价格。如果两种类型的商品束提供同样的属性组,但是销售的价格不同,消费者肯定会选择价格低的商品束。厂商要想增加属性 Z,只能通过增加资源的投入,在这种情况下,价格 $p(Z) = p(Z_1, Z_2, \cdots, Z_n)$ 一定会提高。

(1) 消费者选择。假设消费者是从商品消费中得到效用的,这些商品包括由 J 种不同的特征要素构成的向量 Z 以及复合商品 Y。消费者所面对的价格

函数是 $p(Z)$，他们有固定的收入 M，$M = Y + p(Z)$。消费者是价格接受者，他们的价格函数 $p(Z)$ 是给定的。

家庭的偏好可以由效用函数来表示，即：

$$u = u(Z, Y, \alpha) \tag{6.7}$$

其中，α 是观察到的或没有观察到的家庭偏好参数向量。在家庭收入和所达效用水平既定的情况下，我们可以从效用函数式（6.7）推导出家庭所愿意支付的住房价格，该价格可以视为其特征要素的函数。该家庭的竞租函数（bid function）$\beta(Z, M, u, \alpha)$ 可以定义为如下的隐函数：

$$u = u(Z, M - \beta, \alpha) \tag{6.8}$$

$\beta(Z, M, u, \alpha)$ 表示的是消费者在给定效用和收入的情况下，对于 $(Z_1, Z_2, \cdots, Z_n)$ 的特定值的意愿支付。在通常的商品对于消费者的边际效用递减的假设下，$\beta(Z, M, u, \alpha)$ 对于 Z_i 是减函数，曲线的形状为凹的。

竞租曲线 $\beta(Z, M, u, \alpha)$ 表示消费者对要素 Z 的意愿支付，价格 $p(Z)$ 是其在市场上必须支付的最小价格额度。因此，当 $\beta(Z^*, M, u^*, \alpha) = p(Z^*)$，$\beta_{Z_i}(Z^*, M, u^*, \alpha) = p_i(Z^*)$，$i = 1, \cdots, n$，时效用最大，其中 Z^* 和 u^* 是最优量。在图 6.1 中阐述了消费者均衡的一维情况。

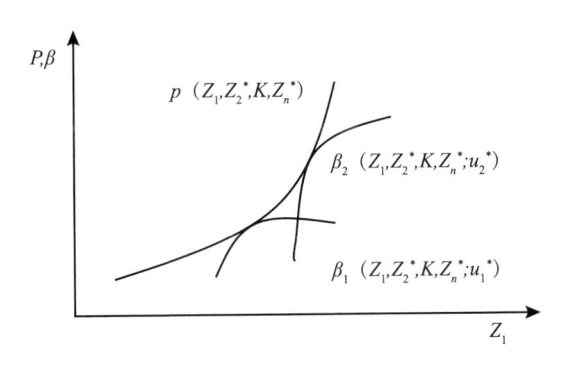

图 6.1　消费者的一维均衡

资料来源：Rosen, S. Hedonic Prices and Implicit Markets: Product Differentiation in Pure Competition [J]. Journal of Political Economy, 1974, 82 (1): 43.

模型可以扩展为包括多种属性变量的情况。家庭选择了具有特征要素向量 Z 的房屋，同时消费复合商品 Y，家庭效用最大化可由式（6.9）来表示：

$$\max_{Z,Y} u(Z, Y, \alpha)$$

s. t.

$$M \geq p(Z) + Y \qquad (6.9)$$

一阶条件为：

$$\frac{\frac{\partial u}{\partial Z_i}}{\frac{\partial u}{\partial Y}} = \frac{\partial p}{\partial Z_i} \forall i \qquad (6.10)$$

通常，称 $\partial p / \partial Z_i = p_i(Z)$ 为特征要素 i 的享乐价格，把函数 $p(Z)$ 称为享乐价格函数。

结合前面的分析，可以得到，竞价函数的斜率等于每个特征要素享乐价格时的住房选择，是最优的选择，即：

$$\frac{\partial \beta}{\partial Z_i} = \frac{\frac{\partial u}{\partial Z_i}}{\frac{\partial u}{\partial Y}} = \frac{\partial p}{\partial Z_i} \forall i \qquad (6.11)$$

式（6.11）表明，如果我们能够"观测"到（或估计）特征要素的享乐价格以及消费者所作的选择，那么在最优化行为假定下，上述结论就可以提供有关消费者的偏好，以及是否愿意为所选择的居住区的属性支付费用的局部信息。

（2）生产者的选择。生产者的特征，可以由成本函数 $C(Z, N, \lambda)$ 来描述，而该成本函数是由生产者所提供的房屋的特征要素 Z、生产者所建的房屋数量 N，以及区分每个生产者的参数向量 λ（反映要素价格或生产函数的参数等技术因素）所决定的。模型假设每个生产者专业化于生产一种类型的产品，不存在成本的外溢；厂商的行为是相互独立的；厂商面临完全竞争的市场环境。假设成本函数 C 是凸性的，$C(Z,0) = 0$，$\partial C/\partial N > 0$，$\partial C/\partial Z_i > 0$。

生产者的利润为：

$$\pi = p(Z) \cdot N - C(Z, N, \lambda) \qquad (6.12)$$

生产者通过选择最优的 N 和 Z 的量来最大化他们的利润，一阶条件为：

$$\frac{\partial p}{\partial Z} \cdot N = \frac{\partial C}{\partial Z}, \quad p(Z) = \frac{\partial C}{\partial N} \qquad (6.13)$$

因此，在最优选择的情况下，对所有的生产者而言，每个附加特征要素的边际收入等于生产每单位产品的附加特征要素的边际成本，每个产品的边际成本等于其享乐价格。当再建一栋房屋时（上述的房屋的特征要素 Z）的边际成本等于房屋的价值 $p(Z)$ 时，他们就停止建房。

同需求行为的分析一样，假设报价函数 $\phi(Z_1, Z_2, \cdots, Z_n; \pi, \lambda)$ 表示在每一种类型的产品数量都是最优以及厂商在利润不变情况下的不同产品组合愿意接受的价格，则：

$$\pi = \phi \cdot N - C(Z, N, \lambda) \tag{6.14}$$

于是，

$$\phi = \frac{\partial C(Z, N, \lambda)}{\partial N} \tag{6.15}$$

进一步，可以得出：

$$\frac{\partial \phi}{\partial Z_i} = \frac{\partial C}{\partial Z_i} \cdot \frac{1}{N} \frac{\partial \phi}{\partial \pi} = 1/N > 0 \tag{6.16}$$

$\partial \phi / \partial Z_i = \phi_{Z_i}$ 是在利润一定的条件下，属性 i 的边际保留价格，它是 Z_i 的增函数。既然 ϕ 是厂商在利润不变的条件下，对不同产品组合愿意接受的价格，$p(Z)$ 是厂商在市场可以获得的最大价格，则利润最大化就是在 $p = \phi$ 的条件下，报价函数的最大化。因此利润最大化和厂商的最优选择满足：

$$p_i(Z^*) = \phi_{Z_i}(Z_1^*, Z_2^*, \cdots, Z_n^*; \pi^*, \lambda), \quad i = 1, 2, \cdots, n \tag{6.17}$$

$$p(Z^*) = \phi(Z_1^*, Z_2^*, \cdots, Z_n^*; \pi^*, \lambda) \tag{6.18}$$

厂商均衡是利润无差异曲线和市场内部价格的切点。图 6.2 描述解的一维情况，在图中，只有一个要素是变动的。标有 ϕ^1 的曲线表示厂商拥有的资源和成本条件使它适合生产较少的 Z_1，标有 ϕ^2 的曲线表示厂商具有生产较多的 Z_1 的比较优势。也就是说，两个厂商的 λ 参数值不同。令 $G(\lambda)$ 表示厂商的参数值的分布。λ 的实证意义涉及任何影响厂商成本的因素，包括要素价格的差异性。例如，有些厂商在某些特定的国家生产商品，但是在世界范围内销售，在这种情况下，要素价格就不一定相等。另外，不同的厂商也存在着技术上的差异，如生产者的受教育程度，或厂商的研发投资也会对厂商技术产生影响。

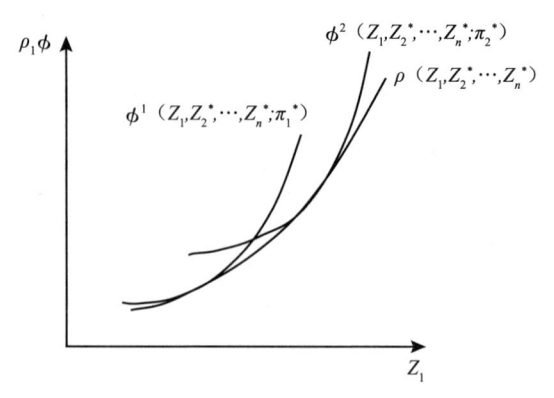

图 6.2　生产者的一维均衡

资料来源：Sherwin Rosen. Hedonic Prices and Implicit Markets：Product Differentiation in Pure Competition [J]. Journal of Political Economy, 1974, 82 (1)：34 – 55.

应用前面的分析，可以给出享乐价格的含义。可以看出，异质商品市场要达到均衡，享乐价格函数 $p(Z)$ 就必须满足使每一类型的房屋 Z 的供给和需求相等。这一均衡通常是在一系列报价函数 ϕ_i 和竞租曲线的偏导 β_i 相切之处达到。均衡价格函数，一般来讲就取决于 $\Phi(Z)$ 和 $G(\lambda)$ 的分布。

6.2.2.4　享乐价格函数的形式

在享乐模型的应用中，主要是考察单位商品的价格是如何随着它的属性的不同而变化的，还有一些是估计产品属性的供给和需求函数。完成这些估测的第一步就是要建立享乐价格函数，并根据数据拟合出享乐价格的函数形式[①]。

（1）享乐价格模型中包含的变量。变量的选择在享乐价格分析中是非常重要的，在模型中加入了不相关的自变量或忽略了相关的自变量都会造成表达式的错误。在西方现有的城市经济学文献中，所列出的变量主要包括区位、结构和邻里属性（如表 6.1 所示）。

---

① 埃德温·S. 米尔斯. 区域和城市经济学手册：第 2 卷 [M]. 北京：经济科学出版社，2003：237 – 266.

表 6.1　　城市住房市场享乐价格分析的属性变量

属性	定义	变量
区位 L	到中心商务区（CBD）的便利性 海洋景观 山峰、山谷和高尔夫球场景观 墓地景观 土地使用权	DCBD SEA HIL/VAL/GOL CEM TEM
结构 S	实际住房面积 楼层 房间、卧室或浴室的数量 设施（如游泳池、健身房等） 地下室、车库、院子 供水、供热、壁炉 制冷系统、中央空调 结构质量（设计、原料等） 住房的新旧程度	AFA FLO ROOM FAC BAS/GAR/PAT WAT/HEA/FIR AIR DES/MAT AGE
邻里 N	环境质量 购物中心 居民的社会经济地位 医院 宗教场所 犯罪行为 交通/机场噪音 林木 学校	QUA SHOP RES HOS WOR CRI TRA FOR SCH
因变量	住房价格	P

资料来源：安虎森．区域经济学通论［M］．北京：经济科学出版社，2004：633．

（2）城市住房市场享乐函数的函数表达式。享乐价格的函数形式通常有参数形式和非参数形式两种。

一是参数形式。大部分研究在建立享乐价格函数时采用某种形式的参数方法。一般的参数形式可以表示成：

$$G(p) = f(Z) \tag{6.19}$$

式中，Z——住房属性的向量；p——住房的享乐价格。

文献中常见的函数形式主要有以下几种（如表 6.2 所示）。

表 6.2 常见的享乐函数形式

函数形式	表达式
线性	$p = \beta_0 + \sum_{k=1}^{n} \beta_k x_k$
指数方法	$p = \beta_0 \prod_{k=1}^{n} \exp(\beta_k x_k)$，或 $\ln p = \ln \beta_0 + \sum_{k=1}^{n} \beta_k$
双对数方法	$p = \beta_0 \prod_{k=1}^{n} x_k^{\beta_k}$，或 $\ln p = \ln \beta_0 + \sum_{k=1}^{n} \beta_k \ln x_k$
对数方法	$p = \beta_0 + \sum_{k=1}^{n} \beta_k \ln x_k$
博克斯—考克斯(Box-Cox)函数	这种函数是通过对住房价格或属性要素的数量运用博克斯—考克斯变换得到的。博克斯—考克斯变换是利用单一参数 λ，对某一函数自变量 x 作如下变换：$x^{(\lambda)} = \begin{cases} \ln x, & \lambda = 0 \\ (x^\lambda - 1)/\lambda, & \lambda \neq 0 \end{cases}$ 对因变量也实行同样的变换，然后把变换后的因变量表示为变换后的自变量的函数。在享乐方程中就是把变换后的价格表示为变换后的属性要素数量的函数。常用的博克斯—考克斯函数有线性（一次）形式和二次形式

资料来源：安虎森. 区域经济学通论 [M]. 北京：经济科学出版社，2004：634.

以上讨论的各种函数形式的适用性需要根据要考察的实际问题，通过具体的计量经济检验才能得出。克罗珀（Cropper）等详细地研究了享乐价格函数的函数形式选择问题。他们比较了线性模型、对数线性模型、二次模型、线性和二次性的博克斯—考克斯模型后得出，模型的好坏并不取决于对数据拟合程度的好坏，而是取决于模型估测实际边际竞价的精确程度。当所有重要的属性要素都可以观测到时，线性和二次的博克斯—考克斯形式的误差最小；然而，当一些属性没有观测到或用其他替代变量替代时，线性模型和线性的博克斯—考克斯模型误差最小。

二是非参数形式。对于享乐价格函数，除了参数函数形式的表达式以外，还有一种方法是采用非参数或准参数来估测的方法，即事先不设定函数关系，而是直接从数据中推出属性要素价格。按这种方法进行估测时，随着样本容量的增加，估测值逐渐向实际值收敛。因此应用这种方法时需要大量的数据。

通过用享乐分析的方法确定的需求函数就可以分析消费者对住房和住房属性的需求。

6.2.3 住房需求的弹性理论

最能反映需求随价格或收入变化程度的参数是弹性。住房需求的价格弹性是指当其他条件保持不变时，住房价格变化的一个小的百分比（$\Delta R/R$），引起的相应住房需求量变化的小的百分比（$\Delta Q/Q$）：

$$\eta_r = \frac{\Delta Q/Q}{\Delta R/R} \qquad (6.20)$$

类似的，住房需求的收入弹性是指收入的变化（$\Delta Y/Y$）（譬如说 1%）引起的住房需求的变化百分比：

$$\eta_r = \frac{\Delta Q/Q}{\Delta Y/Y} \qquad (6.21)$$

这两个参数有着不同的信号。因为收入与需求量之间的基本关系是正相关的，收入弹性参数也是正的。而住房价格与需求量是负相关的，因而价格弹性参数也是负的。通常，参数等于 1 代表单位弹性，大于 1 为富有弹性的，小于 1 为缺乏弹性的。

根据李奥（F de Leeuw）的研究结果，对租房者来说，住房有着缺乏弹性的收入需求，收入弹性在 0.6~0.9 之间。而对拥有者来说，此参数范围为 0.7~1.7。但当排除了偏好的影响之后，收入弹性也小于 1，在 0.7~0.9 之间。所以对于两种人来说，收入弹性都较小。

再看需求的价格弹性。大量的研究表明，人们对住房市场的价格变化反应很灵敏，据估计弹性为 1.5，这是经验证明的。但是，如果把税收和误差考虑进去，这个估计就下降到 0.75，表明需求也是缺乏弹性的[1]。

6.3 城市住房的供给理论

因为住房市场的供给包括已有的住房和新住房两个部分，所以先考察住房市场的存量和流量模型。存量—流量法假定，任一时期的住房价格仅仅取决于模型中其他变量的当期值，而住房的存量则依赖于这些变量的历史值。为使这

---

[1] 孟晓晨. 西方城市经济学——理论与方法 [M]. 北京：北京大学出版社，1992：163-164.

一模型尽可能地简单,假定业主自用型住房单元的当前需求 D_t 与当前家庭数 H_t 以及某一表达式成正比,该表达式是拥有住房的年成本 U_t 的负相关线性函数。其中参数 α_0 可看成年成本为零时拥有住房的家庭比例,而参数 α_1 则是这一比例对持有成本的变动的反应。则:

$$D_t = H_t(\alpha_0 - \alpha_1 U_t) \qquad (6.22)$$

拥有住房的年成本依赖于目前的价格水平 P_t、目前的税后抵押贷款利率 r_t 和住房价格在未来的预期增长率 I_t。对于 I_t,时间下标代表对未来价格增长率的判断或者估计所形成的时期。

$$U_t = P_t(r_t - I_t) \qquad (6.23)$$

存量—流量模型假定当期的住房价格会进行调整,使得式(6.22)中的需求等于住房单元的现有存量:

$$D_t = S_t \qquad (6.24)$$

将式(6.22)、式(6.23)代入式(6.24)中求解,得到当期住房的价格如下:

$$P_t = \frac{(\alpha_0 - S_t/H_t)}{\alpha_1(r_t - I_t)} \qquad (6.25)$$

存量—流量法假定式(6.23)适用于每一个时期。因此,在所有其他条件相同的情况下,如果当前的存量与家庭数的比值较小,抵押贷款利率减小或者对未来价格上涨的预期更加乐观,当前的住房价格水平就会有所提高。

住房是耐用品,将两期之间的住房存量的变化($S_t - S_{t-1}$),上期开始的建设量 G_{t-1} 减去一小部分由于废弃或者拆除而灭失的前一期的存量 δS_{t-1} 的差,这两者联系起来的动态关系为:

$$S_t - S_{t-1} = G_{t-1} - \delta S_{t-1} \qquad (6.26)$$

式(6.26)表明,只要建设量超过拆除量,存量就会增长,反之,存量则会下降。当建设量刚好等于重置需求量时($G_{t-1} = \delta S_{t-1}$),存量将不会变化($S_t - S_{t-1} = 0$)。这种情况称为存量处于稳定状态。

住房存量主要取决于四个因素,即房价、折旧、废弃以及房屋用途,具有经济分析意义的因素是房价,当房价过低时,就会有部分存量住房退出市场,转为自用或空置,这在住房租赁市场上表现得尤为明显。

住房市场的增量供应,取决于两个决策行为[①]。

[①] 蔡孝箴. 城市经济学 [M]. 天津:南开大学出版社,1998:281.

（1）投资决策。主要影响因素是投资回报率，只有在投资回报率不小于相应的市场利率时，投资才是可行的，即：

$$r \geq i \tag{6.27}$$

而投资回报率又是预期利润与住房建设成本之比，因此，式（6.27）可改写为：

$$\frac{V}{C} - 1 \geq i \tag{6.28}$$

式中 V 表示预期房价，C 表示住房建设成本（包括资金占用的时间成本）。从中可以看出，不仅预期房价，而且市场利率和各项投入的要素价格（如土地价格）都会影响增量住房供应。

（2）生产决策。增量供应还涉及生产决策，即通过投入要素的不同组合来生产既定数量的住房。这可以用生产函数来表示：

$$H = H(L, N) \tag{6.29}$$

式（6.29）中，H 表示住房的产量，L 表示土地的投入量，N 表示非土地要素的投入量。一般来说，二者之间是可以相互替代的，以便实现成本最小化。但替代弹性取决于可选择的生产技术，而生产技术的选择又要受到建筑业规章制度的限制。

第7章

城市劳动力市场

　　现代城市尤其是大城市具有巨大的、多样化的劳动市场，是许多经济活动的有利条件之一，但失业也是城市的重要社会问题之一。聚集经济的城市化效应之一就是使一个地区的劳动力后备军具有极大的规模、深度、专业化和经验。但交通费用的存在限制了城市劳动力市场所能包括的地区。如果工人希望进入城市劳动力市场，他们将在选择居住区方面受到限制。因此，城市劳动力市场有其自身的特点。本章介绍西方城市经济学中关于劳动市场的运行机制及有关理论与问题。西方城市经济学关于劳动力市场的分析是从市场的供需关系入手的。图7.1显示了城市劳动力市场的供给和需求曲线。需求的增长（需求曲线的右移）或供给的增长（供给曲线右移）可以使就业量增加，从而实现城市经济的增长。

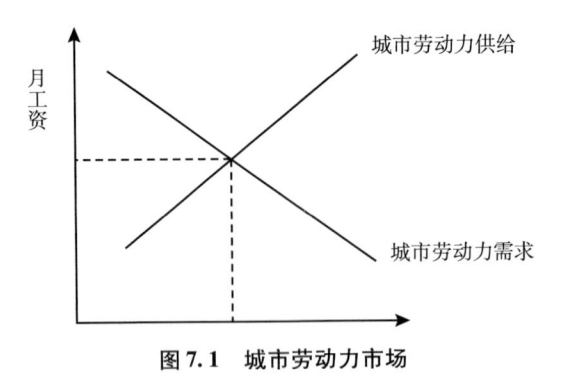

图7.1　城市劳动力市场

资料来源：作者自绘。

7.1 城市劳动力需求理论

劳动力的需求常常称为派生需求,因为它是从对消费品和劳务的需求中派生出来的。由于有对商品与服务的需求,就要进行商品与服务的生产;而生产又需要有劳动的参与,从而导出了劳动需求。

劳动力的需求来源于两个方面。基础部门销售产品给城市外部的消费者,非基础部门销售产品给城市内部的消费者。二者之间存在一定的关系。

7.1.1 乘数过程

因为出口部门工人的大部分收入用于购买本地产品,出口销售额的增长提高了本地的销售额,可以产生乘数效应。在第一轮,出口销售的收入 A 以工资、利息和地租的形式支付给工人、资本家和土地所有者,本地收入增长 A,如果增加的收入中60%花在本地产品上,那么本地消费将增长60%×A。本地消费的第一轮增长是本地收入的第二轮增长:本地生产者支付给工人、资本家和土地所有者中的60%花在本地的产品上。本地消费的第二轮增长为36%×A,消费和收入持续增长,但是每一轮都比上一轮小,因为存在40%的进口漏出。

城市总收入的增长超过了出口部门收入的最初的增长。本地消费的边际倾向(m)是收入花费于本地的那一部分,上例中为60%。如果出口销售的最初改变为ΔX,总收入的增长是各轮收入增长的加总:

$$\Delta Y = \Delta X + m \cdot \Delta X + m^2 \cdot \Delta X + \cdots + m^n \cdot \Delta X$$
$$= \Delta X \cdot \frac{1}{1-m} \tag{7.1}$$

定义收入乘数为出口销售的单位变化引起的总收入的变化:

$$\frac{\Delta Y}{\Delta X} = \frac{1}{1-m} \tag{7.2}$$

乘数过程同样影响就业。就业乘数是指单位出口就业的变化所引起的总就业的变化。因为假设两个部门的销售量相同,就业乘数和收入乘数相同。如果单位本地工作的销售量小于单位出口工作的销售量,那么因为给定销售量需要更多的本地工作，就业乘数就会超过收入乘数。

此外，可以用劳动力构成的数据计算就业乘数。如果 B 是出口产业的劳动力数量，L 是地方产业劳动力数量，城市的总就业量就是 $B+L$，记作 T，L/B 表示每个出口就业所支持的本地就业的数量，就业乘数就可表示为：

$$\frac{\Delta T}{\Delta B} = \frac{T}{B} \tag{7.3}$$

7.1.2 劳动力需求曲线

城市的劳动力需求曲线表示在不同工资水平上，一个既定人口的市场中所需要的劳动量。劳动力需求曲线是向右下方倾斜的，也就是说劳动力需求曲线的斜率是负的，主要有两个原因。一方面，随着城市工资的增长，出口和本地生产者都会用资本来替代相对昂贵的劳动力，这就是替代效应：工资增长产生的要素替代降低了劳动力需求的数量。换句话说，工资的增长，导致公司用非劳动投入替代劳动投入。另一方面，随着城市工资的增长，产品的成本上升，价格上升。随着出口价格的上升，出口需求量下降，出口部门需要的工人减少。随着地方产品价格的上升，城市居民用进口来替代相对昂贵的本地产品，地方厂商对劳动力的需求减少。这就是产出效应：城市工资的增长导致价格的上升和产出的下降，降低了对劳动力的需求。因为工资上升的替代效应和产出效应，需求曲线的斜率为负。

替代效应和产出效应的大小决定着劳动力需求曲线的斜率。替代效应和产出效应越大，劳动力需求对工资变化的反应越大，需求曲线越平缓。如果厂商很容易用非劳动要素替代劳动要素，那么替代效应相对较大。产出效应大是由于两个原因导致的：一是如果劳动力在总成本份额中占的比例较大，产出的价格对工资的变化将会相对敏感；二是如果产出的需求价格弹性相对较大，产品价格的一定增长，会导致总产出的较大下降。总之，需求曲线相对平坦的条件是：(1) 劳动和非劳动要素可以很好的替代；(2) 劳动力成本在总成本中的份额较大；(3) 城市产出的需求弹性较大。

决定劳动力曲线位置的要素包括以下几点。

(1) 出口需求。城市出口需求的增长会增加出口量，使需求曲线向右移：在每一个工资水平上，将需要更多的工人。

(2) 劳动力生产率。劳动力生产率的增长会降低生产成本，使得出口厂商降低价格，提高产出。尽管厂商需要更少的工人生产给定数量的产品，但价格的下降意味着厂商产出增加。如果产出的增长相对更大（产品的需求价格弹性较大），对出口部门工人的需求增加，需求曲线向右移。同时，劳动力生产率的增长使得本地产品的价格低于进口价格，提高了对本地工人的需求。提高劳动生产率的一个方式是增加地方公共教育的投入。

（3）工商税。工商税的增长（没有相对的公共服务的变化）提高了生产成本，降低了产出，所以需求曲线向左移。由于出口厂商在其他城市失去了顾客，本地厂商失去的顾客转向了进口，对劳动力的需求下降。

（4）产业公共服务。产业公共服务的提高（并不相应地提高税收）降低了生产成本，提高了产出，需求曲线向右移动。

图7.2给出了出口销售增长的乘数效应。假设出口需求的增长对出口部门工人的需求提高了10000人，城市需求曲线将从D_1移向D_2，这是出口需求增长的直接效应。如果就业乘数是2.5，每一个出口工作带动1.5的本地工作，需求曲线将再向右移，增加15000个就业（从D_2到D_3）。这就是出口需求增加的乘数效应[①]。

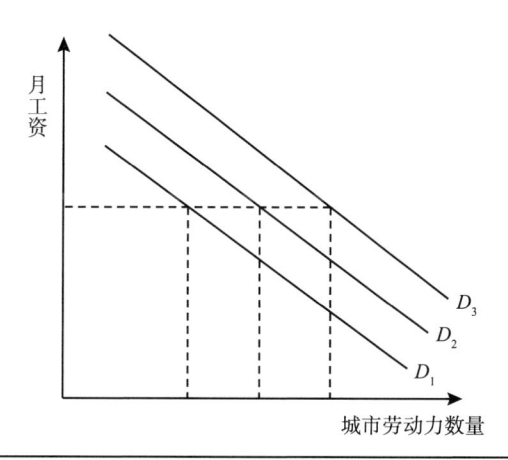

图7.2 出口就业增长的直接和乘数效应

资料来源：作者自绘。

---

① Arthur C. Pigou. The Economics of Welfare：Fourth Edition ［M］. London：Macmillan Publishers Limited，1932：145.

7.2 城市劳动力供给理论

劳动力供给可以定义为在不同工资水平上，一个既定人口的市场中提供的工作量。供给函数通常是这样一种情况，当其他要素保持不变时，工资越高，劳动的供给就越多，即曲线的斜率是正的。但这种情况并不是自始至终一直保持下去的。对于任何个人来说，我们可以说工资越高就可以诱惑他提供更多的劳动。但提供更多的劳动意味着享受闲暇的时间减少。尽管高工资意味着高收入，一个人也很可能选择较少工作以便能享受更多的闲暇。因而这两个趋势就发生了矛盾，导致了一种称为劳动供给曲线的回转（如图7.3所示）。开始时，随着小时工资 w/h 的上升，人们愿意增加工作时间 h；但随着收入的增加，最终将达到一个工资水平点，在这一点上他们不愿再增加工作时间而愿意去享受闲暇。若超过了这一点，他们就会减少工作时间而去享受更多的闲暇，但这种情况只发生在一个人在一个给定的工作岗位上时。

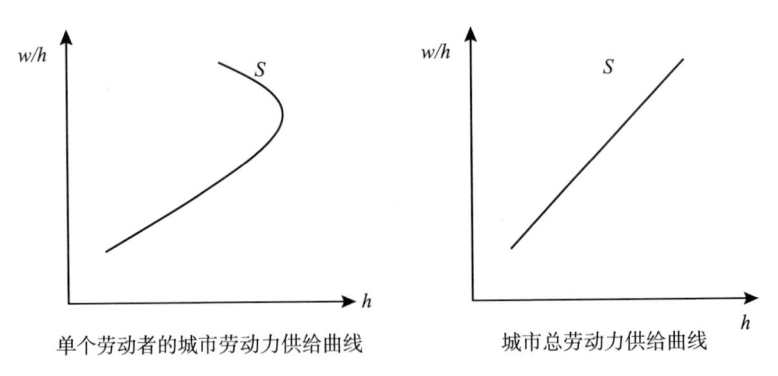

单个劳动者的城市劳动力供给曲线　　　城市总劳动力供给曲线

图 7.3　城市劳动力供给曲线

资料来源：作者自绘。

因为人口流动效应，城市劳动力市场的总的供给曲线是正向倾斜的，工资的提高增强了城市的相对吸引力，导致了人口从其他城市流入。总就业的增加提高了大多数产品的总需求，导致了土地、住房和其他商品价格的上涨。城市必须提供更多的工资来弥补工人的更高居住成本。城市的劳动力供给弹性相对国家来说较大，因为工人会移往提供更高工资的城市，但是国家之间的移民相对要少。

除了工资水平引起劳动力供给曲线的运动外，"供给移动因素"还包括以下诸多方面①。

（1）人口的自然特征。人口的自然特征中，最重要的是受出生率和死亡率以及人口迁移影响的城市规模、人口年龄分布和性别分布。人口迁移对于城市长期劳动供给有着特殊意义。在美国，每年都会有部分的人口从一个劳动力市场转移到另一个劳动力市场。在过去，城市人口增长的重要部分是从农村来的移民，但现在已经减慢了。移民，除非法移民外，往往都有较高的技术水平，较高的教育水平，且较年轻。离开自己的家到外边去碰运气的常常是质量最高和生产率最高的人们，这些移民通常不会降低而很可能提高他们所到地区的技术水平。因而，移民的结果往往使原地的技术水平降低而使目的地的技术水平提高。在劳瑞（Lowry I）对城市间劳动力流动的分析中发现，移民移向失业率低而收入高的地方，尽管他们离开的地区实际上并不一定失业率高或收入低。一个城市向外迁移的总人口很大程度上是这个城市年龄结构的函数。对所有的城市来说，年龄的特殊倾向是相似的，即迁移量随年龄结构的老化而减少。移民迁移目标的选择是由不同城市提供的经济机会决定的。移民通常能在目的地找到工作，尽管对某些人来说可能有时间上的滞后以便使扩大的劳动供给不致引起失业。而那些由于劳动的移入而增长的城市通常能保持持续增长。

（2）劳动力的参与度和参与能力。劳动供给是受劳动力参与度影响的。所谓劳动力参与度是指总人口中就业人口和寻找就业的人口所占的百分比，以及他们每天、每周或每年愿意付出的工作小时。如果一个人只愿意半日工作，那他的参与度就低。或像许多学生只做课余工作，参与度也低。显然，当某一工作岗位的工资增加时，一些原来选择闲暇或非市场性工作（如家务劳动）的人就可能进入劳动市场。例如，如果相对工资提高了，一个妻子在离开岗位去生孩子之后就可能会较快地回到工作岗位上，另外退休者也可能重新进入劳动市场。还有一些因素，如人口特征、参与可能性、参与障碍、制度因素等也

---

① 孟晓晨. 西方城市经济学——理论与方法［M］. 北京：北京大学出版社，1992：110 – 112.

影响参与度。长期来看，人口的训练、教育程度及技术，也可引起劳动供给的变化，身体状况则决定了劳动供给的潜力。

劳动力的参与能力取决于地方交通成本，工作条件（包括对工作的社会观念），税收，收入选择，工作所要求的培训时长，家庭装备水平（尤其对妇女来说），托幼服务的可得性，以及工作和留在家中比较的各种成本。阻碍工人进入劳动力市场的障碍有歧视（种族、年龄、性别等）和工会。工会能够控制某些行业进入新人。

（3）城市的吸引力因素。城市的环境、居民税收和居民的公共服务等因素，会影响劳动力供给曲线的移动。城市环境质量的提高（更好的空气和水质量）增强了城市的相对吸引力，导致了人口移入城市，在每一个工资水平下，更多的工人愿意在城市中工作，供给曲线向右移动。居民税收的增长（公共服务相对不变）降低了城市的相对吸引力，导致人口流出，使供给曲线向左移动。居民公共服务数量的增加（税收相对不变）提高了城市的相对吸引力，导致了人口移入，供给曲线向右移动。

还有许多制度因素影响城市劳动供给，最重要的是劳资合同。工人的劳动条件是由合同决定的，而不是由劳动市场决定的。而劳动条件是要影响到劳动供给的。由于劳资双方具有相互依赖性，通过协商而签订合同是可行的。也是由于这种相互依赖性，人们对罢工的权力在重新考虑。最后，培训、教育和技术水平反映了劳动力的质量。这可以通过对人力资本的投资来得到提高。教育和培训是影响特殊技术劳动力供给的主要手段。通过投资于教育和训练，人们希望去提高未来生活的收入。但城市居民也通过教育来改进他们作为消费者的角色，包括闲暇的消费。

虽然在短期内，劳动力的供给对国民经济是缺乏弹性的，但对特定的城市却有一定的弹性。因为城市内较高的工资可以吸引其他城市的劳动力进入该城市。在长期发展中，当就业机会和工资很有吸引力时，由于可望吸引新的劳动力进入，使得城市劳动力市场有较好的弹性。在一个发展良好的城市环境中，人们决心在教育上和培训上投资，也决心提高其劳动力参与率。对训练、教育和技能的要求也影响一个地区的劳动力供给弹性。例如，如果一个城市的工业要求很高的技术水平，那么短期内劳动力供给将是缺乏弹性的。然而，随着时间的推移，不但由于人口的流动，而且由于培训新的工人，劳动力供给将变得较有弹性。像通常的供给函数一样，允许经历的时间越长，劳动力供给状况越容易调整，弹性也越大。

7.3　城市劳动市场

7.3.1　城市劳动力市场的均衡

根据对城市劳动供给与需求的讨论，我们可以确定市场中能被雇佣的劳动量和将支付的均衡工资（如图 7.4 所示）。劳动需求由 D_L 表示；劳动供给由 S_L 表示；均衡工资为 W_0；均衡雇佣量为 B_0。资本成本增加的影响反映在需求由 D_L 上升到 D_Z'。新的均衡工资为 W_1，雇佣量为 B_1。但如果假设需求保持在 D_L 不变，而来自其他城市的移民引起地方劳动供给从 S_L 向右移到 S_L'，在这种情况下，工资将下降到 W_2，雇佣量将增加到 B_2。在移民发生的情况下，资本投入的提高也是可能的。这里雇佣量增加到 B_3，但工资的影响被抵销了。

这种供给与需求系统意味着只要在市场中价格是可以自由变化来进行调节的，就没有谁会是永远失业的。但这并不是真实的。失业的原因是多样的，包括自愿的和非自愿的，微观经济的和宏观经济的原因。

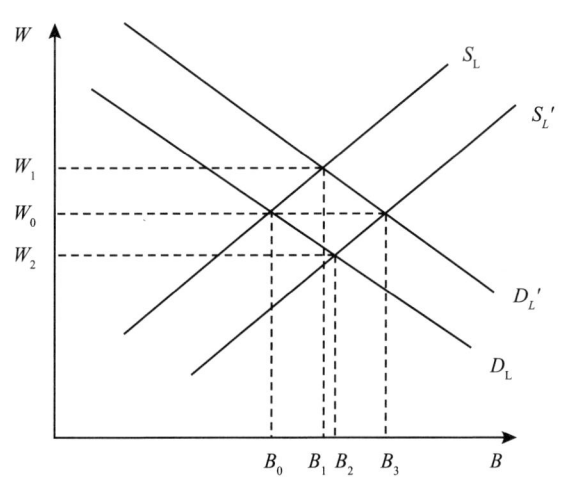

图 7.4　城市劳动力市场的均衡

资料来源：作者自绘。

7.3.2 城市劳动力市场的工资差异

一个城市劳动市场必须根据它的空间方位来定义。市场在空间上被运输成本和通勤成本所分开。在大城市，由于交通成本不同，对于同样的劳动技术和职位可能有几个不同的市场。

瑞斯（Rees A）和舒尔茨（Shultz G）观察到，"大都市区的劳动市场是高度复杂的，由分开的但又相互联系的不同职业的和不同区位的次级市场所构成。工资的决定，工作的寻求和工人的移动都被许多种力影响着——经济的、制度的、区位的和个人的"。[①] 由于通讯技术的发展，工作和工资信息可以在整个城市很快地传播，从而使劳动次级市场的地理差异消失了。通勤费用则没有消失。低成本信息的可得性使得工人向更好的工作转移的活动具有更高的效率和更快的速度。

这个过程已经被史密斯（Smith A）发现，在《不同的劳动与资本雇佣中的工资与利润》一文中，他提出劳动与资本不同雇佣量的总体优势和劣势必须（在同一社区中）是完全相等的或是持续趋向于相等的。如果在同一个社区中，有任何雇佣明显具有比其他雇佣的优势或劣势，就会有劳动力的涌入或流出，它的优势或劣势将回到与其他雇佣水平相等的地位。

因为通讯与运输的极大改进，我们可以用城市来取代史密斯所说的社区。但如果去假设城市中厂商间工资没有差异可能也是个错误。这种差异可用不同的因素来解释——对非金钱劣势的抵销的差异，劳动质量的差异，制度变量和歧视等。

关于工人在地方劳动市场中移动和城市中工资空间差异的资料相对较少。

除了空间因素，第二种影响工资不同的要素（在给定职业中）与劳动质量相关。这个问题可与马歇尔（Marshall 现 A）的"效率所得"概念相比较。他认为竞争不是导致同一职业的工人小时工资趋于相等，而是单位工作所得相等。如果资历反映相关经验，我们就可以说资历与个人收入有着高度的正相关。

第三种因素是企业变量，如企业规模，劳动成本在总成本中的比例，产业

[①] Bosanquet N, Rees Albert, Shultz George P. Workers and Wages in an Urban Labour Market [J]. Economica, 1971, 38 (151): 338-339.

集中程度，厂商利润和工会组织程度等。这些因素对工资的影响已由雷诺兹（Reynolds L）很好地总结了。根据他的研究，大企业或单位比小企业或单位支付更高的工资。劳动成本在总成本中的比例较低时，意味着工资在利润计算中不是主要因素，产生相对高的工资水平，炼油业就是个典型的例子。作为一个密切的垄断集团成员的厂商，由于具有价格协议可支付比竞争产业厂商高的工资。高赢利厂商比低赢利厂商支付较多的工资。

工会对工资的影响是复杂的。1978年布朗（Brown C）和马道夫（Medoff J）研究了制造业的情况，发现工会可使小时工资提高21%，而同时劳动生产率提高22%。因而，不能只考虑现金工资，而应考虑真实工资以便计算劳动质量与生产率。

最后，还有种族、宗教、血统、年龄和性别都可产生歧视，从而使受歧视的人只能接受较他人低的工资。

7.3.3 出口就业增长的均衡效应

图7.5描述了出口销售的增长对城市劳动力市场的影响。劳动力需求曲线向右移动，反映了直接效应和乘数效应。随着城市人口的增多，住房和土地的价格增长，需要提高工资弥补工人的更高生活成本。

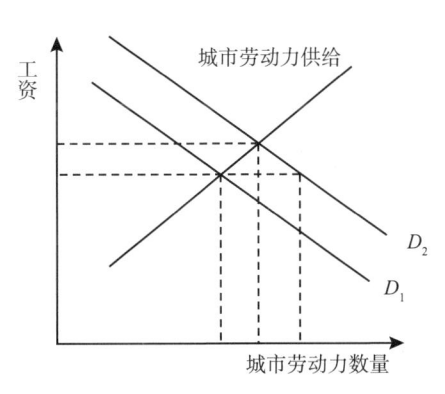

图7.5 出口就业增长的均衡效应

资料来源：作者自绘。

图7.5表明，预测出口就业增长的影响是复杂的。简单的方法是使用就业乘数预测出口就业的变化导致的总就业的变化。这种方法提供了需求曲线水平

移动的估计，不是均衡就业的变化。为了精确地估计总就业的变化，必须知道供给曲线和需求曲线的斜率。供给曲线的斜率表示工资随城市规模的增长速度，需求曲线的斜率表示随工资上涨的劳动力需求量的变化速度。

图 7.5 显示了供给曲线向右移动的效应。假设城市提高居民的公共服务水平，供给曲线向右移动：在每一个工资水平上，更多的人愿意在城市中工作。供给曲线的移动提高了均衡就业，降低了均衡工资。工人愿意接受较低的工资，因为城市提供更好的公共福利。

7.4 通勤成本与就业区位选择

初始的城市劳动力市场模型假设，所有工作都集中在 CBD。这主要是为了处理方便而假设的。这种假定同时也考虑了 CBD 常作为交通节点，尤其是作为港口而发展起来的历史事实。企业区位于 CBD，可以大大降低货物的运输成本。劳动者可以走动而货物是不能自行移动的，因而选择这种区位很有利。CBD 区位又使得企业尽可能地接近电力和各种基础设施，因为当时只有接近 CBD 才能享受这种服务。

现在考虑一下促使城市内的就业向 CBD 以外地区转移的激励因素。现假设某一个企业区位于 CBD，但它考虑转移到郊区去。想要离开 CBD 的企业将面临着一种权衡问题，因为迁移可能降低一些成本同时提高一些成本。第一，只要是企业的迁移能够缩短劳动者的通勤距离，那么劳动者可以节省通勤成本，而企业以支付较低工资的形式，可以占有这一通勤成本的节约部分。第二，根据离 CBD 的距离的远近，土地价格按一定的递减率下降。因而，迁出 CBD 的企业得益于低土地成本，并且企业可以以资本来换回土地，也就是企业以低矮而水平的建筑来取代垂直的高层建筑。第三，由于这种迁移可以避免在 CBD 的经常性的交通堵塞，因而可以降低货物的运输成本。第四，损失了 CBD 的聚集经济，这可能降低企业的劳动生产率。第五，当企业迁移到郊区时，企业的其他成本也会发生变化，与迅速变化的信息技术相联系的成本变化就是这种例子之一。我们在这里将主要考虑通勤成本的作用。

因为企业可以支付较低的工资，因而企业具有一种激励使其迁移到郊区。

对这种较低的工资，劳动者是愿意接受的，因为通勤距离缩短了。由于工资对许多企业而言是一个很大的单项成本，因而工资对企业而言是很重要的。不过，郊区化使企业支付较低工资的程度，将取决于劳动力的供求关系。

假设，最初所有企业都位于 CBD，而且劳动者是沿着连接他们住处和工作场所的直线进行通勤的。某一企业 X 迁出 CBD，在 CBD 南侧 5 英里处选择了新的区位，在图 7.6 为点 A。其他企业仍留在 CBD。在这新的区位上，假设企业 X 只雇佣居住在同一个方向上的、比企业新的区位更偏南的地点上的劳动者，也就是说只雇佣居住在图 7.6 上的线段 Aa 上的劳动者。因而，在 CBD 的工作改变为在点 A 上的工作，企业 X 的所有劳动者每天可以缩短通勤距离 10 英里。如果在 CBD 的日薪为 W^*，每英里通勤成本为 t，那么劳动者以 $W^* - 10t$ 的日薪愿意工作在点 A，并且企业每天可以从每一个劳动者的通勤成本中节省 $10t$ 的成本。不过，只有居住在线段 Aa 上的劳动者将愿意按上述工资工作在点 A，而其他劳动者仍在 CBD 上班。现假设企业 X 雇佣比那些愿意按 $W^* - 10t$ 的工资水平工作的人更多的劳动者。如果企业把工资提高到 $W^* - 10t$ 的水平以上，那么通勤范围将从原来的图 7.6 上的线段 Aa 扩展到 bab 所包围的更大的区域范围内。

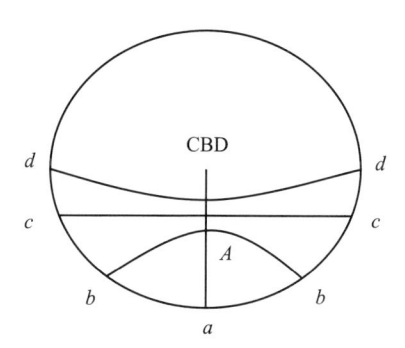

图 7.6 当企业从 CBD 迁到点 A 时的通勤范围

资料来源：作者自绘。

在这种较高工资水平下，一些劳动者并不一定沿着从 CBD 延伸出来的企业 X 所在的相同的射线通勤（也就是说这些劳动者并不是径向通勤而可能是周向通勤），而且一些劳动者可能离心通勤。随着企业 X 继续提高工资水平，通勤区域也将不断扩大。现假设，在郊区的企业支付与 CBD 的企业相同的工

资 W^*。那么，该企业的通勤区域将是水平线 CCC 以下的区域，该水平线将平分连接 CBD 和点 A 的线段。如果企业 X 支付比 W^* 高得多的工资，则向该企业通勤的劳动者居住区域将变成向上弯曲的曲线 ddd 以下的整个区域。不过，即使是企业 X 支付比 CBD 的工资 W^* 更高的工资，它的通勤范围仍比向 CBD 的企业通勤的劳动者居住范围小，并且上班的劳动者也会被限制于居住在城区南部地区的劳动者。这样，迁出 CBD 的企业，只有当它的通勤区域从覆盖整个城市区域缩小到只覆盖它们郊区位置的区域时，才能支付较低的工资。如果位于郊区的企业，其规模相对大，且对劳动力的需求相对较大，那么它们不得不支付等于或高于 CBD 企业的工资。

现假设另外一个企业 Y 也从 CBD 迁出。只要在 CBD 的外部没有聚集经济，那么企业 Y 将位于 CBD 的北侧而不是 CBD 的南侧。这是因为，如果企业 Y 位于 CBD 的北部，则同企业 X 一样，可以得到支付较低工资的好处（这在上面已讨论过）。但如果企业 Y 位于 CBD 的南部，那么它为获得劳动力必须同企业 X 进行竞争，结果两个企业不得不都要支付较高的工资。这样，企业郊区化时，它们将位于 CBD 的不同方向，特别是尽可能地要避免企业已经高度集中的郊区。

现在考虑企业从郊区化中得到的好处主要是因为较低的郊区土地成本的情况。不过，在郊区企业土地成本的降低程度也取决于劳动者的通勤模式。假设我们改变原有的那些所有劳动者通过由从 CBD 向不同方向的射线所组成的轨道交通网络进行通勤的假定。企业 X 仍在计划从 CBD 迁出。只要地点接近公交车站，则对企业 X 来说似乎是很有利的郊区区位，因为劳动者是从公交车站走着去上班。但这意味着，适合于企业 X 的郊区区位只限制在接近公交车站的区位范围内，同时这种接近公交车站的位置使这些土地可以用来建设高密度住宅区，因而企业 X 要使用这种位置的土地，则要支付很高的土地价格。这些因素大大缩减了企业 X 从郊区化中所得到的好处。另外，在这种情况下企业 X 从郊区区位中得到的低工资的好处也并不是很明显的，因为只有居住在同企业 X 所在郊区区位相同径向交通线路上的劳动者到企业 X 而不是到 CBD 时可以缩短通勤距离（当劳动者必须沿着某一公交线路到达 CBD，然后从那里又乘另外一条公交线路以离心方向到达企业 X 时，如果企业 X 支付低于 CBD 的工资，则这些劳动者不会在企业 X 工作）。这样，当劳动者通过固定轨道交通系统上下班时，企业 X 从郊区较低土地成本或支付较低工资中所得到的好处是微不足道的。

现在我们假设劳动者利用汽车通勤，并且公路网络比固定轨道交通网络更稠密。结果，企业 X 在选择它的郊区区位方面很少受到限制，因为劳动者开汽车上下班，这使得劳动者可以到达没有轨道交通的任何地点。这种结果，提高了提供那些没有作为住宅区来使用的，使用成本较低的郊区土地的可能性，提高了企业从郊区化中得到的收益。另外，劳动者在任意工资率下愿意在郊区企业工作的区域范围也扩大了，因此工资成本也降低了。这种趋势是自我增强的。由于更多的劳动者通过汽车通勤，郊区企业所得到的劳动力供给也增加了，这使得郊区化更有吸引力了。但随着更多的企业郊区化，没有汽车无法捕捉到这种日益扩大的郊区工作机会，因而许多劳动者将乘坐公共交通改为利用自用汽车。[1]

7.5 城市失业理论

在农村由于是按习惯而不是按生产率来分配工资，因而失业问题被掩盖起来。但在城市社会中，市场的功能使得生产率成为雇佣人员时的一个考虑。当人们的边际生产率低到不能使他们满足市场要求时，他们就失业了。

7.5.1 城市失业的原因

反映城市劳动供给与需求平衡问题的就业岗位不足的原因，可从这样几方面来讨论，摩擦失业、季节失业、结构失业、总需求短缺以及税收负担导致的失业等[2]。

摩擦性失业是因为城市中的某一部分劳动力，因工作类型、工作地点偏好的变化和需求的变化，进行调整工作时的临时性失业，一定数量的摩擦性失业对劳动力市场的有效运行是必要的。另一种损害相对较小的失业是季节性失业。一年的某个时期对某种与供给有关的劳动力需求比其他时期小，就发生季

---

[1] 本节主要引用：安虎森. 区域经济学通论 [M]. 北京：经济科学出版社，2004：619-622.
[2] 孟晓晨. 西方城市经济学——理论与方法 [M]. 北京：北京大学出版社，1992：118.

节性失业。

结构性失业是因商品和劳务的构成发生变化，或因使某些技能过时的技术变化引起的失业。对一个地区的产品需求的减少，也可能造成结构性失业。如果技术构成或需求构成变化很大，并经常出现变化，那么，即便职业流动非常快，结构性失业率也可能非常高。在这种情况下，不同的人每年都有可能遭受结构性失业。当人们因为不了解市场要素，或无法接受新的技能训练，以至最终丧失劳动技能而不再被雇佣时，长期性失业便发生了。这种失业是结构性变化造成的，同时又因市场调整缓慢而难以消除。如果技术或需求的变化规模很大并经常发生，结构性失业率就可能很高，即使职业转移很迅速也弥补不了。在这种情况下，就与摩擦失业混在一起，区分它们不能从原因上而必须从程度上。结构性失业可能造成大量的失业人员，而这些人实际上在找新工作，其原有技术适用的工作工资相当低。结构失业在不同的城市是不同的，这取决于它们的工业基础。在那些充满活力的、增长着的工业地区，市场调节会很快。发展缓慢而工业专门化很强的地方受结构失业的影响就很大，特别是如果居民大量外迁的情况下。但不景气的城市可通过发展新的具有市场优势或采用新技术的工业或产业来降低结构失业。

当降低工资并没有抵销劳动力需求减少时，将出现总需求不足性失业，于是产生非自愿失业。在引起失业方面，总需求不足的重要性在各个城市之间是不同的。例如，全国性总需求的微量下降可能集中在少数几种商品上，这几种商品碰巧又仅在少数几个城市生产。结果，在全国范围内很难察觉到劳动力需求下降，可能在少数城市内引起大规模的失业，而乘数效应又使这种失业状况更趋严重。事实上，一定地区的类似失业，完全不必由全国性需求下降产生，而只要需求结构发生变化就会出现。

最后是税收负担引起的失业。供给学派强调税负对失业的影响，认为过分沉重的税负是造成高失业水平的重要原因。供给学派强调税收在总储蓄、投资和劳动供给方面的作用，也指出税率对闲暇、消费和投资（指资本楔子）的价格的影响。所谓资本楔子，是指当资本拥有者把资本贷给投资者时，由于税收的存在，使得贷出者的报酬与借贷者的成本之间产生的差异。

资本楔子之所以出现是因为政府税收使企业家的资本成本增加，超过了他们对资本的实际支付。只有在极端情况——没有税收时，对资本的价格支付和为资本而接受的价格才是相等的，即贷出者的报酬和借贷者的成本相等，见图 7.7 中的 E 点。横轴为资本支出量，纵轴为资本价格。当资本收入税增加时，资本成本也上升，而提供资本者的收入下降。因而，税收上升引起资本需求与供给的下降。随之而来的，图 7.7 中的楔子规模增加到 Y_2，表明资本成本与资本收入之间距离的增加（D_c 是资本需求函数，S_c 是资本供给函数）。在 Q_1 资本支出上，资本成本为 Y_2，而资本提供者只得到 Y_1 的收入。当税收下降时，向 E 和 Q_2 靠近，楔子变小，资本投入增大。图中直线 D_c 表示企业主将支付（对各种资本量）的最大数额，D_{c-t} 表示资本供应者实际收到的。供应学派的目的是减小 D_c 和 D_{c-t} 之间的距离，从而增加资本使用的均衡量和提高工人生产率。这将导致更多的投资，最终会提高就业率。

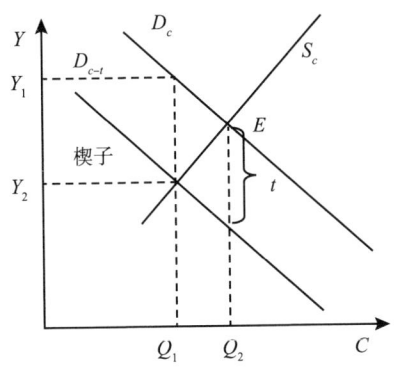

图 7.7 资本楔子与资本支出

资料来源：作者自绘。

7.5.2 解决城市失业的政策措施

凯恩斯主义的宏观经济学主张采用财政政策和货币政策解决城市失业问题，提出增加劳动需求，降低失业率主要有这样几种途径：（1）政府减少税收。这样可使投资相应增加，而投资又会带来就业机会的提高；（2）政府直接资助新的发展项目，给以各种补贴和优惠，刺激经济发展，而带来新的劳动需求；（3）给失业者提供各种职业或技术训练，提高他们的素质，以适应市场需求，增加竞争力。

供给学派强调减税对总储蓄、投资和劳动力供给的影响，以及税收收入的宏观效应，而税额反过来又影响整个经济活动。如果税额太高，则大幅度的减税可以增加资本需求量和资本供给量,从而促进产出和就业的增长。

失业保险制度是社会保障系统的一个组成部分,是国家以立法形式集中建立的保险基金,对因失业而暂时中断收入的劳动者提供经济保障的制度①。失业保险作为社会保险的特点是:(1)强制性。目前实施失业保险制度的国家或地区中绝大多数是采用的强制性失业保险制度,即国家通过颁布有关法律,对失业保险的适用范围、资金来源、待遇标准、资格条件、管理机构及其职责以及法律责任等内容做出规定,以国家法律和行政的强制力保证失业保险制度的实施。(2)互济性。失业保险基金的收缴在一个大范围内进行,遵循"大数法则",使社会上分布不均的失业风险在一个足够大的范围内进行分散。(3)社会性。失业保险是由国家即整个社会支付的,其目的在于保障整个社会的劳动者在遭受失业风险的情况下能够维持基本的生活需要,并通过有利于促使失业者重新就业的有关规定,为其尽快就业创造条件从而维护整个社会经济活动的顺利进行,促使劳动力资源配置优化和统一劳动力市场的形成。(4)福利性。失业保险属于国民收入再分配,其制度遵循有利于低收入劳动者的原则,同时在劳动者丧失收入的情况下,提供物质帮助。国家实行失业保险,并非以盈利为目的,这一点与商业保险有本质的区别。

---

① 安虎森. 区域经济学通论 [M]. 北京:经济科学出版社,2004:623-624.

第三篇
城市宏观经济理论

第8章

城市经济增长理论

8.1 引　言

　　理解和把握城市经济最佳的切入点就是城市经济增长。城市经济增长是指城市经济的动态演化过程，是城市经济作为一个整体的规模扩张与质量提高。城市经济增长模型是在一定的假设条件下所构建的关于城市经济增长与相关因素之间的数量变化的数学模型。通过城市经济增长模型，可以分析城市经济运行的内在结构关系，从宏观的角度来描述城市经济的增长。城市经济增长同一般的经济增长有相似的性质，从而所有分析一般经济增长的模型都可以用来分析城市经济增长。实际上，城市经济增长模型是在一般经济增长理论的基础上发展起来的。

　　西方现代经济增长理论源自1928年拉姆齐（Ramsey）的经典论文。拉姆齐之后，在20世纪50年代末，哈罗德（Harrod）和多马（Domar）将凯恩斯分析方法与经济增长的因素结合起来，建立了一个经济增长模型。在哈罗德、多马之后，经济增长理论更重要的贡献来自索洛（Solow）和斯旺（Swan）建立的新古典经济增长模型。20世纪80年代以来，西方经济增长理论有了新的发展，以罗默、卢卡斯等人为代表的一批经济学家，在对新古典增长理论重新思考的基础上，提出了"内生经济增长理论"。表8.1对一些主要的经济增长的理论和模型进行了总结和评述[①]。

表 8.1　　　　　　　　　　经济增长理论和模型的总结

理论	基本类型	发展的定义	基本动力	优缺点	应用
经济基础理论	出口（或基础）和非基础地方（或居民）部门	不断上升的产出、收入或就业增长率	对外部需求变化的反应；经济基础乘数效应	对经济发展最常用的解释；是短期预测的简便工具；对于长期发展理解不充分	对于出口扩张和多样化的产业扩充和促进。扩张现有的基础产业；通过增强基础和非基础产业的联系进行进口替代；对于出口扩张基础部门的发展
主要产品理论	出口品部门	出口导致经济增长	在世界市场上对出口的主要产品的成功生产和营销；对出口主要产品的外部投资和需求	从历史性的角度看待经济发展；描述性的理论，难以应用	实施出口专业化；国家为提高竞争优势尽力；经济基础的特征决定政治和文化上层建筑
部门理论	第一、第二、第三产业部门	部门的多样性越丰富，人均生产率越高	第一和第二产业部门的需求收入弹性和劳动生产率	具有实证分析的可行性；分类过于泛泛	促进部门间的转换；吸引和保持具有收入弹性产品的生产者
增长极理论	各个产业	推进型产业的增长导致结构变化	推进型产业是增长极	建立在支配效应基础上发展的起源和扩散的一般理论	增长中心战略
区域集中和扩散理论	商品和要素（迈尔达尔）或产业（赫希曼）	人均高收入	扩散和回流效应（迈尔达尔）或极化和涓流效应（赫希曼）	指出了发展的动态性	政府积极行动减轻逆效应降低不平等（迈尔达尔）；公共投资的区位刺激发展（赫希曼）
新古典增长理论	总量（宏观）或两部门区域经济	人均经济增长率的提高	支持投资和资本形成的储蓄率	以"技术进步"作为增长的驱动点，但无法阐明经济增长的内生机制	政府的干涉应该促进自由贸易和经济的整合，容忍社会的不平等和空间的二元论

---

① 安虎森. 区域经济学通论［M］. 北京：经济科学出版社，2004：592.

续表

理论	基本类型	发展的定义	基本动力	优缺点	应用
区际贸易理论	商品和要素的价格和数量	能提供更大消费者福利的经济增长	价格调整形成贸易的均衡；价格数量效应	唯一强调消费者福利和价格效应的理论；忽略了发展的动态性	政府的干涉应该促进自由贸易；基础设施的发展；高效的地方政府
产品周期理论	产品：新产品、成熟产品或标准化产品	持续的新产品创造和扩散	新产品开发；创新	研究人员理解开发的通用原则	促进产品创新和后续扩散的发展战略
企业家才能理论	企业家或企业家职能	弹性和多样化	创新过程；新的企业联合	夸大企业家的作用	维护适合发展的产业环境和生态环境
柔性专业化理论	生产制度，产业组织	来源于灵活生产、创新和专业化的持续增长	促进生产者适应性的需求的变化	对公司/产业组织的详细分析；总产出及其关联说明较少	通过采用先进的技术、小企业网络和产业集群战略促进柔性

资料来源：安虎森. 区域经济学通论 [M]. 北京：经济科学出版社，2004：592.

8.2 新古典城市经济增长理论

  1956年，美国经济学家索罗发表了论文《对经济增长理论的一个贡献》，成为经济增长研究历史上的一个里程碑。索罗成功地将新古典经济理论和凯恩斯经济理论结合在一起。

  城市的经济增长决定于生产要素的投入和生产要素的边际生产力。土地、劳动、资本、技术等都是重要的生产要素。土地作为城市经济增长的一种重要的投入要素，其供给量是一定的，是不能由外输入的，这使得城市在发展到一定规模之后继续发展的成本呈上升趋势。尽管土地是有限的，但还是存在着提高生产力的很大潜力，这可以通过提高土地使用密度和改善交通技术来取得。因此，新古典模型的主要注意力是放在增加常规投入要素——劳动与资本的可能性上。新古典学派的城市经济增长理论认为，在完全竞争的市场前提下，假定规模收益不变，则区域经济增长源于资本、劳动力和技术进步这三个要素的区内供给与区际流动。

新古典城市经济增长模型的基本推导是①：

假设城市的生产函数为：

$$Y = f(K, L, T) \tag{8.1}$$

式中，Y——产出；K——资本投入；L——劳动投入；T——技术投入。假设单位土地上所能容纳的资本量是一定的，我们就可以把技术看作一个不变量，因而得出产出的增长率为：

$$y = \alpha k + \beta l + t \tag{8.2}$$

式中，y——产出增长率；k——资本增长率；l——劳动增长率；t——技术常数；α——资本在总产出中所占的份额；β——劳动在总产出中所占的份额。这里：

$$\alpha = MP_K \cdot \frac{K}{Y}, \quad \beta = MP_L \cdot \frac{L}{Y} \tag{8.3}$$

设 V 为资本产出比率，即 $V = K/Y$。在完全竞争性市场中，如果资本报酬率为 r，则 r 必然等于能够平衡储蓄与投资的利息率。因而资本存量增长率 k 将由储蓄率和要求的资本产出率给出，即：

$$k = \frac{s}{V} \tag{8.4}$$

这里 s 为储蓄率。劳动力将随人口的自然增长率（n）而增长。

因为城市经济是个开放系统，所以劳动和资本的供给可以超过城市本身人口的自然增长和储蓄。因而，劳动力的迁入是决定人口增长的关键因素，市域外资本流入对增加城市资本存量也有着重要意义。资本与劳动的流动方向是由各地区或各城市的要素报酬所决定的。要素总是流向报酬高的地方。在开放的城市经济系统中，就有如下的 k 与 l：

$$k_i = \frac{s}{V} + \sum_j k_{ji} \text{ 这里}, k_{ji} = f_1(r_j - r_i) \tag{8.5}$$

$$l_i = n_i + \sum_j m_{ji} \text{ 这里}, m_{ji} = f_2(W_j - W_i) \tag{8.6}$$

式中，k_{ji}——i 地流入 j 地的资本增长率；m_{ji}——i 地流入 j 地的劳动增长率；r_j 与 r_i——两地利息率；W_j 与 W_i——两地工资率。

---

① 孟晓晨. 西方城市经济学——理论与方法 [M]. 北京：北京大学出版社，1992：30-41.

回到方程（8.2），如果资本与劳动的报酬率就等于它们的边际生产率，就有 $r=\alpha$，$W=\beta$，从而有 $\alpha+\beta=1$，方程（8.2）可写成：

$$y-l=t+\alpha(k-l) \tag{8.7}$$

式中，$(y-l)$——劳动生产率的增长率，$(k-l)$——人均资本增长率。这个方程可以解释为劳动生产率的增长是由两部分决定的：技术进步率和人均资本增长率。所以要通过提高劳动生产率来促使城市经济增长，就只有两条途径：一是改进技术；二是增加投资，提高人均资本占有量。

如果存在一个完全竞争性的市场，由于要素边际生产率在达到一定程度后将呈下降趋势，因而随要素供给的增加，报酬也将下降，最后就回到平衡状态。这就是新古典城市经济增长模型从投入或供给的方面对城市经济增长的解释。这个模型意味着随着时间的推移，城市间在经济增长方面的差距会缩小，城市经济会收敛。

在新古典城市经济增长模型中有一个问题，就是城市之所以存在是由于有规模经济，因而城市与农村的收入差是不会消失的。但当经济发展到一定水平时，城市与农村也会达到一种均衡，即在两者之间不再有生产要素的流动。这使得人们开始考虑更广义的要素报酬概念，如城市居民的非货币收入（生活的舒适性）和外部不经济（如污染）等。换句话说，影响生活区位选择的因素不仅仅是工作机会与工资。

8.3 理查森的区域经济增长模型

上述新古典学派的城市经济增长模型主要是从要素供给的角度讨论要素对区域经济增长的影响。理查森的区域经济增长模型除了考虑要素的供给外，还考虑了需求、规模收益递减、集聚经济、区域空间结构等对城市经济增长的影响[1]。其数学表达式如下：

$$Y=[aK+(1-a)L]^\alpha+T \tag{8.8}$$

式（8.8）中，a、K、L、T、Y、α 分别是资本对收入的弹性系数、资本

---

[1] 郑长德. 世界不发达地区开发史鉴 [M]. 北京：民族出版社，2001：271-274.

增长率、劳动供给增长率、技术进步率、产出率和规模收益变动系数。

其中：

$$K = b_1 A + b_2 y - b_3 K_0 - b_4 CV_z + b_5 (R - R_0) \qquad (8.9)$$

式（8.9）中，A——集聚经济；y——区域收入增长率；K_0——区域资本存量；CV_z——区域内 Z 个城市每单位面积资本存量的变异系数；R——区域资本收益率；R_0——全国资本收益率。

$$L = b_6 n + b_7 A + b_8 F + b_9 (W - W_0) \qquad (8.10)$$

式（8.10）中，n——人口自然增长率；A——集聚经济；F——区位偏好；W——区域工资率；W_0——全国工资率。

$$T = b_{10} A + b_{11} K + b_{12} GN_I + b_{13} QT_0 \qquad (8.11)$$

式（8.11）中，A——集聚经济；K——资本增长率；GN_I——区域首位城市在全国城市体系中的位次；Q——区域与其他区域的联系程度；T_0——全国技术进步率。

8.4　城市经济增长的贸易基础模型

城市基础模型是最古老、最常见、最简单的模型，在很大程度上类似于凯恩斯宏观经济学中的乘数模型。基础模型的思想是将城市的产业部门按照是否向城市外"出口"产品和劳务而分成基本部门和非基本部门，基本部门向非基本部门提供需求，城市经济的增长取决于基本部门和非基本部门的比例，这一比例越高，则城市经济增长率越高。模型集中应用于规划城市人口的增长以及城市公共服务设施的规模。

城市产出可分为两部分，即为贸易的产出和为城市消费的产出，这就是我们常说的基本部门和非基本部门（服务部门），用公式来表示就是：

$$Y = Y_x + Y_l \qquad (8.12)$$

式中，Y——总产出；Y_x——基本部门产出；Y_l——服务部门产出。这里 Y_l 是由经济的总产出水平决定的，因为它包括为基本部门的服务和为城市居民的服务，因而：

$$Y_l = a + bY = a + b(Y_l + Y_x) \qquad (8.13)$$

式中，a 与 b 为参数，a 表示当总产出为零时（Y_x 为负值）城市服务部门的产出量。从而有：

$$Y_l = \frac{a}{1-b} + \frac{b}{1-b}Y_x \tag{8.14}$$

$$Y = \frac{a}{1-b} + \frac{1}{1-b}Y_x \tag{8.15}$$

设总产出与两部门产出增长率分别为 y，y_x，y_l，先对式（8.14）求微商。有：

$$\frac{dY_l}{dY_x} = \frac{b}{1-b} \tag{8.16}$$

即

$$\Delta Y_l = \frac{b}{1-b}\Delta Y_x \tag{8.17}$$

根据增长率定义推导：

$$\begin{aligned} y_l &= \frac{\Delta Y_l}{Y_l} \\ &= \frac{b\Delta Y_x}{(1-b)Y_l} \\ &= \frac{bY_x}{1-b} \cdot \frac{\Delta Y_x}{Y_x} \cdot \frac{1}{Y_l} \\ &= \frac{bY_x}{1-b} \cdot y_x \cdot \frac{1}{Y_l} \\ &= \frac{bY_x y_x}{\left(\frac{a}{1-b} + \frac{b}{1-b}Y_x\right)(1-b)} \\ &= y_x \frac{bY_x}{a+bY_x} \end{aligned} \tag{8.18}$$

类似的推导可得出：

$$y = y_x \frac{Y_x}{a+Y_x} \tag{8.19}$$

在式（8.19）中，总产出的增长依靠于对贸易的需求及其增长。a 越大，总产出增长就越低。因而这个模式提出的很重要的一点就是在外贸需求增长中要保持自身消费规模，任何单纯通过服务部门的增长（如基础设施投资或进口替代）来保持总产出持续增长的尝试都将是失败的。

城市基础模型是一种需求指向（demand driven model）的模型，其认为城市经济的增长源于需求的变动，而这种变动完全是由域外对城市基础部门出口产品的需求变动引起的。这种域外需求的增长通过乘数作用而最终决定了城市经济的增长幅度。这个理论说明了城市对外贸易对城市经济增长的重要意义，也证明了城市对外开放的重要性。但是供给决定论者认为这种城市经济完全掌握在城市域外是不正确的，他们主张应重视城市经济中的供给方面。

8.5 非均衡增长论

鲍莫尔（Baumol W J）的非均衡增长模型与上述模型很接近，他试图来说明城市经济的两大部门如果不平衡发展就会带来问题[1]。一般来说，大多数服务部门是由市政当局掌握的，这些服务部门不为外部市场服务，生产率提高的机会就被限制住了。另外，基本部门（外贸）有着生产率增长的无限空间。鲍莫尔证明新古典模型中没有一种在两部门相对生产率增长的基础上使两部门重返平衡的必要机制。事实上，生产率最低的部门往往产生对其他部门的排斥。

假设服务部门（l）有着不变的生产率，基本部门（x）的生产率以不变速率 r 增长。如果只考虑劳动力的投入，在时间 t，两部门的产出可写为：

$$\begin{cases} Y_{lt} = aL_{lt} \\ Y_{xt} = bL_{xt} \end{cases} \tag{8.20}$$

而：

$$Y_t = Y_{lt} + Y_{xt} = cL \tag{8.21}$$

如果两部门在同一个劳动力市场上竞争，工资与基本部门的生产率保持同步，城市工资水平将由式（8.22）决定：

$$W_t = We^{rt} \tag{8.22}$$

式中，W 为起始点工资。两部门单位产出的成本可写为：

---

[1] William J Baumol. Macroeconomics of Unbalanced Growth: The Anatomy of Urban Crisis [J]. The American Economic Review, 1967, 57 (3): 415–426.

$$C_l = \frac{We^{rt}L_{lt}}{aL_{lt}} = \frac{1}{a}We^{rt}$$

$$C_x = \frac{We^{rt}L_{xt}}{bL_{xt}e^{rt}} = \frac{1}{b}W \tag{8.23}$$

式中，W 是常数，代表任意选择的起始点工资，两部门的相对成本为：

$$\frac{C_l}{C_x} = \frac{be^{rt}}{a} \tag{8.24}$$

从式（8.24）中可以看出，服务部门的成本相对于基本部门将以不变速率上升。

假设产品价格是与成本成比例的，而且对两部门产出的需求弹性都是单位的（即价格变化率与由此引起的需求变化率的比值等于1），两部门的相对支出将是常量，有：

$$\frac{C_l Y_l}{C_x Y_x} = \frac{We^{rt}L_{lt}}{We^{rt}L_{xt}} = A \tag{8.25}$$

服务部门的相对产出将随时间而下降，因为：

$$\frac{Y_l}{Y_x} = A\frac{C_x}{C_l} = \frac{aA}{be^{rt}} \tag{8.26}$$

可是，如果因为政府的补贴而使产品价格与成本不成比例，或需求不是单位弹性的，从式（8.14）和式（8.15）可得出：

$$cL = aL_l + bL_x e^{rt} \tag{8.27}$$

从而有：

$$L_l = \frac{cL - bL_x e^{rt}}{a}, \quad L_x = \frac{cL - aL_l}{be^{rt}} \tag{8.28}$$

如果

$$L = L_l + L_x \tag{8.29}$$

则：

$$L_l = L - L_x = L - \frac{cL - aL_l}{be^{rt}} \tag{8.30}$$

从而推导出：

$$L_l = \frac{L(c - be^{rt})}{a - be^{rt}} \tag{8.31}$$

同样可推导出：

$$L_x = \frac{L(c-c)}{a-be^n} \quad (8.32)$$

随时间的无限延伸，L_t 将趋近于 L，而 L_x 将趋近于零。这说明劳动力将由基本部门向服务部门转移。这种劳动力由高生产率部门向低生产率部门的流动是一种经济的恶化。

这个城市经济活动向着低生产率部门转移的累积效应模式可很好地说明许多大城市的情况。大城市由于规模大往往导致对大量服务部门的需求。

后来的学者奥特思（Oates W E）及其他人根据同样的思路，试图建立起产出水平与城市经济恶化之间的精确联系。这里的经济恶化指总产出水平下降，恶化程度为一变量，用 D_t 表示。他们利用一个循环的概念，认为现实产出是前一期恶化的线性函数，即：

$$Y_{t+1} = q - sD_t \quad (8.33)$$

而恶化状况本身又是产出水平的线性函数：

$$D_t = u - vY_t \quad (8.34)$$

在式（8.33）和式（8.34）中，关键参数 s 和 v 假设是正的，因而城市产出水平是导致恶化的原因。从式（8.33）和式（8.34）我们可以得到：

$$Y_{t+1} = q - su + svY_t = b + aY_t \quad (8.35)$$

其中，$b = q - su$，$a = sv$。

要使城市产出达到一个均衡状态，我们需要 $Y_t = Y_{t+1}$，设这时的总产出为 Y_e，则：

$$Y_e = \frac{b}{1-a} \quad (8.36)$$

达到均衡的可能性取决于 a（$= sv$）值。因为 s 和 v 都是大于零的，因而，也是正的；如果 a 小于1，Y_t 将收敛到 Y_e；如果 a 大于1，就将从 Y_e 发生累积发散。这个发散是增长还是下降，将取决于 Y_e 是大于还是小于当前的 Y 值。那么又是什么决定了 s 值和 v 值，进而决定了 a 值呢？这是由一些像城市税率和公共事业支出水平这样的变量决定的。

例如，如果除别的因素之外，产出决定于城市提供的服务水平 Z，而后者又取决于税收水平 B 和教育水平 E（它反映了人们对服务价值的判断），我们就可以把方程（8.28）和方程（8.29）具体化为：

$$Y_{t+1} = a + \beta Z_t \quad (8.37)$$

$$Z_t = \gamma + \delta B_t + \eta E_t \tag{8.38}$$

$$B_t = Q + KY_t \tag{8.39}$$

$$E_t = \mu + \tau Y_{t-1} \tag{8.40}$$

税收取决于产出，Q 与 K 为参数，而教育水平取决于前一期产出。从式（8.33）到式（8.36），我们可以得到 Y_{t+1} 的表达式对于均衡，有：

$$Y_{t+1} = b + a_1 Y_t + a_2 Y_{t-1} \tag{8.41}$$

这里

$$b = a + \beta\gamma + \beta\delta Q + \beta\eta\mu \tag{8.42}$$

$$\begin{aligned} a_1 &= \beta\delta K \\ a_2 &= \beta\eta\tau \end{aligned} \tag{8.43}$$

对于均衡，有：

$$Y_e = \frac{b}{1 - a_1 - a_2} \tag{8.44}$$

重要的是参数（$a = a_1 + a_2$）的值，它取决于各关键变量的相互敏感性：城市产出与城市公共支出，公众消费水平与税收和教育水平，以及它们对前一时期收入的依赖程度。当然，这个模式是过度简化了，它只考虑了相关公共支出的少部分，也没有考虑开放对城市经济的影响。但这个模式确实提出了有益的想法，指出城市经济发展是一个循环累积过程，既可能是增长的累积，也可能是恶化的累积，取决于多种因素的影响。

8.6　出口导向经济增长模型

出口导向模型最早萌生于20世纪20年代，直到20世纪70年代才被卡尔多（Kaldor）系统化[①]。

前面谈到由于城市经济的两大部门——基本部门与非基本部门（或称服务部门）生产率提高的幅度不同，可能引起一种累积过程。那么，基本部门怎样会导致一个上升的累积过程，怎样又会导致一个下降的过程呢？基本部门怎样

---

① Nicholas Kaldor. The Case for Regional Policies [J]. Scottish Journal of Political Economy, 2013, 60 (5): 337-348.

的产品结构会促进城市经济发展呢？必须找出其运行的内在机制。

经济增长的累积因果模式解释了为什么增长过程是一个自我繁殖过程而不是一个趋向于均衡点的反复平衡过程，以及为什么不同部门的相对增长率会导致部门增长率差异的进一步扩大而不能使各部门形成一个相同的增长率。

迈尔达尔（Myrdal G）在其提出的累积因果模式中提出了经济增长的扩散效应与回波效应的概念。所谓扩散效应就是当一个地区的经济增长了之后会扩散到其周围地区去。这是因为一方面经济增长带来了进口需求的增长，为其他地区的产品打开了新的市场；另一方面快速增长意味着生产成本较低，其产品可以较容易地销售到其他地区去。这一进一出的扩大，就会带来中心发展区与边缘地区生活水平的同时提高。但这一过程并不是最终达到一个自然平衡状态，中心的快速增长将导致另一种回波效应，即有价值的生产要素从边缘流向中心（特别是风险资金和高质量劳动力），因而减少了边缘地区的发展潜力。这种回波效应将带来中心地区经济增长动力的增加。

许多学者试图建立起一个正规的模式来解释这种相关增长现象，中心是把基本结构要素与出口需求的收入弹性结合起来。下面就介绍其中的一个模式——卡尔多模式。卡尔多认为区域生产和出口依赖于两个变量的作用：外部变量（即外部市场对区域出口的需求增长率）和内部变量（即一个区域相对于其他区域的有效工资的变化）。

由于基础部门的增长决定了城市经济的增长，而基础部门的增长又是由出口需求所决定的。所以这里先讨论影响需求的两个主要因素：消费者的收入和产品价格。与增长率问题相对应的是二者的弹性问题，即出口需求的收入弹性与价格弹性。收入弹性为收入变化引起的需求相应的变化率；价格弹性为价格变化引起的需求相应的变化率。

假设经济是开放的，出口是自发的需求，因而出口的增长率决定着经济的增长率；出口的增加又依赖于相对价格（即需求的价格弹性）和其他地区收入的增长（即需求的收入弹性）。我们已经指出，由于支付平衡的限制，完全开放的经济是不可能存在的，所以对于出口增长可以有一个约束。模式如下：

$$y_t = \gamma x_t \qquad (8.45)$$

$$x_t = \eta(p_{dt} - p_{ft}) + \varepsilon z_t \qquad (8.46)$$

$$p_{dt} = w_t - r_t + s_t \qquad (8.47)$$

$$r_t = \bar{r}_t + \lambda y_t \tag{8.48}$$

$$m_t = \psi(p_{ft} - p_{dt}) + \pi y_t \tag{8.49}$$

$$p_{dt} + x_t = p_{ft} + m_t \tag{8.50}$$

以上方程的经济意义分别对应如下：

经济增长率＝生产增长×出口增长率，即式（8.45）。

出口增长率＝出口价格弹性×（出口价格变化率－进口价格变化率）+其他地区收入弹性×收入增长率，即式（8.46）。

出口价格变化率＝工资增长率－生产增长率+通货膨胀率，即式（8.47）。

生产增长率＝独立成分+参数×经济增长率，即式（8.48）。

进口增长率＝进口价格弹性×（进口价格变化－出口价格变化）+城市收入弹性×经济增长率，即式（8.49）。

出口价格变化+出口增长率＝进口价格变化+进口增长率，即式（8.50）。

式（8.45）是基本方程：产出增长率 y，在 t 时段中取决于出口增长率 x（所有变量都写成增长率形式）。式（8.46）和式（8.49）是出口与进口需求函数；式（8.50）是支付平衡的约束。式（8.47）是城市内部价格决定关系，w 是工资增长率，s 是通货膨胀率，r 是生产率增长率，其自身又取决于产出增长率和一个初始劳动力生产率的独立成分如式（8.48）。在贸易方程（8.46）中，z 是其他地区收入的增长率。

如果我们先忽略支付平衡约束，把公式都代入方程（8.45），就得到方程（8.51）的均衡增长率。这里重要的是 ε 和 λ 的值，γ 是正值，η 是负值，因为需求是随价格的上升而减少的。如果一个城市的工资增长率 w 和通货膨胀率 s 比其他地区高，增长率 y 就低，除非 ε 和 λ 足够大来克服价格弹性的影响。

$$y_t = \frac{\gamma[\eta(w_t - \bar{r}_t + s_t - p_{ft}) + \varepsilon z_t]}{1 + \gamma \eta \lambda} \tag{8.51}$$

如果再加上支付平衡约束，就得到方程（8.52）的增长率形式。这里的 γ 参数不再相关，方程（8.52）是增长的决定因素。这里的关键参数是其他地区收入弹性 ε 和城市收入弹性 π 的大小，前者促进增长，后者阻滞增长。因为，如果城市本身的收入弹性很大的话，收入的增长就会带来城市需求的快速增长，从而引起出口的减少或进口的增加，不利于城市本身的经济增长。反过来，其他地区收入弹性大的话，有利于扩大城市出口，从而促进城市经济增长。

$$y'_t = \frac{(1+\eta+\psi)(w_t - \bar{r}_t + s_t - p_{ft}) + \varepsilon z_t}{\pi + \lambda(1+\eta+\psi)} \tag{8.52}$$

这个模型给出了一个增长率变化的精巧平衡，以四个弹性参数 ε、π、η 和 ψ 起决定性作用。从这里可以看出，一个城市基础部门的产品结构对城市经济持续发展有着重要意义。当其他地区收入下降时，城市产品的收入弹性越低越好；当其他地区收入上升时，城市产品的收入弹性越高越好，这是指对城市的经济发展有利的情况。同样，对作为边缘的其他地区来说，高弹性（π 大）产品对发展有利，可使城市财富外流。一般来说，城市从一开始就生产高弹性产品，而边缘地区则生产低弹性产品。这就决定了中心与边缘地区经济水平的不断拉大。只有当边缘地区进行产品结构转变之后，中心的财富才能外流。

如果允许用资本流入来保持支付平衡以维持进口不受影响，就没有了方程（8.50）的约束，高增长率也可以实现，但这只能是短期的。

8.7 规模报酬递增与城市经济的内生增长

8.7.1 新经济增长理论概述

20 世纪 80 年代以来，经济学家们在解释"经济增长之谜"时，认识到长期而持续经济增长的关键是报酬递增。也正是报酬递增的假设改写了经济增长的理论，形成新经济增长理论。

新经济增长理论的核心内容主要有两点[①]。

第一，它将技术进步看作经济活动的产物。以前的理论把技术看作给定的，是非市场力量的产物，而 20 世纪 80 年代以来，以罗默、卢卡斯等人为代表的一批经济学家，在对新古典增长理论重新思考的基础上，把技术进步整合进经济增长模型之中，技术不再被看作外生的、人类无法控制的东西，相反，它是人类出于自利而进行投资的产物。这样，经济增长理论经历了由外生增长到内生增长演进的道路。新经济增长理论将经济增长源泉完全内生化，强调经

---

① 朱勇，吴易风. 技术进步与经济的内生增长 [J]. 中国社会科学，1999 (1)：21–39.

济增长不是外部力量,而是经济体系的内部力量作用的产物,它常被人称为"内生增长理论"。

第二,新经济增长理论坚持在知识和技术外溢、人力资本积累和分工演进等因素作用下,要素收益出现递增而不是递减或不变的趋势。这一修正和发展带来了一幅全新的增长图景:人均产出可以不受限制持续增长,并且增长率可能随时间变化而单调递增。随着资本存量的增加,投资率和资本收益率可以递增而不是递减。因此,不同国家的人均产出水平并不必然趋同[1]。

新经济增长理论不像新古典增长理论那样有一个为多数经济学家共同接受的基本模型。新经济增长理论其实只是由一些持相同或类似观点的经济学家提出的各种增长模型构成的一个松散集合体。但这些理论都把长期增长背后的报酬递增作为研究的核心内容。不过,在解释报酬递增的来源方面,却有不同的看法,从而形成不同的思路:一是以知识和人力资本外部性为基础的模型。这类模型又分为知识和技术外溢模型和人力资本模型:知识和技术外溢模型认为报酬递增来自于内生的技术进步和知识外溢;而人力资本模型则认为报酬递增和长期经济增长来自人力资本投资,强调人力资本是现代经济增长的根源。二是以分工为基础的模型,认为报酬递增和长期经济增长来源于劳动分工的演进。在这些模型中,比较主要的是阿罗的"边干边学"模型、罗默模型、卢卡斯模型等。

(1)知识和技术外溢。最早建立用技术外溢解释经济增长模型的是美国经济学家阿罗(Arrow)。1962年,阿罗发表了《边干边学的经济含义》一文。在这篇论文中,阿罗的重要贡献是提出了"边干边学"的概念。阿罗认为,边干边学是经验的产品,只发生于解决问题的尝试中。而经验具有递增的生产力,随着经验的积累,单位产品成本随生产总量递减。因此,在扩大资本投入的同时,知识水平也随之变化,因而作为一个整体,经济就可能出现递增收益。1967年谢辛斯基(Sheshinski)在《具有边干边学的最优积累》中,对阿罗模式结构进行了简化和扩展,提出了一个简化的阿罗模型,人们合称为阿罗—谢辛斯基模型。

1986年美国经济学家罗默进一步发展了阿罗模型。罗默的新经济增长理

---

[1] Paul M. Romer. Increasing Returns and Long – Run Growth [J]. Journal of Political Economy, 1986, 94 (5): 1002 – 1037.

论即罗默模型（Romer，1986）认为生产要素应包括四方面：资本、非技术劳动、人力资本（按接受教育的年限来衡量）和新思想（按点子和专利权的量来衡量）。四个要素中以特殊的知识即新思想最为重要，是经济增长的主要因素。罗默把知识作为独立因子纳入经济增长，把知识分解为一般知识和专业化知识。罗默认为，知识或技术是私人厂商进行意愿投资的产物，像物质资本投资一样，私人厂商进行知识资本投资也将导致知识资本的边际收益递减。知识资本与物质资本的差别在于知识具有外部效应，私人厂商生产出的新知识不仅提高厂商自身的生产率，而且将提高其他厂商的生产率。由于存在知识的外部性，全社会的总量生产函数表现出规模报酬递增的性质。因此，在罗默模型中，即使人口的增长率为零，知识积累过程不会中断，经济能够实现长期增长。由此，罗默得出知识积累是现代经济增长的新源泉的结论。

（2）人力资本积累。人力资本理论的产生与美国著名经济学家舒尔茨（Shultz）的贡献是分不开的。1961年舒尔茨在《人力资本投资》一文中指出，同质资本的简单化假设对资本理论是一个灾难。他首次区分了物质资本和人力资本，把增长余值归功于人力资本投资。舒尔茨认为，经济增长应该源自专业化、劳动分工和递增收益（他尤其强调人力资本是递增收益的一个重要源泉），分工、专业化人力资本积累带来的报酬递增可以突破经济增长的任何限制，那些排除了这种人力资本的增长理论（也排除了企业家对增长的贡献）是很不恰当的。舒尔茨还拓展了斯密"制针厂的故事"，强调分工的好处主要在于加速知识积累方面，而不是在物质设备的使用方面。

卢卡斯（Lucas，1988）则采用另一条思路说明经济内生增长的实现机制。在卢卡斯看来，技术进步是通过人的素质的提高即人力资本的增加推动经济增长。人力资本既具有内部效应，又具有外部效应。所谓内部效应是指人力资本的拥有者从人力资本的增加中获益；外部效应是指人力资本的增长使其他人受益。人力资本的外部效应是卢卡斯首先提出的一个概念，他将这一概念的含义形象地表述为：如果你很聪明，那么你周围的人也将比较聪明。在卢卡斯模型中，假定经济中有两个部门：物质生产部门和教育部门，其中生产人力资本的教育部门是保证经济实现持续增长的关键部门。人力资本的外部效应的存在导致经济的总量生产函数呈现出规模报酬递增的性质，使经济在实现增长的同时伴随着资本深化过程。卢卡斯将人力资本作为一个独立的因素引入索洛模型，视人力资本积累为经济长期增长的决定性因素,并使之内生化、具体化为个人的、专业化的人力资本,认为只有这种特殊的专业化的人力资本的积累才是增长的真正源泉。他认为人力资本的积累可以通过两种方式来进行:一是通过脱离生产的正规和非正规学校教育,使经济活动中每个人的智力和技能得以提高,从而提高职工的劳动生产率,这类似于舒尔茨的人力资本观点;二是通过生产中的边干边学(即不脱离生产岗位,不通过学校教育),工作中的实际训练和经验积累也能够增加人力资本,这类似于阿罗1962年提出的边干边学模型理论。人力资本既具有内部效应(人力资本拥有者从人力资本的增加中获益),又具有外部效应(人力资本的增长使其他人受益)。其中人力资本的外部效应导致全社会总量生产函数呈现规模收益递增的性质。

(3)劳动分工的演进。除了知识外溢和人力资本积累的经济增长模型外,新经济增长理论近年来的另一个重要发展方向是把总体报酬递增归因于劳动分工和专业化。认为劳动分工的演进会扩大市场规模,加速人力资本积累,提高贸易依存度和内生比较优势,从而维持经济长期增长。杨小凯认为,劳动分工一方面表现为经济的多样化,另一方面又表现为工人专业化程度的加深,即经济的专业化。行为人专业化于某种物品的生产可以获得更高的生产率,但是却会丧失多样化消费的收益。解决这一冲突的办法是行为人之间展开劳动分工,然后相互交换产品。这种劳动分工受制于交易效率。贝克尔和墨菲则认为,分工不是主要取决于市场容量,而是取决于工人的协调成本(将专业化工人结合起来的成本)和社会知识存量。因此,分工深化使经济产生规模递增的收益,同时使经济的协调成本上升。而知识积累可以降低协调成本,导致分工的不断演进和经济的持续增长。

新经济增长理论总的特征是把知识外溢和技术创新看作经济增长的发动机和收益递增的源泉。综合新经济增长理论中有代表意义的几个模型,它们所具有的共性如下:经济可持续增长,并且是内生因素的作用;内生技术进步是经济增长的决定因素,技术进步是追求利润最大化的厂商进行意愿投资的结果;技术、人力资本有溢出效应,这是经济持续增长必不可少的条件。

8.7.2 聚集经济、报酬递增和城市经济的内生增长

从空间分析的角度来看,报酬递增主要是通过经济活动的空间聚集来实现

的。因此，随着经济学理论重新发现报酬递增，在最近几十年的时间里，西方经济学文献中关于城市增长和产业区位的研究也在日益增加，形成新一轮研究城市经济和空间经济的浪潮[①]。

8.7.2.1 城市的聚集经济

聚集经济（agglomeration economies）一般是"一批厂商因彼此位于邻近，而可能产生的经济效果或费用减少"[②]。城市的聚集经济效益也主要来源于经济活动空间上的聚集。

对于聚集经济效益，经济学家其实很早就有所认识。马歇尔在《经济学原理》中，曾把聚集经济看作一种外部经济，认为聚集经济"往往能因许多性质相似的小型企业集中在特定的地方——即通常所说的工业地区分布——而获得"[③]。英国城市经济学家巴顿更是详细论述了各种类型的聚集经济效益，他认为城市聚集经济效益主要包括以下10个方面：（1）本地市场的潜在规模。城市人口增长时，为当地的工商业增加了潜在的市场，市场的扩大可以降低运输费用和销售费用。（2）大规模的本地市场可以减少实际生产费用，因为它能促进较高程度的专业化，并使大规模生产获利的经济效益成为可能。处于大城市地区，生产者确信自己的商品有足够的市场，使他能采用较大的、效率更高的机器，并将生产效益与自动化程度更高的技术引入自己的工厂。（3）在提供某些公共服务事业之前，需要有人口限度标准。交通运输更是如此，如只有大城市地区才适宜设置机场设施。（4）某些工业在地理上集中于特定的地区，有助于促进一些辅助性工业的建立。（5）与同类企业在地理上集中，特别相关联的是日趋积累起来的熟练劳动力汇集，这是适应于当地工业发展所需要的一种职业安置制度。（6）正如熟练劳动力的汇集一样，有才能的经营家和企业家的聚集也在发展起来。（7）在大城市，金融和商业机构条件更为优越，企业在筹措资金与管理投资方面能获得更大的帮助。（8）同小的中心城市相比较，城市的集中能经常提供范围更为广泛的设施，如娱乐、社交、教育及其他设施。（9）工商业者更乐于集中，因为他们可以面对面地打交道，可以更有效地进行经营和管理，增进信任，并且使思想得以更自由的交流。

[①] 成德宁. 城市化与经济发展——理论、模式与政策 [M]. 北京：科学出版社，2004：84–98.
[②] Alan W Evans. 城市经济学 [M]. 甘士杰，唐雄俊，等译. 上海：上海远东出版社，1992：43.
[③] 马歇尔. 经济学原理：上 [M]. 北京：商务印书馆，1997：279–280.

(10) 地理集中，能给予企业很大的刺激去进行创新和改革[①]。

可以看出，在巴顿归纳的聚集经济效益中，既包括规模经济效益，也包括促进专业化分工方面的范围经济效益；既包括静态的经济效益，也包括动态的经济效益。但是，在传统新古典经济学中，聚集经济的概念往往被经济外部性、规模经济等概念取代。

在传统经济学里，聚集经济包含在不同层次的规模经济中。

第一层次是企业内部的规模经济，又称"内部规模经济"，即一个企业在既定技术和要素价格下，产出增长率大于各种要素的投入增长率，单位产品的平均成本随产量增加而降低。这是传统意义上的规模经济。

第二层次的规模经济是指企业外部、行业内部的规模经济，又称作"地方化经济"（localization economy），主要是指同一行业的企业或一组密切相关的产业，聚集在一个特定的地区，通过产业功能联系所得到的外部经济。这个层次的规模经济对于单个企业而言是一种外部经济。

第三层次的规模经济是整个城市层次的规模经济，又称"城市化经济"（urbanization economy），主要是多个行业向城市地区聚集，通过产业之间前向与后向的联系，厂商从整个城市规模和多样性中获益，使多个行业的成本降低。这个层次的规模对于行业而言也是一种外部经济。

其实，在城市这样一个多种产业聚集的综合体内，生产集聚在一起不仅是由于公用的基础设施产生规模经济效益的作用使厂商能够节约生产成本，更主要的是由于企业彼此接近，减少了企业间交易和协调的困难，能够节约大量的交易成本，从而促进分工和专业化发展。所以产业集聚在城市所形成的聚集经济效益除了体现为规模经济效益之外，还体现为"范围经济"（economy of scope）或"专业化经济"（economy of specialization）[②]。

8.7.2.2 城市规模经济与报酬递增[③]

如果生产上没有规模经济，经济活动将分散布局以节约运输成本。城市地区的较高生产力和递增的收益首先来源于城市的规模经济效益，正是城市的经济活动呈现出规模经济效益，使大城市的产出增加，居民福利水平提高，直到

[①] K. J. 巴顿. 城市经济学：理论和政策 [M]. 北京：商务印书馆，1984：20-23.
[②] 杨小凯. 经济学原理 [M]. 北京：中国社会科学出版社，1998：45-53.
[③] 成德宁. 城市化与经济发展——理论、模式与政策 [M]. 北京：科学出版社，2014：84-98.

城市的拥挤成本（congestion costs）超过规模经济效益为止。

城市的规模经济效益表现在许多方面。例如，布局在城市地区的企业能共同使用交通、供水、供电等公用设施；有条件建立高水平的科研和教育机构；发展起完善的专业机械制造和维修行业；可以吸引高质量的专业技术人员，提高劳动生产率，加速产品的更新换代；可以大批量生产多种不同品种、档次和花色的产品，对购买者形成吸引力；可以联合采购原材料、联合组织原料和产品的运输，使得一些小企业也能分享大规模购进原材料、大批组织产品运销的好处；可以通过企业间的合作减少各家企业零配件和原材料的储备量，减少流动资金的占有，等等。由于规模经济效益同经济的空间聚集程度呈现正相关的关系，所以城市的经济效益高于农村，大城市的经济效益高于中等城市，中等城市的效益高于小城市，小城市高于集镇。

一般而言，城市的规模经济效益和报酬递增主要来源于以下几个方面。

第一，企业和居民聚集在城市地区，在生产和消费方面可以共享投入品，从而带来规模经济效益和报酬递增。在城市里，由于生产在空间地理上聚集在同一地点进行，从而可以共享道路、港口、供水供电、教育体系等基础设施，降低企业使用基础设施的费用，节约生产成本。而且，随着企业的聚集和规模的扩大，广告宣传、产品运输和贮藏等销售活动也形成规模经济，单位产品所分摊的销售费用也随之降低，进一步增强了规模经济效益。

在消费上，城市居民也可以广泛地获得规模经济收益，对于许多提供给城市居民的公共消费品而言，居民享受的平均成本在一定范围内也随着消费者人数的增加而下降，直到拥挤成本（congestion costs）超过规模收益为止。而且，城市地区聚集不同行业的专业化厂商和不同类型的消费者，使城市成为专业化和多样化高度统一的地区，一个更大规模的城市将具有更加多样化的消费品和生产投入品。据相关文献的研究，城市的多样性（diversity）与规模直接影响城市的产出水平和福利。这种多样性可以增加产出和效用，使大城市具有更高的生产力，城市居民的福利水平也随着城市规模的扩大而增加。

第二，经济活动彼此之间存在互补性（complementary）和不可分性（indivisibilities）是产生城市规模经济的重要原因。所谓生产投入的互补性，主要是指许多专业活动对于其他专业服务，互有辅助，互生裨益，或由此而增进销售效益，或由此而降低成本，或使品质更能提高。因此，各种专业化的经济活动,其位置必须邻近,使其在经济功能上的互补作用,得以尽量发挥。

生产投入的不可分性主要是指某些特定的生产性投入品,如果在物质上将其分割,就会变得毫无用处或至少失去其原有的生产功能,因而它们必须相互配套使用,而不能分割。这种生产投入的不可分性广泛地存在于社会和经济活动的各个范围和领域。不仅单个企业内部、产业内部,而且整个城市内部都存在着投入不可分性问题。在城市规模经济中,投入不可分性是导致规模经济的一个决定性因素。

第三,大数定理(the law of large numbers)的作用使城市在经济波动时具有潜在的收益。在产业和居民多样化的城市地区,由于居民消费偏好各不相同,不同行业发展的周期也各有差异,这无疑减缓了需求和生产波动给厂商造成的损失,也使城市地区劳动力就业市场更稳定,在一些行业衰退、企业裁员时,别的行业和企业增加劳动力的需求,使就业稳定。而城市地区稳定的劳动力供给,尤其是法律、营销以及其他技术领域的专业人才,反过来又可以减少企业经营的成本。正如马歇尔所说:"雇主们往往到他们会找到他们所需要的有专门技能的优良工人的地方去;同时,寻找职业的人,自然到有许多雇主需要像他们那样技能的地方去,因而在那里技能就会有良好的市场。一个孤立的工厂之厂主,即使他能得到一般劳动的大量供给,也往往因为缺少某种专门技能的劳动而束手无策;而熟练的工人如被解雇,也不易有别的办法"。[①]

8.7.2.3 城市的分工效益与报酬递增

城市生产效率高除了源自上述规模经济效益外,更主要来源于城市地区的分工和专业化经济效益。分工必须要有交易和协作,没有交易和协作,也不可能产生分工。但是,交易和协作是有成本的,有交易和协作的信息、交通运输、谈判等成本。而经济活动空间地理上的聚集,可以大大降低协作和交易的成本。而且,城市规模越大,交易和协作效率就越高,分工和专业化水平也就越高。厂商布局在城市可以获得其他厂商高效率生产的低价中间品,享受许多专业化、高效率的服务。厂商布局在城市获得的利益足以抵销城市里高昂的地价、高水平的工资以及由于拥挤所带来的成本,从而吸引人口和产业不断聚集在一起。

---

① 马歇尔. 经济学原理 [M]. 北京:商务印书馆,2005:1-734.

第一，城市的市场扩展促进分工和专业化生产。在很多行业中，产品和服务的生产需要高度专业化的设备和服务。然而，单个公司不可能提供足够大的市场以维持众多专业化的供应商的生存。而产业的聚集却能解决这个问题。大量的厂商聚集在一起，完全可能提供一个足够大的市场使各种各样的专业化供应商得以生存。正如亚当·斯密所指出的，市场更大，分工就更深化。相反，在一个小乡村，每个农夫是自己家庭的屠夫、面包师。贝克尔等人认为城市能促进劳动分工是因为买者和卖者在城市更容易协调。对供应商而言，在城市更容易出售，也更容易雇佣外来人员完成非专业化经济中必须自身完成的任务。

第二，关联企业的空间聚集可以促进中间品的专业化生产。现代产业间存在十分密切的联系效应，一个企业的产出可能是另一个企业的投入，相互关联的企业在区位上邻近，可以节约交易成本和运输成本，促进中间品的专业化生产。

第三，各类社会经济活动在城市地区的空间聚集大大便利了信息的交流和技术扩散，这一方面提高了市场机制的效率，降低了交易成本，而且还为新知识、新思想、新发明的涌现提供了源泉，从而为分工和专业化的发展创造了技术和制度的基础。

第四，城市地区会使人的技能与工作要求更好地相匹配。大的城市使工人和企业需求之间的匹配更容易。在更大、更多样化的城市劳动力市场上，工人更容易找到合适的职业和工作机会，也减少了企业和雇主对各种专业化技能劳动力和消费者的搜寻成本。这对于提高生产力是十分关键的。在大城市，人们的天赋有更广阔的市场，从而可以促进人们进一步向专业化方向发展，因为在大城市，"各种类型的人物都可以各得其所，他们不论是变好还是变坏，他们的气质和天才总会得到一个机会去开花结果。"[1]

---

[1] 成德宁. 城市化与经济发展——理论、模式与政策［M］. 北京：科学出版社，2004：98–100.

第9章

城市化理论

从大多数学者认为世界上产生于5000多年前的第一批城市开始，有关城市化研究的相关理论就相继在不同维度上展开，并已获得众多研究成果。本章主要介绍现代西方城市化研究的相关理论和研究内容。

9.1 城市化概述

9.1.1 城市化的含义

城市化（urbanization）一词的出现至今已有百余年历史，然而由于城市化研究的多学科性和城市化过程本身的复杂性，在国外大量文献中，对城市化内涵的界定一直是众说纷纭，莫衷一是。

不同学科对城市化的理解有所不同。据有关专家考证，世界上最早提出城市化概念的是1867年西班牙城市规划设计师依勒德丰索·塞尔达（A Serda）[1]，但他是从城市规划与建筑学家的角度来论述城市化的内涵的，侧重于城市形态的发展及其城市化过程中建筑景观的规划[2]。因此，他认为城市化最直观的表现是地域景观的变化。地理学家强调城乡经济和人文关系的变化，认为城市是地域上各种活动的中枢，城市化是由于社会生产力的发展而引起的农

---

[1] 陈光庭. 再论汉译马克思著作中"城市化"一词系误译 [J]. 城市问题, 1998（5）: 11-13.
[2] 姜太碧. 城镇化与农业可持续发展 [M]. 成都: 四川科学技术出版社, 2004: 3.

业人口向城镇人口、农村居民点形式向城镇居民点形式转化的全过程。社会学家以社群网（即人与人之间的关系网）的密度、深度和广度作为研究城市的对象，强调社会生活方式的主体从乡村向城市的转化。人口学家研究城市化，主要是观察城市人口数量的增加变化情况，城市人口在总人口中比例的提高，城市人口规模的分布及其变动等，并分析产生这种变化的经济、社会原因及后果。人类学家则以社会规范为中心，认为城市化是人类生活方式的转变过程，即由乡村生活方式转为城市生活方式的过程。历史学家则认为城市化就是人类从区域文明向世界文明过渡中的社会经济现象。

经济学家则强调城市的经济活动、城市聚集经济和规模经济的效益与作用。他们认为，城市化实际上是由农村自然经济转化为城市社会化大生产的过程，是社会生产力的变革所引起的人类生产方式、生活方式和居住方式改变的过程。

马克思、恩格斯在《经济学手稿》（1995）一书中指出："现代的历史是乡村城市化，而不像在古代那样，是城市乡村化"，指出了农村向城市转化的时序[①]。

美国专业刊物《世界城市》（1993）认为："都市化是一个过程，包括两方面的变化，一是人口从乡村向城市运动，并在都市从事非农业工作；二是乡村生活方式向城市生活方式转变。这包括价值观、态度和行为等方面。第一方面强调人口的密度和经济职能，第二方面强调社会、心理和行为因素。实质上这两方面是互动的"[②]。

对城市化含义的理解，还有一些比较有代表性的说法：如著名经济学家埃尔德里奇认为："人口的集中过程就是城市化的全部含义"；克拉克则更明确地指出："城市化是第一产业人口不断减少，第二、三产业人口不断增加的过程"[③]，这不仅反映了在城市化过程中，人口在产业结构中的变化，还同时说明了农业经济向非农业经济结构的变化。沃思从另一个角度进行了陈述，他说："城市化是指从农村生活方式向城市生活方式发生质变的过程"；而2000

[①] 马克思恩格斯全集：经济学手稿 [M]. 北京：人民出版社，1995：1-748.
[②] 周大鸣. 现代都市人类学 [M]. 广州：中山大学出版社，1997：27-28.
[③] 转引自史自力. 城镇化与中小企业协同发展研究——以中原经济区为样本 [M]. 北京：社会科学文献出版社，2014：1-292.

年7月举行的世界城市大会，把城市化定义为：城市化是以农村人口向城市迁移和集中为特征的一种历史过程，表现在人的地理位置的转移和职业的改变，以及由此引起的生产和生活方式的演变，既有看得见的实体变化，也有精神文化方面的无形转变。

可见，国外学术界对"城市化"的定义并没有一个统一的标准，仁者见仁，智者见智，不同的学科有不同的见地，并且局限于描述性的定义，还没有达到本质性定义的程度。我们认为，尽管不同学科对城市化的理解有所不同，但从城市化的实质中不难看出，经济因素在整个城市化过程中始终起着至关重要的基础性作用，影响着城市化过程中的其他各个方面，社会关系、人口流动、生活方式、文化等都是由经济因素所决定的，没有生产力和经济结构等经济因素的变化，就不可能产生城市化，所以经济因素构成了城市化过程所必须依赖的物质基础条件，脱离经济因素来研究城市化问题是不全面的，也是不深入的。因此，只有先从经济学的角度分析城市化的进程，才能够把握城市化问题最本质的内容，进而理解城市化过程中所伴随的各种错综复杂的社会、文化和行为方式等现象。

9.1.2 城市化的本质

我们认为，所谓城市化就是人们的生产方式、生活方式和居住方式向城市转化的过程，这种转化最终是由社会生产力的变革所引起的，它表现为城市人口和城市数量的不断增加，城市规模的不断扩大，城市等级的不断提高，社会经济结构不断优化，社会整体物质文明和精神文明不断进步。具体而言，城市化的本质特征及内涵表现为以下几个方面。

第一，城市化是农村人口不断向城市转移，使农村人口不断减少，城市人口不断增加的过程。随着生产力的发展，使得农村人口有条件并可能向非农产业和非农地区转移，转移出来的农村人口在条件成熟时就变成了城市人口，致使农村人口比重逐渐减少，城市人口比重逐渐增加。

第二，城市化是城市数量不断增加，城市规模不断扩大的过程。随着经济发展水平的提高，资源利用效率的要求也越来越高，然而能提高资源利用效率的生产方式应是集约型的生产方式，而非粗放型的生产方式。城市化正是生产方式从粗放型向集约型转化的过程。因为城市的发展能迅速聚集各种生产要素，产生聚集效应和规模效应，所以，城市化的结果必然使城市数量增加，城市规模扩大。

第三，城市化是社会经济结构不断优化的过程。随着城市化的推进，传统、落后、低效的农业生产方式将逐渐被现代、先进、高效的城市社会化大生产方式所取代，第一产业产值比重不断下降，第二、三产业产值比重不断上升，从而使社会生产结构不断优化、升级；随着城市化的推进，第一产业就业比重将迅速下降，第二、三产业特别是第三产业就业比重明显上升，使就业结构得到优化；随着城市化的推进，城市人口消费群体显著增加，农村人口消费群体明显减少，从而带动整个社会消费结构由低级向高级转化。

第四，城市化是社会整体物质文明和精神文明不断进步的过程。因为随着城市化进程的推进，社会生产方式会发生根本性变化，这不仅大大加快物质文明进步的进程，与此同时，还会对人们的生活方式和价值观念产生巨大的冲击。因城市文明的生活方式迅速向农村扩散、传播，使农村居民对城市文明生活方式产生强烈的向往和追求，他们为了改变原来祖祖辈辈传统的生活方式，会采取各种途径提高自身素质，更新思想观念，追求先进文明，崇尚开拓进取，最终将使整个社会建立起有别于农业社会的城市社会新秩序。

综上所述，城市化的本质是指因社会生产力的不断进步所引起的人们的生产方式、生活方式和居住方式向城市转化的过程。

9.1.3 城市化的类型

根据不同的标准，可归纳出不同的城市化类型。

9.1.3.1 根据城市产生的特点划分

（1）农基型城市化。城市的产生是以农业发展为基础，以工业发展为动力。在城市化过程中，工业高度发达，并以雄厚的物质力量和先进的科学技术来加固农业的基础地位，使农业也实现了现代化。结果不仅提高了农业劳动生产率，使农业生产的粮食完全能够满足本国人口和工业发展对粮食的需要，而且转移了大批农业劳动力来发展城市中的制造业和各种服务业，繁荣了城市产业，促进了城市的发展。具有这种类型城市化的国家或地区，一般人均耕地多，科学技术发达，工业化进程较早，如：美国、日本等。

（2）工外型城市化。城市的发展是以高度发达的工业为动力，而工业的发展却是以牺牲农业为代价。实行这种类型的城市化国家或地区，为了使向工业提供服务的交通运输、银行金融、科学技术、文化教育、公共服务等有关的行业迅速发展起来，采取各种措施使大量农村人口涌向城市，从而使城市人口比重上升，城市化水平迅速提高，农业人口比重急剧下降，农业发展受到阻碍，粮食问题没有解决，大部分农产品依靠外贸进口。这种类型城市化的国家或地区，往往耕地不足，农业发展受到限制，而工业化进程却很早，工业高度发达，外贸条件好，如：英国。

（3）超载型城市化。即城市化水平超越了整个国家的经济发展水平，出现了"过度城市化"现象。具有这种类型城市化的国家或地区，其工业和农业都相当落后，只是某种资源性工业（如橡胶、石油化工等）发达，工业结构不合理，经济水平低下，城市发展的动力则主要来自畸形的资源性工业。大量农村人口云集城市去寻找有限的就业机会，结果农村衰落，城市盲目扩大，城市失业人口增多，经济发展的总体水平不高。这种类型城市化的国家或地区，一般人多、地少，经济发展起点低，工业化程度也不高，经济结构不合理，如：印度、巴西等。

9.1.3.2 根据城市发展的阶段划分

（1）集中型城市化。集中型城市化的实质是农村人口和非农业经济活动根据聚集经济理论不断向城市聚集。在一定条件下，城市经济具有规模递增的特点，能产生聚集效应。因为具有一定规模的城市可以提供较好的基础设施，较完善的生产、金融、信息、技术服务，较集中、有规模的市场，因此有较高聚集经济效益。这种聚集经济效应会吸引工业向城市集中，而这种集中又会进一步加强城市的聚集效应，从而使城市规模扩大、城镇人口增加、城市人口密度增大。应该说，一般国家或地区城市化进程的前期属于集中型城市化阶段。

（2）分散型城市化。分散型城市化的实质是因集中型城市化发展到一定阶段后，使城市经济的外部成本不断上升，外部效益不断下降，导致城市从聚集走向分散，从而带动大城市郊区及周围非城市地域迅速发展，使城市与乡村之间的区别日益缩小，最终走向城乡一体化。现在，一些发达国家或地区的"逆城市化"现象即属这种类型，它是城市化进程后期的主要特点。

9.1.3.3 根据城市化进程的结果划分

（1）积极型城市化。所谓积极型城市化，是指一个国家或地区的城市化进程与其经济发展水平相同步、相协调,即城市化是伴随着现代工业基础的建立、工业化水平的提高、农业生产效率的提高、农业可持续发展能力增强、商业服务业的日益兴盛、经济结构的不断优化升级而进行的。通过这种类型的城市化手段,可以达到国民经济各产业协调发展的结果。

(2) 消极型城市化。消极型城市化是指一个国家或地区的城市化进程与其经济发展水平不同步、不协调。这种不同步、不协调又可分为两种类型:一种是城市化水平超前于工业化水平和经济发展水平,或者城市及城市产业的发展是以牺牲农业可持续发展能力为代价来支撑的,出现"过度城市化";另一种是城市化水平落后于工业化水平和经济发展水平,出现"滞后城市化"或"城市化不足"。无论是哪种类型的消极型城市化,都将阻碍经济的协调、快速发展。唯有采取措施,通过协调城镇化进程与经济发展之间的关系特别是与农业发展的关系,才能从根本上提升经济发展水平,促进农业可持续发展。①

9.1.4 城市化的演进规律

诺斯曼(R M Northam,1979)用一条稍被拉平的"S"型曲线来表示城市化的演进过程,X轴代表时间,Y轴代表以城市人口占总人口的比重为指标的城市化水平(如图9.1所示)。并将城市化划分为3个阶段。

城市化初期,城市化水平低,城市化发展速度慢,人口分布分散,城市人口占总人口的比重低于25%,经济活动以农业活动为主,在经济结构中第一产业占绝大多数份额。

城市化中期,当城市人口占总人口的比重达到30%左右时,进入城市化的加速阶段。人口和经济活动迅速向城市集聚,非农经济活动增加,城市规模迅速扩张。第一产业比重下降,第二、三产业比重上升。当城市人口占总人口比重达到60%~70%时,加速阶段即告结束。

城市化后期,城市化达到较高水平,通常达到70%以上,农村人口向城市迁移的趋势大幅度下降,城市人口比重增长趋缓,第三产业比重上升,城市化水平曲线趋于平缓,甚至可能回落。

---

① 姜太碧. 城镇化与农业可持续发展 [M]. 成都:四川科学技术出版社,2004:9-11.

图 9.1　城镇化演化过程的 S 型曲线

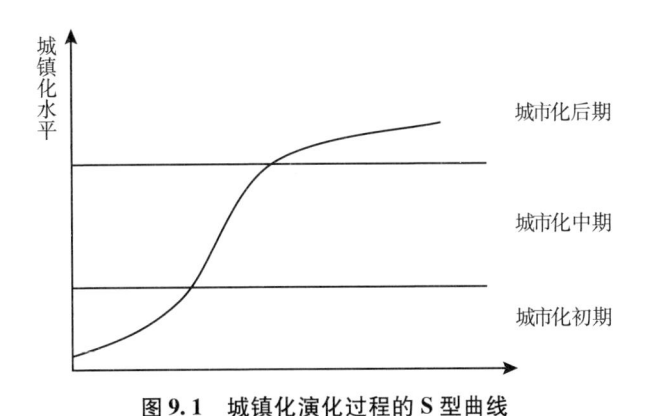

资料来源：作者自绘。

9.2　西方城市化研究的三个理论视角

9.2.1　西方发展经济学对城市化的研究

9.2.1.1　结构变动模型对城市化的解释

城市化是人口从乡村向城市运动、农业活动的比重逐渐下降、非农业活动的比重逐步上升这样一个经济结构变动过程。而发展经济学中的结构变动模型就是研究经济结构变动过程的理论。发展经济学中的结构变动一般指国内经济如何从一个仅能维持生存的、传统的、以农业为主的经济向一个现代的、更为城市化与工业化的经济过渡的问题。结构变动模型应用新古典经济学理论的分析方法，描述转换过程的发生和发展。在结构变动模型中，有两个模型最具有代表性，一个是刘易斯的两部门剩余劳动模型，另一个是钱纳里的发展模式经验分析模型。

在刘易斯的两部门剩余劳动模型（Lewis Arthur W，1954）中我们把一国经济看作封闭经济，不考虑与外国经济联系的影响。我们把一国经济分为两个部门：一个是传统的农业部门，另一个是工业部门。在传统的农业部门内部有为数众多的剩余劳动力，也就是存在大量的失业或隐性失业者，导致农业部门工人的边际产品为零。由于农业部门的工人也要生存，他们的工资就不能为零，但只能得到可以维持生计的"生存工资"。在工业部门，企业家通过雇用工人进行生产并获得利润，然后把利润中的一部分用于储蓄、投资，扩大其生产规模，并获得更多的利润，这些利润中的一部分又被用来储蓄、投资，从而启动一个新的生产规模扩大的过程。在资本主义工业部门规模的不断扩大过程中，传统农业部门的剩余劳动力被一批一批的转移到资本主义工业部门。假设工业部门工人的初始边际产品为 MP_0，工人的初始工资为 W_1，传统农业部门工人的生存工资为 W_0，由于假定农业部门工人的边际产量为零，在剩余劳动力转移完之前，农业部门工人的工资保持 W_0 不变。其中 $W_1 > W_0$，这是诱导农业部门的工人向工业部门转移的原因。工业部门初期的资本存量为 K，劳动力存量为 L，通过把利润中的一部分用于投资，在下一期中，工人的人均资本占有量上升，即 K/L 增大，导致工人的边际产品上升，由 MP_0 上升至 MP_1。在 W_1 不变的条件下，工业部门的就业人数从 N_0 上升到 N_1，也就是说有 $N_1 - N_0$ 单位的农业剩余劳动力被转移到了工业部门。第三期中，资本家再把利润中的一部分用于投资，提高工人的人均资本占有量，提高工人的边际产量，把农业部门的 $N_2 - N_1$ 单位劳动力转移到工业部门。这个过程反复出现，直到农业部门的剩余劳动力被吸纳完毕为止（如图 9.2 所示）。这样，经济结构的转换就完成了。因此，刘易斯模型描述了城市工业部门是如何吸收农村农业部门的剩余劳动力，实现城乡人口结构转化的过程，而城乡人口结构的转化是实现城市化的必要基础和条件。

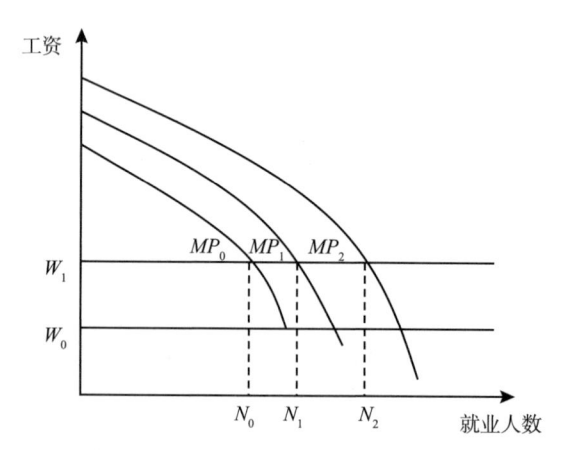

图 9.2 刘易斯的两部门剩余劳动模型

资料来源：作者自绘。

结构变动的另一个模型是钱纳里的发展模式，也称为发展格局经验分析。在《工业化和经济增长的比较研究》(1989)一书中，钱纳里以实证研究方法分析了1950~1970年的20年间，一百多个发展中国家的经济发展与经济结构变动的关系，从积累过程、资源配置和人口分配过程这三个方面列出十项指标，观察它们如何随人均收入的变化而变化[①]。钱纳里的研究既从横向的某一个时点上，也从纵向的时间序列上观察处于不同人均收入的发展中国家，最后得出了一个经济结构随经济发展的正常变动模式。这种变动包括从农业生产向工业生产的转变，消费者需求从重视食品和生活必需品的消费向要求多样化的制造业产品和劳务消费的方向变化，由于人们从农村向城市转移而带来的城市经济增长和城市工业的变化，以及随着家长重视子女的质而不是量，孩子的经济价值下降，家庭大小和总的人口增长的变化，等等。如果从刘易斯模型研究城市化过程强调人口的密度和经济职能的话，那么钱纳里的发展模式更加强调城市化过程中的社会、心理和行为因素。

9.2.1.2 托达罗模型对结构变动模型的否定和托达罗模型的政策含义

以刘易斯模型为代表的结构变动模型虽然是对发达国家曾经经历过的发展道路的理论概括，具有一定的历史经验基础，但受到来自发展中国家的挑战：理论上，刘易斯模型的建构过分简化。城市不存在失业，农村剩余劳动力被吸纳完毕前城市部门实际工资保持不变，农村边际生产力为零以及城市工业的就业创造率与其资本积累率成正比等种种假定，不大符合发展中国家的实际情况。

因此，在20世纪60年代末70年代初，托达罗从发展中国家城乡普遍存在失业的前提出发，提出了他的城乡人口流动模型（Todaro, 1969; J R Harris and Todaro, 1970）。托达罗模型提出了与刘易斯模型相反的政策含义：第一，城市就业机会的创造无助于解决城市的失业问题。如果听任城市工资增长率一直快于农村平均收入的增长率，尽管城市失业情况不断加剧，由农村流入城市的劳动力仍将源源不断。城市就业机会越多，诱导了人们对收入趋涨的预期，从而造成城市失业水平越高。第二，调整教育投资结构。农村人口的教育学历愈高，其向城市转移的预期收入就愈高，不加区别地发展教育事业，会加剧劳

[①] H. 钱纳里，等. 工业化和经济增长的比较研究[M]. 吴奇，等译. 上海：上海三联书店，1989: 1-526.

动力的迁移和城市失业。因而应当减少发展教育事业方面的过度投资，特别是在高等教育方面更应如此。第三，重视农村与农业的发展，缩小城乡经济机会的不均等，扩大农村中的就业机会。与刘易斯重点分析农村失业问题相反，托达罗将分析的重点放在城市失业问题的解决方面；与刘易斯将经济发展的重点放在城市工业部门相反，托达罗特别强调农业部门和农村发展的重要性。如果说，前者是一个城市化发展战略模型，那么，后者模型中则包含着抑制城市化发展的反刘易斯模型倾向（王学真、郭剑雄，2002）。

9.2.2 西方区域经济学对城市化的研究

9.2.2.1 区域经济发展理论概述

最具有代表性的区域经济发展理论主要有"梯度推移理论""增长极发展理论"和"地域生产综合体理论"等。"梯度推移理论"把工业的生命循环周期理论引用到区域经济开发中，认为产业结构、新技术与生产力等遵循由高到低梯度转移的规律。"增长极发展理论"认为经济增长在空间上并非均匀分布，而是以不同强度首先出现在一些增长点或增长极上，然后通过不同渠道由大到小逐级传递、向外扩散，并对整个经济空间产生不同的影响，它强调在经济总量有差异化的同时还必须关注结构性的差异化，并不是所有产业都具有相同的发展速度，快速增长往往首先相对集中在主导产业和创新企业上，然后波及其他产业和企业，集中快速增长的工业中心就是区域的增长极。"地域生产综合体理论"则是苏联在经济建设中为解决国民经济重大问题而采用的一种地域生产组织形式，一般由国家一次性大规模投资而形成，是跃进而不是渐进式发展模式，这是一种典型计划经济。

此外，还有20世纪90年代后才发展起来的"新型区域发展理论"。它吸收了三大传统区域经济发展理论的合理成分，并摈弃了它们随着实践发展而产生的一些不合理性，增加了更适合当前市场经济环境的合理因素，表现出一定的创新性：一是并非简单地争论区域发展的平衡性与否，而是强调发挥区域各种资源要素的整合能力，追求适合于区域具体特征的区域发展道路；二是突出技术进步与技术创新，说明了创新在国家或区域的经济增长中发挥的作用与日俱增，技术进步是生产力发展的决定性因素；三是强调区域发展要素中资源整合的协同效应，投入要素不仅包括一般意义上的资本、劳动力、自然资源，而且还强调企业家资源的培育及其在发展中担当的作用。

上述理论基本反映了区域发展的一般规律，特别是"新型区域发展理论"，它在强调区域分工的重要性以外还进一步强调了发挥区域内各种资源的整合能力的作用，尤其是技术进步与技术创新的作用，是一种更加适合发展中国家国情的城市化区域发展理论。当然，由于这些理论的研究背景是发达国家的城市化进程，与我国的现实国情并不完全一致，所以将它们应用在我国区域发展的具体实践中，既要借鉴又不能盲目照搬。

9.2.2.2 城市化与区域经济增长的互动机制模型

城市是区域的重要组成要素，是区域内经济和社会活动的聚集体。如果把区域视为一个系统，城市的形成与演变是在特定的区域中完成的，城市的发展轨迹受制于所在区域的总体发展格局。一方面，从历史的角度看，城市是伴随一个区域内第二和第三产业分化、独立发展，并在空间上趋于集中而形成的。城市形成的前提是农业的发展达到相对高的水平，能够提供剩余的农产品和劳动力，从而手工业、商业和贸易活动能够从农业中分离出来。区域从资源供给、环境容量、经济基础支撑、市场需求、社会发展等方面对城市的发展产生多种约束。在一般情况下，区域自然资源和劳动力的供给种类、供给能力，区域市场的需求结构和潜力，会制约城市的经济结构类型及发展前景。另一方面，从区域经济的空间集中性考察，我们又不难发现，区域的经济发展在相当大的程度上又是依托城市而进行的。城市作为区域经济与社会活动的集聚地，对区域发展具有组织、带动作用。城市化是区域经济和社会发展的一个重要过程。城市化引发和增强了区域的经济结构、社会结构、空间结构的相应变化，从而推动了区域经济和社会的演进。

因此，我们就将参考新经济地理学理论和方法，从不完全竞争市场的假定出发，来集中说明城市化和区域经济增长互动机制，解释人口和经济活动集中是如何经由需求和成本的联动驱动经济发展的。在不完全竞争市场条件下，人口和经济集中便于经济活动利用相互间技术和资本的外部性，提高生产率，增强赢利能力，这将带动新的资本形成，推动经济增长。因此，城市化与区域经济的增长之间的相互作用是一个累计性的因果循环过程（杨开忠，2000）（如图9.3所示）。

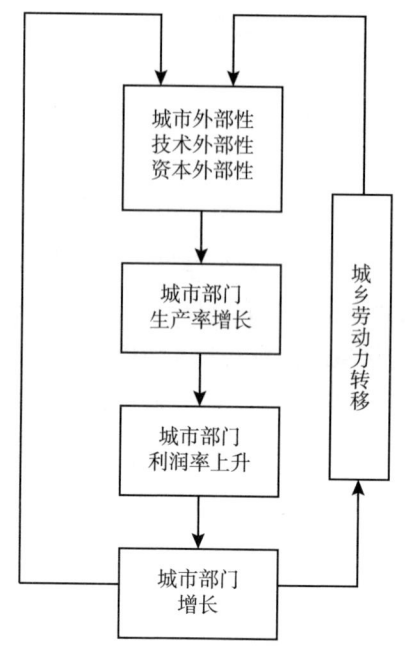

图9.3　城市化和区域经济增长互动机制

20世纪90年代以来，以美国经济学家保罗·R.克鲁格曼（Paul R Krugman）、日本经济学家藤田昌久（Masahisa Fujita）以及英国经济学家安东尼·J.维纳尔布斯（Anthony J Venables）为代表的新经济地理学派，以垄断竞争市场模型和冰山交易技术为基础，对全球化条件下的经济积聚累计因果机制进行深入研究，提出了几种理论模型，主要有：要素迁移驱动模型（Krugman，1991；Puga，1998）和投入—产出联系驱动模型（Venables，1996）。

这些理论模式有助于理解城市化与区域经济增长之间累积循环过程的机制。根据要素迁移模型，在垄断市场条件下，企业地域集中将增加当地产品多样性、劳动需求和真实收入，从而引起劳动力迁入；劳动力迁入将增加地方支出，使得企业可以在更加经济的规模上生产，地方赢利能力增强，这将导致新的企业进入。新企业的进入又将进一步吸引劳动力迁入。如此循环，经济将在企业和劳动力集中驱动下累积增长（如图9.4所示）。在这里，劳动力迁入引起的最终需求联动扮演着关键作用，对区域经济累积性增长来讲，它既是重要条件又是内生驱动力。

图 9.4　要素迁移模型

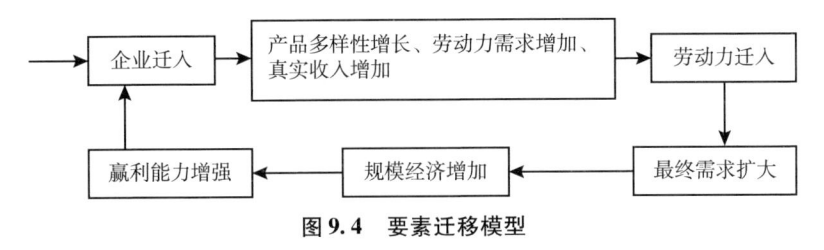

资料来源：作者自绘。

与要素迁移模型不同，投入—产出联动模型则强调企业间投入—产出联动的作用。根据这一理论，新企业加入一方面扩大了上游产品的当地需求，另一方面减少生产下游产品的企业获取这一投入的运费，这两种力量将导致地方生产效率提高，地方盈利能力增强，从而带来新的企业进入，而这又导致新一轮的联动（如图9.5所示）。这里，劳动力供给弹性是这一过程持续进行的重要条件。如果劳动力供给是没有弹性的，新企业迁入将导致城市劳动力市场价格的上升，增加企业的生产成本，削弱城市赢利能力，从而使积聚和增长难以维系。在城市充分就业条件下，要素供给弹性只能通过劳动力从乡村向城市流动以及区际劳动力流动来保障。因此，劳动力流动是投入—产出联动驱动区域经济增长的重要前提和基础。

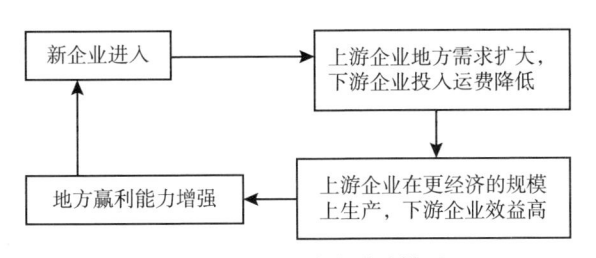

图 9.5　投入—产出联动模型

资料来源：作者自绘。

企业向区域的城市地域集中会受到两个因素的制约，即区域贸易成本和非流动性地方要素以及非贸易地方货物价格的分散力量。区域贸易成本很高时，企业集中的效率会受到较大牵制，劳动力流动对经济增长的重要性较小，城市化对经济增长驱动作用较少；当区域一体化不断加深，区域贸易成本持续下降时，在一个相当长时期内，企业集中效率将占主导地位，劳动力流动对经济增长将越来越重要，城市化对区域经济增长驱动作用将不断增强；当区域一体化程度很高时，人口和企业将从城市地域中心向郊区迁移。因此，区域一体化程度越高、区域贸易成本越低，劳动力流动和城市化对区域经济增长越重要。

通过以上分析可以看出，城市化和区域经济增长是相互累进的，其中劳动力流动和城市化是重要的驱动力和前提，只要劳动力能够自由流动，区域经济增长就会持续进行下去。另外，区域一体化决定的区域贸易成本是影响劳动力流动和城市化在区域经济增长中长期发挥作用的重要因素，区域一体化程度越高、区域贸易成本越低越有利于发挥劳动力和城市化在区域经济增长中的作用。

9.2.2.3 城市化与区域经济增长互动机制的经济政策意义

要素自由流动和商品自由贸易是城市化和区域经济发展的重要驱动力和前提，只要劳动力、资本能够自由流动，产品能够自由贸易，城市化与区域经济增长就会自我持续进行下去。根据这个原理，在城市化过程中，政府就应该把区位选择权归还给个人和企业，没有必要也不应该去规定人口和企业区位的选择、没有必要也不应该规定是重点发展大城市还是重点发展小城镇。政府作用的关键在于为个人、企业的区位决策，为不同区位、不同规模等级的城市之间的竞争创造公开、公正的条件和环境。因此，城市化一方面必须充分发挥市场机制的基础性作用，另一方面必须把城市化管理的重心从规定不同规模等级城市发展转移到创造平等的城市化条件和环境上来。其中，关键在于全面实行要素自由流动和商品自由贸易，调整行政区划、取消城市行政等级，以及实施"问题城市"管理。城市不仅是为本地服务的，更重要的是为其他城市和区域服务，因此由区域一体化程度决定的区际交易效率必然影响城市化。在区域贸易成本很高时，企业集中的效率会受到较大限制。当区域贸易一体化不断加深，区域贸易成本持续下降、区际交易效率提高时，城市输出产品利润率提高，从而引起新企业形成。新企业经由投入—产出的成本和需求联系以及劳动力迁移的需求联系促进企业生产效率提高。因此，区际贸易一体化有利于城市化，并通过城市化驱动区域经济发展。

9.2.3 新经济增长理论对城市化的研究

9.2.3.1 新经济增长理论对城市收益递增规律的解释

创新是新经济增长理论研究的一个重要内容，而在对创新的深入研究中发现，创新活动具有在空间地理上高度聚集的特征，知识外溢和技术创新主要发生在产业和经济活动聚集的地区。人口和产业聚集的密度越高，则知识外溢的效应就越强。而城市就是这样一个产业和人口高度聚集的地方，城市是知识外溢、人力资本积累和劳动分工最迅速的地区。这样，城市和城市化问题就与新经济增长理论建立了某种联系，通过分析城市和城市化过程可以使人们更明了知识外溢的发生过程，了解收益递增的源泉。所以城市是分析收益递增和长期增长的"天然实验室"。

以新增长理论为研究视角来考察城市化问题主要是从知识和技术外溢以及人力资本积累两方面来展开的[①]，并主要从以下几个角度来分析（成德宁，2004）。

（1）探讨地理区位与知识外溢的影响。知识和创新的扩散距离越远，困难越大，人口和产业在空间上高度聚集在城市可以促进创意的交流，从而创造出新的产品和新的生产方式。这样，城市和产业集群就成为研究知识外溢和技术创新最合适的地方。城市内广泛存在的知识外溢和经济外部效应，使得城市经济具有收益递增的特点。

（2）城市中的技术扩散和知识外溢。技术扩散是新技术通过一定的渠道在潜在使用者之间传播采用的过程，从技术扩散的空间维度上看，它往往首先发生在大城市中心，然后同时向大城市周围和次级城市扩散，最后是向次级城市周围地区扩散，直至扩散过程完成。另外，对城市中的知识外溢的研究主要是在城市背景下将地方化的知识外溢模型化，并将知识外溢分为三种类型的外部性：一是"马歇尔—阿罗—罗默外部性"（MAR外部性），它主要考察同行业厂商间的知识外溢。这种观点认为一个产业聚集在一个城市有益于厂商之间知识外溢，并由此带来产业和城市的增长，通过模仿以及厂商间高技能员工的流动，创新将很快在临近的厂商之间吸收。二是"波特型外部性"，同MAR外部性一样，波特型外部性认为专业化的、地理上集中的产业的知识外溢促进经济的增长。不同之处在于它认为是当地的竞争而不是垄断促进创新的交流和吸收。外部效应只有在产业专业化、具有竞争性的城市环境里才可能实现最大化。三是"雅各布斯型外部性"，它认为最重要的知识外溢和技术扩散来自产

[①] 从劳动分工的演进角度讨论城市化问题，虽然新增长理论也有所涉及，但是并不深入，在这方面取得突出成就的主要是杨小凯的新兴古典经济学理论，在本书中暂且不对这个方面进行论述。

业之外，多样化产业在地理上的聚集比专业化产业更加能够促进创新和经济增长。

（3）人力资本的形成优势。动态的、经济多样化的城市环境更有利于工人发展自身的技能，从而促进人力资本的形成和积累。这是因为在城市中众多厂商的存在使各种具有特殊技能和天赋的人才拥有十分广阔的市场，使得工人的技能更好地与雇主的要求相匹配，工人意愿进行人力资本投资以提高自身的技能，获得更高的工资；相反，在非城市地区，因为厂商没有产生聚集，数量也相对少，公司在工资谈判上具有绝对的优势地位，使有专业技能的工人难以获得相应的工资，从而可能导致人力资本投资的不足。所以，大的城市劳动力市场有利于解决劳动力匹配的问题，使得大城市往往成为人才荟萃之地，加快知识和创新的流动。总之，多样化的城市为工人的天赋提供了更广阔的市场。工人生活在城市比生活在农村，人力资本积累的速度要快得多，而且由于知识的外溢效应，城市高教育水平还会使每个人而不仅仅是受过良好教育的人的工资的提高。

9.2.3.2 新经济增长理论对加快城市化发展的启示

新经济增长理论说明了技术扩散、知识外溢和富裕的人力资本是城市经济收益递增的源泉，因此要加快城市经济发展，城市发展规划和决策者就必须采取有效的产业集群发展政策和城市技术创新政策来不断增强技术、知识的外部效应，扩大人力资本的积累。为此，我们应该：（1）建立城市中的专业化产业区。在知识经济和全球化经济中，一个城市欲获得竞争优势，需要高度专业化的相关产业在某个空间的聚集，大、中、小企业之间形成合作竞争的网络关系，以加快知识和技术的扩散，分享规模经济和范围经济，而城市专业化产业区就是这样一个知识和技术创新的"孵化器"。它能够促进生产同类产品的企业在特定地理区域内大规模集聚，形成超细密专业化分工并富有外部性的柔性分工协作体系，增强人力资本、物质资本和产业的聚集效应。（2）重视知识，提高知识积累率，发挥人力资本对城市经济增长的促进作用。为此，应该深化教育体制改革，制定政策鼓励个人终身学习。城市政府和企业也应加大对教育和科技的投入，使人力资本的供给与经济的增长有效配合。（3）加强研发，发挥技术进步的作用。知识对于经济增长的推动作用在于它要被接受并运用于生产中去，可见，知识的应用与扩散同知识的生产一样重要。在知识经济中，科学系统生产出新知识，企业则将新知识用于社会生产领域，一个社会往往并不缺乏知识，但却可能缺乏将新知识迅速而有效地转化为生产力的能力。因此，为了促进新知识从生产向应用的转化，企业应与高等院校和科研机构之间建立广泛而密切的联系，城市政府也应在促进产、学、研的结合方面发挥一定的作用。这就要求无论政府还是企业，都应高度重视科学技术发展，加大对研究开发部门的投入，通过鼓励重大科研创新，鼓励企业技术创新，提升整个城市的科技竞争力，保持经济的持续增长。

9.3 城市化理论的新发展：新兴古典城市化理论

9.3.1 新兴古典城市化理论的产生

20世纪80年代开始，罗森（Rosen）、贝克尔（Becker）、杨小凯（Yang）、博兰（Borland）和黄有光（Ng）等一批经济学家，采用超边际分析等现代数学分析工具重新将古典经济学中关于分工和专业化的思想变成决策和均衡模型，其结果是将现代经济理论进行重新组织，这种比新古典经济学思想更古老，但比新古典经济学躯体更年轻的分析框架被称为新兴古典经济学（new classical economics）。新兴古典经济学去掉了新古典微观经济学中消费者与生产者绝对分离的假定，抛弃规模经济而改用专业化经济的概念，并考虑各种交易费用的一般均衡意义。在新兴古典经济学的框架下，许多新古典经济学不能解释的现象都能在一个共享的统一分析框架下得到合理的解释。

城市的出现和分工之间存在着某种内在的联系是人们很早就认识到的一个事实。古罗马时期的色诺芬（Xenophon）就认为分工同城市之间存在着某种内在的联系（Gorden，1975）。配第发现城市能够降低交易费用，从而提高分工水平。第一个解释城市出现和分工演进之间内在关系的全部均衡模型是1994年由杨小凯和赖斯建立的新兴古典城市化和层级结构模型（Yang and Rice，1994），这个一般均衡模型能显示出城市的起源以及城乡的分离都是分工演进的结果。在此以后，又产生了几个有关城市理论的模型。这些理论成为新兴古典经济学的重要组成部分，被统称为新兴古典城市化理论。

9.3.2 新兴古典城市化理论的主要内容

(1) 城市出现和存在城乡差别的原因。在杨小凯和赖斯的模型中，假定生产每种商品都有专业化经济，即专业化程度越高，生产效率也越高，同时在贸易中会产生交易费用，这就会出现一个专业化经济同交易费用之间的两难冲突。当交易效率很低时，人们会选择自给自足，此时没有市场更没有城市。当交易效率提高一些以后，分工结构会以自给自足跳到局部分工，这时农民分散居住，而工业品生产者则选择离农民很近的地方居住，市场出现，但仍然没有城市。当交易效率进一步提高时，专业制造业者和专业农民以及不同制造业者三者出现了高水平的分工，就出现了城市以及城乡的分离状况。

杨小凯和赖斯还证明，随着分工在工业中的发展及互不往来的社区数的减少，每个城市的规模会增加，同时在分工和城市发展的过程中，全部均衡从自给自足演进到完全分工的过程中会经过一些不平衡的分工结构。这是由于城市节省交易费用的功能更强，使得城市的工业品生产者的专业化水平、生产率以及来自市场交易的收入高于农村居民，但由于农村居民可以自由迁入城市，使得城乡居民之间的真实收入水平在远期会实现均等化，这一进程被称为自然过渡性二元结构，它会随着交易效率的不断提高和分工朝完全专业化状况发展以后而消失。但是假如居民没有自由选择居住地的权利，二元结构就不会消失，城乡之间会出现真实收入的不平衡。

(2) 集中交易可以改进交易效率。聚集效应有两类，第 I 类聚集效应是指从事制造业的人集中居住从而改进交易效率和促进分工而产生的效应；而第 II 类聚集效应是指分工的网络效应和集中交易对提高交易效率的效应。第 II 类聚集效应可以用来解释城市如何从分工中产生出来。当分工水平提高而使交易的网络扩大时，总的交易费用会超比例地扩大；但如果参加交易的人将交易集中在一个中心地点，则会大幅度地降低交易费用。假如分工产生正的网络效应，则分工的网络效应使得某种大交易网络集中在一个小区域，从而提高交易效率。分工的正网络效应和集中交易提高效率之间交互作用促使城市的产生。建立在分工水平之上的城市化效应是由于分工的网络效应带来的，这种网络效应使交易和经济活动在地理布局上的集中产生了一种特别的经济效果，而这种经济效果是解释城市地价的决定因素，城市地价最主要是由分工网络的大小决定的，而分工网络的大小同该城市在交易中所处的重要性有关，另外分工网络的大小还取决于交易效率，而交易效率又取决于交易的地理布局。集中交易提高交易效率的效应最终取决于分工的水平。杨小凯和赖斯的模型还证明了分工的发展使城市的个数减少，而使城市的规模扩大，城市会形成一个分层结构，居于上层的是少数大城市，居于中间的是中等城市，居于下层的是众多小城镇。而这种大、中、小城镇的分层结构是市场选择的结果，而不是人为设计的。

（3）居住格局的决定与决定城乡地价差别的因素。为了解释居民的居住格局和城乡之间地价的差别是如何内生的，孙广振和杨小凯（Sun and Yang, 1998）为此发展了一个一般均衡模型对这个问题进行探讨。城市出现后，居住在城市中的居民比住在乡村的人有更高的交易效率和较低的交易费用系数，城市的集中使第Ⅱ类聚集效应增加，城市所带来的方便使得人们倾向于居住在城市，结果是使城市人均消费的土地面积减少，地价上涨。由于人们有自由迁居的权利，折衷的结果是有一部分人会留在农村，形成较为稳定的居住格局和交易格局。从根本上讲，居民居住地分布、交易的地理分布、土地消费状况、城市和乡村相对地价以及分工网络大小等诸多因素是彼此依存的。

（4）最优城市结构层次及其形成。城市有很多好处，但城市并不是越大越好，运转良好的市场会自由选择出最优的分层城市结构。假如将交易都集中在一个城市会造成不必要的交易费用，而如将所有交易都集中在一个城市的好处是可以在交易中加深分工的机会，可以利用更多的交易中的专业化经济，使交易效率改进。这种对集中交易的好处和坏处进行两难折衷的结果是城市会形成一个分层结构，既不会仅有一个超级城市，也不会把所有交易完全分散在各地进行。由市场自发形成的大、中、小城市组成的城市分层结构对全社会而言是最优的，这是因为人们自由择业保证了人们在各个层次之间以及各行业之间的自由进出，从而没有任何人可以操纵交易的层次数和每层的人数。

9.4 郊区化理论

9.4.1 城市郊区化的含义及产生的背景

集聚与扩散是城市化的重要作用机制。从城市化的空间演化过程看，城市化最基本形式是集中，集聚经济、规模效益是城市化的本质特征。但城市化的过程不都是集中过程，集中和分散是经济社会不同发展阶段的表现。世界大部分国家的城市化道路经历了城市化、郊区化、逆城市化、再城市化的演变过程，即从集中、分散到再集中。在集聚与扩散机制作用下，城市化的演进分成了三个阶段。

第一个阶段，在集聚经济效应作用下，乡村人口大量向城市集中，各种生产要素和非农经济活动向城市集中，城市集聚效应明显，表现为集中型的城市化。这一阶段主要以中心区高度向心集聚、中心区人口高速增长为特征，这一过程在20世纪50年代时达到高峰。

第二个阶段，郊区化和城市群的形成，表现为扩散型的城市化。

20世纪50年代以后，发达国家开始普遍进入郊区化阶段，即人口和产业由中心市区向周围地区分散，继而向远离中心城市的外围地区扩散。城市郊区化是城市化高度发展和经济实力提高的产物。从国外进入郊区化的城市化水平看，其城市化水平均超过50%。

城市郊区化（suburbanization）是分散型城市化的一种表现，是人口、就业和服务业从大城市向郊区迁移的一种离心扩散过程，即城市郊区化是城市在中心区绝对集中、相对集中和相对分散以后的一个绝对分散的阶段，它表现为人口、工业、商业等先后从城市中心区向郊区迁移，中心区人口出现绝对数量下降的过程[1]。

城市郊区化最早起源于20世纪中叶的西方发达国家，是第二次世界大战后世界城市化进程的新现象。在20世纪50年代，西方发达国家进入工业化后期，原有城市趋于饱和，城市问题急剧蔓延，包括环境、交通、地价等因素的不断恶化和一系列社会问题的出现使得居住和工业用地必须到主城区以外去寻找空间，因而出现了城市的分散化发展趋势。

例如，20世纪的美国在城市化进程中，许多城市市区紧凑、密集发展，忽视功能分区，为了避免"城市病"，舒缓过多的人口和土地压力，人们开始重视功能分区，宣扬结构主义，城市由核心区向边缘区扩散，形成郊区化的发展趋势。20世纪五六十年代美国出现了人口居住郊区化趋势，70年代出现商业

---

[1] Hall P. The World Cities [M]. London: Weidenfeld and Nicoson, 1984.

郊区化，80年代随着私家小汽车的普及和互联网的发展，出现了就业的全面郊区化。这种以私人汽车定位，低密度、耗费土地型的郊区模式已成为当今美国城市景观的重要特征。

第三个阶段，表现为逆城市化。

自工业革命至20世纪50年代，世界城市化发展属于集中城市化阶段。20世纪50年代世界城市化进入郊区化的发展阶段。从70年代开始出现了逆城市化倾向。

逆城市化现象首先开始于北欧和西欧，随后在20世纪七八十年代许多发达国家出现了这种现象，如丹麦、法国、德国、意大利、西班牙、英国、美国和日本等，其中在西欧和美国表现较为突出。"逆城市化"（deurbanization）概念由美国规划师贝利于1976年提出，表现为大城市的人口和经济活动部分地由城市中心向城市外围迁移和扩散，郊区化快速进行。当大城市的城市化达到一定水平之后，城市化的主流从大城市转向中小城市，出现和人口向大城市集中的传统城市化迁移方向不同的人口迁移过程。郊区成为人们主要的聚居区域，并导致城市中心区和中心城市衰退，市区中心吸引力下降。逆城市化是大城市过度集聚造成集聚经济向集聚不经济转变的必然结果。同时也是现代交通基础设施与通讯技术高度发展的结果。严格来说，逆城市化并不是城市化发生了"逆转"，它本身就是一种城市化过程，它推动着城市化区域不断扩大。甚至可以说，逆城市化推动城市化更广泛的传播。

在城市化、郊区化、逆城市化、再城市化的整个城市化历程中，郊区化是继城市化之后的一个新阶段，是城市化高度发展和经济实力提高的产物。

9.4.2 城市郊区化的动力

从西方发达国家在第二次世界大战后掀起的大规模城市郊区化浪潮来看，其动力主要来自于城市居民对生活质量的追求和交通、通讯、生产技术的进步以及政府的引导。一方面，因西方国家的快速城市化导致社会阶层分异、贫富差距拉大，城市问题层出不穷，大城市固有的中心凝聚力逐渐丧失，富裕的居民为逃避城市中心日益恶化的住房、交通等生活、工作环境，将住所、工作场所转移到环境优美的郊区，因而促使人口和城市经济要素向郊区扩散，推动了城市的郊区化。另一方面，由于市区与郊区之间快速交通系统的建立和运输条件的极大改善，为工业、商业、服务业等城市经济活动向郊区转移提供了便利条件，而通讯、公共媒体的发展，尤其是互联网技术的普及缩短了城郊之间的时空距离，也有助于城市居民进一步分散化居住，同时土地级差地租与生产技术的进步，促使一些受生产环境约束的企业为了提升产业层次、扩大企业规模、降低生产成本不得不向郊区迁移，再加上政府的政策导向等因素迅速推动了城市的郊区化趋势。①

9.4.3 城市郊区化的表现形式

城市郊区化一般表现为产业郊区化、人口郊区化、交通设施郊区化和居住郊区化等几个方面。产业郊区化是指各种经济活动和城市职能向郊区扩散和延伸，并使产业结构不断优化；人口的郊区化在西方发达国家主要是指城市富裕居民为了追求优美的生产环境而向郊区迁移的趋势；交通设施郊区化是指城市主要交通干线向郊区延伸，已建立市区与郊区的快速通道，私人交通工具拥有量大幅度上升（如美国的州际高速道路网的建设，日本的地铁和新干线的运行等）；居住的郊区化是指城市居民白天在城市上班，而晚上回郊区居住的现象，在西方发达国家，居住的郊区化一般都先于产业郊区化。②

9.5 城市精明增长

城市精明增长理论起源于美国，第二次世界大战后美国率先进入郊区城市化的加速阶段，小汽车交通主导下的郊区化现象极大地加剧了就业问题和居住的低密度扩散，出现了所谓的"城市蔓延"。为了缓解城市蔓延所造成的城市基础设施重复建设、城市土地盲目扩张，以及资源浪费等问题，美国马里兰州州长帕里斯·N. 格伦迪宁首次提出"精明增长"这一概念，他在 1997 年提出这个概念时的构想是通过一定的管理手段影响并指导城市的发展。③

---

① 孙群郎. 美国现代城市郊区化动因初探 [J]. 世界历史, 2003 (1)：8 – 15.
② 杨忠伟, 范凌云, 郑皓. 中外城市郊区化的比较研究 [J]. 苏州科技学院学报（社会科学版），2005 (4)：36 – 39.
③ Tom Daniels. Smart Growth: A New American Approach to Regional Planning [J]. Planning Practice & Research, 2001, 16 (3 – 4)：271 – 279.

目前，关于城市"精明增长"还没有一个统一的定义。美国得克萨斯州奥斯丁市市长认为，"精明增长"试图重塑城市和郊区的发展模式，改善社区、促进经济、保护环境；克林顿政府认为，"精明增长"试图建设更为"可居住的环境"；1998年，时任美国副总统戈尔将"精明增长"作为其总统竞选纲领，提出了它是"21世纪新的可居住议程"。美国规划协会认为，"精明增长"是为了体现社会公平、创造地方特色、保护自然景观、改善生活质量，通过扩大财政投入、发展轨道交通、增加就业岗位等方式，对城市、郊区、农村进行的规划设计与再开发。美国环境保护署则认为，"精明增长"是协调社会经济与环境保护，促进社区发展的一种城市增长模式。美国耕地与农场信托基金会强调，"精明增长"是通过对现有城镇的再开发来保护城市边缘区农田的一种有效方式。[①] 丹尼尔斯和来平（Daniels and Lapping, 2005）认为，精明增长的实质就是土地保护。[②] 贝汉等人（Behan et al., 2008）将精明增长定义为一种以提高生活质量、保护自然环境、减少资本投入为目标的土地利用模式与城市增长准则。[③]

美国精明增长协会提出了"城市精明增长"的十大原则：第一，土地的混合利用；第二，营造适宜于步行的邻里社区；第三，垂直紧凑型住宅的设计；第四，多元化交通方式的选择；第五，保护开敞空间、农田、自然景观及重要的环境区域；第六，引导和增强现有社区的发展与效用；第七，创造有特色和富有吸引力的居住场所；第八，多元化住宅样式的选择；第九，提高城市发展决策的可预见性、公平性、效益性；第十，鼓励公众参与[④]。

格林伯格（Greenberg）等人认为，精明增长有五大实现方式：第一，政府购买环境敏感区域土地的开发权；第二，限制农田、森林、绿色空间等区域的发展；第三，通过交通政策改变控制城市蔓延；第四，促成紧凑法案的通

[①] 以上精明增长定义系作者整理。

[②] Tom Daniels, Mark Lapping. Land Preservation: An Essential Ingredient in Smart Growth [J]. Journal of Planning Literature, 2005, 19 (3): 316-329.

[③] Behan Kevin Maoh Hanna Kanaroglou Pavlos. Smart Growth Strategies, Transportation and Urban Sprawl: Simulated Futures for Hamilton, Ontario [J]. The Canadian Geographer/Le Géographe Canadien, 2008, 52 (3): 291-308.

[④] Krueger R., Gibbs D. "Third wave" Sustainability? Smart Growth and Regional Development in the USA [J]. Regional Studies, 2008, 42 (9): 66-75.

过；第五，加强区域政府对城市的管理[1]。

9.6 新城市主义

新城市主义是针对郊区化、边缘城市而提出的一种城市设计理论。美国建筑师彼得·卡茨（Peter Katz）在《新都市主义——迈向社区架构》（*The New Urbanism—Toward an Architecture of Community*）（1994）一书中首先明确地提出了新城市主义这一概念。20世纪的美国，在城市化进程中，许多城市市区紧凑、密集发展，忽视功能分区，为了避免"城市病"，舒缓过多的人口和土地压力，开始重视功能分区，宣扬结构主义，城市由核心区向边缘区扩散，形成郊区化的发展趋势。20世纪五六十年代美国出现了人口居住郊区化趋势，20世纪70年代出现商业郊区化，20世纪80年代随着私家小汽车的普及和互联网的发展，出现了就业的全面郊区化。这种以私人汽车定位，低密度、耗费土地型的郊区模式已成为当今美国城市景观的重要特征，也称为"边缘城市"（edge city）。但是，美国几十年的郊区化也带来了新的城市问题：通勤距离和时间拉大、过度依赖汽车、低密度用地、邻里间关系淡薄、社会阶层的差异扩大、犯罪率持续上升、生活费用加大、生态环境恶化、城市无序蔓延、中心区衰落，等等。

简·雅各布在《美国大城市的死与生》一书中警告世人，当城市无序发展的时候，就会走向死亡。人们对包括边缘城市在内的郊区城市化模式和城区无序蔓延深刻反思，并提出了许多积极的改革方案。20世纪90年代"新城市主义"主张回归都市核心区，发展功能糅合的新型社区，推动城市空间向一种亲和的、相对密集的社区型空间转变。其代表观点有安德烈斯·杜安伊（Andres Duany）与伊丽莎白·普拉特·兹依佩克（Elizabeth Plater-Zyberk）倡导的传统邻里区开发（Traditional Neighborhood Development，TND）、彼得·卡尔索普（Peter Calthorpe）提出的公共交通导向开发（Transit-Oriented Development，TOD）。以下是新城市主义者针对城市无序蔓延提

---

[1] Greenberg Michael, Lowrie Karen, Mayer Henry, et al. Brownfield Redevelopment as a Smart Growth Option in the United States [J]. The Environmentalist, 2001, 21 (2): 129–143.

出的应对措施①（如表 9.1 所示）。

表 9.1　　　　　　　　　　　新城市主义主要观点

城市无序蔓延带来的问题	新城市主义的对策
中心城区衰落，郊区化无限无序蔓延	重返城市核心区，旧城复兴，卫星城镇建设；重构松散的郊区，进行再设计和填补性的开发，使之成为复合的邻里社区
郊区环境恶化，标准化开发建设使乡村景观和传统特色消失	保护自然环境，珍存建筑遗产。借鉴第二次世界大战前美国小城镇和城镇规划优秀传统，塑造具有城镇生活氛围、紧凑的社区
以小汽车为主导，通勤距离过长耗费人们大量的时间、精力，加重经济负担和大气污染，对小汽车的过度依赖使许多不能开车的人们（如老人和小孩）寸步难行	公共交通主导的发展，以不规则的格网状道路为骨架，以区域性交通站点为中心，以适宜的步行距离为半径的地域作为基本发展单元，减少车流量，增加社区的可步行性
低密度扩散，造成土地、能源等资源的大量浪费，公共基础设施服务效率下降	建设中高密度住宅，提高社区居住密度
忽视公共空间，过于强调城市功能分区，传统社区与邻里关系弱化、社区关系淡漠、社会阶层的分化与隔离加剧、社区犯罪率上升	功能混杂，设计适合各社会阶层的各种类型和价格的住宅，提倡具有居住、商业、就业、游憩和公共活动的混合型的邻里居住社区。主张邻里以紧凑的、步行的、混合使用的方式建设，突出归属感

资料来源：作者整理所得。

21 世纪是城市的时代，它不同于过去的城市时代，而是新经济下的新的城市时代。针对传统经济增长模式带来的弊端，新城市主义的初衷是要控制城市无序扩张，引导发现城市的核心价值，恢复传统的都市魅力，反对不理智的郊区无序蔓延，重建城市，建立适宜居住的真正的社区。它从传统的城市规划设计思想中发掘灵感，并与 20 世纪 90 年代各种要素相结合，重构一个具有地方特色和文化气息的邻里社区来取代缺乏吸引力的郊区模式。新城市主义的核心思想在于：（1）重视区域规划，强调从区域整体的高度看待和解决问题；（2）倡导回归"以人为中心"的设计思想，重塑多样性、人性化、社区感的城镇生活氛围；（3）尊重历史与自然，强调规划设计与自然、人文、历史环

---

① 梁鹤年. 城市理想与理想城市 [J]. 城市规划, 1999（7）：18-21.

境的和谐性①。新城市主义强调和谐性，它符合新经济时代对社会、人和生态环境的核心关怀。②

9.7　城市化与经济发展

经济学家库兹涅茨和钱纳里认为，伴随着经济增长，社会经济结构也会出现一系列的转变，其中有两个基本的结构转变最为引人注目：一是工业化即从以农业为基础的经济向以工业和服务业为基础的经济转变；二是城市化，即人口持续不断地从农村地区向城市迁移。关于工业化与经济发展问题，经济学已经有了大量的文献研究，那么，在城市化与经济发展之间，又究竟存在什么样的关系呢？

9.7.1　城市化与经济发展的相关关系

目前，已经有许多文献揭示，在宏观水平上，城市化与经济发展之间呈现显著的正相关关系，经济发展水平越高，城市化水平也越高。城市化是当今世界发展的全球性趋势。1996年联合国第二次人居大会通过的《人居议程》指出，"在人类历史的进程中，城市化是同经济和社会的发展，文化和教育水平的提高，普遍健康状况的改善和获得更多的社会服务，以及文化、政治和宗教参与联系在一起的""城市和集镇是增长的引擎，是孕育文化的摇篮。城镇促进了知识、文化和传统，以及工商业的演变"。

例如，1965年美国地理学家贝里选用了95个国家的资料进行分析，显示出城市化与经济发展之间具有正相关关系。1981年，瑞诺（Renaud）在对111个国家进行分析后，也发现一国经济发展与城市化水平紧密相关：当人均GNP从250美元增加到1500美元时，人口的城市化水平一般会从25%上升到50%，当人均达到5000美元时，城市化水平会上升到75%以上。城市经济学家维农·亨德森还计算出世界各国城市化率与人均GDP（对数）之间的相关系数是0.85。近年来，还有许多文献利用各种资料，也证实人均收入与城市

---

① 王慧. 新城市主义的理念与实践、理想与现实 [J]. 规划研究，2002（3）：35-38.
② 钟海燕. 论新城市主义与城市的和谐发展 [J]. 经济纵横，2006（5）：66-68.

化之间存在显著的正相关关系。

城市化的内在动力是经济的发展。农业社会形态,不会有高速的城市化发展过程,只有在工业的高速发展中,城市化的加速才会成为现实。城市本身是经济发展的产物,而城市化又是经济发展的动力。

城市化与经济发展的相关关系体现在以下几个方面。

(1) 城市拥有集聚经济效益,能促使经济以更高的速度发展。城市不但具有工业集中度高、知识密集度高、信息密集度高、消费密集度高、流通效率高、经济效益高等规模优势,与其他地域相比,等量资金和劳动力的投入可以获得更多的效益,而且又通过规模效益使经济量更快地聚集,以更高的产出率发展。

英国学者巴顿把对城市产生的集聚经济效益划分为十大类[①],即:居民和工业的大量集中,扩大了当地市场的潜在规模;大规模的本地市场减少了实际的生产费用;与规模经济效益相关,某些公共服务设施的建设,需要最低的人口规模,交通运输设施更是如此;某些产业在地理位置上的集中,促进辅助产业的发展;同类企业在地理上的集中,形成更进一步的集聚经济效益,促进熟练劳动力的汇聚,形成与工业发展相适应的职业化;促进了专门化的经营家和企业家的集聚;为金融和商业机构的发展创造更大的空间;提供范围更为广泛的娱乐、社交、教育等设施;加强工商业管理者的面对面交流,增加信任、改善管理;刺激企业进行改革。

有关资料表明,城市的规模越大,其经济增长的能量也越大。如中国的大城市,创造了一半左右的工业净产值和工业利税,人均利税和固定资产平均产值高于中小城市 1/4~1 倍,单位土地的工业产值是中小城市的数十倍,资金周转次数高于全国城市平均周转次数 1/3。[②]

(2) 经济快速发展也加速了城市化进程。经济快速发展,意味着各种经济要素在一定地域范围内的快速凝结。当一定地域范围上的各种经济要素凝结到一定程度时,促使第二、三产业不断发展,人口逐渐增加,城市不断壮大,城市化进程明显加快。

---

① K. J. 巴顿. 城市经济学:理论和政策 [M]. 北京:商务印书馆,1984.
② 冯俊. 中国城市化与经济发展协调性研究(续二)[J]. 城市发展研究,2002 (4):43-44.

9.7.2 城市化与经济发展关系的描述

关于城市化和经济发展关系的描述，一般是运用城市化和经济发展的相关数据，借助文字、图形、表格、数学模型等种种手段来进行定性和定量分析。

9.7.2.1 城市化与经济发展的定性研究[①]

城市化与经济发展的定性研究，主要是根据现有的城市化与经济发展的数据，借助图、表等直观简洁的方式来分析城市化与经济发展间的关系。在定性分析方面，较典型的有以下两种。

（1）雷诺德的城市化与经济发展关系表。雷诺德（Renud）1979年根据111个国家的相关数据，绘出了城市化与经济发展关系表（如表9.2所示），并得出如下结论：一个国家城市人口占总人口的比例（即城市化水平）与人均收入之间有很强的正相关关系，即人均国民收入增加，城市化水平也随之提高。

表9.2　　　　　　　　城市化与经济发展关系表（1981年）

国名	人均GNP（美元）	城市化水平（%）	年平均城市人口增长率（%）/总人口增长率（%）
印度	260	24	3.7/2.1
巴基斯坦	300	29	4.3/3.0
韩国	1700	56	4.0/2.3
巴西	2220	68	3.9/2.1
英国	9110	91	0.3/0.1
日本	10080	79	2.0/1.1
加拿大	11400	76	1.2/1.2
美国	12820	70	1.5/1.0
联邦德国	13450	85	0.5/0.0
低收入国家平均	850	33	4.3/2.6
高收入国家平均	2490	63	3.8/2.2

资料来源：转引自董大敏. 城市化与经济发展研究综述［J］. 商业经济, 2004（10）：27.

---

① 董大敏. 城市化与经济发展研究综述［J］. 商业经济, 2004（10）：27.

（2）美国人口咨询局的城市化与经济增长关系图。根据世界各国城市化水平与人均 GNP 的关系，美国人口咨询局在《1981 年世界人口资料表》的资料中，还给出了一个可直观反映经济发展与城市化关系的图形（如图 9.6 所示）。

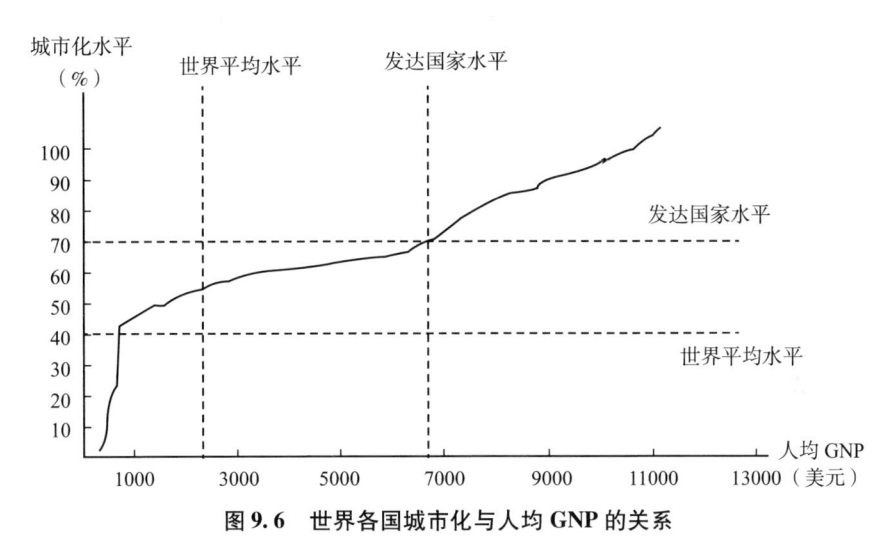

图 9.6　世界各国城市化与人均 GNP 的关系

资料来源：董大敏. 城市化与经济发展研究综述［J］. 商业经济，2004（10）：27.

9.7.2.2　城市化与经济发展的定量研究

城市化与经济发展间的量化研究，一般是根据城市化水平与代表经济发展水平方面的指标（如人均 GDP、人均收入等）的关系，通过对二者关系的分析选择不同模型来模拟它们间的内在联系。在这方面的研究中，具有代表性的研究成果是钱纳里的多元回归模型①。

1975 年钱纳里通过对城市化与经济发展水平问题的研究，出版了《发展的型式：1950 – 1970》一书。他具体通过对与发展密切相关的 27 个变量和人均 GDP 的关系的分析，建立了多元回归模型，提出了城市化率与人均 GDP 的一般对应关系。其模型描述如下：

$$X = \alpha + \beta_1 \ln Y + \beta_2 (\ln Y)^2 + v_1 \ln N + v_2 (\ln N)^2 + \sum \delta_j T_j \quad (9.1)$$

$$X = \alpha + \beta_1 \ln Y + \beta_2 (\ln Y)^2 + v_1 \ln N + v_2 (\ln N)^2 + \sum \delta_j T_j + eF \quad (9.2)$$

---

① 董大敏. 城市化与经济发展研究综述［J］. 商业经济，2004（10）：25 – 26.

其中，X——因变量；Y——以美元（1964 年美元）计算的人均国民生产总值；N——人口（百万）；F——作为国内生产总值一部分的净资源流入（进口减去商品和非要素劳务出口）；T_j——时期虚拟变量（$j = 1, 2, 3, 4$）。

以 5 年为单位表示所有国家的结构关系共同随时间的转变，则 1950～1970 年被分为四个阶段。则 δ_j 的变化反映了所有国家都存在的结构关系随时间的转变，且是由于技术革新、世界财富增加等因素而产生的不受 GDP 变化影响的转变。

另外，钱纳里对 1950～1970 年 101 个国家的经济发展水平数据与城市化水平数据进行回归分析的结果，证明在一定的人均国民生产总值水平上，有一定的生产结构、劳动力配置结构和城市化水平相对应。

——人均收入超过 500 美元（1964 年美元）时，作为一种典型情况，城市人口在总人口中占主导地位；

——超过 700 美元时，作为一种典型情况工业中雇用的劳动力超过初级生产部门；

——当收入水平超过 2000 美元时，这些过渡过程才告结束。

在钱纳里模型启发下，后来许多学者（如中国的周一星、夏永祥、余其刚等）也针对城市化水平与人均 GDP 的关系纷纷用对数模型开展了城市化与经济发展水平间关系的研究，并获得对研究结果较为满意的阐释力。

但是对于钱纳里模型，中国学者张疑、赵民[1]认为在研究中国的城市化与经济发展问题时，不能机械套用钱纳里模型，因为钱纳里模型是有缺陷的。首先，存在着"基本模型"的普适性与"城市化率与人均 GDP"这一特定关系的解释力差异；其次，钱纳里将国家人口规模作为一个连续性变量纳入回归方程，这也有待商榷；另外，模型的运用是有条件的，如 $N = 1000$ 万，选用 1964 年美元作为基准等。因此，如果要将钱纳里的研究成果运用于中国的现实分析，至少需要经过两个折算过程，一是令 $N = 1300$；二是货币的转换，将 1964 年美元换算为 2001 年美元。

---

[1] 张疑，赵民. 论城市化与经济发展的相关性——对钱纳里研究成果的辨析与延伸 [J]. 城市规划汇刊，2003（4）：10–18, 95.

第 10 章

城市体系理论

城市体系一般指一个国家或地区内一系列规模不等、职能各异、相互联系与相互制约的城市空间分布结构的有机整体。城市体系形成和发展的内在规律和相互之间的合理分工与联系是城市经济发展中的重要问题，城市体系理论中最有影响的有中心地理论、城市等级理论等。

10.1 空间相互作用理论

空间相互作用理论（spatial interaction theory）主要研究区位势能、空间极化与扩散机制、空间相互作用模型以及要素流的变化和作用。空间相互作用理论旨在解答在空间系统中，城市之间、城市与区域之间、区域与区域之间是否相互关联、如何关联，这种关联的强度和方式受到哪些因素的影响，以及影响程度如何衡量。地区的空间相互作用对城市体系的构建具有至关重要的作用。

10.1.1 引力模型

城市经济学中的空间相互作用理论通常把城市与外界的空间交互作用抽象化，用一种比较简单的数学模型来模拟城市联系的实际状况，这些模型来自物理学中牛顿于 1687 年提出的万有引力定律：

$$F = \frac{GM_i M_j}{d_{ij}^i} \tag{10.1}$$

式中，F——物体相互间的吸引力；G——地心吸引力常数；M_i、M_j——物体的质量；d_{ij}——两物体间距离。

斯图尔特、齐普夫、多德等人进行了社会经济重力模型研究。英国的雷文茨坦（E G Ravenstein，1880）第一个正式把牛顿模型运用到人口迁移的引力分析中，提出了一个社会物理学模型，我们称之为空间相互作用的引力模型：

$$T_{ij} = K \frac{P_i P_j}{d_{ij}^b} \tag{10.2}$$

式中，T_{ij}——从 i 城市迁移到 j 城市的人口；K——系数；P_i——i 城市的人口；P_j——j 城市的人口；d_{ij}——i、j 两城市间距离；b——距离摩擦系数。

在这一模型中，两城市间人口迁移量同两城市人口之积成正比，和两城市距离的 b 次方成反比。b 称为距离摩擦系数，它的取值影响着人口迁移的衰减速度，人们通常认为它等于2。至于应该如何给 b 赋值，这一直是个争议的问题。这一模型也通常以对数形式来表达：

$$\ln\left(\frac{T_{ij}}{P_i P_j}\right) = \ln K - b \ln d_{ij} \tag{10.3}$$

将这一公式落到以 i，j 两地距离 d_{ij} 的对数为横轴的双对数坐标图上（如图10.1所示），$\ln K$ 是直线的截距，$-b$ 是直线的斜率，可以看到两城市的相互作用随距离的增加而下降的情况，我们称这一规律为"距离衰减规律"。

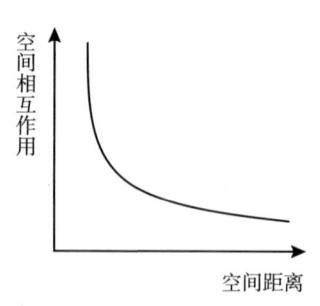

图10.1　距离衰减规律曲线

资料来源：作者自绘。

引力模型在揭示两城市之间人流、物流、信息流等流量方面的确具有一定现实应用性。空间社会经济现象与物理学中的引力现象相比较要复杂得多，因此我们不可能用重力模型完美地解释众多的社会经济因素的空间相互作用。有人甚至认为公式中作为重要影响因素的地理距离并不是最合适的变量，它不如社会距离、心理距离、政治距离、文化距离等更能贴切地反映交流的阻力。显而易见，确有必要根据复杂的社会经济情况以及我们所关心的问题性质，对空间相互作用重力模型进行某些修正，式（10.4）是对重力模型修正后的公式。W_i、W_j 反映受 i，j 两地人口收入、受教育程度以及其他因素影响和赋予的权数，这里还增加了 α 和 β 两个指数来反映可能的影响因子。两地间的引力仍然同两地人口的函数成正向变化，同两地距离的某一确定函数成反向变化。[①]

$$T_{ij} = K \frac{(W_i P_i)^{\alpha}(W_j P_j)^{\beta}}{d_{ij}^b} \qquad (10.4)$$

10.1.2 零售引力模型和断裂点理论

20 世纪 30 年代，美国学者赖利（W J Reilly）为了划分两个城市之间的最佳零售市场区，提出了"零售引力法则"，之后又提出了修正后的法则，这个模型的表达式如下：[②]

$$\frac{T_i}{T_j} = \frac{P_i}{P_j}\left(\frac{d_j}{d_i}\right)^2 \qquad (10.5)$$

式中，T_{ik}、T_{jk}——从某一中间城市 k 到 i 和 j 两城市的购物额；P_i、P_j——i 和 j 两城市的人口数；d_i、d_j——这一中间城市 k 到 i 和 j 两城市的距离。如图 10.2 所示。

图 10.2 零售引力图示

资料来源：作者自绘。

[①] 陈宗兴，等. 经济活动的空间分析 [M]. 西安：陕西人民出版社，1989：1-445.
[②] W. J. Reilly. The Law of Retail Gravitation：Second Edition [M]. New York：Knickerbocker Press，1953.

式（10.5）显示，城市零售商业引力与两个城市的人口规模成正比，与其空间距离的平方成反比。零售引力模型试图提供预测某一城市居民光顾其他城市的购物贸易量的方法，它反映一个城市对周围地方的吸引力的大小。式（10.5）是一个简化公式，也可以将赖利的公式表达为：

$$\frac{T_i}{T_j} = \left(\frac{P_i}{P_j}\right)^\alpha \left(\frac{d_j}{d_i}\right)^\beta \tag{10.6}$$

寻求中间城市的居民在两个城市 i, j 之间购物量的比值，实质就是在寻找 i, j 这两个城市作用范围的均衡点，所以也有人称赖利的零售引力划分为断裂点理论。康弗斯（P D Converse, 1930）提出了这个均衡点或称断裂点的公式。零售引力模型要寻求的均衡点就是使 i, j 两地销售额所占比例相等的点，即式（10.6）等于1，所以我们可以将市场区边界条件描述为：

$$\frac{d_j}{d_i} = \left(\frac{P_j}{P_i}\right)^{\frac{\alpha}{\beta}} \tag{10.7}$$

利用恒等式 $d_{ij} \equiv d_i + d_j$，我们可以得到一个分界点方程：

$$d_j = \frac{d_{ij}}{1 + \left(\frac{P_i}{P_j}\right)^{\frac{\alpha}{\beta}}} \tag{10.8}$$

如果求出中心城市与周边若干近邻的同级城市之间的断裂点，用平滑曲线把它们连起来，就得到了这个城市的吸引范围。

10.1.3　乌尔曼的空间相互作用理论

美国学者乌尔曼（E L Ullman, 1954）提出的空间相互作用理论，对城市体系空间相互作用机制研究影响深远。他认识到了空间相互作用的一般原理，提出了空间相互作用的三个基本原则：互补性（complementarity）、移动性（transferability）和中介机会（intervening opportunity）。这三者共同影响着城市体系。

当一地有剩余的某要素恰为另一地所需要时，那么这两地就是互补的。互补性存在的前提在于区域间的资源差异性。但是必须指出，仅存在于一地的某项资源供给并不足以流动，只有当另一地有对这项资源的需求时，才有可能使两地发生关联。

移动性指要素必须具有可以在两地之间运动的性质。影响要素移动性的主要障碍是体现在移动时间和成本耗费上的两地之间的距离。空间相互作用遵循"距离衰减规律",即空间相互作用强度随距离的增加而减小。具有高移动性的大多是价值高、体积小的商品,如名牌手表;低移动性的大都价值低、体积大,如铁矿。可移动性取决于运输成本,当成本或经济距离不是太大时,移动产生。当经济距离增加时,移动减少,介入因素增加。由于经济距离和中介机会变化,可移动性会发生变化。

中介机会的概念由斯托弗(Stouffer,1940)最先提出。[1] 如图10.3所示,假设有 A、B 两座城市,A、B 之间存在互补性和移动性,具有一定程度的空间关联,如果我们新建一个城市 C,A、C 之间亦有互补性和移动性,那么 C 就会介入 A、B 的关联,而且由于 C 点与 A 点较接近,这就大大限制了 A、B 间的要素流量。类似 C 对 A、B 空间关联干扰的机会谓之中介干扰的机会,简称中介机会。斯托弗认为距离衰减规律中的距离本身并不起决定作用,运动随距离增加而衰减是因为中介机会的增加。[2]

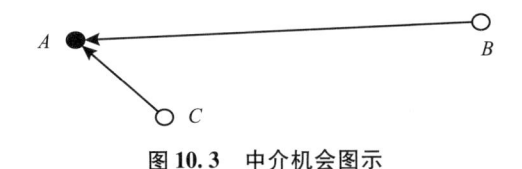

图 10.3 中介机会图示

资料来源:作者自绘。

10.1.4 潜力模型

引力模型能测算出两个空间单位(如两个城市)之间相互作用力的绝对值,空间相互作用除了涉及空间系统中两城市之间的相互影响外,还包括空间系统的所有点对某一城市所产生的影响问题,或者位于空间既定点的质量集合对单位质量所施加的影响。可以先应用引力模型分别求出某点与其他每一点的相互作用量,然后求和,就得到该点与所有其他点的相互作用总量,

---

[1] S A Stouffer. Intervening Opportunities:A Theory Relating Mobility and Distance [J]. American Sociological Review,1940,5 (6):845 – 867.

[2] 陈宗兴,等. 经济活动的空间分析 [M]. 西安:陕西人民出版社,1989:1 – 445.

称为这一点的潜力。利用潜力模型,提出测量区域中某一点相对于周围有关各点的综合影响力的"潜力"(potential),可计算出区域内城镇系统中每个城镇的人口潜力值。如果将计算结果用数字标示于地图上的各城镇所在地点,并将只有相等人口潜力值的点连接起来,即可得到该区域的等人口潜力曲线,等人口潜力曲线图很好地反映了人口潜力的空间变化。用同样的方法,我们可以求得收入潜能、市场潜能等。例如,旺茨在空间价格研究中引入潜力模型,他认为需求和供给应当分别表述为空间连续变量,他推导出了商品的产品供给空间潜力,并用收入潜力来代表需求空间潜力。这些研究建立在斯图尔特(J Q Stewart)于20世纪四五十年代推导出的潜力模型的基本公式基础之上。[①]

$$E = \sum_{j=1}^{n} \frac{P_i P_j}{d_{ij}} \ (i \neq j) \qquad (10.9)$$

式中,E——i地以外的所有地方j施加到i的潜能之和;d_{ij}——i、j两地间距离;P_i、P_j——i和j两城市的人口数。公式两端同除以P_i,得到:

$$V_i = \frac{E}{P_i} = \sum_{j=1}^{n} \frac{P_j}{d_{ij}} \ (i \neq j) \qquad (10.10)$$

V_i代表了外界施加到i这一城市上的总潜能,也可以说是i城市的可达性。如果考虑城市i自身的潜能,上述公式修正为:

$$V_i = \sum_{j=1}^{n} \frac{P_j}{d_{ij}} + \frac{P_i}{d_{ii}} \ (i \neq j) \qquad (10.11)$$

若增加一个指数b,就得到常用的潜能模型公式:

$$V_i = \sum_{j=1}^{n} \frac{P_j}{d_{ij}^b} + \frac{P_i}{d_{ij}^b} \ (i \neq j) \qquad (10.12)$$

空间相互作用理论在划定城市经济吸引范围,定量考察城市间经济联系程度,经济布局的区位选择方面产生了广泛的影响。若将城市经济活动扩散范围视为经济作用的力场,其扩散影响力的大小称为场强,城市规模越大,经济越发达,其场强越强,力场空间亦越大,从而可以划分出以城市为中心的结节性经济区域,从而划定城市经济吸引范围。例如,在城市群的空间范围划分上,以及定量考察城市间经济联系的密切程度,可以运用这一理论,为经济布局的

---

① 陈宗兴,等. 经济活动的空间分析 [M]. 西安:陕西人民出版社,1989:1 – 445.

区位决策提供依据。①

前面论述了空间相互作用中的两个点（两个城市）或两个以上点之间相互关联的强度，以及从点（如城市、生产基地、贸易中心等）着眼，研究了其影响范围等问题。关于城市与区域的相互作用问题可以在中心外围模型中进一步得到启示。

10.1.5 空间扩散理论

扩散指资源、要素和经济活动等从源地向外进行空间传播或转移的过程，或者是一种相对集聚而言的分散化分布状态。各国学者们将社会经济空间扩散方式概括为六种类型。②

（1）墨渍式扩散，从中心向周边地区作浸润状扩散。

（2）等级式扩散，按照城镇等级体系，自上而下地进行扩散。例如，在一个城镇等级体系中，由大城市向中等城市扩散，再层层推及小城市、小城镇、农村。

（3）点轴式扩散，沿主要交通干道呈串珠状或点轴状扩散。沿交通干线将经济中心城市与若干经济集聚点串联成为一个经济走廊或者城镇密集轴带，成为区域经济发展所依托的点轴系统。这是常见的空间扩散方式。

（4）跳跃式扩散，中心点的扩散跳过周边地区扩散到其他地区或指定性地点。接受扩散的地区往往具有较好的经济发展水平或其他优势，如用于满足资源指向型产业群布局的要求。

（5）反磁场中心式扩散，在中心点外围布点，人为诱导中心地扩散。为了避免大城市过度膨胀，缓解中心城市压力，引导中心城市产业、人口等向中心城市周围布局的一些卫星城镇或经济开发区等抗磁力中心扩散，抵消中心城市集聚力过强可能产生的反聚集效益。

（6）发展极式扩散（由创新企业带动）。在扩散影响较小的地区，由一批具有创新能力的企业兴起而带动的扩散，具有一定的竞争性和空间非均衡性。

---

① 彭震伟.区域研究与区域规划[M].上海：同济大学出版社，2004：31-32.
② 杜肯堂.区域经济管理学[M].北京：高等教育出版社，2004：100-101.

总体上看，空间扩散模型的研究脉络主要有三条：建立传染模型、物理模型和等级模型。

20世纪50年代，瑞典学者哈格斯特朗（T Hagerstrand）从空间角度对创新扩散进行了开创性的研究并奠定了现代空间扩散理论的基础。哈格斯特朗最先研究了新技术的时空扩散过程，并在创新学说基础上提出了现代空间扩散理论，他认为创新由源地向周围扩散的方式有波状扩散、辐射扩散、等级扩散和跳跃扩散等，并与城市体系形成阶段相对应。他建立在微观社会基础上的空间扩散模型也称为传染模型或传染病模型。

在传染模型中，扩散信息从大众媒介或已采用者以消息的形式发出，信息的传播主要靠个人的社会交流网络，这个网络的结构由不同社会和自然的交流障碍所决定，其传播效果是一个随距离衰减的函数。社会交流网络是有层次的，一些扩散是地区外的，而另一些则是地区内的。潜在采用者是否采用创新取决于扩散信息的积累效果和潜在采用者对创新的阻力水平（包括社会阻力和经济阻力）的比较关系。如果扩散信息的积累效果大于潜在采用者对创新的阻力水平，扩散就会发生，否则就不会发生。此外，空间扩散具有一些特定的空间效应，如近邻效应、等级效应。

哈格斯特朗首次利用蒙特卡罗方法（随机抽样法）模拟了创新扩散的概率分布，提出了著名的"平均信息域"（MIF—field of information）模型。他以瑞典阿斯比（Asby）地区的移民案例来预测空间扩散的趋势。首先以边长5公里的方格（各方格内均匀分布着30个潜在的创新采用者）组成的边长25公里的方格网叠加在研究区域，以方格网的中心方格为扩散源地，求出周围方格与中心网格的距离，利用引力模型求出周围网格与中心网格的"接触频度"（移民数），将每个方格的接触频度除以源和外围总的接触，得到每个方格与中心方格的作用几率，所得结果填入每个方格，就形成了"平均信息域"（MIF）。接着采用蒙特卡罗（MonteCarlo）技术，并利用MIF对空间扩散进行了模拟。

将通话次数和迁徙人数代入方程式中，哈格斯特朗得到了方格 α 和 β 之间的相互作用函数：

$$I_{\alpha\beta} = kd_{\alpha\beta}^{-\lambda} = 0.7966d_{\alpha\beta}^{-1.585} \tag{10.13}$$

创新扩散的每一阶段，每个采用者都由式（10.13）给出的概率与一个方格接触。如果用 $n(t)$ 表示阶段 t 采用者的累计数量和在 t 阶段采用者的空间分布模式,哈格斯特朗发现创新采用者随时间的积累变化符合 S 型的逻辑曲线。①②

哈格斯特朗的模型建立在经验性分析基础之上,对空间扩散理论的发展具有显著贡献。但他的模型以均质空间为理论基础,致使模型的建立过于理想化。

第二种空间扩散模型是物理模型。1966 年,英国学者哈格特(P Hagget)受物理学说中热传导三种方式的启发,将城市之间、城市与所在区域间的空间作用划分为三种类型方式:第一,对流,人、物等具体有形物的流动;第二,传导,财政交易过程,无形但等同的交割;第三,辐射,信息、政策、思想、技术等的扩散,逐级传播,效益不断放大。而且他认为,随着社会经济发展和技术水平的提高,第二种和第三种类型对城市和区域发展的影响日益突出。③

1968 年,莫里尔将空间扩散和物理中光波扩散与采用联系起来,认为在离散时间段 t 内创新被采用的概率遵循泊松分布:④

$$Pt = \frac{A_0 e^{-bd} d^t}{t!} \qquad (10.14)$$

式中,A_0——光波的初始振幅;d——距离;b——阻力系数。

第三种空间扩散模型是等级模型。如赫德森在 1969 年建立了一个等级扩散模型。他假定时间 t 内,信息由最高级城市 m 扩散到 $t+1$ 级城市的概率符合以下的二项分布,q 为空间参数。创新扩散按等级系列依次向下一等级传递,随时间推移的累积概率函数为想象的 S 型:⑤

$$Pt = \frac{(m-1)!}{t!(m-1-t)!}\left(1-\frac{1}{q}\right)^t\left(\frac{1}{q}\right)^{m-1-t} \qquad (10.15)$$

---

① Hgerstrand T. Innovation Diffusion as a Spatial Process [M]. Lund: Lund University Press, 1953.
② 余迎新,等. 技术创新空间扩散的研究现状与展望 [J]. 天津工业大学学报,2001(12):1-6.
③ 彭震伟. 区域研究与区域规划 [M]. 北京:同济大学出版社,2004(1):31.
④ 彼得·尼茨坎普. 区域和城市经济学手册:第 1 卷 [M]. 北京:经济科学出版社,2001:209-211.
⑤ 彼得·尼茨坎普. 区域和城市经济学手册:第 1 卷 [M]. 北京:经济科学出版社,2001:212-213.

10.2 克里斯泰勒的中心地理论

"中心地理论"（the central place theory）由德国经济学家克里斯泰勒（Walter Christaller）创立。1933年，克里斯泰勒在对德国南部的城镇进行大量调查后，出版了《德国南部的中心地》一书，揭示了大、中、小城市体系合理存在的内在机理。1966年，此书的英译本才出现，中心地理论逐步被传播到英语国家，成为城市体系理论中最具影响力的理论之一。由于中心地理论的基本内容是将商业服务业的布局区位和中心城镇聚落分布有机结合起来，最终推导出一定区域内中心地（城市）的职能等级、数量和空间分布的系统理论，因此也被称为聚落区位论或城市区位论。中心地理论中首次将区域内的城市群体系统化，提出了六边形的城市群体组织结构模式，系统地阐明了城市的等级规模分布规律，认为市场竞争的结果将使中心地的腹地变成正六边形，并在一个区域中形成功能大小各异的空间等级体系。[①]

10.2.1 基本概念

克氏的中心地理论首先界定了中心地、中心性等基本概念，提出了不同城市等级其中心性划分的基本依据。

城市的主要职能（或主要标志）是充当区域的中心，对那些相对于散布在整个区域的居民点而言主要起区域中心作用的聚落称为中心居民点（一般指完整的城市）。中心地（central place）可以表述为向居住在它周围地域（尤指农村地域）的居民提供各种货物和服务的地方，当然也包括从事中心职业（即与中心区位密切相关的职业）的人口。中心地按其职能可分为不同的等级。

中心商品与服务（central good and service）分别指在中心地内生产的商品与提供的服务，亦可称为中心地职能（central place function）。中心商品和服

[①] 本节参见沃尔特·克里斯泰勒．德国南部中心地原理［M］．常正文，王兴中，等译．北京：商务出版社，1998：1－405．

务是分等级的，即分为较高（低）级别的中心地生产的较高（低）级别的中心商品或提供较高（低）级别的服务。

以中心地为中心的区域称为中心地的补充区域，也称为中心地区域。具体说，是中心地的周围从中心地接受中心商品的供给的区域。在中心地，中心商品有剩余，这部分剩余商品用于补充周围区域的中心商品不足部分，当供给和需求达到均衡时的区域范围也就成为补充区域的范围。所以，补充区域就是重要性不足的区域，这种重要性不是由中心地的重要性剩余补偿，而是由这个区域和中心地一起共同构成一个统一体。中心地的剩余重要性越大，其补充区域也就越大。

中心性（centrality）是指就中心地的周围地区而言，中心地的相对重要性，也可以理解为中心地发挥中心职能的程度。中心性一般可用式（10.16）表示：

$$B_z = B_1 - B_2 \tag{10.16}$$

以城市规模来理解城市的重要性，那么有一部分城市的重要性在于人口聚集性，另一部分重要性则表现为中心地作用。若城市有集合重要性 B_1，则 B_1 减去城市人口 B_2 等于相对于周围区域的城市重要性的剩余。我们称集合重要性为绝对重要性，重要性剩余为相对重要性，后者是相对于重要性的亏空地区而言的。重要性剩余向我们表示城市作为中心的程度，称之为中心性。就市场区而言，我们也可以将 B_1 理解为中心地供给商品和服务的总量，B_2 代表中心地供给中心地自身的中心商品和服务的数量。二者之差是中心地向其补充区域供给的商品和服务总量，代表城市的中心性。克里斯泰勒提出用电话线路数来衡量中心性的公式：

$$B = T_z - E_z \frac{T_g}{E_g} \tag{10.17}$$

其中，B——中心性，T_z——中心地电话线路数，E_z——中心地人口，T_g——区域电话线路数；E_g——区域人口；T_g/E_g——中心地的实际重要性；$E_z(T_g/E_g)$——中心地的期望重要性，二者之差是重要性剩余，即城市的中心性。

按照规模和重要性，克氏划分出中心地的等级，分为辅助中心地和完全中心地。辅助中心地是介于分散地与中心地之间的过渡级别，称为 H 级中心地。每六个 H 级中心地环绕一个完全中心地。完全中心地中最低级者是集市，命名为 M 级中心地，随着等级递增依次有 A 级、K 级、B 级、G 级和 P 级等中心地，每六个低级中心地环绕一个更高级别的中心地。最高级别的中心地 L 级是国家中心，比 L 级中心地更高级者则是世界城市或国家首都，称之为 R 级中心地。

分散人口为在一个地方——中心地购买商品而愿意到达的最远距离称为商品范围。商品范围受到空间距离、中心地商品价格以及聚集在中心地的居民人数、散布在中心地之外的人口密度和分布状况、人口的收入条件和社会构成等因素的影响。每种商品都有其特有的范围，而且在各种具体情形下，在各个中心地或在不同的时间点上这种范围可能是不一样的。

10.2.2 理想的六边形城市等级体系

克里斯泰勒创建的中心地理论依照杜能的"孤立国"方法建立，假设研究的区域是均质平原，区域内有足够的资源，且分布均匀，对外不发生经济联系，区域内运输条件完全相同，中心地的分布也是均匀的。此外，生产者和消费者都属于"经济人"，利润原则起着完全的支配作用。生产者为谋取最大利润，寻求掌握尽可能大的市场区，致使生产者之间的间隔距离尽可能地大；消费者为尽可能减少运费，都自觉地到最近的中心地购买货物或取得服务。

克氏首先分析了孤立中心地商品范围的形成（如图 10.4 所示）。中心地提供的每一种货物和服务都有其可变的服务范围，在空间上呈环绕中心地的环状。范围的上限（外限）是消费者愿意去一个中心地得到货物或服务的最远距离，超过这一距离他便可能去另一个较近的中心地。服务范围的下限（内限）是保持一项中心地职能经营所必需的腹地的最短距离，取决于中心商品的最小消费量，它表示维持某一级中心地存在所必需的最小腹地。上、下限共同决定着一种中心商品是否能在区域的任一中心地成功地出售。下限划定的区域是必须存在的区域，以使中心商品可以在这一区域的中心地提供，而上限划定的区域，是中心商品的销售存在可能性的区域。这两种界限就确定的中心商品而言，共同决定了一个中心地的补充区域的最小面积和最大面积。这些范围界限的走向是封闭的曲线，或多或少呈圆形，表现为等值线。

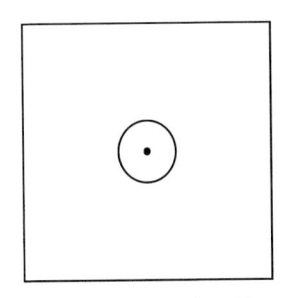

图 10.4　孤立中心地

资料来源：作者自绘。

当然区域内部不止一个中心地，区域内部分布着许多拥有各自市场区的中心地，这个中心地与其他中心地相邻。在利润原则驱使下，中心地力求占有更大的范围，因此分散的圆形市场逐步向连接的圆形市场过渡，直至圆形等值线之间相切（如图 10.5 所示）。

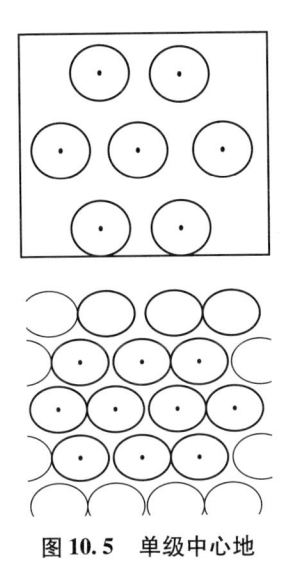

图 10.5　单级中心地

资料来源：作者自绘。

图 10.5 是一种理想状态，每个中心地各自实现其最大市场区，实际上中心地之间相互竞争、相互影响，中心地的理想的圆形（等值线）的补充区域在任何部位都可以被切除一部分弓形区域，这些部分属于相邻中心地的补充区域。当两个中心地相互竞争时，在范围上得以提供较大优势的那个中心地，往

往以另一个中心地为代价来扩大自己的补充区域。这样，各个中心地的市场区范围相互交叉，圆形市场区范围逐步演变成理想的六边形（如图 10.6 所示）。

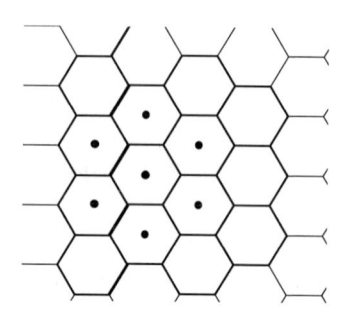

图 10.6 单级中心地体系

资料来源：作者自绘。

上述中心地体系尚属单级的体系，在现实的经济生活中，中心地有不同的规模和类型特征，这些不同等级规模的中心地按照大小排列形成中心地的等级序列，若干个大小不同的城镇及市场区形成大小不同的层层六边形，这样便形成了大六边形套小六边形的多级中心地体系（如图 10.7 所示）。在该体系中，越是高等级的中心地，提供的商品和服务越齐全。中心地理论阐明了在一个均质平原内，如何布局不同规模的多级城市，形成以城市为中心、由相应的多级市场区组成的网络体系。城市等级与规模关系的六边形模型表明，规模最小的那一级城镇的数量最大，等级越高，数量越小。

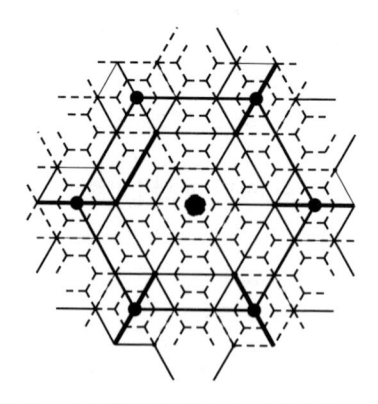

图 10.7 克里斯泰勒的六边形城市等级体系

资料来源：作者自绘。

10.2.3 中心地等级类型

中心地体系是按一定中心规则围绕着一个中心地（即构成体系的中心地）的一定数量中心地组成的群体。克里斯泰勒认为，有三个原则支配上述的六边形中心地体系的形成，它们是市场原则、交通原则和行政原则。在不同的原则支配下，中心地网络呈现不同的结构，而且中心地和市场区大小的等级顺序有着严格的规定，即按照所谓 K 值排列成有规则的系列。K 表示某级中心地数目与上一级中心地数目的比值。K=3 的网络模式以市场原则为出发点，有利于商品和服务取得最大的供应范围；K=4 的网络模式以交通原则为出发点，主要考虑各级中心地尽可能缩短运输距离，并处于重要交通运输线上；K=7 的网络模式以行政原则为出发点，主要考虑上一级中心地能够控制下一级中心地的市场区范围。综合考虑这三个原则的共同作用，才会对中心地的数量、大小、分布做出全面的解释。

市场原则（K=3）是中心地分布基本的和主要的规律，中心地的位置都是处于典型的等距离位置上，其方向趋于较高等级中心地；而且它们都可以分成组，每一个组都拥有一定数量的较低等级的中心地。适用于面积广大、人烟稀少且相对贫困的农业省区。按照市场原则，高一级的中心地应位于低一级的三个中心地所形成的等边三角形的中央，从而取得最大的竞争效果。K=3 的系统，即任何等级的中心地数目为更高等级的 3 倍（最高等级除外）。

在一个根据市场原则而建立的中心地体系中，全部长距离的交通线必然经过那些非常重要的中心地，为短距离交通而建立的次要的交通线，只有拐弯抹角——甚至常常以明显的"之"字形路线，才能到达远距离交通的中心地（如图 10.8 所示）。

符合交通原则（K=4）的中心地，是在一个较高等级中心地到另一个较高等级中心地的沿线排列；而且位于这些线上的中心地间距比不在线上的中心地间距小，中心地数量比一般地区的多，并且很少有典型的由范围大小形成组合的中心地转变为自然组合。尽可能多的重要的中心地位于两个重要城镇之间的交通线路上，而交通线路建设又尽可能平直、造价尽可能低，而不太重要的中心地则可能被置于一旁。按照交通原则，中心地将顺序排列在从中心点辐射出的直线交通线路上。在这种线路上的各中心地间距相等。

供应范围

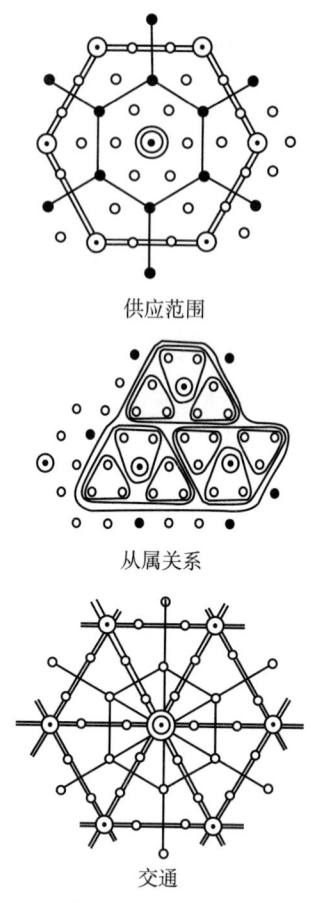

从属关系

交通

图 10.8　市场原则城市体系（K=3）

资料来源：陆大道．区位论及区域研究方法［M］．北京：科学出版社，1988：30．

采用交通原则的条件有：对于低等级或高等级的中心地，当其各自的商品都有广阔的市场；如果一条交通线在从前或现在都具有突出的重要性；如果自然条件利于或允许这种交通状况；在中心地网络巩固时期，交通在社会生活及经济中扮演着一个重要角色。

在交通原则下，次一级中心地的分布位于连接两个高一级中心地的道路干线上的中点位置（如图 10.9 所示）。在这个系统内，市场区数量的等级序列是：1，4，16，64，…。次级市场区的数量以 4 倍的速度递增。在 K=4 的系统内，中心地数量的等级序列是：1，3，12，48，…。依交通原则形成的交通网，一级中心地位于联系较高一级中心地的主要道路上，被认为是效率最高的交通网，而由交通原则形成的中心地体系被认为是最有可能在现实社会中出现的。

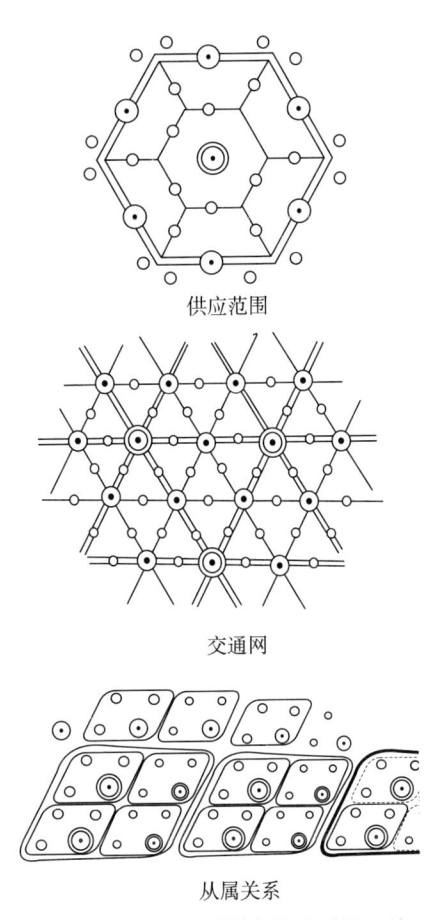

供应范围

交通网

从属关系

图 10.9　交通原则城市体系（K = 4）

资料来源：陆大道. 区位论及区域研究方法［M］. 北京：科学出版社，1988：30.

交通原则和市场原则是符合经济规律的，如果非经济的社会政治因素大大强于与经济有关的决定因素，特别是在中心地网络已巩固阶段，而且自然条件允许情况下，行政原则在国家权威之下形成了 K = 7 的中心地体系。为了照顾行政区划，1 个六边形中心地和周围 6 个同级中心地尽量完整地处于更高一级中心地的管辖之下，即每 7 个低级中心地有一个高级中心地，中心地正好位于每个正六边形的角上，任何等级的中心地数目为较高等级的 7 倍（最高等级除外），市场区的等级序列是：1，7，49，343，…。中心地数量的等级序列是：1，6，42，294，…。在 K=7 的系统内，可能造成交通系统的运行效率较差（如图 10.10 所示）。

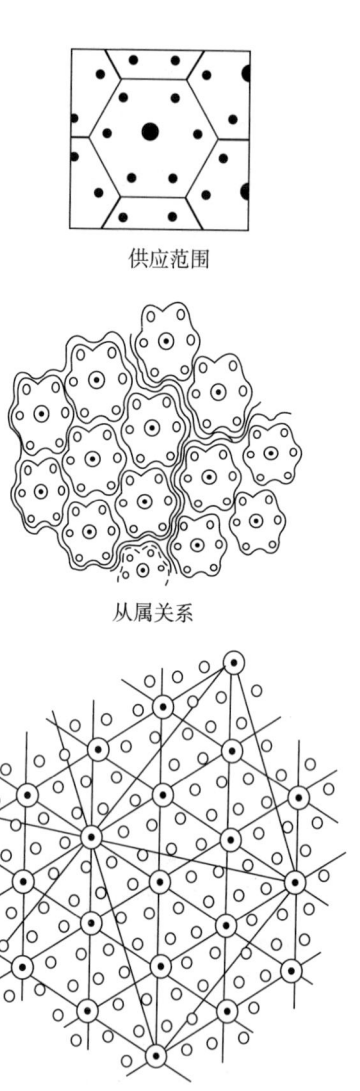

供应范围

从属关系

交通网

图 10.10　行政原则城市体系（K=7）

资料来源：陆大道. 区位论及区域研究方法［M］. 北京：科学出版社，1988：29.

10.2.4 理论评价

克里斯泰勒的理论为西方城市经济学理论和城市经济实践的发展作出了巨大的贡献。中心地理论是城市经济学的基础理论，克氏的理论以取得最大利润为原则，以市场为中心，认为区域空间结构必然是以城市为中心，并由相应的多级市场区构成的网络体系。他通过对市场区域形状和中心地空间分布状态的分析，建立了城市空间分布与组合模式。对于城市规模等级划分、城市与区域空间结构、城市区位以及商业区位布局都有着重要启示。在现实应用中，中心地理论为其后广泛开展的区域规划、城市规划中的城镇体系布局规划提供了重要指导。

克里斯泰勒的中心地理论尽管对城市经济学作出了巨大贡献，但仍然存在一些不足之处。克氏的理论有许多假设和前提，这些条件在现实生活中是不存在的，有许多具体的因素会引起城市区位的变异。首先，建立在均质平原假设之上的理想六边形中心地难于在现实世界中寻找到均匀的平原、资源、人口。交通运输也不可能是均匀分布的，现代交通运输的发展会使中心地模型发生变形。其次，在利润原则前提下，消费者和供应商都是理性"经济人"，单纯的利润原则不能很好地解释复杂的经济社会现象。最后，克氏忽视了城市体系形成和演变中一个重要的作用机制——集聚效益的作用，中心地理论主要采用静态和描述性的研究，难以说明空间结构的进化过程，无法准确反映一个处于不断变化中的中心地系统。此外，在克里斯泰勒的中心地系统中，K值在一个系统中是固定不变的，这一点在城市经济学家中存在争议。

10.3 廖什景观

在与克里斯泰勒完全没有学术联系的情况下，德国的奥古斯特·廖什（August Losch）在1940年出版的《经济空间秩序——经济财货与地理间的关系》一书中提出了与中心地理论类似的理论和模型。前者是从城市居民点的行政、管理、交通等主要职能的角度，论述城市体系的"中心地理论"，后者是从市场区的角度来论述城市的"经济景观",也称为"廖什景观"。①

10.3.1 城市的形成

廖什在建立市场区位模型时,给定了一些假设条件。假设在均质的平原上,沿任何方向运输条件都相同;生产所需的原料充足,且均等分布;在平原中均等地分布着人口,且消费者的行为相同;平原上有规则地分布着自给自足的农场;生产和消费符合利润原则;而且只考虑纯经济力作用,其他因素不予考虑。

廖什首先探讨了城市区位问题。提出城市是企业区位的点状集聚,均质地表上城市同样会出现。城市的形成有两个动力:一是偶然因素,二是提供利益的结果,包括企业的大量数目和企业的联合(规模经济)利益,便利位置和供给来源地的利益。这些利益从其他角度也可分为消费、销售和生产的利益。商品的大规模生产或数种商品的结合生产导致生产共同体——大规模工业企业兴起,这些大型工业企业组成整个的城市。同类企业为了节约生产费用,扩大对商品的需求,获得正外部性而聚集在一起。便利的位置和供应源的利益也引发城市的形成。生产可能被一个区位所吸引,这个地方可能是原材料或中间产品来源地、消费者所在地、劳动力市场所在地,以及与地方需要、政府机关、交通枢纽或与其他城镇靠近等因素相关。不同企业由于与企业数目有关的利益和与企业联合有关的利益,以及与相互接近等有关的利益而集聚在一起,形成城市。偶然的集聚也是城市形成的原因之一,如向首府城市的指向,向主要道路的指向,以及类似的区位彼此间相对距离的关系。此外,纯消费者的集中也可能引发城市形成。

10.3.2 单一企业市场区

在上述假设条件,以及城市区位理论基础之上,廖什的理论重点在于提出了六边形的市场区模型。在利润最大化驱动下,商品生产地和消费者地之间形成某种空间组合,在农业领域,一些生产者围绕一个消费者(点状),形成供给区域,在工业领域,一些消费者围绕一个生产者形成需求领域,二

---

① 奥古斯特·廖什. 经济空间秩序——经济财货与地理间的关系 [M]. 王守礼,译. 北京:商务印书馆,1995:1-568.

者共同构成市场区。市场区在两股经济作用力相互作用中形成：以专业化和大规模生产利益为主的集中化力量；以运费和多样化生产利益为主的分散化力量。以下是市场区和市场网的形成过程，类似于克氏六边形城市体系的形成。

对市场区的分析从单一企业市场区形成开始。d 代表单一生产者的需求曲线。P 点是生产地，产品销售数量为 Q，随着离 P 点的距离越来越远，运费增加带来商品价格的上涨，对这一商品的需求沿 PF 随运输成本增加和商品价格上涨而递减。因此，单一生产者的市场区范围是一个由 F 点的位置所界定的圆形地区，而总销售额则为 PQF 旋转形成的圆锥形体积。图 10.11 就是市场需求和销售价格（与运输成本正相关）存在着反比递减关系的需求曲线和需求圆锥体。

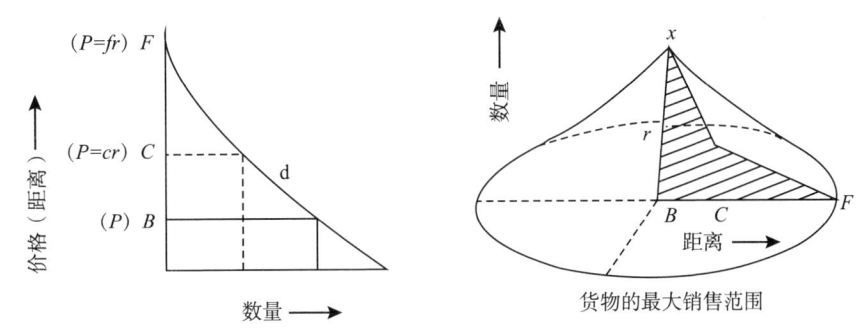

图 10.11　单一企业产品市场区需求曲线及需求圆锥体

资料来源：奥古斯特·廖什. 经济空间秩序——经济财货与地理间的关系 [M]. 王守礼，译. 北京：商务印书馆，1995.

对这一产品的总需求 D 可以用式（10.18）表示：

$$D = b\pi \int_0^R f(p+t)t\,dt \tag{10.18}$$

D 是相对价格 P 的总需求，b 是人口密度决定的常数，P 是产品价格，t 代表单位运费，R 是最大可能运费。$d = f(d+t)$ 代表消费点的个别需求。

10.3.3　市场网

多个单一市场区组合成为市场网，廖什分析了人口连续分布与不连续发布两种情况下最有效市场网的形成。① 在人口连续分布的情况下，如果市场区是规则的圆形，圆与圆之间的边角未被占满，为了将边角充分利用，圆形市场区被压缩成蜂窝型。此时，总需求曲线与供给曲线相切，市场被充满，达到一种最优状态。六边形的市场网能够保证每一单位面积的需求最大，比其他同样实现边角充分利用的三角形、正方形等更加有利。

现实中人口通常是不连续分布的，廖什对 10 个市场区进行了几何推导，发现市场区有三种典型的区位指向：以六边形固定在一边上为特征、六边形位于一个角上、六边形向不同角度倾斜，进而推导出同类企业（小市场城市）间距等于受供给的居民点间距及其数目的平方根之积：

$$b = a\sqrt{n} \tag{10.19}$$

b 是城市（企业）之间的距离，n 是被城市供给的居民点数目，a 是居民点间距，而不同市场区面积 S 与居民点数量和距离之间存在如下的关联：

$$S = \frac{\sqrt{3}a^2 n}{2} \tag{10.20}$$

在人口连续分布与人口不连续分布两种情况之下，同一大小市场区形状都彼此交接，而各市场区中心之间最小距离等于市场区内接圆的直径，形成区域内蜂窝状的市场网。不同产品具有不同规模的市场网。

10.3.4 经济景观

廖什对这些市场区按照大小分类，而不是按照财货种类分类，发现不同大小的市场区形成的市场网彼此重叠在一起，组成复杂的蜂巢状市场网组织体系。廖什认为市场网组织体系存在一定的经济秩序。他将这些大小不同的市场网进行一定重叠组合，使得全部的市场网共同拥有一个中心——大城市，这个大城市能提供所有地方需求。再通过各种市场网围绕消费需求量大的城市旋转，形成一种理想的经济空间布局，这种布局满足两个条件：一是使各市场区中心（城市）在体系内所集中的活动数量尽可能地大，中心的位置尽可能地相互重合，在当地就能实现最大的购买量；二是使城市之间总距离最短，减少区域体系内的运输费用。

---

① 奥古斯特·廖什. 经济空间秩序——经济财货与地理间的关系 [M]. 王守礼，译. 北京：商务印书馆，1995：1 - 572.

以大城市为核心，沿着扇形发射出12条主要的交通轴线，6条路线在大城市内交叉。廖什指出，在中心城市附近交通线相互交叉是不经济的。发达的工商业首先占据大城市向外辐射的交通线两侧，并形成集中发展区。而比较贫穷的产业和农村则补充到距交通线稍远的空白区，为它服务的行业也在这个地区发展起来。城市数量越稀疏的扇形区域交通路线数目越少，而且不发达。这样就形成围绕大城市的市场区扇形分化，分别得到六个生产地集聚和六个生产地分散的扇面区域组成的齿轮状的经济圈。这就是经济空间秩序的最高发展阶段现象，廖什称之为"经济景观"，后人也称为"廖什景观"（如图10.12所示）。

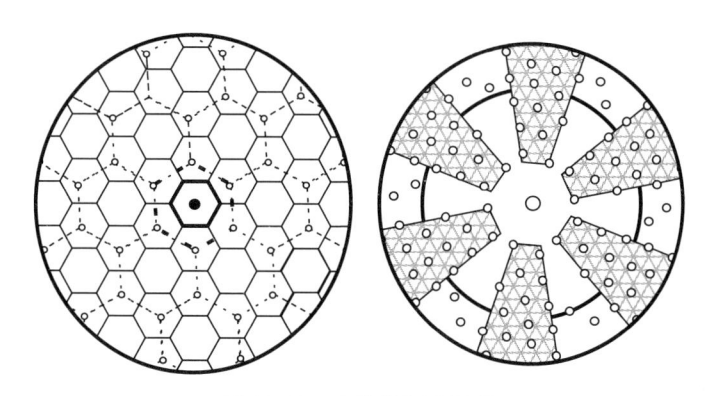

图10.12　廖什的经济景观

资料来源：奥古斯特·廖什. 经济空间秩序——经济财货与地理间的关系［M］. 王守礼, 译. 北京：商务印书馆, 1995.

工业越是集中，商品的价格就越低。在大城市中，商品价格是最低的，离大城市越远价格越高。当价格上涨到一定程度时，促进生产场所增加，使得地方物价水平又降低。如果整个区域体系的半径是L，市场区内接圆半径比$L/2$更大的商品只能在大城市生产，距离越远，运费越高，相应的价格越高，而且不能被当地生产所抵销。

在均质平原上分布着许多以大城市为核心的经济景观，当最初的大城市H_1拥有的市场区域半径为L时，在超出L的区域，大城市H_1的集聚利益，以及两种扇形的差异和连接各扇形的交通线上的优势都会消失。在离H_1的距离达到$2L$时，下一个大城市H_2就会布局。按照同样的道理类推，类似于H_1，

H_2，H_3，…的大城市数量不断增加，最终以这些大城市为中心的经济景观充分多时，仍然会采取正六边形形状。廖什的理论从分析单一市场区开始，指出单一市场区是环绕自身中心的有规律的正六边形，同一大小的市场区形成市场网，而不同的市场网组成一定的组织体系，即经济景观。经济景观是包含不同市场区、市场网的有机体系，众多经济景观仍然以正六边形的完美形态遍布整个均质平原，如图10.12（左）所示。

10.3.5 理论评价

廖什理论的核心在于提出市场区和经济区是有空间秩序的，据此必然有一个大城市，围绕这个大城市是其一系列市场区和竞争点，形成了按经济空间分布的等级序列的市场网络系统，理想的经济空间结构是按一定规律分布的蜂窝状的六边形，从而建立了市场区位的理论观点。他和克里斯泰勒都得出了市场网是相互重叠的"蜂巢"网体系的结论。廖什是研究经济区总体系统均衡的第一位学者，第一个把需求作为空间变量，引入了一般均衡的分析方法来表述区位均衡，提出了组织区位体系的方程式。廖什和克里斯泰勒一样主张利润原则，以利润原则替代韦伯的最低费用原则，并把利润原则与产品的销售范围联系起来。同时，把生产区位和市场范围结合起来，提出了市场区及市场网的理论模型，指出市场区和市场网的排列不是任意地遵循经济原则。他从理论上剖析了经济区形成的内部机制，为城市规划和区域规划提供了一套基本的理论、原则和方法。中心地理论是在 K 值相同的假设之下成立的，廖什认为 K 值是可变的，市场区大小与企业最优规模相适应。廖什的市场区位论是在商品经济日益深化、市场成为各种经济活动中心的情况下，对地域经济规律的客观反映。随着人类社会经济和实践活动的进一步发展和深化，廖什的市场区位理论也要不断发展和深化。

10.4 城市体系的一般均衡模型

城市体系的一般均衡模型分析建立在克里斯泰勒、廖什、米尔斯等人的研究基础之上。早期克里斯泰勒的中心地理论中城市的存在源于农业基础，没有考虑供需问题、商品价格和市场出清，廖什景观中开始引入一般均衡分析的思想。米尔斯（1967）提出城市的存在源于规模经济，而规模不经济把城市限制在不同的均衡规模中。亨德森（Henderson，1972、1974）研究了城市体系的一般均衡模型，他的研究对后来的学者们影响深远[1][2]。

我们在城市规模理论中已了解了亨德森关于城市专业化产生以及不同功能城市具有不同规模的思想。他认为将行业分置于不同的城市，在其他条件不变的情况下，每个行业的规模经济就更大，至少较小的城市和中等规模的城市会在生产格局上高度专业化。但大都市可能包括多个专业化的行业中心。经济中包括有限效率规模的城市体系，这些城市属于不同种类，专业从事不同的生产活动。因此，要分析城市体系的一般均衡问题，必须从专业化分工的单一城市开始分析。

在单一城市模型中有三个部门，生产部门、消费部门和地方政府部门。生产部门产出包括贸易商品和住宅，得到充分就业下供给方面的函数，消费部门按照效用最大化得到需求方面的函数，地方政府决定了使效用最大化的公共投资水平。按照供给与需求均衡的原则，亨德森（1986）证明了在一般均衡下符合 $\partial U/\partial N = 0$ 的唯一解（U 代表效用），即城市效率规模。亨德森等人推导出了单一城市效率规模方程：

$$N = \frac{\Phi}{\alpha}\left(\frac{f - b\beta(1-\gamma)}{\beta b(\delta-\gamma)}\right) = \left(\frac{\varphi}{\alpha}\right)\psi \quad (10.21)$$

其中，$\psi = \frac{f - b\beta(1-\gamma)}{\beta b(\delta-\gamma)}$，$f = \sum_{j=1}^{n} a_j + b$，而且 $\frac{\partial N}{\partial \varphi} > 0$，$\frac{\partial N}{\partial \alpha} > 0$。

地方化经济函数 $g(N) = e^{-\frac{\phi}{N}}$，而 $\frac{dg(N)}{dN} \cdot \frac{N}{g(N)} = \frac{\Phi}{N} > 0$

其中，α——劳动投入的指数；β——住宅生产的土地密度；γ——基础设施投资生产率；δ——空间复杂性参数；b/f——消费者对住宅的偏好参数。

利用这个公式能够得到均衡状态下资本租费、工资、效用和贸易生产部门的产出函数。将这个公式置于城市体系之内，可以看到当 $\phi/\alpha \to 0$ 时，城市规

---

[1] 埃德温·S. 米尔斯. 区域和城市经济学手册：第 2 卷 [M]. 北京：经济科学出版社，2003：181-207.

[2] J Vernon Henderson. Urbanization and Economic Development [M]. Beijing: Peking University Press, 2003.

模减小到成为农村，而城市规模随规模经济程度的增长而增长，也随着资本密度的增长而增长，这样就形成了不同规模的城市的集合——城市体系。

在城市规模理论分析中我们已经知道，亨德森的模型假设各个城市代表性居民的福利处于同一水平，即各城市具有相同的效用。这样当某个城市规模上升时，他推导出工资和住宅价格都会更高。而当城市规模经济和出口生产中的资本密集度增加时，资本使用会增加。在全国总供给和总需求均衡的条件下，亨德森利用位序规模法则论证了封闭经济中的城市数量和规模分布。

亨德森建立了一个两部门增长模型，他同样论证了充分就业条件下城市均衡函数，发现不同种类城市的数量以相同的比率增长，这一比率就是全国人口增长率。此外，他还分析了存在国际贸易情况下的城市体系的一般均衡模型。

第 11 章

城市群理论

城市群是城市区域化和区域城市化过程中出现的一种独特的地域空间组织形式,是城市化发展到一定水平的标志和产物。在全球化、区域化浪潮推动下,在工业化、城市化高速发展进程中,城市不再孤立发展,而是走向群体性城市化。城市化发展到高级阶段出现了城市群这类城市空间形态,城市群的出现又推动着城市化向更高水平发展。实践的需要催生理论研究不断深入,西方学者日益重视对城市群的研究。关于城市群的系统研究始于19世纪初,对于现代城市群研究影响最大的莫过于美籍法国城市地理学家戈特曼于1957年提出的著名的"大都市带"理论。20世纪80年代以后,弗里德曼、萨森等人则提出世界城市体系空间结构假说和全球城市理论,拓展了城市群网络系统的研究。

11.1 城市群基本概念辨析

11.1.1 不同的城市群体概念

对于城市群这一城市经济学术语,出现了大量相关的概念、术语,如都市区、都市圈、城市带、都市连绵区、城镇密集区、城市体系等,称谓和译名不统一、概念之间相互混用的现象时有出现,就连城市群的英译,也有 city agglomeration, urban agglomeration, city cluster, city group 等多种说法。这些不同的城市群体概念与城市群存在着内在联系，又有着区别和差异。

在西方城市经济学中所指的城市群一般是 urban agglomeration。在中国，市建制的城镇称为城市（city），不够市建制的建制镇称为镇（town），市和镇总称城镇（urban place，或者 city and town）。显然，城市群（city agglomeration）与城镇群（urban agglomeration）内涵不同，城镇群包含建制镇，但在很多情况下，城镇群与城市群互相混用。有学者将 city cluster 译为城市集群，认为城市集群涵盖了城市群（city agglomeration）范畴，我们以为城市群与城市集群是同质概念，不用加以区分。city agglomeration 和 city group 都能代表城市群的含义，但 city group 从字面上只体现了城市在数量上众多，而 agglomeration 有一种聚结的涵义，更符合城市群的本质特征。

在世界各国，城市规模、结构、城市与周边区域之间的联系都处于发展变化之中，以单一的行政区划难以反映城市体系的格局，因此各国提出了自己的城市地域概念。英国主要使用集合城市（conurbation），美国主要使用都市区（metropolitan area），德国主要使用城镇密集区（urban ballun sraume），日本主要使用都市圈（都市圈），法国主要使用城市群（urban agglomeration）。

城市群的研究源于欧美，学者们提出了众多与城市群相关的概念。英国学者霍华德（E Howard, 1898）最先从城市群体的角度来研究城市，他在《明日的田园城市》中提出的"田园城市"（garden city）组成的"社会城市"，正是一个城市群概念。"田园城市是为安排健康的生活和工业而设计的城镇，其规模要有可能满足各种社会生活，但不能太大；被乡村带包围；全部土地归公众所有或者托人为社区代管"（霍华德，1919）。这是一个城乡一体化的城市区域，在这个区域之中，一个中心城市（5.8 万人）和若干个由农业地带分隔的田园城市（各 3.2 万人）共同构成城市群（总人口 25 万人），霍华德称之为社会城市。城市群内各田园城市之间以放射状的道路、环形市际铁路和运河相连，中心城市与各田园城市之间也以放射状的地上公路、地铁和运河相连。霍华德将他的城市群理想运用到莱奇沃恩田园城市和韦林田园城市的建设当中。从现代的观点看，霍华德提出的 25 万人的社会城市是一种小型的城市群，而当时提出城市群概念也正是为了解决大城市过度膨胀问题。[①]

---

① 埃比尼泽·霍华德. 明日的田园城市 [M]. 金经元, 译. 北京: 商务印书馆, 2000: 1-134.

都市区（Metropolitan Area，MA）概念首先在美国提出，1910年美国的库恩（Queen. S. A）认为都市区由内城（inner city）、城市边缘区（urban fringe）和城市腹地（urban hinterland）三部分组成，这是对城市群概念的初步理解。都市区是指包括大量人口的核心城区和附近在经济意义上与这个核心结为一体的邻近社区的区域。每个都市区包括至少5万人口的中心城市、一个城市化地区（urbanized area）以及周边县区（郊县），总人口至少拥有10万人。如果某个县往来于中心县（central county，即中心城市所在的县）的人口超过了50%且人口密度超过了25人/平方英里，或者人口密度超过50人/平方英里，往来人口比例15%，这个县就包含在都市区中（如图11.1所示）。

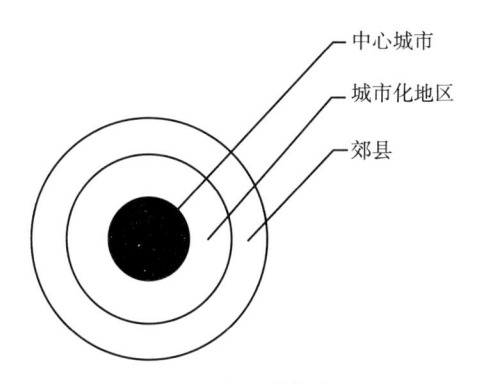

图 11.1　美国的都市区

资料来源：作者自绘。

在美国人口调查局的统计标准中，提出了两个相关的都市区概念：都市联合统计区（CMSA）和都市统计区（Metropolitan Statistical Area，MSA）。其中一个都市联合统计区通常拥有超过100万的人口，并包含两个或两个以上都市统计区。都市统计区的人口一般低于100万人，或者虽然人口高于100万人，但无法在区域中再划分都市统计区。[①] 美国人口调查局在2005年指出，城市群是拥有超过百万人口的区域，城市群的人口包含在毗邻的城市生活水平的居民界限之内，而不是行政边界意义上的。由于我国的城镇建制市包括县，直辖市和地级市的市域范围包括辖县，不同城市之间辖县的范围变化很大，小城市可

---

① 阿瑟·奥沙利文. 城市经济学 [M]. 北京：中信出版社，2003：6-8.

能管辖较多的县，大城市可能管辖极少的县，因此包括辖县的中国城市地域，与国外的都市区不完全相同。[①]

1915 年，英国的帕特里克·格迪斯（P Geddes）在《进化中的城市——城市规划与城市研究导论》中运用区域综合规划的方法，提出城市演化的形态：城市地区（city region）、集合城市（conurbation）以及世界城市（world city），其中集合城市被看作是拥有卫星城的大城市，是由于城市的扩展使其诸多功能跨越了城市的边界，众多的城市影响范围相互重叠而产生的城市区域。1922 年恩温（R Unwin）将其发展为"卫星城"理论。在一个母城的绿带之外，环绕着若干个新城和卫星城，构成城市群。1944 年的大伦敦规划方案之中就体现了"卫星城"的思想。

第二次世界大战后社会经济飞速发展，国外城市群的研究在多学科交叉作用下，在理论和实践方面都获得突破与丰富。现代意义上的城市群研究开拓者当属法国的戈特曼（J Gottmann）。1957 年，他在考察北美城市化后发表了《大都市带：东北沿海地区城市化》（*Megalopolis：or the Urbanization of the Northeastern Seaboard*）一文。提出了比都市区更大层次更高的大都市带（megalopolis），megalopolis 被视为全新的城市群体概念，不是简单的一个城市或者大都市，而是一个面积广大，有几个大都市相连接的城市化区域。并在 20 世纪 70 年代指出世界上形成了 6 个大都市带。我国学术界对 megalopolis 有城市群、城市带、大都市带等多种译法，大多数学者赞同大都市带这种说法。周一星提出的都市连绵区（Metropolitan Interlocking Region，MIR），是中国化的城市地域概念，相当于戈特曼提出的大都市带。周一星（1995）认为中国的长江三角洲地区和珠江三角洲地区已经具有了都市连绵区的特点，京津唐地区和辽中南地区已呈现了都市连绵区的雏形。我们认为都市连绵区和大都市带都是高度城市化区域概念，是城市群发展的高级形态。

都市圈概念更多出现在日本学者的研究视野中，都市圈是指一个或多个核心城镇以及与这个核心城镇具有密切社会、经济联系的具有一体化倾向的邻接城镇与地区组成的圈层式结构（张京祥等，2001）。20 世纪 70 年代，小林博在对东京大都市圈的研究后总结前人观点归纳并强化了城市群发展过程的三个

[①] 周一星. 城市地理学 [M]. 北京：商务印书馆，2003：52.

概念：大都市地区（metropolitan region）、大城市区（metropolitan area）、城市化地带（urbanized area）。都市圈同都市区相比，最明显特征是具有圈层性，它是周围城镇（卫星城镇）围绕中心城市形成的，在城市空间形态上具有趋圆性。一般同一都市圈（单核）是一个城市经济区，囊括中心城及城市辖区的郊区、郊县。另外，都市圈内的城市具有通勤性，是以当日往返通勤范围形成的。由于我国城市区域发展同国外不同，都市圈内没有形成普遍的通勤流，但都市圈内仍然存在频繁的人流、物流、资金流、信息流。有学者（姚士谋，2004）认为都市区（metropolitan area）和都市圈是同一概念。

如果一组规模较大、地域相邻、彼此关联的城市沿交通干线分布而形成的带状城市群体，我们称之为城市带（city belt），城市带和都市圈在空间形态上的最大区别在于它呈带状分布，经济活动以大中城市为中心沿轴线两侧集聚，形成产业密集带（戴宾，2004）。城市群有团聚状、带状和星状等多种形态，我们认为都市区、都市圈和城市带都是城市群的初级形态。有学者（姚士谋，2004）提出大都市圈概念，认为这是内部包含若干个单核心的都市圈而形成的以多个中心城市为核心的多核心都市圈。我们认为大都市圈的概念近似城市群，是由多个都市圈组合而成的。当多个都市区（圈、带）借助于先进的交通通讯等在地域上相互连接，城市之间、城乡之间联系增强，并促使其范围达到相当规模，就会形成更高级形态的城市群。

希腊学者杜克西亚斯（C A Doxiadis，1970）预测世界城市发展将形成连片巨型大都市区（ecumunopolis）。

加拿大地理学者麦吉（T. G. McGee，1980、1994）对东南亚发展中国家城市密集地区进行研究后提出"城乡融合区"（desakota）的概念，并认为这些地区已出现类似西方大都市带的空间结构。

在法国，城市群指毗连建筑物的集群（间距不超过200米）以及集合了大量居民人数超过统计意义上定义的城市。当这一连续建筑区域与行政边界交迭时，被称之为"multi-communale"（multi-municipal）或者"pluri-communale"（pluri-municipal）。城市群不是一个建制市概念，而是个地理结构概念。在法国，城市群按照行政边界进行了调整，包括所有主要人口生活在城市群内的建制市（Denise Pumain，2004）。

联合国人类住区（生境）中心定义的城市群是指市区连同其边缘郊区，

以及任何位于城市边界之外，但又和其毗连的建筑物密集，居住人口密度大的地区。

西方学者对包括城市群在内的城市与区域空间形态的认识，其研究重点经历了田园城市、集合城市、都市区到大都市带的转化，他们对不同的国家和地区进行了理论与实证研究，可以说，西方学者对城市群的研究已经比较成熟。这个漫长的研究过程既伴随着城市地域空间不断扩展的过程，又伴随着城市化水平由低级向高级不断发展的过程，符合城市发展的一般趋势。由于各国的行政建制千差万别，而且区域经济本身就是特色经济，自然很难融合各个国家的划分标准与概念界定。在运用这些泊来概念时，重点不在于严格区分这些概念的内涵，而是运用它们去解释当前中国的城市化区域问题。

此外，为了进一步理解城市群的概念，我们再对城镇密集区、城镇体系等概念进行辨析。

城镇密集区（city-and-town concentrated area）意为城镇密集的地区，反映一个区域城镇数量的集聚程度和质量的发育程度。有学者（董黎明，1989）认为城市群等同于城镇密集区，也有学者（崔功豪、姚士谋，1992）认为城市群比城镇密集区层次更高。我们认同后者的观点。从研究的不同角度讲，对城镇密集区的研究强调区域整体，对城市群的研究更突出城市之间的相互作用。可以认为城镇密集区是城市群形成的一个初级阶段，当城镇密集区内城镇数量的集聚和质量的发育达到一定程度，以及城镇间有机联系日益密切时，才有可能产生城市群。

城镇体系（urban system）是指一个国家或地区一系列规模不等、职能各异、相互联系、相互制约的城镇空间分布结构的有机整体（顾朝林，1992）。以上都是基于对城市周边区域或从区域角度研究城市群体而提出的城市化区域概念，在一个国家和区域经济发展中处于龙头地位，并对区域经济、社会和文化产生多方面的影响，而城市体系概念强调城镇之间纵向的等级关系。在实践环节，我们通常要研究某个城市群、城市带、经济区甚至某个行政省的城镇体系，分析它的等级、规模和职能，在此意义上，城镇体系不需要经济区内城市化水平、城市数量和质量发育到一定程度。而城市群更强调城市的集聚，达到一定的集聚强度和城市化水平才可称为城市群。在理论层面上，有学者（姚士谋，2001）认为城市群、城市带和城镇体系本质相同，都属于地域城镇体系范畴，只不过前两者更注重有形空间实体，注重聚落体系的空间形式，而城镇体系更注重城市功能和整体区域，因此城镇体系在理论上比城市群层次更高。

11.1.2 城市群的定义和特征

国内普遍认同的是姚士谋提出的城市群概念，在特定的地域范围内具有相当数量的不同性质、类型和等级规模的城市，依托一定的自然环境条件，以一个或两个超大或特大城市作为地区经济的核心，借助于现代化的交通工具和综合运输网的通达性，以及高度发达的信息网络，发生与发展着城市个体之间的内在联系，共同构成一个相对完整的城市"集合体"。他称这种集合体为城市群。[①]

我们可以这样理解城市群：城市群是城市区域化和区域城市化过程中出现的一种独特的地域空间组织形式，是城市化发展到一定水平的标志和产物。它是指在一定的区域范围内，以一个或几个大型或特大型中心城市为核心，包括若干不同等级和规模的城市构成的城市群体，它们依托交通和通讯网络组成一个相互制约、相互依存的一体化的城市化区域。

一般而言，城市群应具备以下一些基本特征。

第一，城市群是城市群体或称为集合体，是城市的集合，不是城市单体。即城市空间形态不是单体城市，而是组合城市（conurbation）。在这个城市集合体内，城市分布达到较高的密度。

第二，城市群是一个城市化区域概念。这里的区域不是指行政区，城市群通常是跨行政区的，各行政区在行政职能上相互独立，但在发展上依赖于城市群内部协调机制。因此，城市群是一个功能城市体而不是行政城市体。

第三，至少有一个中心城市（核心城市），并且中心城市对群体内其他城市有较强的集聚和辐射作用。中心城市对整个城市群区域的经济社会发展起着主导性作用。随着城市群的发展演变，多个单中心的城市化地区（都市区、都市圈、都市带）重新整合成新的城市群空间结构。因此会出现不同等级、不同结构层次与不同发育程度的城市群。

第四，群内城市之间存在密切联系，区域整体性强。城市群的形成可以从

[①] 姚士谋，等. 中国的城市群 [M]. 北京：中国科学技术大学出版社，1992：3.

经济活动的空间差异与历史演进的统一上去理解。最初只是一些城市在数量上和空间上的分布状态，彼此之间缺乏联系。后来城乡联系加强，城市协调发展，城市集聚与扩散作用不断增强，才形成真正意义上的城市群。群内城市之间密切联系，在经济社会关系上相互融合、互补，并向一体化方向发展。

第五，群体内城市有着较高的城市化发展水平。这种城市化不是表现为单个城市的城市化，而是群体的城市化。所以城市群通常具有较高的经济社会发展水平。

11.2 城市群的成长

城市群的形成是一个长期发展的历史过程，伴随着工业化、城市化的推进而不断由分散、孤立的城市经济逐渐向大城市经济圈、大城市经济带演化，最终形成以大城市为中心的一体化城市群经济。根据空间经济的演进规律，弗里德曼（1964）提出了空间结构演化过程的四阶段论（如图11.2所示），这对城市群的形成与发展的研究有重要指导作用。[1][2]

第一阶段，在前工业化时期，经济处于低水平的均衡状态，城市空间结构和形态呈现孤立的点状分布。在集聚经济作用下，若干城市伴随着商品生产和交换的发展而逐渐形成和发展。由于经济发展水平不高，城市之间的引力和辐射力十分薄弱，各个城市基本上是孤立发展的，城市之间相对封闭，彼此很少发生联系，是完全独立、静止的经济系统，并按照各自的经济势能，对周边广大的农村产生相应的吸引和辐射。这一阶段区域空间结构表现为均质无序，无等级结构分异，既没有形成城市体系，也没有形成城市群。

第二阶段，进入工业化过程初期，区域经济处于局部集聚非均衡的低级有序状态，城市出现单中心圈层分布和极核式集聚发展。在工业化和城市化推动下，若干特定的城市迅速发展成为区域经济的发展极核，区域性经济中心城市这一增长极的形成打破了区域空间结构的低水平均衡状态，经济活动向中心城

---

[1] Friedmann J, Alonso. Regional Development and Planning: A Reader [M]. Cambridge, Mass: The MIT Press, 1964.

[2] 杜肯堂. 区域经济管理学 [M]. 北京：高等教育出版社，2004：1-160.

前工业化时期，孤立点状分布

工业化初期，单中心圈层分布

工业化时期，多中心城市群

后工业化时期，一体化城市群

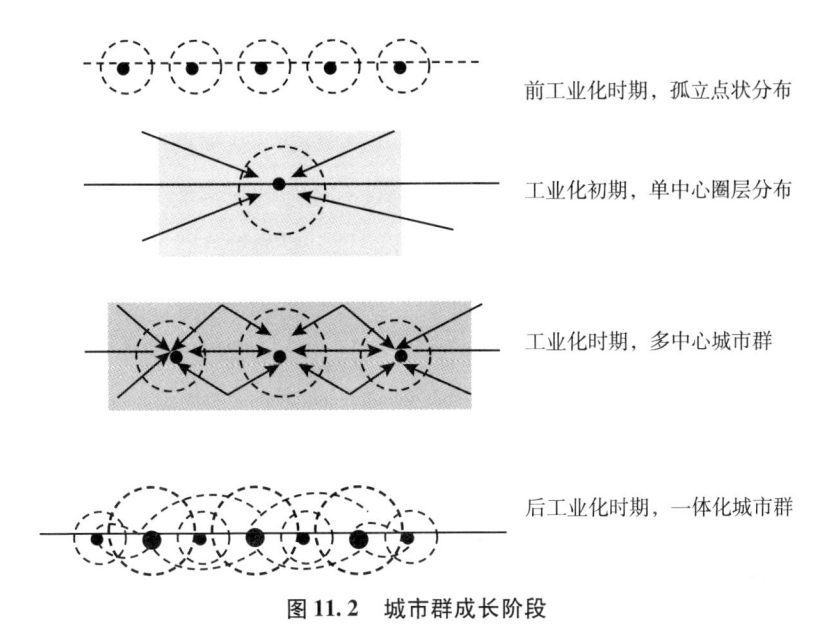

图 11.2 城市群成长阶段

资料来源：Friedmann J. Urbanization, Planing and National Development [M]. London：Sage Publications, 1973. 作者在此基础上进行了修改。

市集聚，从而形成单个相对强大的中心城市与落后的外围地区，呈现局部集聚非均衡的低级有序状态。这些中心城市凭借其高经济势能，在集聚经济作用下继续集聚要素，加快自身发展，生产的高度发达使极核城市的反集聚效益开始出现，极核城市向外围扩散，从而形成了单中心圈层分布的城市形态，这是城市群发展的初级形态。

第三阶段，在工业化时期，若干"中心—外围"结构相成，经济空间联系加强，城市布局向多中心大城市群演变。经济活动的空间范围随着区域经济总体水平与实力的迅速提高和增强而不断扩展，城市群迅速向周边城市扩散，带动城市群边缘和腹地的经济发展，逐渐形成相应的次级中心，次级中心又逐步演进为一个个单中心的城市群，并与原来的核心城市群相互吸引和相互辐射，从而形成多中心的城市群。若干圈域逐步扩大的城市群之间相互交叉、重叠，组成为一个更大的多中心的城市群，城市群由单中心向多中心演进。这样便形成了更大区域范围和更强经济势能的大城市群经济区。

第四阶段，后工业化时期，区域经济达到高水平、动态的均衡状态，形成以大城市为中心的一体化城市群经济。这一时期，城市与区域经济发展已达到较高水平，不同等级规模的城市与其周边地区的联系也越来越密切，经济发展水平差异不断缩小，整个区域经济融为一体。城市体系高度发达和有机结合，各个城市群之间功能上相互依赖，地域上相互交叉，从而形成相对均衡的一体化城市群经济。处于这一阶段的大城市群具有更强的聚集能力，甚至超出国境而远距离地吸引国际资本、人才、技术和信息，成为世界级的大城市群。[①]

城市群空间结构的阶段演进理论是我们在制定城市群发展和布局规划中必须遵循的基本准则。规划地区的阶段进程，进而才能确定区域发展的基本框架和重大建设项目的空间布局。

11.3 戈特曼的大都市带理论

现代意义上的城市群理论研究的开拓者当属美籍法国地理学家戈特曼（Jean Gottmann），1957 年他发表《大都市带：东北沿海地区城市化》一文，首次提出了大都市带（megalopolis）概念，megalopolis 在中国也被译为大城市带、大都市连绵区、城市连绵区等。1987 年出版的《大都市带的再考察：二十五年后》一书是戈特曼大都市带理论趋于成熟的标志。从 20 世纪五、六十年代到 20 世纪 90 年代，戈特曼陆续发表了一系列论文和著作，逐步形成了大都市带理论。megalopolis 是希腊语，"megalo"指巨大，"polis"意为城市，直译为"巨大的城市"。公元前 4 世纪，古希腊人在伯罗奔尼撒半岛规划了一个城市"megalopolis"，希望将它建成全希腊最大的城市，古希腊人的巨大城市梦想迄今没有实现。戈特曼沿用了 megalopolis 的巨大城市含义，把当时沿美国东北海岸的波士顿 600 英里范围内，拥有 3000 万居民的城市群称为大都市带。

大都市带是工业化和城市化发展到高级阶段的产物。戈特曼在 1957 年发表的论文中指出：最先出现大都市带的地域是美国东北海岸从新罕布什尔州的希尔斯布鲁到弗吉尼亚州的菲尔法克斯之间的城市密集地区，当时世界上其他两个有可能发展成大都市带的地域是欧洲西北部从巴黎经布鲁塞尔、阿姆斯特丹直到鲁尔、科隆这一地区和英格兰中部从曼彻斯特、利物浦到伦敦这一地

---

① 高汝嘉，罗明义. 城市圈域经济论 [M]. 昆明：云南大学出版社，1998：1–377.

区。进入 20 世纪 80 年代以后，随着全球工业化进程的加速，大都市带已经成为城市化水平较高地区普遍出现的一种空间结构形态。戈特曼在 1987 年指出，当时世界上已形成 5 个大都市带：美国东北部大西洋沿岸大都市带、欧洲西北部大都市带、英格兰大都市带、日本东海道太平洋沿岸大都市带、美国五大湖沿岸大都市带，中国以上海为核心的长江三角洲也正在形成大都市带。

1961 年戈特曼从理论上界定了大都市带的内涵，认为作为城市化高级阶段的产物，大都市带主要由两种地域组成，一是城市建成区，这占到了大都市带的大部分区域面积，二是城市化正在进行的地区。大都市带分布有农田、森林等绿地，传统的农业区在这里面积已经不大，职能作用主要是为城市人口提供游憩场所，同时获得来自中心城市的各种服务。大都市带是一种新型的城市空间经济形态，不是单一的城市或者大都市区，而是一个面积广大，有几个大都市相连接，并在人口和经济活动方面密切联系的城市群。具有以下特点：区域内有比较密集的城市；有相当数量的大城市形成各自的在社会经济上紧密联系的都市区；通过便捷的交通走廊，使各个都市区之间也保持密切的社会经济联系；具有相当大的规模，达到 2500 万人；是国家的核心区域，具有国际交往枢纽作用。[①]

大都市带的空间特征主要表现为空间形态特征和空间组织特征。从空间形态上表现为核心区构成要素的高密集性和整体区域多核心的星云状结构。在大都市带形成之后，这种多核心结构仍然将继续存在，戈特曼形象地称之为星云状（nebulous）结构。从空间组织上看，大都市带表现为微观都市区内部多样性与宏观的"马赛克"结构。从微观上看，大都市带的基本组成单位是都市区，每一个都市区内部是由自然、人文、经济特征完全不同的多种成分构成。而且都市区的规模越大，其内部成分的多样性特征越显著。从宏观上看，大都市带是由各具特色和分工协作的都市区组成的有机集合体，戈特曼将这种集合体形象地称为马赛克结构。

戈特曼认为大都市带主要有两大功能：枢纽功能和孵化器功能。枢纽（hinge）功能指大都市带作为一定空间范围内各种发展轴线以及国家对内对外联系网络的枢纽，像干道（mainstreet）和十字路口（crossroad）一样，汇集了

---

① 周一星. 城市地理学 [M]. 北京：商务印书馆，2003：45.

大量要素，主宰着国家经济、文化、金融、通讯、贸易等方面的主要活动和政策的制定，甚至成为影响全球经济活动的重要力量。孵化器（incubator）功能指各种要素在空间上的高度集聚，产生高强度的相互作用，引发各种新思想、新技术，从而形成大都市带对其他区域具有导向意义的创新孵化器作用，大都市带对区域内的人口分布、居住区模式、土地利用、劳动形式及城市生活方式等重要社会经济活动的发展趋势产生重大影响。这种创新能力是大都市带的生命力所在，是促进大都市带壮大的驱动力。正是这种枢纽功能和孵化器功能使大都市带不断发展，并在国家经济生活乃至国际经济生活中扮演着重要的角色。

此外，戈特曼注意到了"白领革命"（the white-collar revolution）对大都市带形成的重要影响。随着社会生产力水平的提高，科技的推动作用日益显著，反映在劳动力结构上则体现为不直接从事物质产品生产的技术人员对社会财富的贡献超过了体力劳动阶层，他认为1955年美国劳动力结构中白领人员首次超过蓝领工人是具有重要历史意义的事件。正是白领劳动者从事的第三、第四产业客观上起到了进一步加强其枢纽功能和孵化器功能的作用。戈特曼在论文中提到的第四产业对于新经济时代城市群的发展具有重要意义。

戈特曼以美国东北海岸大都市带为例将大都市带的发展分为四个阶段：第一阶段是孤立分散阶段，各个城市独立发展，区域空间结构十分松散。第二阶段是区域性城市体系形成阶段，以钢铁为主的重工业的发展使城市规模迅速扩大，带动制造业发展，同时铁路交通网络的形成加强了城市之间的联系。以纽约、费城两个特大城市为核心的区域城市发展轴线形成。第三阶段是大都市带的雏形阶段，中心城市的规模进一步扩大，单个城市的向心集聚达到顶点。城市之间的职能联系更为密切，第三产业发展强劲。区域城市体系的枢纽作用得到充分体现。第四阶段是大都市带的成熟阶段，郊区化的出现，交通通讯条件的革命及劳动力结构的"白领革命"使城市的产业升级换代成为可能，以信息采集、处理、传输为主的第四产业逐渐在社会经济生活中扮演重要的角色。大都市带自身的形态演化和枢纽功能逐渐走向成熟。[1][2]

大都市带理论的一系列新观点对现代城市群理论的形成和发展具有重要的理论启发性和现实意义。在大都市带这一空间经济形式中，包含的已不再仅仅是单

---

[1] 吴传清，李浩．西方城市区域集合体理论及其启示［J］．经济评论，2005（1）：84-89．
[2] 史育龙，周一星．戈特曼关于大都市带的学术思想评介［J］．经济地理，1996（3）：32-36．

一的大城市或都市区，而是集聚了若干都市区，并在经济社会发展中密切联系的一个巨大的城市化地域。戈特曼预言，大都市带是城市群体发展、人类社会居住的最高阶段，具有无比的先进性，而必然成为21世纪人类文明的标志。[1]

11.4 城市圈域经济理论

在日本学者的视野中，对城市群理论的研究主要集中于以大城市为中心，大、中、小城市相结合的城市圈域经济理论之中。从城市经济学角度看，城市圈域经济实质上就是通过大、中、小城市的合理配置来实现由一个中心城市带动其吸引和影响范围内的区域经济发展，而这一点也正是形成目前世界范围内各国城市群的重要因素。

在日本，木内信藏最早提出这一城市群体概念：大都会地域，这是根据地域意义上的自然的配置关系而结合起来的范围，分为三个层次。第一层，中心城市商业方面或者行政方面的范围，可以根据城市的人流、物流来决定；第二层，与城市邻近的正在进行城市化的地域，其景观、人口、社会、经济等方面，受到中心城市的强烈影响，即城市通勤、通学的范围；第三层，指在景观方面已经市街化了的地域。后来，小林博在对东京大都市圈的研究后强化了城市圈发展过程的三个概念：大都市地区（metropolitan region），指以各种功能方面的关系为主的巨大城市的势力圈；大城市区（metropolitan area），被扩大了的日常生活圈；城市化地区（urbanized area），连接着中心城市的被扩大了的城市域。[2]

某个城市和与之保持着密切关系的那些村落，构成一个统一的地域，这种中心城市与周边村落结合起来的范围，就是所谓城市圈，而城市圈的大小，根据中心城市的大小和该城市与周边村落的各自的功能的不同而有差异（山鹿诚次，1964）。在都市圈内部，中心城市具有较高首位度，并对外围地区具有较强的集聚与扩散作用，城市空间结构形成之初，以中心城市的集聚效应为主，

---

[1] Jean Gottmann. Megalopolis: the Urbanization of the Northeastern Seaboard [J]. Economic Geography, 1957, 33 (7): 189.

[2] 山鹿诚次. 城市地理学 [M]. 朱德泽，译. 武汉：湖北教育出版社，1996：1-174.

当集聚到一定程度，首位城市产生集聚不经济，扩散效应促使一部分经济活动和人口分散到附近地域，承接中心城市的部分功能，中心城市和外围地区形成彼此有便捷交通线路相连，结构和功能相互依赖又各具特色的有机整体。

城市圈的相关概念在理论界提法各不相同，城市圈层范围也有所差别，但按照三个层次划分被广泛接受。

山田浩之（1978）也按照三个层次来分解城市圈的概念，他指出，中心城市的核心通常起着城市圈的中心职能和管理职能的作用，是行政、金融、商业、服务行业等业务的集中地区，称之为中心商务区（central business district, CBD）。包括中心商务区的中心城市（central city）和同中心城市在政治、经济、文化诸方面结成一体关系的城市化的郊区，构成大城市圈（metropoliean area），这是狭义大城市圈的范围，山鹿诚次称之为生活圈。这些正在进行城市化的地域，其景观、人口、社会、经济等方面受到中心城市的强烈影响。大城市圈外侧的圈域虽然与中心城市无一体化关系，但是却存在着向城市中心通勤可能性，称之为"通勤圈"，山鹿诚次称之为广义城市圈或是势力圈，代表城市商业方面或行政方面的覆盖范围。中心城市周围存在若干"卫星城市"（teateilite city），郊区卫星城市称为"近郊卫星城市"，在通勤圈中的则称为"远郊卫星城市"，位于通勤圈外侧，同大城市圈相对独立的城市称为"地方城市"（如图11.3所示）。

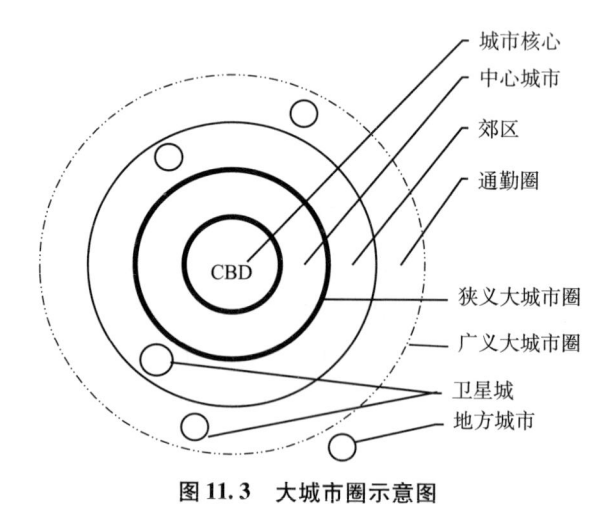

图 11.3 大城市圈示意图

资料来源：山田浩之. 城市经济学 [M]. 魏浩光, 等译. 大连：东北财经大学出版社, 1991：7.

如图 11.3 所示，城市圈伴随城市化—郊区化而产生，在日本，大城市圈的概念范围是不统一的，有时还作为通勤圈的意思使用，有时甚至包括更广阔的地域。而且随着分散的城市化过程，现代大城市地域的外延在不断的扩大，以大城市圈为中心出现了种种新的城市概念。几个大城市圈连接形成的巨大城市化地区可以称之为巨大城市圈。如东京是个巨大城市圈，不过以东京为中心城市的大城市圈，还包括更低级别的巨大城市圈，如以横滨市和千叶市为中心城市的大城市圈在内的巨大城市圈。由许多城市圈连接起来又形成巨大带状城市化地区。[①]

11.5　城市等级组合理论

城市群不是各个城市在地域上相互孤立布局的结果，这些城市之间存在一定等级组合关系。城市等级组合是一个区域性的概念，由一群城市在地域空间相互组合而成。城市等级组合理论是在中心地理论基础上展开的，由美国的菲尔布瑞克（Philbrick）首先提出并系统阐述。

菲尔布瑞克的等级组合理论指出，人类在任一机构下所从事的各种活动形成了对地域空间的占用；人类在地域空间的占用活动构成了人类占用单位；人类的占用具有聚结的特性，这种特性使人类各种占用活动被分配到区域组织中去，这种特性的扩大和有机组合，形成了不同规模的集聚点，并不断演化为城市集聚区域。而且，人类的社会经济活动是相互联系的，人类活动的各种机构通过相互联系组成一个比单个机构更大更复杂的区域组织单位，这是形成社区、城镇、城市、聚落、国家的基本原因。

菲尔布瑞克的城市等级组合理论有三个假设条件。

第一，任何一个区域内作为一个地域单元相对于上一级地域单位都可以视为均质区域。

第二，若干均质区域由于城市的相互联系和作用产生了结点区。均质区域之间有两种关系，一种是均质区域之间互为平行关系，另一种是各均质区域之

[①]　山田浩之. 城市经济学 [M]. 魏浩光，等译. 大连：东北财经大学出版社，1991：1–184.

间与它们的核心保持有各种关系。结点区必然包含了一个作为核心的结点和与结点相联系的若干均质区域。

第三，人们占用的各种地域型区域都被置于一个等级制的功能区域组合之中，在这个等级制里，随占用单位从地表空间的较小部分扩大为较大部分，导致其规模的空间扩大和各种条件的相互作用趋于复杂化，均质区和结点区不断地交互出现。因此，人类对地表的占用可按七个规模等级来分类，每一级都包含了均质区和结点区两种类型区。

通过上述分析，菲尔布瑞克得出结论：人类聚合中的单元是通过等级组合的方式联系起来的。通过等级组合，形成了大小各异的人类功能组织的区域单元，也形成了不同等级规模的城市集聚地区。[①]

等级组合理论的贡献在于它提出了均质区和结点区的概念，并构造了一个全球范围内的等级组合功能区模式，这对人们认识人类在地表活动的空间组织结构有着极其重要的意义，它也在城市群空间组织结构及城市内部空间结构研究中具有应用价值。例如，菲尔布瑞克在1957年分析美国的地区功能组织时通过研究美国东部的区域功能组织结构，发现从芝加哥到纽约的制造业带完全被比较高级的结点区所覆盖，由此制造业带不仅是一个经济发达、工业强大的均质区，而且在更高一级的等级里，还是世界级的结点区。实质上，这个地带形成了一个大城市群。

在对城市地域结构的实证分析中，普遍有效的方法就是分析城市中存在的等级地域系列。由于结点性和均质性存在于所有城市中，因此任何城市都可以划出等级不同的结点和均质两组地域。划分均质区、结点区是人们认识地域结构的有效方法。均质区是由其均质性决定的，是在地域分化过程中表现出来的保持等质、排斥异质的特性。由均质性而致的均质区是指与周围毗邻地域有明显差别的连续地段。结点区是由下一级不同类型的均质区构成的，它的内区包括了核心部分和服务区，外区则包括了很大范围，服务区和外区和其同级其他结点区相互在地域上重叠。中心地理论基于均质性假设之上，菲尔布瑞克的等级组合理论开拓了结点区的研究。随着人类社会的不断进步，均质性可能发生变化，均质区和结点区也随之发生变化。利用这两组地域既可以对城市的地域

---

① 陈宗兴. 经济活动的空间分析 [M]. 西安：陕西人民出版社，1989：1-445.

结构进行研究，又可以与其他城市地域做比较分析。同样，也可以运用到城市群的地域结构分析之中。①

11.6 世界城市理论

11.6.1 世界城市及世界城市理论的兴起

21世纪的城市全球化是在经济全球化与信息化背景下大规模展开的，城市的全球化主要表现为两个方面：一是城市中全球势力的介入，二是城市在全球市场中的地位诉求。城市发展打破了国家的界限，少数大城市开始代表各自的国家和地区参与全球分工和竞争，这导致了多级、多层次的世界城市网络体系的形成。在这样一个世界城市网络体系中，全球范围内的大城市将重新定位，城市的定位不仅仅取决于规模和经济功能，还取决于其作为复合网络连接点的作用。涌现出一些在空间权利上超越国家范围、在全球经济中占统治地位和发挥指挥、控制作用的全球城市（global cities）或称为世界城市（world cities），包括纽约、伦敦、东京等。这些城市集中了跨国公司总部、金融机构等在全球化进程中所需的功能，而且是连接全球的信息和交通的节点。区域经济运行机制随之发生巨大变化，区域经济联系及其运行以区域内纵向联系为主转向区域间、国际横向联系为主。世界城市既是全球化的产物，也是全球化的有力推动者，是城市化进入高级阶段出现的地域城市化现象，占据着一个国家或全球性的区域经济发展的核心区位。

世界城市理论本质是在分析城市与国际经济的关系。早在1889年，德国学者哥瑟（Goeihe）就曾使用"世界城市"一词来描述当时的罗马和巴黎。1915年，英国的格迪斯（P Geddes）在《进化中的城市——城市规划与城市研究导论》中运用区域综合规划的方法，提出城市演化的形态：城市地区（city region）、集合城市（conurbation）以及世界城市（world city），其中用世界城市来说明国家首都的统领作用和商业、交通网络系统中的工业中心。

---

① 陈宗兴. 经济活动的空间分析 [M]. 西安：陕西人民出版社，1989：1-445.

现代西方城市经济理论

西方学者关于世界城市的早期研究始于20世纪70年代，1966年英国地理学家、规划师彼得·霍尔（Peter Hall）最早对世界城市做出了比较全面的解释，[①] 他所谓的世界城市指那些已对全世界或大多数国家发生经济、政治、文化影响的国际第一流大都市，是主要的政治权力中心，国家的贸易中心，主要银行所在地和国家金融中心，各类专业人才聚集的中心，信息汇集和传播的地方，大的人口中心，而且集中了相当比例的富裕阶层人口，娱乐业已成为重要的产业部门。他研究了伦敦、巴黎、兰斯塔德、莱茵—鲁尔、莫斯科、纽约、东京7个世界级城市，认为它们居于世界城市体系的顶端。[②] 20世纪70年代以后，跨国公司成为经济全球化的主要载体，在全球经济中的地位和作用日益显著，斯蒂芬·赫伯特·海默（Stephen Hymer, 1972）开创了利用跨国公司总部的区位来研究全球城市的方法。

20世纪80年代以来，英国的彼得·J. 泰勒（Peter. J. Taylor），大卫·R. F. 沃克（David R F Walker），意大利的吉尔达·卡尔塔诺（Gilda Catalano），德国的迈克尔·霍勒（Michael Hoyler），美国的丝奇雅·沙森（Sakskia Sassen），还有约翰·弗里德曼（John Friedmann）、卡尔·阿博特（Carl Abbott）、卡斯特（Castells）等学者们对世界城市的研究不断深入，其中以约翰·弗里德曼的世界城市假说和丝奇雅·沙森的全球城市模型最具代表性。里德（Reed, 1981、1989）开创了对国际金融中心的研究，国际金融中心可以看作世界城市概念的延伸，成为世界城市研究领域的一个分支。卡斯特（Castells, 1991）等人关注信息技术的发展对以世界城市组合而成的全球城市体系的深刻影响，开始从信息网络的角度来研究世界城市和世界城市网络，创造了节点城市概念。卡斯特赋予世界城市动态的和联系的内涵，从而将世界城市理论向前推进一步。卡尔·阿博特（Carl Abbott, 1997）认为，在经济全球化的形势下，世界城市理论应让位于国际城市（the international city）理论。这一新理论是一种宏观理论，它从世界城市理论强调城市等级关系和少数几个城市对于全球范围内的经济决策权转到强调国际城市在世界城市网络中的交叉关系和相互影响，以及每个城市都可以发挥多重的作用和功能。此外，它不仅仅只关心少数几个超大城市，而且还关注那些以前不曾受到世界资本涉及的中

[①] Hall P. The World Cities [M]. London: Heinemann, 1966.
[②] 谢守红，宁越敏. 世界城市研究综述 [J]. 地理科学进展，2004（9）：56 – 66.

等城市。[1] 彼得·J. 泰勒（Peter J Taylor，1997～2003）等人开展了世界城市网络作用力研究，他们采用公司实证研究方法，通过大量的案例分析，测定了世界城市网络作用力的大小，指出了世界城市网络形成的关键因素，提出城市等级分层应该通过网络中城市之间的关系来进行描述，而不是通过城市的位序来描述。[2]

11.6.2 弗里德曼的世界城市假说

约翰·弗里德曼（John Friedmann）侧重于对世界城市的宏观研究，提出了著名的"世界城市假说"（world city hypothesis）。早在1981年，弗里德曼就开始关注世界城市，发表了题为《关于世界城市未来的札记》的论文。1982年，他和沃尔夫（G wolff）合作完成论文《世界城市形成：研究和行动议程》，探讨了世界城市的形成。1986年，弗里德曼发表《世界城市假说》一文，提出了世界城市假说，为全球城市理论的形成奠定了重要基础。1995年他发表的《我们身在何处：世界城市研究的十年》一文，总结了世界城市的特征，并在等级层次框架中对世界城市予以重新分类。

1986年，弗里德曼从新的国际劳动分工角度，着重研究了世界城市的等级层次结构和布局，通过一些指标来认定城市在全球经济体系中的地位，并将30个世界城市按照核心国和半外围国两组进行分类，从而提出"世界城市假说"的独创性理论。世界城市假说的实质是关于新的国际劳动分工的空间组织理论，它将城市化过程与世界经济直接联系起来，为世界城市研究提供了一个基本的理论框架。弗里德曼提出：[3] 城市与世界经济整合的程度及其在新的国际劳动地域分工中的地位，将决定城市的功能与结构转型。世界上的重要城市，如纽约、东京等，都被全球资本作为与产品和市场相连接的基点，资本的空间流动有可能导致国际城市体系的形成，根据这种关联可将世界城市划分为不同的等级结构。

---

[1] Carlabbott. The International City Hypothesis, An Approach to the Recent History of U. S. Cities [J]. Journal of Urban History, 1997, 24 (1): 28-52.

[2] 陈存友, 刘厚良, 詹水芬. 世界城市网络作用力: 评Taylor等人的相关研究 [J]. 国外城市规划, 2003 (2): 47-49.

[3] John Friedmann. The World City Hypothesis [J]. Development and Change, 1986, 17 (1): 69-83.

弗里德曼采用7个指标：主要的金融中心、跨国公司总部、国际性机构的集中度、商务服务部门的快速增长、重要制造业中心、主要的交通枢纽、人口规模，对30个世界城市按照核心国和半外围国两组进行分类，每组国家中的世界城市又分两级。在核心国家中，分别有9个一级和9个二级世界城市，一级城市包括东京、伦敦、巴黎、鹿特丹、法兰克福、苏黎世、纽约、芝加哥和洛杉矶，二级城市包括布鲁塞尔、米兰、维也纳、马德里、多伦多、迈阿密、休斯顿、旧金山和悉尼。半外围国家中也分为一级和次级两个层次，一级有圣保罗和新加坡，次级城市有拉美的布宜诺斯艾利斯、里约热内卢、加拉加斯、墨西哥城、亚洲的香港、台北、马尼拉、曼谷、汉城，以及非洲的约翰内斯堡。世界城市是全球经济节点，并构成一定的等级层次关系，城市的层次地位取决于其经济能量，最高一层的城市是全球经济的控制和指挥中心，第二级城市则是较强大的国家经济与世界经济的连接点，还有一些具有国内地区性意义的城市。

处于世界城市体系顶端的城市，即是"世界城市"或"国际城市"。世界城市主要充当跨国公司的总部所在地，其成长由少数快速成长的产业所支撑，如国际金融、国际交通联运以及各种工商服务。世界城市是全球经济系统的组织节点，所以具备控制和指挥世界经济的各种战略性的功能。世界城市的全球控制功能一是反映在其产业和就业的结构及活力上，二是世界城市的"榜样效应"，如纽约、伦敦、洛杉矶、巴黎及东京等，不仅是生产与消费中心，同时也是信息、娱乐及其他文化用品的生产和传播中心。此外，世界城市能吸引大量的劳动力及专业人才，它是国际、国内劳动力以及移民的主要聚集地。

世界城市也具有负面的影响，一是世界城市集中体现产业资本主义的主要矛盾，即空间与阶级的两极分化，主要体现在3个不同团体之间的巨额收入差距：高级公司管理人员与低技能工人之间、移民与原住居民之间、不同行业的从业者之间。二是世界城市往往需要高昂的社会成本以保证其正常运转和增长，如住宅问题、教育问题、交通问题、贫困问题、新移民问题等，该成本往往会超出城市本身的财政支付能力，因而促使其寻求更广泛的国际联系与合作。[1]

---

[1] 李青. 全球化下的城市形态——世界城市的论说及现实涵义 [J]. 数量经济技术经济研究，2002（1）：113-116.

1995 年弗里德曼在《我们身在何处：世界城市研究的十年》这篇论文中，总结出世界城市的 5 个主要特征，并对世界城市重新分类。论文指出以下几点。[①]

(1) 世界城市是区域、国家乃至国际经济的连接点，是资金、劳动力、信息、商品和其他相关经济要素流的中心，其影响力可达到周边地区，并与全球经济发生联系，是全球经济体系中的组织节点。

(2) 世界城市是全球资本的汇聚地，但由于不同的政治制度、经济规模、城市规模及国际政治的影响，世界城市对全球资本的汇聚规模远小于全球资本的总规模，世界主要的区域及其人口都在这个空间之外。

(3) 世界城市是具有紧密经济与社会互动关系的大型城市化地区，其地域范围取决于区域内的相互作用，通常有 100 万～2000 万的人口规模。

(4) 世界城市是全球经济节点，并构成一定的等级关系，世界城市的经济能量决定其在世界城市等级序列中的地位，技术创新和政治变迁等也是重要影响因素。在 1986 年 7 个指标分类的基础上，弗里德曼又增加了人口迁移目的地这个指标，并按照城市的经济能量重新划分了世界城市：最高等级的城市是全球经济的控制和指挥中心，如纽约、伦敦和东京；第二级城市则是较强大的国家经济与世界经济的连接点，如巴黎、马德里和圣保罗；另外一些具有多国经济指挥功能，如新加坡（东盟）、迈阿密（加勒比—拉美）；还有一些具有国内地区性意义的城市，如香港、芝加哥等。这是迄今为止最具影响力的世界城市等级分类。北美、欧洲的世界城市数目明显增加，说明世界城市在发达国家的进一步集中。

从弗里德曼的分类中可以看出，如果把世界城市体系的等级结构比作一座金字塔，位于金字塔顶端最高等级的世界城市就是全球城市，包括伦敦、纽约、东京等，按照经济能量和影响范围的大小来看，它们是在新的国际劳动分工中具有全球协调和调控功能的综合性中心城市，或者说是全球性的世界城市。

(5) 世界城市具有全球性的文化支配力，由国际化的资本主义文化所引发的文化潮流会引起与地方性多元文化的相互冲突。具有强大控制力的世界城

---

① Friedmann J. Where We Stand: A Decade of World City Research, Knox P. L and Talor P. J, World Cities in a World System [M]. Cambridge: U. K. Cambridge University Press, 1995.

市内有一个跨国界的资产阶级阶层，有着国际影响力的文化和消费主义的意识形态，并与其下层的阶级有严重的冲突。这一特征反映了在经济全球化时代，城市在经济组织和管理中的主要功能。[1][2]

11.6.3 沙森的全球城市模型

美国芝加哥大学的丝奇雅·沙森教授是创建全球城市理论的重要代表人物之一，与弗里德曼的宏观分析视角不同，她侧重于对全球城市进行微观研究，即从企业区位选择的角度来研究全球城市，构造出全球城市模型。其代表作《全球城市：纽约、伦敦和东京》（1995），从世界经济变化及特征的视角切入，探讨城市中主要生产者服务业的国际化程度、集中度和强度，通过对全球领先的生产者服务公司的分析来诠释全球城市。

沙森的全球城市模型基于七个假设条件。

（1）全球化的经济活动在地域上的分散性及一体化过程，是促使跨国公司中心功能更加复杂和更具挑战性，并使其日益重要的关键因素。

（2）由于中心功能的复杂性增加，跨国公司总部不是选择内部生产，而是开始从高度专业化的服务性企业那里采购一部分中心功能，如会计、法律、公共关系、电信等。

（3）在全球化中，那些在复杂而全球化了的市场中参与竞争的专业服务公司，很可能受到融合经济的影响。

（4）公司总部将最为复杂和非标准化的那部分职能，特别是那些易遭受不确定性因素、变化中的市场和速度影响的部分越多地发包出去，其区位选择的余地越大。相应的，公司总部保留的业务可以较少受到融合经济的影响，因而构成全球城市独特生产优势的主要部分是高度专业化和网络化的服务部门。

（5）金融及专业服务的全球市场发展，由国际投资激增而引发的跨国服务网络的需求，政府管制国际经济活动的角色的弱化以及其他制度性场所的相应优势，特别是全球市场和公司总部，使得全球城市的经济发展与其腹地及国家经济状况的联系越来越不紧密。

---

[1] 李青. 全球化下的城市形态——世界城市的论说及现实涵义 [J]. 数量经济技术经济研究，2002（1）：113 - 116.

[2] 吴林军，余长景. 国际城市理论研究综述 [J]. 湖北行政学院学报，2004（5）：91 - 95.

（6）高级专业人员和高利润专业服务公司的不断增加，加剧了社会经济及其空间分布的不平等。

（7）上述假设条件导致经济活动的信息化程度提高，为寻求生存，部分或全部的生产和分销活动包括服务进行信息化改造。

沙森的全球城市理论从四个方面对全球城市模型进行了理论化。

（1）全球城市存在的动力。世界经济格局的变革改变了城市与国际经济的关系，全球经济的地域分布及构成产生了复杂的两重性：一种空间分散但全球一体组织的经济活动。全球化使经济活动区域分散，而区域分散带来了强化中心控制和管理的必要性。这种组合赋予少数城市特殊的功能：世界经济组织高度集中的控制点；金融机构和专业服务公司的主要集聚地，其已替代了制造生产部门而成为主导经济部门；高新技术产业的生产和研发基地；作为一个产品及其创新活动的市场。这些城市位于世界城市体系金字塔的顶端，构成了一种新的城市形态——全球城市，包括纽约、伦敦、东京、法兰克福、巴黎等。全球城市增长的动力在于经济越是全球化，中心功能在全球城市集聚的程度越高。

（2）新的发展对全球城市内部经济秩序的影响。全球城市不仅是创造专业化服务的最高级的生产场所，还是金融创新产品和市场要素的生产基地，全球城市是特殊的生产基地，它所生产的是高度专业化的服务和金融产品。全球城市有能力进行全球控制：创造或再造金融业全球生产系统和全球市场的组织和管理工作。

（3）新的发展对全球城市和国家关系的影响。现今跨国界经济活动的组织形式，不再是以国家为单位，而是全球城市组成的城市网络。当少数主要城市成为新的全球控制能力的生产基地时，大量的其他主要城市由于制造业生产的分散化，丧失了其作为主要的制造业产品出口中心的地位，生产地理位置的分散，加速了传统工业中心的衰落，从而增大了对中心管理与计划的需求，以及对专业服务的需求。金融业的发展促进了主要城市专业服务业的发展，同时也破坏了其他部门的经济基础。全球城市与所在国家的关系发生变化，促进全球城市增长的因素，却可能带来本国的其他部门衰退，国家债务和公司债务加剧。

（4）新的发展对全球城市内部社会结构的影响。新的增长有助于促进全球城市中新的阶级联盟的要素形成。全球城市中以主要增长部门地理位置集中化为特征的职业结构与这些部门两极化的职业结构，共同形成并促进了高薪收入阶层和低薪收入阶层的增长。这种情况是由工作组织和主要增长部门的职业结构直接造成的，是由要为新的高薪人员的工作及其家庭提供服务的工作以及对低薪劳动力的需求增加所间接造成的。全球城市为低收入群体创造了更多的工作机会，使高收入阶层更加富裕，也产生了更大的收入差距。

  目前在世界范围内，各国城市体系开始融入全球城市体系格局中，全球城市、世界城市等新城市景观已经在世界经济的发展中发挥着非常重要的作用。世界城市将与其所在区域内的各主要城市逐渐连接起来，逐步形成一个广阔的城市群落。若干具有全球意义的大城市群兴起，这是高度城市化和在国际经济中具有强大支配力的城市区域，由于经济文化能量的进一步聚集而使整个区域成为世界性核心，以纽约、伦敦、巴黎、东京等全球城市为中心形成的大城市群正成为这场竞争的主角。①

---

① 丝奇雅·沙森. 全球城市：纽约 伦敦 东京[M]. 周振华，等译. 上海：上海社会科学院出版社，2005：2-7.

第 12 章

城市产业发展理论

本章除了分析城市产业分类和产业结构、产业结构演变、主导产业选择等传统城市产业发展理论，还对城市特有的产业集聚形态总部经济和城市特有的第三产业——会展经济进行了分析。

12.1 城 市 产 业

12.1.1 城市产业分类和产业结构

12.1.1.1 城市产业分类

可以从不同的角度对城市产业进行分类，目前常见的分类方式有马克思政治经济学两大部类分类法，三次产业分类法，资源密集度分类法和国际标准产业分类，等等。

(1) 马克思政治经济学两大部类。马克思政治经济学按生产活动的性质及其产品属性把社会生产划分为生产资料生产和消费资料生产两大部类，认为两大部类之间相互依存、相互制约，要求按比例协调发展；生产资料的供给与需求之间，消费资料的供给与需求之间均应保持平衡。相应的，城市产业分为生产资料生产产业和消费资料生产产业。

(2) 三次产业分类法。三次产业分类法是根据社会生产活动历史发展的顺序对产业结构的划分。产品直接取自自然界的部门称为第一产业，对初级产品进行再加工的部门称为第二产业，为生产和消费提供各种服务的部门称为第三产业。这种分类方法成为世界上较为通用的产业结构分类方法，由费雪（Fisher，1935）和克拉克等提出。

（3）生产要素密集度分类法。资源密集度分类法是按照各产业所投入的，占主要地位的资源的不同为标准来划分的。根据不同的城市产业部门对劳动、资本和技术三种生产要素的依赖程度或者说生产要素的密集程度，可把城市产业划分为劳动密集型产业、资本密集型产业和技术密集型产业①。

劳动密集型产业：凡单位劳动占用资金较少，资本有机构成和技术装备水平较低，需要投入劳动力较多，单位成本中劳动消耗所占比重较大的产业，称为劳动密集型产业。如服装、皮革、饮食业等。

资本密集型产业：凡投入比较集中，资本有机构成高而所需劳动较少的产业，称为资本密集产业，如石油、化工、钢铁、机械制造业等。

技术密集型产业：凡生产过程机械化、自动化程度和技术层级较高且对知识人才素质要求较严的产业，称为技术密集型产业（或知识密集型产业）。如电子、航天、生物工程行业等。

在实际构成中，有的产业也不一定是单纯某一种要素密集度高，而有可能是两种都高②。

（4）按经济功能划分。可分为输出产业与地方产业。输出产业：也被称为基础产业，是指主要满足城市外市场需求的产业。对于城市的经济发展来说，输出产业是起主导作用的动因，处于支配地位。地方产业：也被称为非基础产业，是指主要满足城市内部需求的产业。其对于城市的集聚发展而言，地方产业是支撑输出产业存在与发展的条件，处于从属地位③。

（5）按产业贡献划分。根据各产业部门在城市经济中的地位和作用，以及产业贡献和功能作用，可分为主导产业、辅助产业和基础产业。

主导产业，又译作主导部门，由美国经济史学家、发展经济学家罗斯托（2000）④最早提出。20 世纪 50 年代初期他系统研究了经济成长的阶段特征，

---

① 保罗·切希尔，埃德温·S. 米尔斯. 应用城市经济学 [M]. 北京：经济科学出版社，2003：1 – 625.
② K. J. 巴顿. 城市经济学：理论和政策 [M]. 北京：商务印书馆，1984：1 – 194.
③ 孙久文. 城市经济学 [M]. 北京：中国人民大学出版社，2016：1 – 324.
④ 罗斯托. 从起飞进入持续增长的经济学 [M]. 成都：四川人民出版社，2000：1 – 345.

开创性地用主导产业来解释经济起飞,强调主导产业在经济成长中的作用,他的经济学也被称为起飞经济学。罗斯托在《从起飞进入持续增长的经济学》一书中这样定义主导产业:一个新部门可以视为主导部门的这段时间,是两个相关因素的复合物:第一,这个部门在这段时间里不仅增长势头强劲,而且还要达到显著的规模;第二,这段时间也是该部门的回顾和旁侧效应渗透到整个经济的时候。可见,主导产业是城市经济的支柱部门,是城市经济的核心,是带动城市经济结构的形成和推动城市经济增长的主要产业。而辅助产业是与主导产业相关联的产业,是围绕主导产业发展的配套产业和服务性产业。基础产业是城市经济系统运行和发展的基础,包括为城市消费服务的自给性生产和交通、动力、供水以及科研、技术开发,以及行政、文化、教育、卫生、贸易、金融、财务等产业。

(6) 国际标准产业分类。为使不同国家的统计数据具有可比性,联合国颁布了《全部经济活动的国际标准产业分类》(ISIC),现在通行的是 1988 年第三次修订本,分为 A~Q 共 17 个部门,其中包括 99 个行业类别。这 17 个部门分别为:A. 农业、狩猎业和林业;B. 渔业;C. 采矿及采石;D. 制造业;E. 电、煤气和水的供应;F. 建筑业;G. 批发和零售、修理业;H. 旅馆和餐馆;I. 运输、仓储和通信;J. 金融中介;K. 房地产、租赁业;L. 公共管理和国防;M. 教育;N. 保健和社会工作;O. 社会和个人的服务;P. 家庭雇工;Q. 境外组织和机构。

12.1.1.2 城市产业结构

城市产业结构是城市社会再生产过程中形成的各产业之间及其内部各行业之间的比例关系和结合状况。

产业结构的形成是由一定时期的经济发展水平和资源配置所决定的。一般来说,产业结构是在"一般分工"和"特殊分工"的基础上发展起来的。马克思在论述社会分工时曾经指出:"单就劳动本身来说,可以把社会生产分为农业、工业等大类,叫做一般的分工,把这些生产大类分为种和亚种,叫做特殊的分工,把工厂内部的分工,叫做个别的分工。"[①] 简而言之,产业结构是按产业部门分类的社会生产结构。

---

① 马克思. 资本论: 第 1 卷 [M]. 北京: 人民出版社, 2004: 47-887.

城市产业结构一方面要受城市自身和城市依存的区域条件的限制，如具备什么样的条件，有可能发展哪些产业部门，能够发展到多大规模等，都与城市自身和城市依存的区域条件有密切的关系；另一方面，它又要以国民经济范围内城市体系的分工为前提。任何一个城市，在城市经济发展中建立产业时强求一律，或者追求"门类齐全"，都是不切实际的。

产业结构是城市经济结构的主体，是城市各种产业的划分和比例。任何一个国家或地区的城市，当它走上工业化的发展道路之后，工业部门及其构成的变化和发展，对城市经济结构的各个方面，都产生着决定性的影响，这是产业革命以来城市经济结构最显著的特点之一。城市经济的形成和发展，就其主要产业门类而言，不仅为满足城市自身消费的需要，还要以较好的市场前景和输出为目标。构成城市之间交换的基础是分工，由分工而引起和扩大城市之间的商品交换以及各方面的经济交往，必然增进经济效益，带来城市经济的繁荣。由于城市之间分工的发展，各个城市都会有特定的产业门类兴起，并相应地发展一系列其他门类而形成产业群。[①]

12.1.2 城市产业结构演变

12.1.2.1 城市产业结构演变规律

城市经济发展的根本特征是城市产业结构由简单到复杂、低级到高级的不断转化。产业结构呈现如下演变规律：由以劳动密集型产业为主，转化为以资金密集型产业为主，再发展到以技术密集型产业为主；由第一产业为主到第二产业，再到第三产业为主。[②] 产业结构演进的经典理论主要有以下几点。

（1）配第—克拉克定律。17世纪威廉·配第研究了不同产业间收入的差距，在此基础上克拉克（Clarke）提出了经济发展过程中产业结构演变的规律：随着经济发展和人均国民收入水平的逐步提高，劳动人口先从第一产业向第二产业移动，当经济发展水平和人均国民收入进一步提高，劳动人口从第一产业向第二产业、第三产业移动。

（2）霍夫曼定理。德国经济学家霍夫曼提出，消费资料工业和资本资料

[①] 孙久文. 城市经济学 [M]. 北京：中国人民大学出版社，2016：1-324.
[②] K. J. 巴顿. 城市经济学：理论和政策 [M]. 北京：商务印书馆，1984：1-194.

工业的净产值之比（霍夫曼系数）随着工业化进程不断下降，逐步形成四个阶段：第一阶段，霍夫曼系数为 5 左右，消费资料工业占据优势；第二阶段，霍夫曼系数为 2.5 左右，消费资料工业仍占据优势，但资本资料工业以更快速度增长；第三阶段，霍夫曼系数为 1 左右，消费资料工业和资本资料工业大体相当；第四阶段，霍夫曼系数降到 1 以下，资本资料工业占据主导地位。

（3）库兹涅茨的研究。库兹涅茨（Kuznets，1966）在前人基础上，将国民收入和三次产业结构演进结合，提出：随着经济的发展，第一产业实现的国民收入比重和劳动力比重不断下降，第二产业实现的国民收入比重大体呈上升趋势，劳动力比重不变或略有上升，第三产业实现的国民收入比重大体不变或上升，劳动力比重不断上升。

12.1.2.2 城市产业结构合理性及影响因素

城市产业结构合理化，重要的是坚持择优的原则。在市场经济条件下，竞争是不以人们意志为转移的客观规律，它促使城市产业的发展，包括发展什么部门，发展哪类产品，都要以市场的适应性、资源的可得性、技术的可行性、经济的合理性等多方面为依据，综合分析、权衡利弊，做出必要的选择。选择优势从而建立中心产业，是城市产业结构合理化的主要内容。城市产业结构合理化是一个动态过程，它要在认识优势、分析优势和组织优势的过程中去实现。此外，相应的按比例发展配套产业和一般产业。尤其要重视科学技术的新成果优先向城市的中心产业转移，使它能适应市场新的需求，实现产品经常的升级换代以及不断提高工业技术水平。

决定和影响城市产业结构的因素不是孤立的，一切影响城市经济发展的因素，都会直接或间接地影响城市产业结构。

（1）投资结构。投资、消费、出口是拉动经济增长的三驾马车。投资在各部门的分布会直接影响产业结构。

（2）就业结构。反映城市人力资源在不同产业之间的配置状况以及产业吸纳安置劳动力就业的容量。

（3）技术结构。各部门所采用的技术、工艺水平等决定着资源在产业结构的分布状态、组合方式和转换关系。如高新技术和创新工艺的出现。

（4）规模结构。城市产业的规模结构分析，判断城市不同规模类型的企业及其运营效率，尤其是不同规模企业在行业内部的地位和作用、影响和贡献。

（5）产品结构。从产品用途加工程度，可分为初级产品、加工产品、最终产品；从劳动价值入手，可分为低值产品、低附加值产品、高附加值产品三大类型。

（6）消费结构。影响消费产品加工产业供求关系的最大因素。如从生存型到享受型的转变，可把握城市产业结构的调整方向。

（7）流通结构。反映一个城市商品贸易的类别结构。产品的竞争力越强，其出口结构比例越高。

12.1.2.3　产业发展与城镇化发展、经济发展

城市产业发展阶段与产业结构存在着十分密切的关系。不同的产业发展阶段，其产业结构的内部比例关系及主次序位也表现不同。就工业发达国家三大产业部门结构的发展而言，大体经历了以下五个阶段，即：

第一阶段：第一产业 > 第三产业 > 第二产业

第二阶段：第一产业 > 第二产业 > 第三产业

第三阶段：第二产业 > 第一产业 > 第三产业

第四阶段：第二产业 > 第三产业 > 第一产业

第五阶段：第三产业 > 第二产业 > 第一产业

目前，世界上一些工业发达国家普遍进入第五阶段。

城市发展的历史证实了城市产业结构的演变与城市规模的扩大有着大致对应的关系，小城镇以第一产业为主，中等城市以第二产业为主，大城市和特大城市以第三产业为主，这是产业结构演变规律在城市中的体现。产业的分化与城市规模的对应过程，从其技术经济基础角度来看是分工集聚协调发展的过程。

关于城镇化、工业化与经济发展关系研究最著名的当属发展经济学家霍利斯·钱纳里（Hollis Chenery）和莫伊思·赛尔昆（Moises Syrquin）在1975年做出的模型，他们在《发展的格局1950–1970》一书中，根据第二次世界大战后20年间100个经济增长程度不同的国家的统计资料，通过对与发展密切相关的27个变量与人均GNP的关系的分析，建立了多元回归模型，并以人均GNP为纲，将经济发展分成9个阶段，考察不同阶段经济结构在10个方面体现出的变化。他们的回归分析证明了在一定的人均国民生产总值水平上，有一定的生产结构、劳动力配置结构和城镇化水平相对应。根据他们的研究，人均收入超过 500 美元（1964 年美元）时，城镇人口在总人口中占主导地位；超过 700 美元时，工业就业人口超过初级生产部门；当收入水平超过 2000 美元时，这些过渡过程才告结束。[①]

可见，城镇化和工业化演变的关系具有阶段性特点。在工业化初期，城镇化率会伴随着工业就业比重增长而上升；进入工业化中期，产业结构优化和消费结构升级的作用将超过集聚效应，城镇中第三产业就业比重上升。[②] 钱纳里的研究解释了城镇化不同阶段与产业转型的关联性，一定程度上揭示了工业化时期城镇化、工业化和经济发展方式转变的对应关系。[③]

12.1.3 城市主导产业选择

经济学家们对区域或者国家主导产业的研究为城市主导产业选择提供了重要借鉴。

12.1.3.1 罗斯托的主导产业选择理论

罗斯托是最早提出主导产业理论的学者之一，其经济增长阶段论和非总量的部门分析法在当代经济学中颇有影响。罗斯托根据技术标准把经济成长阶段划分为传统社会为起飞创造前提、起飞、成熟、高额群众消费和追求生活质量五个阶段，而每个阶段的演进都是以主导产业部门的更替为特征的。他认为，无论在哪一个时期，甚至在一个已经成熟并继续成长的经济中，前进冲击力之所以能够保持，是由于为数有限的主要部门（即主导部门）迅速扩大的结果，而且这些部门的扩大，又产生了具有重要意义的对其他产业部门的作用。对经济成长起主导作用的产业，即主导产业部门，应具备以下三个特征：一是依靠科技进步，获得新的生产函数；二是形成持续高速增长的增长率；三是具有较强的扩散效应，对其他产业乃至所有产业的增长起着决定性的影响。他认为，从实践经验上已证实了经济增长中主导部门概念的重要性，它是这三种来自迅速增长部门的扩散效应的组合。

随着社会生产力发展，特别是科技进步和社会分工日益深化，带动整个产

[①] 霍利斯·钱纳里，莫尔塞斯·塞尔昆. 发展的格局 1950 – 1970 [M]. 北京：中国财政经济出版社，1989.
[②] 郭克莎. 工业化与城市化关系的经济学分析 [J]. 中国社会科学，2002（2）：44 – 55.
[③] 钟海燕. 城镇化、工业化与民族地区经济发展方式转变 [J]. 广西民族研究，2013（2）：134 – 141.

业发展的已不是单个主导产业，而是几个产业共同起作用，罗斯托称之为"主导部门综合体"。他认为，主导部门综合体是由主导部门和与主导部门有较强后向关联、旁侧关联的部门组成的。主导部门序列不可任意改变，任何国家都要经历由低级向高级的发展过程。

罗斯托是一位把经济理论和经济史结合起来进行研究的经济学家，其主导部门理论的萌芽可追溯到熊彼特以及他运用创新理论对资本主义经济周期的分析，但罗斯托最早对主导部门理论进行了系统研究，这一理论对一般发展中国家仍有借鉴意义。罗斯托与库兹涅茨对结构变化分析的方法和角度不同。罗斯托主要从供给角度分析，当然不同于新古典理论从供给角度分析增长原因时把结构变动的资源再配置完全排斥在增长因素范围之外，而是以创新为基点考察主导部门通过其扩散效应推动产业结构转换，从而加速经济增长的状况[1][2]。

12.1.3.2 筱原三代平的主导产业选择理论

筱原三代平对第二次世界大战后日本实现跨越式经济发展在理论上作出贡献。紧紧围绕赶超欧美的战略目标，针对日本必须在国际贸易基础上建立国内的社会再生产循环体系来论证规划产业结构的必要性和促使产业结构高度化的途径与方法。他首先在理论上突破了李嘉图的静态比较成本学说，同时借鉴了德国经济学家李斯特的观点，提出了著名的"动态比较费用论"。以此为理论基础，除了提出著名的规划产业结构的"两基准"理论（收入弹性基准和生产率上升基准），还开创了主导产业选择理论的指标化的先河。

他认为，在工业化初期所有产业的发展不仅资金有困难，而且必然在资本、技术市场问题上会发生摩擦。因此，必须选择符合筱原"两基准"，并且关联效应比较大的产业为主导产业来重点发展，而重化学工业就是这样的产业，同时也认为重化学工业符合经济发展的一般趋势，应积极扶持。

12.1.3.3 赤松要的主导产业选择理论

日本经济学家赤松要的主导产业选择理论体现在他对以东亚为中心的亚洲经济发展与主导产业演替关系的历史研究基础上，提出了"雁行形态论"或称"产业的雁行形态发展论"。

赤松要在 20 世纪 30 年代研究当时作为日本主导产业的棉纺工业史时，发

---

[1] 胡荣涛，等．产业结构与地区利益分析 [M]．北京：经济管理出版社，2001.
[2] 贺灿飞，等．区域主导产业的选择 [J]．开发研究，1994（4）：9.

现明治维新以后日本的棉纺业的发展通常要经过三个阶段：国外进口—国内加工生产（生产、进口替代）—向国外出口，称之为"雁行形态"。因为如果把这一过程用曲线绘成图形，在图形上呈倒"V"型，就像三只大雁结成雁群在空中飞翔。"雁行形态论"最早是被用来描述后起国家某一特定产业产生、发展和趋向衰退的生命周期或过程[①]。

第二次世界大战后，赤松要以及小岛清等学者进一步拓展了"雁行形态论"，专门用于研究一国到另一国的产业转移。他们认为，"雁行形态论"还有第二种变化型，这一变化与各国比较优势结构（生产成本、要素禀赋、要素相对价格）的变化是相对应的[②]。他们将赤松要"雁行模式"产业生命周期三阶段扩展到五个阶段，即引进、进口替代（国内生产）、出口、成熟和反进口。"雁行形态论"就商品生产按比较优势在国际间转移这一点和美国经济学家 K. 弗农提出的产品周期理论相似。区别在于：弗农的产品周期理论中的产品循环是发达国家按照新产品开发—国内市场形成并大量生产—出口—资本和技术出口—进口—再次开发另一种新产品的逻辑顺序不断循环。弗农的起点是研制新产品，总结了发达先行国的产品循环过程，赤松要等人的起点是引进产品和技术，显然是后起国追赶先行国的产品循环过程。后起国国内产业结构随比较优势的变化而变动的状态。根据日本明治维新以来的发展历程，到工业化过程结束，一般经过五个阶段，即：传统第 1 次产品出口（由农业国开始工业化）；第 1 次进口替代（轻工业品国内生产）；第 1 次出口替代（轻工业品出口）；第 2 次进口替代（重化工业品国内生产）；第 2 次出口替代（重化工业品出口）。

12.2 总部经济

12.2.1 总部经济的定义

在经济全球化大背景下，跨国公司在全球范围内开展企业经营活动将会使

[①] 胡刚. 论我国工业结构升级与产业组织结构调整［J］. 中国经济问题，1999（6）：29-34.
[②] 方磊，刘虹，丁金宏. 论城市发展与产业分工——兼谈中国城市化方针［J］. 地理学与国土研究，1988（1）：1-4.

企业面临各项资源的配置和协调，各种职能的集中与分散等问题，而这些问题的解决取决于企业经营战略中怎样平衡"全球化"与"本地化"，因此就会涉及设立区域总部的问题，总部经济也应运而生。总部经济首先在发达国家形成，目前世界主要的综合性国际大都市大多是大公司集团总部的所在地，如纽约、伦敦、东京、大阪、香港等都是总部经济发达的城市，与此同时，各跨国企业也加紧在国际性大都市设立地区总部。卡斯特（Castels，1989）认为，由于在全球和次全球系统中形成了都市化的急速增加和高度联结的都市，将不可避免地在全球许多战略性的地点和区位产生一些大型的首要都市，并且在国家的都市阶层中占有重要的影响力；同时在次全球空间的整合过程中，跨国区域间由于国家以及地区市场边界的逐步淡化而形成了新的空间层级与空间关系。[1]

从理论上来说，总部经济是在经济全球化和信息网络技术迅速发展的条件下，企业组织结构和资源配置方式发生深刻变化过程中呈现的一种经济形态和方式。广义理解，总部经济是由各类总部或总部派出机构相对集聚所产生的经济活动的统称。这些机构包括政治、文化、教育、科研组织，也包括生产、研发、营销、管理等经济组织。狭义理解，总部经济就是企业总部集聚所产生的经济活动的简称。从价值形态看，总部经济包括上述机构和组织所产生的经济价值总和。它包括显形价值和隐形价值两部分：显形价值即总部组织活动产生的直接经济效益，隐形价值则包括由于总部经济活动而带来的各种相关附加值和叠加效应。[2]

区域总部凭借战略资源优势并创造有利条件，吸引国内外经济实体和行政组织、民间组织的总部在区域内集聚布局，通过扩散和极化效应，实现企业价值链与区域资源的空间配置最优化，并由此对该区域发展产生重要影响的一种经济形态，是伴随着经济全球化、信息网络技术的发展和国内市场化程度的不断深化而产生和发展起来的。包含有如下三层含义：第一，总部经济是企业内部价值链基于区域比较优势原则在不同区域进行空间布局的表现形态。第二，总部经济是企业不断寻求利润最大化或经营成本最小化的结

---

[1] M Castels. The Informational City: Informational Technology, Economic Restructuring and the Urban - Regional Process [M]. Oxford: Blackwell, 1989.

[2] 田敏. 总部经济与中心城市产业升级研究 [D]. 成都：西南财经大学，2008.

果。第三，总部经济在实践中，意味着区域之间可以形成以企业为基础的区域合作模式。

12.2.2 总部经济的区位选择

迈克尔·波特（1998）在《国家竞争优势》（*The Competitive Advantage of Nations*）一书中通过钻石理论和集群理论来对企业如何选择总部进行分析，并认为企业在设立总部时，应该慎重选择设立总部的地点，理想的总部设立点应聚集大量优质的客户，稳定的供货商以及完善的竞争环境，以此来促使产业群内更加密切、更顺畅的联系。同时，必须把握设立区域总部的基本出发点，必须便于企业管理，企业选择区域总部不应该挑选作业最方便的国家，而应该选择国家钻石体系最有力的国家。[1] 青木和立木（Aoki and Tachiki, 1992）认为企业总部应设立在该企业已经具有较大市场份额和竞争力的城市或国家，要综合考虑文化和经济差异，使运输时间成本、沟通成本和本土运营费用等最小化。[2] 希南（Heenan, 1979）调查了60个美国跨国公司和47个日本跨国公司设立地区总部考虑的因素。调查显示，影响跨国公司设立地区总部的首要因素是当地市场的重要性和与地区总部基地配套的服务业，其次是政府对公司总部的态度、政治稳定性、与相邻国家市场的空间距离、通讯设施、教育与医疗状况等。对于美国公司而言，外国员工成本、生活成本和航空交通等也是重要的考虑因素。[3] 克莱尔和特斯塔（Klier and Testa, 2002）考察了全球1000家跨国公司设立地区总部时考虑的因素，包括作为地区总部的声誉、潜在顾客、研发集中程度、管理体制、高素质员工、房地产成本、工厂基础设施、金融体系、清洁环境、生产质量与人生安全等。[4] 胡（Ho, 1998）和杨等人（Yeung et al., 2001）通过调研总结出，跨国公司设立地区主要考虑：与公司相关业务部门接近性、市场可达性、航空及信息服务中心的相关状况；中心城市吸引地

---

[1] M E Porter. The Competitive Advantage of Nations [M]. New York: The Free Press, 1998: 553 – 599.

[2] Aoki A, D Tachiki. Overseas Japanese Business Operations: The Emerging Role of Regional Headquarters [J]. RIM Pacific Business and Industries, 1992, 24 (1): 29 – 39.

[3] Heenan D A. The Regional Headquarters Decision: A Comparative Analysis [J]. The Academy of Management Journal, 1979, 22 (2): 410 – 415.

[4] Klier T, Testa W. Location Trends of Large Company Headquarters during the 1990s [J]. Economic Perspectives (Federal Reserve Bank of Chicago), 2002, 26 (2): 12 – 26.

区总部需要着力打造高质量的服务业和低成本的商务环境等区位优势。[1][2]

总的来说，跨国企业在选择地区总部时主要影响因素有以下几个方面。[3]

（1）政府激励。跨国公司地区总部给一个城市或者一个国家带来庞大的资金流、高收入的工作岗位、先进的技术和一流的管理经验等，所以政府倾向于出台积极的政策来吸引地区总部。希南（Heenan, 1979）认为日本企业和美国企业在地区总部选址决策中政府激励是一个重要的因素。国家间为了地区总部而进行的"选址锦标赛"导致了各国为了吸引FDI竞相提供各种优惠政策，包括资本准入、税收优惠期、提供基础设施等。[4] 尼古拉斯（Nicholas, 1999）发现日本企业将税收优惠、关税优惠和配额等作为是否投资泰国的重要因素。[5]

（2）成本控制。成本控制主要可以分为生活成本和生产运营成本两个方面。生活成本主要是指跨国公司员工日常生活的各种生活性支出，生产运营成本则指企业为了正常运营所必需的投入的生产性成本。马歇尔在《经济学原理》就已经提出大量的企业总部在特定区域集聚，就会产生外部的规模经济和范围经济，最终体现在企业运营成本的节约[6]。里卡特等人（Ricart et al., 2004）认为东京之所以不再成为RHQ（总部地区）最佳选择的主要原因就是因为东京过高的生活成本和生产运营成本[7]。IBM在考虑选择亚洲总部时主要考虑的就是生产运营成本和稳定的政治环境以及本土的技术等因子（Stein and Rolf, 2002）。[8]

---

[1] K C Ho. Corporate Regional Function in Asia Pacific [J]. Asia Pacific Viewpoint, 1998, 39 (2): 179 – 191.

[2] Henry Waichung Yeung. Towards a Regional Strategy. The Role of Regional Headquarters of Foreign Firms in Singapore [J]. Urban Studies, 2001, 38 (1): 157 – 182.

[3] 孙蛟. 跨国公司地区总部的区位选择研究 [D]. 上海：复旦大学，2006.

[4] David A Heenan. The Regional Headquarters Decision: A Comparative Analysis [J]. The Academy of Management Journal, 1979, 22 (2): 410 – 415.

[5] S Nicholas, S Gray, W Purcell. Japanese Multinationals in Thailand: The Impact of Incentives on the Location Decision, Working papers, Australian Centre for International Business [C]. University of Melbourne, 1999: 1 – 16.

[6] 马歇尔. 经济学原理：上 [M]. 北京：商务印书馆，2011.

[7] Joan Enric Ricart, Michael J Enright, Pankaj Ghemawat, et al. New Frontiers in International Strategy [J]. Journal of International Business Studies, 2004, 35 (3): 175 – 200.

[8] Rolf Stein. Producer Services, Transaction Activities, and Cities: Rethinking Occupational Categories in Economic Geography [J]. European Planning Studies, 2002, 10 (6).

(3) 商业环境。地区总部的设立固然要考虑一个地区总体的经济发展，更重要的是要考虑该地区的商业环境。商业环境主要包含金融环境、服务部门质量、支持性服务等方面。青木和立木（Aoki and Tachiki，1992）把商业氛围作为跨国公司地区总部四个选址变量之一，他们认为良好的商业氛围和低商业犯罪率及低金融管制密切相关。[1] 香港自由开放的贸易、金融环境是吸引跨国公司地区总部的重要原因，香港作为一个跨国公司据点的力量，根源于它的种种独特组合。政府和商界之间的平衡关系，造成了一个"积极不干预"的体系，为跨国公司提供一个毫无障碍的竞争场地（Michael，Edith and David，1997）。[2]

(4) 地区联系。地区总部由于业务的原因，其员工必然在地区内频繁的流动，各种资源也会从地区内各个国家或城市向地区总部集中或者由地区总部向各个国家的业务单元进行分配。所以，有效的地区联系成为地区总部区位选择的目标。地区联系的内容包含接近主要国家或重要子公司、接近本地供应商，地理位置的中心，信息收集方便等方面。地区总部是跨国公司对地区内业务单元进行管理的主体，是全球总部和地区业务单元之间的联系点，所以地区总部必须与全球大城市和地区内重点业务单元所在地有紧密的联系。

(5) 城市发展。城市发展包含城市的人口数量和交通基础设施等方面的变化和发展。跨国公司总部的迁移和城市发展密切相关，跨国公司倾向于选择人口众多的大城市作为总部。城市作为地区总部区位选择的对象，其发展带来更加便利的交通基础设施、价格低廉的通讯费用、本地市场的发展和专业技术人员的聚集，这些都是跨国公司地区总部需要寻求的要素。比如，大部分的跨国公司集中在纽约、伦敦、东京、大阪、香港等城市经济发达的城市。

(6) RHQ 间的协同效应。跨国公司地区间的协同效应来自于与企业业务相关的多个跨国公司之间形成的地区网络内地区业务的合作所带来的收益。地区总部间的协同效应来自于地区内本公司或联盟公司的活动集聚，同一城市中多个跨国公司的地区总部间的协同效应，地区内不同业务单元之间的协

---

[1] Aoki A, D Tachiki. Overseas Japanese Business Operations: The Emerging Role of Regional Headquarters [J]. Pacific Business and Industries, 1992, 24 (1): 29–39.

[2] Michael J Enright, Edith E Scott, David Dodwell. The Hong Kong Advantage [M]. Oxford: Oxford University Press, 1997: 65.

同性等方面。约翰·霍尔特（John Holt, 2000）认为那些可以降低市场交易成本或者市场协调成本的本地因子，以及那些能够对网络活动有所帮助的因子成为研究的重点，并将地区总部接近 R&D（研发）集聚地作为地区总部区位选择的子因素。成为地区网络的一员、相关活动的聚集、特定地区内支持性活动都给跨国公司带来了收益，特别体现在基础设施的质量和溢出效应方面，这些可能导致 FDI 区位选择更加集中。①

（7）人力资源。企业之间的竞争很大程度上就是人才的竞争，对于跨国公司地区总部而言，城市是否拥有数量充足的、合适的人力资源，直接关系到地区总部的业务能否有效开展，能否有效地实现对地区内业务单元的协调、管理和控制。对于地区总部区位选择而言，人力资源包含了高素质专门人才的供应、多语言的员工、多文化的员工、灵活的用人合同、公司在员工中的形象等方面。青木和立木（Aoki and Tachiki, 1992）认为熟练劳动力，包含管理人员和专业人员，是影响地区总部选址的重要因素。② 恩莱特等人（Enright et al., 1997）认为专业技术人员和管理人员是香港成为服务性跨国公司在亚洲的首选区域总部的重要因子。③

12.2.3 总部经济的效应

地区总部的聚集为中心城市的发展带来诸多有利影响。首先是跨国公司总部企业及员工为当地税收作出贡献；其次是通过集聚效应吸引其他产业落户总部所在地区，通过产业乘数效应推动其他产业的快速发展，同时，企业产业的聚集会促进消费的聚集，刺激消费快速增长；再其次，给总部所在地区及周边地区创造大量的就业机会；最后，跨国公司的良好声誉和国际影响力将会提高城市国际知名度、树立城市的国际化地位。总部经济对于中心城市区域经济的发展至少具有五种效应。④

---

① John Holt. Decision Factors Influencing the Regional Headquarters Location of Multinationals in the Asian Pacific [C]. Working Paper, 2000.
② Aoki A, D Tachiki. Overseas Japanese Business Operations: The Emerging Role of Regional Headquarters [J]. Pacific Business and Industries, 1992, 24 (1): 29–39.
③ Michael J Enright, Edith E Scott, David Dodwell. The Hong Kong Advantage [M]. Oxford: Oxford University Press, 1997: 65.
④ 赵宏. 总部经济 [M]. 北京：中国经济出版社，2004.

（1）税收贡献效应。总部经济的税收贡献包括企业的税收贡献和公司总部员工的个人税收贡献。里斯（Rees，1978）从税收和就业两个角度阐述了企业总部的大量聚集会增加税收和就业岗位，且还会吸引其他总部企业的落户。[1] 戴维斯和亨德森（Davis and Henderson，2008）认为对企业总部税收的补贴应该等于其自身的边际收益，地方政府会对其进行税收补贴以吸引更多的企业总部的入驻，企业总部的聚集带来大量税源，同时也造成了制造基地税源部分转移到总部地区。[2] 斯特劳斯·卡恩和维维斯（Strauss-Kahn and Vives，2009）认为总部企业一般会选择迁移到公共服务完善的中心城市，因为这些地区有更优惠的税收政策，同时商业服务水平高，聚集在中心城市的企业总部带来的税收越来越多，这与中小城市形成税收差距效应。[3]

（2）产业乘数效应。产业乘数是指在一定区域内，以特定产业或企业投资作为初始诱因，带动若干产业在该区域聚集并维持扩张趋势，由此实现该区域产业经济总量的倍数增长。[4] 企业总部在一定区域内是通过后向关联和前向关联两方面激发产业乘数机制得以运转的。企业总部作为产业"诱因"，导致其并联产业的新生并聚集，从而实现该区域产业经济总量的倍数增长。例如，制造业企业总部的聚集，带动现代服务业的发展，包括信息采集加工、企业咨询、金融保险、会计、审计、评估、法律、教育培训、会议展览、国际商务、现代物流等，以及房地产、商业、交通餐饮业等的发展。通过制造业总部这种"乘数效应"可以扩大一个区域的经济总量，提升第三产业结构水平、提高区域经济竞争力。[5]

（3）消费带动效应。企业总部在区域的空间聚集，同时也是经济活动包括消费活动在区域聚集的过程，这种聚集不仅带来消费总量的扩大，同时还伴随着消费结构的提升。总部经济通过消费链条，影响产业链条，从而对于企业

---

[1] Rees J. Manufacturing Headquarters in a Post-Industrial Urban Context [J]. Economic Geography, 1978, 54 (4): 337-354.

[2] James C Davis, J Vernon Henderson. The Agglomeration of Headquarters [J]. Regional Science and Urban Economics, 2008, 38 (5): 445-447.

[3] Strauss Kahn Vanessa, Vives Xavier. Why and Where Do Headquarters Move? [J]. Regional Science and Urban Economics, 2008, 39 (2): 1-50.

[4] 赵燕霞. 中国总部经济发展报告（2005-2006）[M]. 北京：社会科学文献出版社，2005：321-323.

[5] 赵弘. 总部经济：中心城市产业升级的动力引擎 [J]. 中国城市经济，2006 (7)：80.

总部所在区域产生全面的经济和社会影响。[①] 消费对地区总部所在区域的影响包括两个方面：第一，由于大量企业的集聚，为保障企业的商务活动、研发活动等能够正常运行，滋生出了新的产品需求，最终推动新产品的消费，拉动地区经济增长。第二，总部高级白领的个人生活消费，包括住宅、交通、子女教育、健身、旅游、购物等，这种消费对于推动区域经济发展具有重要的作用，有助于促进优化地区产业结构。

(4) 就业乘数效应。总部经济的发展本身会充分利用城市的智力人才优势，带来大量高智力就业岗位。同时，通过产业乘数效应，带动第三产业，包括知识型服务业和一般服务业的发展，提供更多的就业岗位，从而缓解城市的就业压力，提高城市的就业水平。在总部劳动就业的总量带动中，直接带动是基础，在此基础上，总部通过产业乘数效应不断创造出新的尤其是智力型的劳动就业岗位来，整个城市的劳动就业能力也随着产业间的相互影响和传递一层一层向外扩张，从而产生了总部劳动就业的间接就业、外围就业，而且直接就业、间接就业和外围就业三大就业带动作用之间环环相扣，层层递增。

总部经济的就业效应大致可以分为三个层次：第一个层次是直接带动本地劳动力就业，直接雇用劳动力为地区总部生产服务；第二个层次是间接带动劳动力就业，地区总部会带动其他产业的发展，从而提高其他企业对劳动力的需求，带动相关产业的就业；第三个层次是可以带动外围劳动力就业，为了满足直接就业和间接就业劳动力的生活消费需求会衍生大量的外围产业，这部分产业的正常运行就会推动外围劳动力的就业发展。

(5) 社会资本效应。在总部经济模式下，由于总部区域集群所具有的平等、开放、创新的社会资本基础，集群内行为主体相互交往时遵循相似的文化价值观，信息沟通和渠道更加顺畅，在竞争中创新不断涌现和快速扩散，总部集群经济体的交易成本大大降低，经济效率大大提高。具体来说，发展总部经济对所在区域的社会资本贡献主要表现为以下几方面：一是总部的社会资本效应可以使该区域具有获取和组合资源的优势，从而大大提高区域的生产率。二是在总部聚集区内，企业之间的互惠互利的相互信任明显增强，并且开放的信息交流环境可以有效地减少交易中可能出现的协调与摩擦成本，大大增进了合

[①] 牟丽娟. 我国城市总部经济发展研究 [D]. 哈尔滨：哈尔滨商业大学，2010.

作的可能性，以及交易的发生量，从而使得合作更易于进行。在区域层面上，就表现为区域的社会资本带来低交易成本。三是在总部聚集区内，由于企业间的相互竞争，促使企业不断改进管理，加速技术创新，而且这种创新很快实现并得到检验，创新周期不断缩短，创新循环不断加快。这样在区域层面上就表现为区域具有不断创新能力的社会资本。四是总部聚集能使所在区域形成一种良好的人文环境，并提高所在区域的美誉度。

12.3 会展经济

12.3.1 城市会展经济的含义与特点

会展的概念由来已久，关于其起源也众说纷纭，有"市集演变"说、"物物交换"说、"巫术礼仪与祭祀"说等。其中，比较典型的是"物物交换"说，其实中国古代的庙会就已经具有了会展的雏形，而且这种形式在当下中国部分乡村仍然存在，人们将物品拿到庙会等集中区域，然后根据所需进行物物交换，在这个过程中形成了"看"与"摆"的初级形式，通过展示自己的劳动成果，并加以分享，城市也在此基础上随之产生。伴随交易的进行，这种物物交换逐渐扩大到精神和文化领域[1]。

现代意义上的会展，是会议、展览、大型活动等集体性的商业或非商业活动的简称。要理解"会展"的概念，可以从内涵和外延两方面进行，在内涵上，它是指在一定的狭义空间之内，既包含定期的也包含不定期的，既包含制度的也包含非制度的，以传输信息、相互交流为目的的社交性活动。而会展的外延概念则包括各类节日庆典活动的大小型会议、展销活动、各种类别的博览会等，围绕各种特定的主题、特定的人员集合在一起的交流活动。由其界定范围，不难看出，狭义的会展仅指展览会和会议，而广义的会展则是会议、展览会、节事活动和各类产业、行业相关展览的总称。在范围和内容上，广义会展要比狭义会展更宽、更广。剧宇宏指出，学术界和企业界所理解的会展主要包

---

[1] 邹树梁. 会展经济与管理[M]. 北京：中国经济出版社，2008.

括会议和展览，而且大多数城市又更加看重展览，这样会展的产业内涵也就人为变窄了。会议、节庆、体育赛事等活动领域的潜力还远未开发出来①。

会展经济是以会议和展览活动作为发展经济的手段，通过举办大规模、多层次、多种类的会议和展览，以获取直接或间接经济效益和社会效益的经济行为。会展业能给主办地带来源源不断的商流、物流、人流、资金流、信息流，创造商机，吸引投资，推动商贸旅游业的发展，进而拉动其他产业的发展②。会展经济本身能够创造出巨大的经济效益。

会展经济从内容上可分为会议与展览两个基本组成部分，二者融为一体，即国际性会议一般以会议为主，但在会议的同期总要结合一些商业化的展览活动；而国际性展览会虽以展览为主，但展出期间各种研讨会、专题会等也越来越多。因而会展经济中的会议与展览两部分不能截然分开。会展业从发展之初，就和城市紧密地结合在一起。城市作为人口与经济的聚集中心，也是会展经济的发源地与集中地③。从1851年首届世界博览会开幕之日起，现代会展业就开始向城市展现自己独特的魅力，它深刻地影响着一座城市乃至一个国家的面貌。会展经济为城市带来的显著经济效益和社会效益，使得会展业越来越多地受到人们的重视。欧洲作为世界会展业的发源地，经过一百多年的积累和发展，会展经济整体实力最强，规模最大，德国、意大利、法国、英国都是世界级的会展业大国。近年来，美国、加拿大、日本、新加坡、阿联酋的会展业也迅速发展，成为本地区的会展业大国。纵观世界会展经济在全球发展情况，不难看出，一国会展经济实力和发展水平是与该国综合经济实力和经济总体规模及发展水平相适应的④。发达国家凭借其在科技、交通、通讯、服务业水平等方面的优势，在世界会展经济发展过程中处于主导地位，占有绝对的优势。

城市会展经济，是指在城市中通过举办各种形式的会议和展览展销，为举办城市带来直接或间接经济效益和社会效益，充分体现城市特征和功能的产业

---

① 剧宇宏. 我国会展业可持续发展研究［M］. 北京：中国法制出版社，2014：40.
② Wang L. China's Exhibition Economy Maintained Rapid Growth in Spite of Global Recession［J］. China's Foreign Trade，2016（1）：40-42.
③ Yan G. Zhangye Strives to Build Exhibition Economy Center［J］. China's Foreign Trade，2014（z1）：56-56.
④ Zhen. Exhibition Economy Set to Boost City Development［J］. China's Foreign Trade，2010（5）：26-27.

及相关活动的经济现象和经济行为[①]，其特征包括以下几点。

（1）乘数效应。会展经济具有类似于"推动型产业"的功能，即其自身发展可带动一系列前向、后向关联服务产业的共同繁荣。国际上一般认为会展业的关联系数（乘数）为1:5~1:9，即如果会展业的收益为一个单位，则能带动相关产业产生5~9个单位的收益。

（2）交易成本低。会展经济从某种程度上说是一种交易手段。它通过提供会展商、参展商和参观者以及与会者面对面的交流，省却了厂商寻找合作者、订立契约、议价谈判等中间交易过程，降低了厂商与企业的交易费用，也减少了消费者寻找新产品的机会成本[②]。

（3）充当流量经济的媒介与载体。信息流、资金流与技术流等构成流量经济的主体。而会展经济正是为物质流（展会）、技术流（交流会）、信息流（会议、论坛）等的迅速聚集与疏散提供了有效流动空间。在大型国际会议或展览会中，大量的商品、技术、信息汇集在极为有限的时间与空间里，通过展示、交流、交易等方式迅速扩散到广泛的群体中。

（4）综合性。会展经济具有综合性的特点。它是包括会展业以及为会展提供服务的相关行业、参与会展活动的参展商和参展观众等众多参与主体的一个蔚为壮观的整体。

（5）服务性。按照三次产业的划分标准，会展业应属于服务行业，会展经济是第一、二产业中的重要服务手段。

（6）区域性。会展经济可以把多区域的会展活动和会展产业纳入自己开放的体系中来，在特定的时间、空间，吸引跨区域、跨产业的要素，实现资源配置优化，完成市场交易。

12.3.2 城市会展经济综合实力影响因素

对城市会展经济综合实力的评价，应着眼于一个城市会展经济的未来，着眼于发展，因此，其影响因素的分析，要包括其历史成果，并在历史成果的基础上综合考虑城市会展经济的潜在影响要素，对发展的潜力进行客观评价。在

---

① 郭牧，赵闯. 中国会展产业年度报告（2012）[M]. 北京：中国商务出版社，2012.
② Hu H, Dan Z. A Control Model of Region Economy and Its Multiplier Effect Analysis for China Exhibition Industry [C]. Second Pacific - Asia Conference on Web Mining and Web - based Application, 2009: 333-336.

基于成果和潜力两大类别的基础上,对会展经济综合实力的判断从以下五个方面进行分析。

(1) 城市会展业发展水平。现阶段成果是未来发展的基石,起点高才会发展快,更加具有竞争能力。城市会展业发展水平是城市会展经济综合实力的直观表现。城市会展经济的现实水平主要包括已举办会展的展出面积、项目数量、参展交易额、会展场馆等要素[1]。

(2) 城市支持性设施。发展经济学家罗森斯坦·罗丹认为,基础设施是社会的先行资本,它为其他产业创造投资机会。城市支持性基础设施主要包括有形的交通运输、通讯和能源等,及无形的教育、文化条件等因素。应该清楚地认识到,基础设施是城市会展经济发展的基础条件,是城市会展经济发展的外部制约因素,完善的基础设施是促进城市会展经济快速发展的催化剂[2]。

(3) 相关产业支持能力。会展经济相关产业与会展经济是相互促进的关系,发达的城市会展经济需要良好的交通条件为其提供物流与客运的支持,需要健康的旅游业的辅助支持,同时发达的会展经济也会反馈城市交通与旅游的发展。也就是说,会展经济能够带动地区产业经济的快速发展,同时其相关产业的完善与发展也是会展经济的根基,成为城市会展经济发展的推动力[3]。总之,只有城市相关产业具有一定的实力,城市会展经济才能蓬勃发展,进而反哺相关产业,形成一种良性循环。

(4) 会展需求。会展需求就是人们对会展产品或服务的需求,其表现为需求者对会展产品的购买欲望和相应购买能力所达到的一种有效的需求。会展经济是一种需求导向的经济产品,会展相关利益的主体需求为城市会展经济的发展提供了强有力的支持,需求是城市会展经济发展及其综合实力的最基本制约因素[4]。会展需求的主体包括参展商、与会者和观众这些直接利益主体,也包括旅游及运输等间接利益主体。城市会展经济需求的影响因素包括宏观因

---

[1] Carrier M A. Pictures at the New Economy Exhibition: Why the Antitrust Modernization Commission Got it (Mostly) Right [J]. Social Science Electronic Publishing, 2007 (7): 474 – 492.

[2] Hong Cao, Sheng Yu Meng. Study on the Sustainable Development Strategy of China's Exhibition Buildings [J]. Applied Mechanics and Materials, 2011 (1366): 71 – 78.

[3] Khruleva M A, Kmet' S K, Urbanskaia O A. Exhibition of Achievements of the National Economy of the USSR [J]. Metal Science & Heat Treatment of Metals, 1962, 4 (11 – 12): 526 – 527.

[4] 剧宇宏. 我国会展业可持续发展研究 [M]. 北京:中国法制出版社,2014.

素,如经济环境、社会文化、政治、人口和技术条件等,也包括会展商品及其价格、城市会展服务水平等微观因素。

(5) 政治环境。城市会展经济繁荣发展的必要条件是政府的重视及支持程度,只有获得政府的一定支持,城市会展经济才能与地方产业有效结合,才能提高城市会展经济的综合实力,在获得会展直接经济利益的同时,实现会展经济的社会效益[①]。

城市会展经济发展水平体现出了城市会展经济的发展成果,支持性设施建设、相关产业支持能力、会展需求、政治环境四个因素用以体现城市会展经济发展的潜力,通过选取这些因素中各具代表性的指标来分析会展经济,才能达到多方位立体化的分析城市会展经济的综合实力。

12.3.3 城市会展经济的功能

会展经济是经贸交流、城市建设和第三产业共同发展的产物,它具有如下几种功能。

(1) 基本功能。会展经济的基本功能主要表现为以下四个方面。

展示产品的功能。在展览会上进行产品展示是很多企业参展的一个非常重要的因素,展览会能为企业产品提供一个展示与推介的平台,从而使其扩大影响。由于会展的集中性、便捷性、快速性和直观性,它对新技术、新产品和新成果的展示与推广起着非常重要和不可替代的作用[②]。

传播信息的功能。会展活动就是商流、物流、人流、资金流和信息流的汇聚,为国内与国外、政府与企业、企业与企业、企业与消费者及各种社会团体之间提供了沟通与交流的机会,进而促进各种新知识、新观念的传播,直接推动商业贸易、旅游的发展,不断创造各种商机,吸引投资,从而带动其他产业的协调发展。

市场营销的功能。参展企业通过先进技术对展台展位进行精心安排和布置,辅以各种促销活动和公共活动,在会展活动中充分展示自我,达到了宣传企业经营理念和产品品牌的目的,也在客户面前充分展示了企业的良好形象。

---

① J Ding, S Chao. International Conference and Exhibition Center, Dong guan [J]. Structural Engineering International, 2004, 14 (1): 21-23.

② 丁爽. 浅论会展经济与城市发展 [J]. 科技、经济、市场, 2009 (3): 51-52.

贸易谈判的功能。贸易谈判也是会展经济的基本功能之一。会展经济为参展商和采购商提供了一个相互认识、相互谈判并达成交易的平台，加强了国内外的技术经济交流与合作。会展活动尤其是一些大型的国际贸易展会，能够吸引世界各国、各地区的客商，增加了各国（地区）买卖双方接触、了解、交流的机会，这对企业的进出口贸易活动起到了很大的促进作用，也有利于促进国内企业将自己的优势产品和技术出口，或购买国外先进的生产技术和设备等，从而推动对外贸易的快速发展。

（2）外延功能。会展经济的外延功能主要表现在以下几个方面。

调整产业结构的功能。会展经济属于第三产业的范畴，是第三产业即服务业的一个重要方面。发展会展经济是调整我国产业结构的一个非常重要的途径。会展经济通过大量的商品、资金技术和信息的聚集，不仅有利于产业结构的优化和升级，还可以通过汇集大量的人流和物流，为会展相关产业如交通、餐饮、住宿、通信、旅游、购物、广告、装饰、印刷等带来发展的机会，从而促进第三产业的健康协调发展。

提高城市知名度的功能。会展经济的发展有利于提高一个城市的知名度，产生强烈的国际影响。由于会展具有集中展示、交流的特点，因此通过举办一次大型展览会，一个城市会在较短时间内汇聚大量的人员、产品和技术，人们通过参加会展可以亲身感受会展城市的政治、经济、文化以及信息技术，从而为世界打开一个了解城市的窗口。

优化城市建设的功能。会展经济的发展必须依托城市良好的基础设施，如具备国际化的先进展览馆、便捷的交通设施、软硬件都过关的接待服务和旅游等。会展活动，特别是具有国际影响的大规模会展活动除了能提高举办地的知名度、树立举办地的城市形象外，还可以支持会展城市的建设。也正因如此，近几年来，努力发展会展经济，以会展兴市，已成为了世界上很多城市腾飞的首选之路。

促进城市就业的功能。由于会展经济具有综合性并能带动相关产业的发展，因此发展会展经济能为一系列相关行业的发展创造出很多就业机会。会展经济的发展也为解决城市的就业问题提供了一条崭新的道路。

第 13 章

城市集聚经济理论

13.1 韦伯的集聚理论

19 世纪末 20 世纪初是集聚经济理论产生和形成的时期。在这一时期，社会生产力的迅速发展和地区间经济联系的不断扩大，需要从理论上深入分析和解释城市空间布局、经济分布及地区经济差异等问题，在这种条件下形成的集聚经济理论，又称为古典区位理论。德国经济学家阿尔弗雷德·韦伯第一个提出了"集聚力"的概念，他的理论也成为现代城市集聚经济理论的基石。韦伯的集聚理论集中体现在 1909 年出版的《工业区位论——区位的纯理论》（以下简称《工业区位论》）中，他阐述了微观企业由于相互协作、动力使用、成组分布（分工序列化，互相投入—产出联系）而在选址决策中趋向于集聚。韦伯集聚理论的核心是找出工业产品生产成本最低的点作为工业企业布点的理想区位，他从微观企业的区位选择角度，阐明了企业是否靠近取决于集聚的好处与成本的对比。

韦伯将影响工业区位的经济因素称为"区位因子"，区位因子是韦伯《工业区位论》的核心概念。为了简化研究，韦伯还做出了几个重要假定：（1）原材料产地是已知的。（2）消费地的位置和规模也是给定的。（3）劳动力不具有流动性，每个有可能发展工业的地位，都有相应的劳动力供给，而且每类工业的工资率是固定的，在此工资率下，劳动力可充分供给。在这些前提条件下，韦伯认为合理的工业区位应这样确定。

首先，对在地理点上能对工业企业起积极和吸引作用的各个区位因子进行反复分析，并通过连续舍弃法推导出一般性区位因子仅为运输费用、劳动力费用和集聚力三个因子。

其次，根据运输区位法则来确定工业企业的运输费用最小的地点。韦伯认为运输费用（用吨公里表示）是对工业布局起决定作用的因子，对工业的基本定向起最有力的作用，因此，企业生产成本最低的地点首先是运输费用最小的地点，这就是运输区位法则。

再其次，根据劳动力区位法则来修改运输区位法则。在韦伯的区位图形中，他把运费和劳动力费用看作影响工业区位的一般区域性（地域性）因子，其中运费对工业的基本定向起决定作用，然后他将等费用线①的概念引入劳动力费用中，使工业由运输费用最低点转向劳动力费用最低点，结果形成了工业区位图形的第一次变形。韦伯认为，劳动力费用即工资也是对工业布局起重要作用的因子。劳动力费用对生产成本有一定的决定作用，对工业区位的选择也有重要影响，因此，企业生产成本最低的地点同样应该是劳动力费用最小的地点，这就是劳动力区位法则。

最后，根据集聚力法则来修改运输区位法则和劳动力区位法则。韦伯采用纯"集聚"的概念，使工业趋向集中于一定地点，形成工业区位基本图形的第二次变形，得出工业应位于使三个区位法则的总费用最小地点的合理区位，从而完成了他自成一说的工业区位理论体系。所谓集聚力就是指企业规模扩大和工厂在一地集中所带来的规模经济效益和企业外部经济利益的增长。集聚力也是对工业最优区位产生影响的因子。由集聚力所形成的规模经济效益和外部经济利益可以使按运输区位法则或劳动力区位法则所选择的区位发生变化。如果企业选择集聚所节省的费用大于因离开运输费用最小或劳动力费用最小的位置而需追加的费用，那么其区位由集聚力因子决定。韦伯同样运用等费用线的分析方法来具体确定合理的工业区位，其结论是，合理的工业区位应位于三个区位法则总费用最小的地方。

---

① 所谓等费用线，就是单位原材料或产品运输费用相等的点的连线。真正决定工厂区位改变的条件是决定等费用线即运输费用增加额与劳动力费用节约额相等时的切线。工厂确定在决定等费用线以内的位置就是工厂最佳区位（韦伯，1990）。

韦伯将集聚因素分为特殊集聚因素和一般集聚因素，特殊集聚因素包括便利的交通条件、丰富的资源状况等，一般集聚因素是指那些因企业集聚所产生的外部经济性，如公共服务和基础设施的共享。在通常情况下，工业会集聚在交通便利和资源丰富的区域，但特殊集聚因素在理论上并不具有一般性，因此韦伯认为一般集聚因素对工业集聚的影响更大，由于企业集聚能给各个企业带来更多的利益或节约更多的成本，所以企业倾向于集聚在一个城市或一个区域内。韦伯将集聚归因于企业决策者将集聚所得的利益与因迁移而追加的运输和劳动成本进行大小比较后的结果。

韦伯把集聚分成两个阶段，第一阶段是通过企业自身的简单规模扩张，从而引起产业集中化和产生集聚优势，这是产业集聚的低级阶段；第二阶段主要是靠各个企业通过相互联系而产生集聚优势，企业以完善的组织方式集中于某一地方，并引发更多同类企业的出现。这时，大规模生产的显著经济优势就是有效的地方性集聚效应。韦伯把产业集聚归结为四个方面的因素：第一个因素是技术设备的发展促进生产过程的专业化。随着技术设备专业化的整体功能加强，技术设备相互依存会促使地方集中化。第二个因素是劳动力高度分工要求形成灵活的劳动力组织。韦伯把一个充分发展的、新颖的、综合的劳动力组织看作一定意义上的设备，由于其专业化，因而促进了产业集群化。第三个因素是市场化因素。韦伯认为这是最重要的因素。产业集群可以最大限度地提高批量购买和出售的规模，得到成本更为低廉的信用，甚至"消灭中间人"。第四个因素是经常性开支成本。产业集群会促进煤气、自来水等基础设施的建设，从而减少经常性开支成本。

由于韦伯的集聚理论是以古典经济学为基础，以成本分析为依据来研究自由竞争资本主义的工业地域结构，他的集聚理论对集聚的研究脱离了一切制度、社会、文化、历史因素，单纯从资源、能源的角度加以考察，没有考虑垄断价格给企业带来的超额利润，也没有考虑政府的作用、当地社会文化的影响。可是在实际经济生活中，集聚的形成相当程度上取决于地区的社会文化因素，韦伯却将其抽象掉了，而只从资源禀赋的角度考虑资源型产业的集聚，所以不具有一般性。但韦伯是第一个系统地建立了工业区位理论体系的经济学家，首次提出了"集聚力"对工业区位有重要影响的观点，阐明了集聚形成的原因在于优势与成本的对比，探讨了产生集聚优势的因素，研究成果具有相当的价值和创新性，韦伯的集聚理论为古典区位理论奠定了基本框架和研究基础，其后的各种集聚理论基本上是在他的理论基础上发展完善起来的。

13.2　新经济地理学理论

20世纪90年代，美国经济学家保罗·克鲁格曼（Krugman）相继发表和出版了《递增收益和经济地理》（1991）、《地理与贸易》（1991）、《发展、地理学与经济地理》（1995）和《空间经济：城市、区域与国际贸易》（1999）等论文和著作，以克鲁格曼为代表的新经济地理学理论从而产生，新经济地理学理论的创立意味着在主流经济学研究中加入了空间维度，并为集聚的产生提供了很好的解释。

克鲁格曼的合作者，日本的藤田昌久（Masahisa Fujita）和比利时的雅克－弗朗科斯·蒂斯（Jacques-Francois Thisse）合著的《集聚经济学：城市、产业区位与区域增长》（2002）借助于现代微观经济学的概念和工具，除了通过不同形式的报酬递增和不同类型的流动成本之间的权衡分析了产业集聚，还首次对公司和家庭集聚成群的经济学原因提供了完整的解释，研究了规模报酬递增、外部性及兼具一般性和策略性的不完全竞争市场等集聚现象的原因，2013年版本加入了全球分析。[1]

新经济地理学包括从微观到宏观的三个层面：产业的地方化；城市和城市体系；国际贸易和分工。无论哪个层面的研究，集聚经济的研究都是核心的内容，在城市研究的层面，需要解释的一个最基本问题是：为什么经济活动往往集中于少数的区域？新经济地理学认为城市集聚是两种力量相互作用的结果：集聚力与扩散力。例如，由于生产要素投入组合的不可分性，所以企业集聚起来实现规模经济有利可图，这是一个重要的集聚力。而市场的地理分布和运输成本使得市场需求呈现多元化，使得企业在市场上展开空间价格竞争，这是扩散力。在经济全球化的影响下，运输成本的降低（集聚力）将促使企业集中到一定区域以降低固定成本，但集聚又可能引起激烈的价格竞争（扩散力），

---

[1] Masahisa Fujita, Jacques-Francois Thisse. Economics of Agglomeration: Cities, Industrial location and Regional Growth [M]. Cambridge: Cambridge University Press, 2013.

但如果企业的产品差异足够大,那么扩散力的力量就小于集聚力,这时企业会选择集聚。

经济活动的空间聚集核心内容主要集中于三个方面:报酬递增、空间聚集和路径依赖。新经济地理学以规模报酬递增、不完全竞争的市场结构为假设前提,在迪克西特—斯蒂格利茨垄断竞争模型的基础上,认为集聚是由企业的规模报酬递增、运输成本和生产要素移动通过市场传导的相互作用而产生的。新经济地理学的报酬递增是指经济上互相联系的产业和经济活动,因为在空间位置上的相互接近性而带来的成本节约,或由于规模经济带来的产业成本节约。新经济地理学认为密切的经济联系通过形成比较优势进而导致集聚,并且认为技术外溢是集聚的次要因素,因为低技术产业也能形成集聚。

空间聚集主要指产业或经济活动由于集聚所带来的成本节约而使产业或经济活动区域集中的现象,克鲁格曼设计了一个产业群模型,他假设工业生产具有规模报酬递增的特点,而农业生产规模报酬不变,在此前提假定下,企业和产业一般倾向于在特定区位空间集中不同群体,不同的相关活动又倾向于集结在不同的地方,空间差异在某种程度上与产业专业化有关,工业生产活动空间格局演化的最终结果将会是集聚。空间聚集是城市不断扩张和区域中心地形成的主要因素,它具有自我强化特性,具有促进产业或经济活动实现集聚的内有机制。这种同时存在的空间产业集聚和区域专业化的现象,是在城市和区域经济分析中被广泛接受的报酬递增原则的基础。当企业和劳动力集聚在一起以获得更高的要素回报时,存在本地化的规模报酬递增为产业群的形成提供了理论基础。不过,这种递增的要素回报只在集群发生的有限的经济空间内表现出来,因为远距离的交易成本,如交通费用和空间通讯费用,决定了这种净收益的增长是有限的。本地化的规模报酬递增和空间距离带来交易成本之间的平衡,被用来解释现实中观察到的各种等级化的空间产业格局的发展。

克鲁格曼认为,现实中的产业集群的形成具有较强的路径依赖性,一旦建立起来,就倾向于自我延续下去。他的具体解释是:在迪克西特—斯蒂格利茨垄断竞争模型上,对于消费者行为:他喜好多样化的消费,不同种类的消费品替代弹性越小,种类越多,价格指数就越低,消费者的效用水平也就越高;对于生产者:由于企业规模报酬递增,面对消费者对产品种类的不同偏好,每个企业就生产不同的工业品,这样就加深了生产的分工程度。为实现足够的规模经济,每个企业都想使自己的产品独占一国的消费市场;为使运输成本最小化,他便倾向于将区位选择在市场需求大的地方,但大的市场需求又取决于所有其他企业的区位选择。以制造业为例:一方面,只有制造业集中的区位才有较大的当地市场需求,这就产生一种向心力驱使新企业的加盟;另一方面,只有较大市场需求的区位才有更大规模的制造业部门,有较大制造业部门的区位有较低的制造品价格指数,从而有能力支付工人一个较高的实际工资,这就产生了对劳动力的吸引。两方面结合就增强了产业集聚的程度。这样的循环累积过程使产业集聚一旦发生,就能自我增强而持续下去。[①] 这从理论上证明了工业活动倾向于空间集聚的一般性趋势,并阐明由于外在环境的限制,如贸易保护、地理分割等原因,产业区集聚的空间格局可以是多种多样的,特殊的历史事件将会在产业区形成的过程中产生巨大的影响力。克鲁格曼的模型为人为的产业政策扶持提供了理论依据,产业政策有可能成为地方产业集聚诞生和不断自我强化的促成因素。也就是说,克鲁格曼将最初的产业集聚归于一种历史的偶然,初始的优势因"路径依赖"而被放大,从而产生"锁定"效应,所以集聚的产业和集聚的区位都具有"历史依赖"性。

克鲁格曼认为产业集聚并不是在任何情况下都能产生的。当贸易成本很低接近自由贸易时,各个区位的因素价格趋于均等化,因素价格差异不可持续,集聚不可能发生;在贸易成本很高时,各个区位只服务于本地的最终消费者;只有在中等水平的贸易成本,互为投入—产出联系的厂商之间的前后向联系效应最强。有较大制造业部门或拥有较多产业份额的国家能提供较多种类的中间产品,而中间产品种类较多的区域有较低的价格指数,使得该区域的厂商有较低的生产成本,这种前向联系效应使外部厂商更有吸引力进入该区域;而一个区域内的厂商越多,对中间投入品的需求也越大,这种后向联系效应就为既是中间投入的生产者,又是消费者的厂商提供巨大的本地市场。正是由于这种前后向联系产生强大的向心力,集聚才得以发生。

克鲁格曼将贸易理论和区位理论相结合,用模型化的方法通过严密的数学论证,从深层次上揭示了产业集聚发生的机制,弥补已有的集群理论的不足,新经济地理学是沟通贸易理论与增长理论的桥梁,他们提出的规模经济、外部

---

① Krugman P. Increasing Return and Economic Geography [J]. Journal of Political Economy,1991 (3):483-499.

经济有很大的前瞻性，以规模经济、报酬递增、不完全竞争假设条件来研究区域经济问题比新古典经济学更接近于现实。但是，他比较强调大型公司的内部增长和组织间能量化的市场联系，而忽视了公司活动所产生的难以量化的非物质联系（如信息、技术联系）和非正式联系（如人际关系间基于信任的联系），以及无视知识、信息、技术和新思想等在集群区内的企业之间的广泛传播、交流与应用所产生的知识、技术等外部经济效应。此外，他对集群的技术外部经济的忽视和舍弃，主要还是考虑到它不容易定量化，为建模带来了难度。因此，克鲁格曼的理论遭到了诸多学者的批评，然而，毋庸置疑的是，克鲁格曼在已有理论的基础上，为产业集群理论的新框架的建立作出了重大的贡献。

新经济地理学揭示了城镇空间集聚和产业空间集聚之间的关系。新经济地理学针对区域经济学中规模报酬不变和完全竞争的前提假设，试图通过建立不完全竞争市场结构下的规模报酬递增模型，弥补主流经济学对空间研究的不足。克氏提出了3个模型，即："中心—外围"模型、城市体系模型和国际模型。[①]"中心—外围"模型是一个两部门经济模型（农业和制造业），认为两个对称的区域会分别发展成为核心和外围区域，从而揭示了城镇集聚和产业聚集的内在运行机制。城市层级演化模型中定义城市为制造业的集聚地，周围被农业腹地包围。如果经济中有大量规模各异和运输成本不同的行业，经济将形成层级结构，而城市结构的未来趋势取决于"市场潜力"参数，拥有不同制造业部门的经济体演化出一个包含"高等级城市"和"低等级城市"的城市层级体系。国际贸易模型将空间经济理论运用到关注国际间专业化分工和贸易所得的传统国际贸易研究中。国际贸易可以导致内部经济地理的重新组织，既在总体上促使制造业活动变得更加分散，同时又促使某些产业发生集聚。[②] 空间经济学的研究解释了城镇空间集聚与产业集聚的内在关联性，以及制造业发展对城镇等级序列形成的作用机制。[③]

---

① 段学军，虞孝感，陆大道．克鲁格曼的新经济地理研究及其意义［J］．地理学报，2010，(2)：131-138．
② 藤田昌久，保罗·克鲁格曼，维纳布尔斯．空间经济学——城市、区域与国际贸易［M］．北京：中国人民大学出版社，2005：1-296．
③ 钟海燕．城镇化、工业化与民族地区经济发展方式转变［J］．广西民族研究，2013（2）：134-141．

13.3 社会经济网络理论

一般认为，社会网络研究产生于英国人类学。英国学者伊丽莎白·鲍特（Elizabeth Bott）的著作《家庭与社会网络》至今被美国社会学界视为英国社会网络研究的范例。20世纪六七十年代，社会网络视点在学术界的影响日益扩大。到20世纪八九十年代，社会网络理论已经成为当代主流社会学理论的基础。

社会网络理论受科斯、威廉姆森等新制度经济学派的影响很大。社会学家提出的社会经济网络理论，始于对新制度经济学派将经济组织的形成和发展看成是人类市场交易中对于有限理性和机会主义导致的交易费用的理性化反应的不满。比如，威廉姆森认为，从企业外部的市场交易行为到企业内部的等级控制体系是一个连续渐变的组织结构演化谱线，谱线的一端是完全自由竞争市场，另一端是完全受权威控制的企业内部管理等级结构，企业制度化的交易行为必定处于这个从市场到等级的渐变谱线上的某一点，在该点上，该企业的市场交易成本与该企业内部管理控制成本达到平衡。威廉姆森由此就把所有这些处于市场与等级之间的组织形态称为市场中间网络组织。产业集群就是市场中间网络经济组织的一种。然而，社会学家认为，在市场中间网络经济组织中，除了广泛存在的市场交易关系外，还包括广泛的发生在网络行为主体之间的非贸易（交易）的相互依赖性。在产业集群内部，就不仅存在着广泛的企业社会分工与协作的经济联系，还存在着广泛的知识交流、信息流动、正式和非正式制度规范、创新文化环境、信任与合作等社会联系。因此，产业集群是地方企业间的经济联系和社会联系的交织，它既是一个经济网络组织，还是一个社会网络组织。

社会学家认为，基于权威的控制和管理，如内部激励和处罚，不应当取代信任，相对于经济模型来说，在社会网络中，企业间的互动会更强一些，而企业内互动则会弱一些。[①] 原因在于，由某种强大的人际关系组成的社会网络可

---

① 王缉慈. 创新的空间——企业集群与区域发展［M］. 北京：北京大学出版社，2001：1-384.

以超越企业的边界，使得许多企业间的社会互动，可能强于（好于）企业内部的协调。

主要依赖于人际信任的这种非正式的人际网络并不意味着它的脆弱。相反，企业社会关系网络可能蕴涵着某种潜在的"力量"，如在合同不完全的情况下，非正式的人际信任和信用，往往能够产生一种驱使交易双方继续以适当的形式履行合约的力量，从而使双方受益。在社会学中，这种人际关系被描述为社会网络的根植性（embeddedness），即人类的社会经济活动只有深深地嵌入于当地的社会结构、人际关系网络之中的信任、信息和其他经济关系，才是经济活动者在现实经济社会中所乐意接受的，也才是长期有效率的。在城市集群中，行为主体不仅要考虑纯粹的经济机会和利益，而且存在着很强的社会根植性的约束力。这是城市集群发展和效率的一大源泉。

尽管社会网络理论本身没有经济空间的含义，但它却有明确的产业空间的实用意义。在社会网络中，实际的规制力量可能是不确定的，它依赖于过去的累积效应，这种累积有时源于规则的硬监督，有时源于环境（如习俗）的软监督，或者是"领袖"的号召力，或者是双方对未来长远利益的共同认知，等等。而在城市集群内部，企业之间的彼此临近，使得这种规制力量的确定性大大增加。特别是，当存在独特的本地经济基础和产业文化时，社会关系网络中的根植性将会产生决定性的影响。此时，过去的关系倾向于继续维持下去，或者良好的行为惯例逐渐形成，从而大大减少机会主义行为，节约交易费用，提高市场交易效率，城市集群的组织效率得以形成。近年来，社会经济网络理论在集群分析中得到了大量的应用，并有相当的解释力。特别是，许多学者将其应用到实证研究中，取得了很好的"叙述性"效果。社会经济网络理论模型，基本处于"叙述性"的文字描述阶段，其数学的形式化还有很长的路要走。但不管怎么说，社会经济网络的集群研究视角，将会是一个很有前景的领域。

13.4 新产业区理论

产业区的概念最早由马歇尔（1920）提出，马歇尔所指的产业区是一个中小企业聚集的地区，区域的创新气氛十分浓郁，新工艺、新思想能很快被接受、传播，各个中小企业之间形成一个既有效竞争又合作交流的网络。在20世纪70年代末80年代初，世界经济再次进入萧条阶段，在许多区域特别是老工业区，由于自身创新能力的衰退，加之不适应外部市场的变化，出现大量企业衰亡或者迁出的现象，区域发展失去活力，经济发展陷入衰退或停滞。在此背景下，美国的硅谷以及意大利、德国、法国等欧洲国家的某些地区，却出现了与此相反的良好发展态势，从而引起了许多发达国家的学者的关注。一些学者研究结果发现，这些地区与历史上马歇尔描述的产业区有许多相近之处，是大量专业化的中小企业形成的集聚产业区，因此称之为新产业区。

此后，新产业区及其他存在的原因成为经济学、地理学、管理学、社会学等众多学科研究的热点，并与技术创新、组织演化、制度分析等理论前沿相结合。各学科、各领域的众多学者对之进行了深入的研究，发现这些地区有一个共同的特点，就是中小企业在产业区域聚集成长，区内企业的专业化程度很高，企业之间既竞争又合作，这种合作不仅有战略联盟、集体合同、投入产出联系，还包括非正式交流、沟通、接触、面对面对话，企业之间平等竞争，协同面对国际市场。这种主要基于中小企业既竞争又合作的有效的产业网络，产生了一种强有力的内力，促进了地方经济的快速发展。所以这一研究领域成为20世纪80年代以来西方经济地理学研究的主流方向之一，20世纪80年代后期以来的研究中逐渐融入了对全球化的争论及相关的地区发展问题、企业和地区创新能力问题等，使得这一领域的研究越来越复杂化和多样化，而对集聚因素的研究则拓展到社会、文化和制度等方面，随着经济全球化的趋势加强，新产业区的理论意义显得越来越重要。

所谓新产业区，实际上就是一个具有创新动力与竞争力的区域创新系统，区域内各行为主体在相互信任的基础上形成区域创新网络，进而深深植根于当地的不断创新的社会文化环境。对于新产业区的具体概念、类型划分、形成与发展的作用机制，不同的学者有不同的理解，甚至有的到现在尚未有统一认识。例如，皮埃尔和赛伯（Piore and Sabel）将新产业区看作弹性专精的产业区域；斯科特（Scott）将新产业区定义为基于合理劳动分工的生产商在地域上结成的网络（生产商和客商、供应商以及竞争对手等的合作与链接），这些网络与本地的劳动力市场密切相连；派克和圣根伯格（Pyke and Sengenberger）

认为，新产业区是指有地理边界的、以不同的方式生产同一种产品的、实行专业化分工的大量企业组织系统，它是一个"社会经济综合体"，具有适应性和创新性两个主要特征；挪威学者格罗弗里（Carafoli）认为新产业区本质上是一个由中小企业群构成的网络生产系统，在系统内，劳动力流动快且容易获得，广泛存在面对面交流，人们之间比较信任；而根据斯托珀（Stoper）、马库森（Markusen）、帕克（Park）等人的观点，新产业区包括绝大多数新兴的、以专业化生产为特征的新兴增长区域，他们或者以资源相关型产业为主，或以制造业为主，或以服务业为主，不仅包括中小企业，也包括大企业在内，因而新产业区的概念得到了很大的扩展。新产业区存在争论的主要原因有两方面：一是各国具体的区域案例尽管有很多共性，但差异也很大；二是研究新产业区的学者来自各学科、各领域，他们研究的角度不同。

新产业区理论尽管存在争论，但许多地方还是达成了共识。一般普遍认为，新产业区具有两大基本特征：网络化与根植性，它们也是识别新产业区的两个基本标准。网络化是指，在区域内，各行为主体（企业、大学、研究机构、中介机构、地方政府等组织及其个人）在相互的交往与协作过程中，彼此建立起相对稳定的正式关系或非正式关系，形成一个区域创新网络，新产业区的外部规模经济与外部范围经济的实现，取决于新产业区内企业网络与劳动力市场网络的具体状况，以及为学习与创新而形成的网络形式。根植性，也称之为本地化，是一个经济社会学的概念，它的含义是区内企业通过与当地文化背景相结合，产品与当地消费文化相结合，以及利用地理上的优势，与其他企业形成一种与当地文化背景相适应的非正式合作关系，其经济行为深深嵌入社会关系之中。在新产业区中，各行为主体由于地理上的邻近，形成相容的文化价值观念，在长期的交往与合作中，形成相对稳定的、根植于当地社会文化的非正式联系、信赖关系和协作关系，这种根植性使企业之间建立了互相信任合作的关系，甚至采取集体行动，在区内区外市场上互利互助，共同承担风险，成本优势得到进一步发挥。对于本地企业，如果只顾与区外企业结网而不加强与本地企业的联系，其后果将削弱本地的技术创新能力，造成对区外企业严重的依赖。同时，外来的企业也必须面对当地的特性来调整自己，从当地立场出发，实行当地化生产经营，才能站稳脚跟。

新产业区内的企业网络是高度柔性化的，具有弹性专精的生产性质。所谓弹性专精，通常包括两方面的内容：一方面，产业区内的企业是高度专业化的，垂直分离和外包特征明显，核心业务突出，因而往往形成扁平化的以中小企业为主的产业组织；另一方面，企业之间互相联系、互相协作和互相补充，长期维持着协作竞争关系，从而形成集体合力，这种集体合力不僵化、不刚性，而是柔性化的、多样化的，具有相当的灵活性，它特别有利于满足那些富有个性、变化多样、不断更新换代的需求和服务，生产的调整极快，适应性极强。新产业区内企业网络的柔性化还表现为企业间的高协作性，这种企业协作，既包括发包商和承包商之间为了及时、定量生产高质量的产品而进行的互补行为，也包括竞争对手之间为共同利益而进行的密切协作，包括产品配套、基础设施共享、合作创新、知识交流、相互理解与信任，等等。

因此，在新产业区，企业总是面临着如何在竞争与合作之间寻找平衡点的问题。竞争通常能够提高企业效率，改进产品质量和创新，但过度竞争往往导致企业成本上升，价格下跌，利润率下降，致使企业无力从事有利于长期利益的创新、培训与学习活动。为了处理好企业既竞争又协作的矛盾，企业之间必须建立起高度的信任机制，这就要求区内的企业行为嵌入社会关系之中，即要求企业具有社会根植性。从经济社会学的角度看，考察经济行为时，必须注意行为主体结成的社会经济网络结构，因为只有嵌入区域社会结构和人际关系网络，才是经济活动者乐意接受和维持的稳定的信息和经济关系。在一定区域，人们之间频繁互动、频繁联系的纽带，才容易使得区域经济活动具有更高的可靠性、可预见性，并避免一次性交易可能产生的不信任、不合作等问题。

新产业区竞争优势的来源，取决于区域企业网络和劳动力市场网络的性质，以及由此产生的学习和创新能力。具体来讲，新产业区竞争优势首先取决于区域企业网络与柔性生产的实现。在新产业区内，一般具有高度专业化的劳动分工。这种劳动分工一方面基于正式的经济联系和契约而形成。除了专业化企业间的竞争、分工与协作外，区域劳动力市场网络被认为是新产业区竞争优势的最为关键的因素。新产业区劳动力市场网络往往是相当复杂的。在现实中，可以大致发现其中的两种基本类型：一种是高薪的多功能的人员组成的劳动力网络；另一种是低薪的低技能的工人组成的劳动力网络。也就是说，新产业区既可以在低成本低工资区域形成，也可以在高成本高工资区域形成，最终起作用的是成本收益率。这表明，新产业区的优势并不总是与低成本相关。当一个区域成本优势不在时,只要区域内具有高素质的劳动力、各式各样的服务、地方物质与信息的投入产出联系等,使区域内形成相当活力和创造力的话,高成本高利润的产业区就可以获得。在高技术产业领域,高技术伴随其产品生命周期的始终,从事研究与开发活动的白领劳动,以及熟练的蓝领技术工人是高技术产业区(典型的新产业区)的基本前提条件。

劳动分工另一方面也基于未编码的区域传统、文化与习俗等非正式社会契约。正式和非正式的企业网络共同作用于新产业区,两者互相补充、互相促进,形成发展的"内力"与"合力"。所以,学习性也是新产业区竞争优势的重要来源,这里的学习性指的是非正式研究与开发活动,如今的科技研究与技术创新已经不再取决于正式的研究开发,而是取决于包括学习在内的各种非正式的研究开发活动。学习性有三个基本前提:一是信息与电脑技术的发展;二是弹性专精生产的存在;三是普遍的创新活动不断产生。学习可发生在任何阶段,在发现问题、解决问题的过程中都存在学习。何时学习、学习什么,不仅取决于行为主体可供选择的机会,还取决于行为主体的搜索能力,并且搜索能力随着企业存在的年限和规模的增加而增加。

其实,新产业区的理论内容并不局限于网络性、根植性和创新性等,作为国际理论前沿,新产业区理论的内容还在不断深化,研究范围不断扩大。自20世纪80年代以来,在全球化和本地化趋势共同作用下,新产业区理论出现了很多新进展:由斯科特(Scott)和斯托珀(Storper)等为代表的新产业空间学派认为大企业的垂直分化是产品空间集聚的主要原因,其主要目的是克服贸易壁垒,实现产品销售全球化;以萨博(Sabel)等为代表的产业区理论认为大量的中小企业发展必须植根于本地的社会文化环境之中;以卡马尼(Camagni)等为代表的创新环境学派则强调地方的学习过程和网络化的作用;Porter的产业群概念在其钻石模型中的基础是强调竞争者、生产者和客户之间的地方联系和相互作用;以尼尔森(Nelson)、伦德瓦尔(Lundval)、弗雷曼(Freman)和库克(Cooke)等为代表的国家或区域创新系统学派则认为空间集聚有利于产品供给和需求者之间相互交流,强调制度、企业家和网络构建等的系统性。

总之,新产业区是依靠内源力量发展起来的经济区域。在区域内,各行为主体通过中介机构建立长期的稳定的关系,结成一种合作网络,共同形成一种独特的区域创新网络。这种区域创新网络，不但促使企业不断创新，而且使区域的社会、经济、技术得到协调发展。新产业区的创新网络一旦形成和发展起来，区域内通常出现一个自我强化的循环系统，在系统内进行着大量的知识、信息和技术的良性循环流动，使系统不断保持生命力、创造力和竞争力，促进区域经济的不断发展。但新产业区自我强化的发展路径的形成是有条件的，它必须具有很强的区域一致性、集体企业家、柔性专业化、竞争与合作的共存、信息的迅速扩散、经济和社会的融合、很强的集团一致性等区域经济特性，而且这些区域经济特性的形成和维持，既不能简单地依靠外力（主要指外来资本和本地的自然资源禀赋等）来实现，也不能完全通过政府干预来取得，而是必须在市场驱使下，由区内大量企业"联合行动"，形成特定的区域制度文化，构筑独特的社会资本优势才能获得。

第 14 章

城市竞争力

20 世纪 80 年代以来,经济全球化和区域一体化的发展,使世界各国的城市面临着发展的机遇和竞争的压力。如何促进城市经济持续快速地发展从而提升城市竞争力,成为西方城市经济学研究的一个热点问题。世界各国政府和相关组织逐步认识到"城市竞争力"对于国家、区域、城市具有重要的经济意义、政治意义,并纷纷采取行动响应这一热点问题。例如,英国早在 20 世纪 90 年代就城市竞争力相关论题出台了一系列"白皮书";美国设有专事"城市竞争力"的研究机构;2000 年新加坡全球经济地理大会把城市竞争力作为研讨的重要议题;世界银行和世界议会(World Congress)于 2000 年 5 月在华盛顿市举办了"城市竞争力全球会议";经合组织(OECD)针对城市竞争力,特别是"新经济""新产业"对城市竞争力的影响作了相关的报告;等等。

本章介绍西方城市竞争力研究的主要内容。14.1 节给出西方学者对城市竞争力概念的理解并介绍城市竞争力理论的理论基础,14.2 节介绍西方城市竞争力理论研究的主要内容,14.3 节是几个主要的城市竞争力模型。

14.1 城市竞争力的概念和理论基础

14.1.1 城市竞争力的含义

城市竞争力所强调的城市管理就是将提升城市竞争力作为管理工作的首要

任务，在分析内、外部环境的基础上，通过城市实力、城市能力、城市活力、城市潜力和城市魅力等若干方面的发展来实现城市竞争力的提升，促进城市的可持续发展。西方学者对"城市竞争力"进行研究还未形成公认的理论体系，而且，大多是把城市竞争力归结到区域竞争力的范围进行研究和探讨，主要有以下几种观点。

美国斯坦福大学道格拉斯·韦伯斯特（Douglas Webster，2000）认为，城市竞争力是指一个城市能够生产和销售比其他城市更好的产品的能力，提高城市竞争力的主要目的是提高城市居民的生活水平。评价城市竞争力有4个因素，分别是经济结构、区域禀赋、人力资源和制度环境[1]。

英国的保罗·切夏尔（Paul Cheshire，1998）认为，城市竞争力是一个城市在其边界内能够比其他城市创造更多的收入和就业。城市的竞争力是城市之间在区位、所在地企业的优劣势相互比较中体现出的能力。如果市场是完善的，城市间的比较优势决定它们之间的分工格局，而比较优势又会通过城市之间的成本差异表现出来。如果说一个城市有竞争力，这就意味着在一些关键性的经济指数上持续存在不均衡，这种不均衡作为一种系统性差异使得一个城市相对其他城市而言具有更强的吸引力。[2][3]

著名竞争力研究专家哈佛大学的波特教授（1995）认为，国家或城市的竞争力是通过国家或城市产业的综合竞争来实现和表现的。波特的国家竞争力定义是"竞争力在国家水平上仅仅有意义的概念是国家的生产率"。[4] 延伸到城市层面就是城市的生产率。城市竞争力内涵在于城市为企业参与国际竞争提供有利环境条件的能力。

城市竞争力全球会议（the world competitive cities congress，2000）上，哈佛大学的坎特（Kantor）和波特（Porter）指出，城市竞争力的内涵在于三个方面：第一，城市领导者具有较高的素质，尤其是城市政府领导城市参与世界贸易的能力；第二，信息技术和知识产业对城市经济增长有决定性作用，城市

---

[1] Douglas Webster, Larissa Muller1. Urban Competitiveness Assessment in Developing Country Urban Regions: The Road Forward [R]. Paper Prepared for Urban Group, INFUD. The World Bank, 2000.

[2] Paul Cheshire, Gianni Carbonaro, Dennis Hay. Problems of Urban Decline and Growth in EEC Countries: or Measuring Degrees of Elephantness [J]. Urban Studies, 1998, 23 (2): 131 – 149.

[3] 郭彬，等. 城市竞争力理论及评价方法研究 [J]. 石家庄经济学院学报，2005 (4): 149 – 153.

[4] 迈克尔·波特. 国家竞争优势 [M]. 北京：华夏出版社，2002: 58 – 65.

信息技术和知识产业发展程度决定着城市竞争力强弱；第三，由于市场经济条件下政府的投资相对减少，民营投资（包括外资和国内民营企业投资）成了城市经济增长的发动机。

伊万·图罗克（Ivan Turok，2001）给出的城市竞争力定义是：城市竞争力就是城市生产产品和提供服务，能够满足区域、国家和国际市场，同时能够提高居民实际收入，以及改善居民生活水平和促进可持续发展的能力。

14.1.2 城市竞争力的理论基础

城市竞争力的研究源于竞争力的研究，关于竞争力的理论和模型众多。但在这些复杂的理论和模型中，有一条研究的主线非常明朗，即城市竞争力就是对市场上最有价值的生产要素进行争夺的能力，城市竞争力理论研究如何获取这些最有价值的生产要素，并获得优势地位。因为竞争是市场经济的产物，在市场经济条件下，微观领域的厂商通过获取生产要素和资源，进行生产和提供服务来谋取利润。竞争在表象上看是产品和价格竞争，实质上是争夺资源的竞争。在不同的历史发展时期，人们争夺的最有价值的生产要素会发展变化，相应的，城市竞争力理论也随着经济社会的发展而演变。因此，从时间维度看，城市竞争力理论主要建立在成本优势理论、体制优势理论以及创新优势理论等几个理论基础之上。

（1）成本优势理论。这一理论来自古典经济学的代表人物亚当·斯密提出的绝对成本优势、李嘉图的相对成本优势以及马歇尔的集聚优势理论。市场竞争主要是产品竞争，产品成本高低是竞争力的决定性因素。特别是在亚当·斯密所处的卖方经济时代，竞争力的强弱直接决定于产品成本的高低。到了李嘉图所在的时期，成本优势的观点被进一步强化，但竞争力不是取决于绝对优势，而是比较优势。亚当·斯密和李嘉图的成本优势，认为竞争力的强弱取决于是否占有和控制世界上的资源产地，是否具有生产上的高效率技术和组织方式等。马歇尔以及后来的一些经济学家们对集聚经济的研究表明，要素集聚时所产生的相互积极影响，可以大大降低生产成本，从而提高竞争力，本质上也是一种成本优势理论。

（2）体制优势理论。成本优势确实在城市竞争力方面有现实的说服力，但仅仅从成本因素考虑已不能满足经济社会的发展需要,在现代社会中,资源禀赋意义逐渐减退,以世界经济论坛(WEF)和瑞士洛桑国际管理开发学院(EMD)的观点为代表,竞争力优势理论的研究转向更深入的体制性方面。认为竞争力是指一国的企业或企业家以比竞争者更具吸引力的价格和质量来进行设计、生产和销售产品与劳务的能力,是一个国家或公司在世界市场上均衡地生产出比竞争对手更多财富的能力。这些观点主要是从现代市场竞争的基本体制性因素——国际化、政府管理、金融体制、公共设施、企业管理、科学技术、国民素质、服务水平等进行的综合评判。

(3)创新优势理论。在20世纪90年代,创新被提到了一个相当高的地位。一些西方经济学家认识到城市竞争力源自创新优势。其中,以熊彼特的理论为基础的技术创新理论,认为竞争力优势主要依托技术组织的不断更新;以波特为代表的系统性竞争力优势理论,认为竞争力在于技术创新,更在于国内各方面经济资源和要素分工协作的体系化;以道格拉斯·诺斯为代表的制度创新竞争力优势理论,认为竞争力在于通过制度创新营造促进技术进步和发挥经济潜力的环境,强调竞争力优势是制度安排的产物。[①]

14.2 西方城市竞争力理论的主要内容

西方学者最早关注城市竞争力问题,学者们从各个不同层面对城市竞争力进行了研究。如贝格(Begg,1999)、博迪(Boddy,1999)、切夏尔(Cheshire,1999)、詹森-巴特勒(Jensen-Butler,1999)等人研究了城市之间的竞争过程;达西(D'Arcy,2000)、基奥(Keogh,2001)、罗杰森(Rogerson,1998)、戈登(Gordon,1999)等人研究了影响城市竞争力的因素及其竞争后果;还有一些学者通过对全球竞争、美国和欧洲的考察,研究了城市竞争的尺度问题。

从研究城市竞争力的地域分布来看,全球城市竞争力研究集中在北美和欧洲。北美学者对美国城市竞争力及其相关研究比较深入。例如,巴克内尔大学

---

① 何添锦. 国内外城市竞争力研究综述 [J]. 经济问题探索,2005 (5):21 – 24.

的彼德教授从20世纪80年代开始对城市竞争力作了开拓性的研究；哈佛大学的波特教授在20世纪90年代初已是国际上研究竞争力问题的著名专家，他声称其关于国家竞争力的研究同样适合次级经济存在体（区域和城市）；而北卡罗来纳大学丹尼斯教授于20世纪90年代开始研究大都市地区的国际竞争力问题。在欧洲，伴随着欧盟地区的一体化进程，城市竞争力的研究成为关注的焦点；此外法国的经济空间管理机构（DATAR，2000）、Cheshire（1990、2001）等也针对城市竞争力进行了专门研究。

总体上看，已有西方学者关于城市竞争力的研究主要围绕全球化背景下城市竞争机制、城市竞争力影响因素以及城市竞争力评价、城市竞争力提升战略4个方面展开。[①]

14.2.1 城市竞争机制研究

城市竞争机制的研究主要围绕以下几个问题展开：在全球化、信息化以及知识经济的背景下，城市竞争什么，城市如何竞争，怎样才是一个有竞争力的城市，城市竞争方式，城市竞争结果。

（1）城市竞争什么？2001年在亚特兰大召开的城市竞争力会议上，众多学者认为权力的持续下放，全球市场的自由化以及城市化进程促使城市加快对如下对象的竞争：资本、技术和管理专家；电信和通信设施及其服务；新兴产业、服务业以及竞争产品和服务的价格和质量，等等。马库森（Markusen，1996）认为，作为一种场所类型，一个城市竞争力的关键是这个城市能否在保留已有的人才和投资的同时吸引更多的投资和人才移民。而另有一些西方学者则称，一个有国际竞争力的城市可以从以下几个方面考虑：与其他城市的联系和交往程度；较高教育素质的劳动力；优越的交通和通讯设施；多样性的研究机构；有吸引力的产业据点和办公空间；高效率的政府；公共和私人部门的交流联系；大的跨国公司；多样化的投资渠道，等等。总的来讲，在全球化、信息技术的背景下，人才、知识、技术、信息、投资等生产要素成为城市竞争的主要对象。

（2）怎样才是一个有竞争力的城市？洛林·伯达尔（Loleen Berdahl，

[①] 于涛方. 国外城市竞争力研究综述[J]. 国外城市规划，2004（1）：28-35.

2002）认为，一个有竞争力的城市必须具备：第一，高的生活质量；第二，有吸引力、安全、可持续的环境；第三，高质量的服务和基础设施；第四，有竞争力的税率和措施；第五，人力资本和知识中心；第六，个性/性格（character/personality）：文化、多样性，等等（Berdahl, 2002）。克雷斯尔（Kresl, 1995）则认为能代表一个有竞争力的城市经济有6个特质，包括数量和质量目标（Kresl, 1995）：第一，能创造高技术、高收入的工作；第二，能生产有利于环境的产品和服务；第三，生产集中于具有某些理想特性的产品和服务，如收入需求弹性高的产品；第四，经济增长率应该与充分就业相衔接，不产生市场过载的负面作用；第五，城市从事于能掌握其未来的事业，也就是说，选择可能的未来，而非被动的接受其命运；第六，城市能加强其在城市等级体系中的地位。针对有竞争力的国际城市，坎特（Kantor, 1995）教授认为，一个国际性城市应该是一个具有高度竞争力的城市，并且是围绕这三"c"而形成的：concepts（新观念）、competence（实力）、connection（联系网络），只有具有这三个素质，一个城市才具备国际竞争力。对照哈佛大学的坎特（Kantor, 1995）教授和波特（Porter, 1995）教授指出的三个衡量城市竞争力的指标（领导素质、信息技术及国家—民营的合作），世界银行城市发展部主任佩莱格林（Pellegrin, 2001）认为，缺乏竞争力的城市有如下的共同问题：第一，城市缺乏法规，或现有法规的质量低下，无法保证投资者的信心或说服投资者继续经营；第二，与全球或地区性的资本市场关系疏远，无法从这些市场筹措城市建设的资金；第三，政府没有足够的能力提供有水准的公共服务，又未能获得民营企业的协助，致使城市的吸引力下降。

（3）城市如何竞争？里奥·凡·登·伯格和埃里克·布朗（Leo Van den Berg and Erik Braun, 1999）认为，一个城市的竞争很大程度上取决于城市的发展阶段。在城市化阶段，城市是功能相对独立的单元，与其他的城市联系相对较弱，因此城市之间的互补等功能相对较弱；而在城市的郊区化阶段，城市竞争发生较大的变化，郊区化蔓延意味着城市区域或城市集聚体的形成。对于大城市而言，城市在很大程度上与其郊区或其城市区域的竞争比较激烈，在这个阶段城市功能区的合作理念并没有在地方城市中发生过足够的效果；而到了城市发展的第三个阶段——城市的逆城市化阶段，城市的竞争范围扩大，大城市不仅仅与其周边郊区竞争，而且与其他距离很远的城市发生竞争（Berg and Braun，1999）。同时，伯格和布朗（Berg and Braun，1999）认为，"信息时代"到来时的城市发展也进入了新的阶段（第四阶段）。信息时代的推动力之一是 ICT 技术，信息技术和新技术的结合，从根本上对社会起着巨大的推动作用。企业等的区位发生了变化，地理条件对城市的发展不再像以前起着决定的影响力。实际上，除了传统的区位因素，如土地价格和空间可达性等以外，软性的生活质量、环境、文化服务水平和对知识的获取等要素则成为全球化时期下区位的重要因素。与此同时，"高技术，高接触"（hi-tech，hi-touch）日益普遍，新技术同时需要人们面对面的交流、接触。这其实分析了城市竞争的几个阶段：弱竞争阶段；城市/郊区竞争阶段，也就是城市的区域竞争阶段；广域竞争阶段；信息时代城市全球化竞争阶段。每一个城市竞争阶段的竞争性质不同，竞争的影响因素也因之而异（如表14.1所示）。

表 14.1　　　　　　　　　　空间组织模式

组织形式	前工业的地域性	工业社会的竞争性*	信息社会的网络
企业层面 本质 关键的功能 战略 内部结构 进入屏障	企业目标定位于地方市场 生产 控制地方市场 独特区位 空间距离	定位于国际市场的企业 市场 控制市场份额 专门化功能单元 对抗竞争	网络企业 创新 控制创新 集中功能单元 持续创新
城市体系层面 基本原则 结构 部门 效率 政策战略 城市合作目标 城市网络	主导 垂直集中（柯里斯泰克） 农业、公共机构、传统服务业 规模经济 无：规模决定它的功能 无：除一些军事或者外交关系 等级网络	竞争力 专门化 工业、专门化工业区 垂直/水平集中 初级阶段无：出口基地决定经济增长 当前：各个城市竞争力强化 城市间的劳动分工 互补网络	合作** 网络城市 高层次的服务业 网络外部性 城市间的合作、城市基础设施的网络建立 经济、科技和基础设施 综合网络和创新网络

续表

组织形式	前工业的地域性	工业社会的竞争性*	信息社会的网络
城市层面 本质 形式 城市政策目标 象征、标志	传统城市 内部相对均质性 权利和形象 宫殿、教堂、市场	福特城市 专门化分区 内部效率 烟囱、摩天大楼	信息城市 多功能分区和多中心城市 外部效率/吸引力 机场、市场

注：* 竞争性在这里主要指的是战争性的对抗竞争。** 合作在这里含义是合作性竞争。
资料来源：于涛方. 国外城市竞争力研究综述 [J]. 国外城市规划，2004（1）：28-35.

14.2.2 城市竞争力影响因素研究

西方学者对城市竞争力的首要决定因素的研究，归纳起来西方学者主要存有两方面的不同观点。其一是认为城市竞争力源自地方区域的生产簇群，如硅谷（Silicon Valley）、波士顿128号公路（"The Route 128" in Boston）、巴登-符腾堡州（Baden-Wurttemburg）、艾米利亚-罗马涅区（Emilia-Romagna）和格勒诺布尔（Grenoble），等等。其二是认为竞争力和经济增长是以区域的贸易和出口为基础的。按照这个观点，有竞争力的城市是那些全球经济体系中的"门户"或者"节点"城市，如伦敦、巴黎、纽约以及东京等。第一种观点，考虑了要素条件、企业战略、结构和竞争对手、需求条件以及相关支柱产业等之间的系统、地方、网络互动关系。这些关于场所（place）（当地地点、区域或者国家）之间的竞争的研究是在波特的竞争力钻石模型的基础上进行的。而第二种观点则是认为地方经济增长是由区域外的可贸易条件决定的，而这以生产和过程的日益创新为基础，认为"簇群"只是竞争力结果的外在表现，而不是竞争力的源泉。

14.2.3 城市竞争力评价研究

自美国始，西方学者在城市竞争力评价方面有很多实践和探索。无论从竞争力评价方法、程序、评价模型，还是从城市竞争力评价指标体系构建都有一定的进展。20世纪90年代以来，美国哈佛大学的波特教授已为五个州作了竞争力的分析，其中一些研究报告已经公布；在欧洲，欧盟有关机构已经完成城市竞争力指标体系的研究，正着手开始欧洲城市竞争力的评价工作；在亚洲，韩国、马来西亚等国家和地区的最新研究正在进行。

从评价的主要方面和角度来看，西方学者城市竞争力评价主要是从城市竞争力绩效评价，城市竞争绩效（或竞争资本、竞争表现）与竞争环境相结合评价两个方面展开的（Jensen-Butler C，1997）。相应构建的城市竞争力评价体系往往有两套，分别是城市竞争力的显性指标体系、城市竞争力的解释性指标体系，用来评价城市竞争力绩效和城市竞争能力。

（1）城市竞争力绩效评价。场所的竞争力指的是地方经济和社会对当地居民的生活水平提高的贡献程度和能力（Malecki，2000）。创造和维持工作岗位的能力以及支付工资的水平则是竞争力结果的重要指标（Fry，1995）。传统的评价城市竞争力的方法往往注重"经济要素"（Deas，2001），这些在很大程度上反映了城市历史竞争的结果（urban performance）或者城市绩效（urban competition outcomes）。进入21世纪以来，与城市竞争能力相关的要素才愈来愈受到广大学者的关注，如社会资本、环境宜人度、公共部门与私人部门合作等。

（2）城市竞争绩效与竞争环境结合评价。总体上来讲，西方学者关于城市竞争力评价主要有三套评价体系：一是借鉴了波特的国家竞争力评价的"钻石体系"和"价值链"理论；二是在城市综合实力评价或者说是在城市竞争资本评价的基础上，结合部分影响城市竞争力的其他要素，来进行城市竞争力的评价；三是一些机构或者学者，结合城市发展新的背景，借鉴产业竞争力、企业竞争力等评价方法，开始关注城市竞争环境（或者竞争过程）与城市竞争力的相互关系。

14.2.4 城市竞争力提升战略研究

西方学者关于城市竞争力提升战略主要针对如下两个层面：（1）城市竞争的物质环境塑造。如城市场所促进（place promotion）；城市经营（urban marketing；urban management）等，可以认为是城市竞争力提升战略的实施、策略等相对"形而下"层面。（2）城市竞争的制度环境营造。如城市战略规划、能力建设、能力运用、城市管治等"形而上"层面。

14.3 城市竞争力理论模型

城市竞争力不是一个能直接衡量的特征变量，评价城市竞争力需构建一定的模型。目前有影响的代表性城市竞争力模型主要有：美国哈佛大学迈克尔·波特（M Porter，1995）的"产业竞争力理论"、世界经济论坛（WEF）和瑞士洛桑国际管理发展学院（IMD）的"国际竞争力理论"、彼德的城市竞争力模型、道格拉斯·韦伯斯特（Douglas Webster）的城市竞争力模型和拉加－林纳马（Rejia-Linnamaa）的城市竞争力模型等。

14.3.1 波特的国家竞争力模型

美国哈佛大学教授迈克尔·波特是国际上研究竞争力问题的著名专家，20世纪80年代他连续发表了《竞争战略》《竞争优势》和《国家竞争优势》三部著作，创立了他的竞争理论，并提出城市和区域更适合作为竞争优势分析的基本单元，其"钻石模型"享誉学界和业界[①]。

迈克尔·波特的研究是从影响国际竞争力的深层次原因入手的，即层次因素分析。不同层次的国际竞争力是多种不同因素综合作用的结果，共同构成了一个国家或城市的竞争优势。以企业为例，国际竞争力是指企业在国际市场上以全球战略的姿态进行竞争的能力。波特特别强调以全球战略参与国际竞争，战略是竞争制胜的关键。他认为影响企业国际竞争力的因素有五个：企业现有竞争对手因素、供应企业因素、客户企业因素、企业潜在竞争对手因素、替代品因素。一国在某一产业的国际竞争力，是一个国家能否创造一个良好的商业环境，使该国企业获得产业竞争优势的能力。一方面，可以从分析某一产业的结构入手，确定本企业在该产业中的相对竞争优势，并采取相应的竞争战略；另一方面，国家也可以某一产业为中心，分析该国各方面的环境因素如何影响企业在该产业中的竞争优势。波特提出，影响产业竞争力的因素有六个方面：包括四大直接因素和两大辅助因素，四大直接因素是生产要素，需求条件，相关产业和支持性产业，企业的战略、结构和竞争的优劣程度；两大辅助因素是政府作用和机会因素。这六大要素的相互作用构成一个动态的激励创新的竞争环境，即著名的"钻石理论"模型[②]（如图14.1所示）。

[①②] 迈克尔·波特. 国家竞争优势 [M]. 北京：华夏出版社，2002：119.

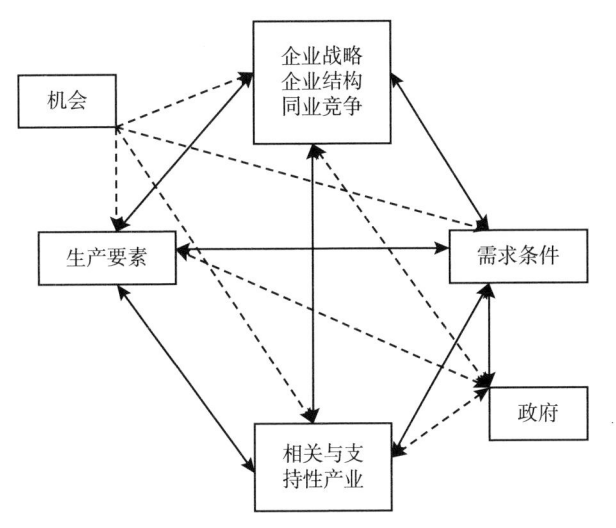

图 14.1　产业竞争力的钻石模型

资料来源：作者自绘。

波特的国家竞争力模型得出对产业竞争力的整体评价，进而得出对国家竞争力的最终评价。同时，把国家范围缩小到一个区域或是城市，由于区域和城市的经济也是由产业构成的，产业的竞争力强弱也直接影响到区域和城市的竞争力。所以波特的国家竞争优势理论对区域和城市的竞争力研究同样也有很大的指导作用。

图14.2是以波特的"钻石"体系理论为基础建立的城市竞争力模型，由4个基本决定因素和两个辅助因素组成。

（1）生产要素：一个城市所拥有的生产要素是其发展的基础。城市通过大量的投资可以获得更多的生产要素，从而形成并保持自己的竞争力。

（2）需求条件：城市应为居民和驻地企业提供优质的生活环境和商务环境以满足其需求。如果居民和驻地企业对城市质量要求苛刻的话，那么城市在满足居民和企业要求的同时也就获得了竞争优势。

（3）城市间竞争：城市总是会面临与其他城市的竞争，通过竞争，城市能够发现自己的优势所在进而形成竞争优势。竞争对于城市竞争力非常重要，这种重要性并非是它激励了静态的效率，而是它能够给城市提供创新的动力。

（4）城市定位和城市发展战略：城市要形成竞争优势，首先要有正确的定位和发展战略目标。只有定位正确才可能选择和培育合理的产业体系,充分利用和发挥属于自己的核心资产和生产要素的潜力,并通过竞争形成城市的竞争力。

(5) 政府的作用:政府应在创造有利于吸引优质要素的环境、提供公共产品和服务上发挥作用。

(6) 机遇:城市的发展面对众多机遇。城市竞争力理论模型中各要素之间具有相互强化或弱化的作用,新的竞争要素通过把握机遇强化的同时,原有的竞争要素不断弱化,构成互动整体的各项要素只有通过创新才能创造发展机遇。

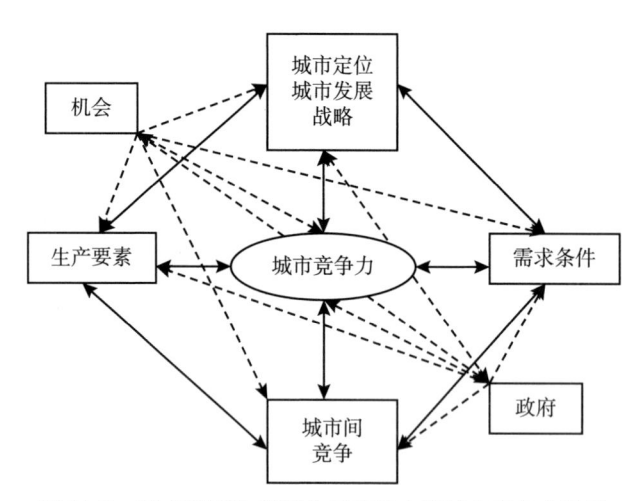

图 14.2 以"钻石"模型为基础建立的城市竞争力模型

资料来源:作者自绘。

14.3.2 WEF–IMD 的国际竞争力理论

1989 年起,世界经济论坛(WEF)与瑞士洛桑国际管理发展学院(IMD)开始携手合作进行此项研究,国际竞争力从概念到方法都获得了丰富和发展。WEF 和 IMD 直接探讨世界各国的竞争力排名。WEF–IMD 的国际竞争力评价体系包括国内经济实力、企业管理、国际化、政府管理、金融、基础设施、科学技术、国民素质 8 大要素,每个要素又包括若干方面,具体指标共 200 多个,分别反映国际竞争力的各项功能(如图 14.3 所示)。

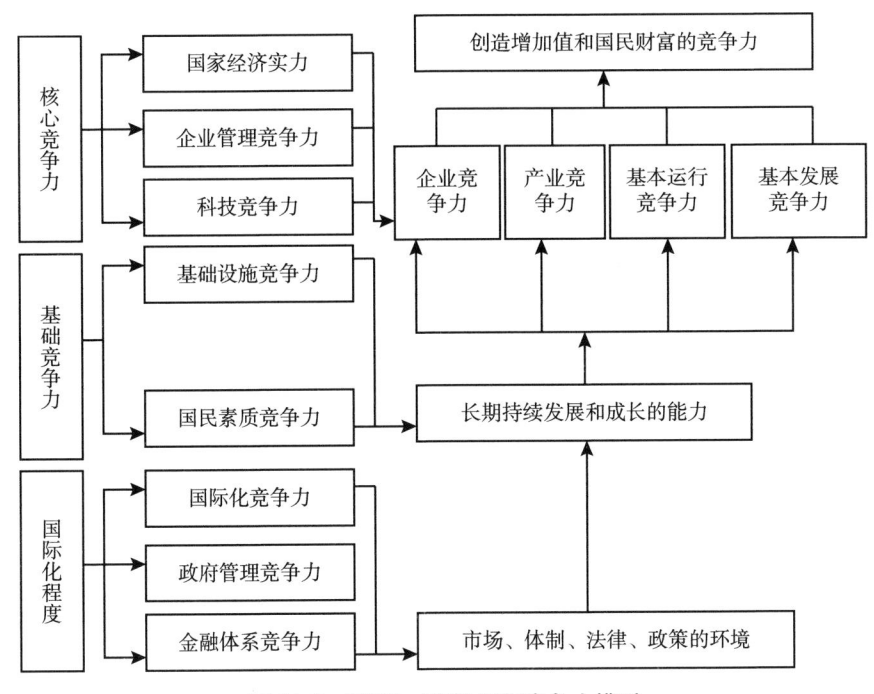

图 14.3 WEF – IMD 国际竞争力模型

资料来源：作者自绘。

（1）国内经济实力：是对一国或地区内部经济实力的全面评价。主要指标有：国民生产总值、国内生产总值、国内总投资、国内总储蓄、通货膨胀率、经济增长率以及各国或地区企业家们对经济运行状况和经济改革成功与否的评价等。

（2）国际化程度：反映了一国或地区参与国际贸易和国际投资的状况。主要包括：进出口总值、投资流量、贸易保护、利用外资额、对外开放程度等。

（3）政府作用：反映了政府政策有益于增强竞争力的程度。主要指标有：政府债务，政府预算盈余和赤字，官方储备，政府最终支出，以及企业家对政府透明度、治理腐败、保护环境的评价等。

（4）金融环境：反映一国资本市场的发育状况和金融业的服务质量。主要有：实际短期贷款利率，国际市场投资，以及企业家对获取资金的难易程度、金融机构自主权的评价等。

(5) 基础设施：反映一国基础设施能力和满足企业发展需求的程度。主要指标有：自然资源自身的充足与再利用，一国信息、通讯和交通系统，包括电话、传真机的拥有数量等。

(6) 企业管理：反映企业管理在创新、盈利和责任方面的有效程度。主要指标包括：劳动生产率，工资收入，安全生产，以及企业家对企业信息技术开发、新产品开发、全面质量管理的评价等。

(7) 科学技术：反映了与基础研究和应用研究密切相关的科学技术能力。主要指标有：企业研究与开发费用，工业部门科学家人数，专利、知识产权保护，国家科技投资等。

(8) 国民素质：反映一国国民的总体素质和生活质量。主要指标有：人口总数、人口增长、人口结构、教育水平、就业、收入分配、生活费用、医疗水平等。

14.3.3 彼德的城市竞争力理论

美国巴克内尔大学的彼德（Peter Karl Kresl）教授在20世纪90年代先后发表了《城市竞争力：美国》《城市竞争力决定因素：一个评论》和《竞争力和城市经济：24个美国大城市区域》三篇论文，对城市竞争力作了开拓性的探讨[1]。

彼德认为，城市竞争力是指城市创造财富、提高收入的能力。城市竞争力涉及的是本城市居民的就业或生活标准，没有涉及该城市的公司在外地子公司员工的就业和生活标准问题。彼德关于城市竞争力及评价框架是解释性框架和显示性框架的结合。

解释性分析框架：

城市竞争力 = f（经济因素，战略因素）

经济因素 = 生产要素 + 基础设施 + 区位 + 经济结构 + 城市环境

战略因素 = 政府效率 + 城市战略 + 公私部门合作 + 制度灵活性

显示性框架：

---

[1] Peter Karl Kresl, Balwant Singh. Competitiveness and Urban Economy: Twenty-four Large US Metropolitan Areas [J]. Urban Studies, 1999, 36 (5): 1017–1027.

城市竞争力 = 制造业增加值 + 商品零售额 + 商品服务收入

彼德认为，城市竞争力没有直接被测量分析的性质，人们只能通过它投下的影子来估计它的质和量。根据这一设想，彼德在分析城市竞争力时，选取了三个指标即商品零售额、制造业增加值和商业服务收入，组成指标体系表现城市竞争力。同时又选取了一些构成指标，采用多指标综合评价的判别式分析法，得出各城市竞争力得分，并且根据评价结果对城市竞争力进行历史、结构、区域性分析。

彼德提出，能代表一个有竞争力的城市经济的六个特质包括数量和质量目标分别为：

（1）能创造高技术、高收入的工作，对城市经济增长起核心作用；

（2）能生产有利于环境的产品和服务，并对城市可持续发展起主导作用；

（3）生产集中于具有某些理想特性的产品和服务，如收入需求弹性高的产品；

（4）经济增长率适宜于获得充分就业，不产生市场超载的负面作用；

（5）城市从事能掌握其未来的事业，也就是说，选择可能的未来，而非被动地接受其命运；

（6）城市能加强其在城市等级体系中的地位，并在区域发展中起中心作用。

14.3.4 Douglas Webster 的城市竞争力模型

道格拉斯·韦伯斯特（Douglas Webster）认为将决定城市竞争力的有四大要素，分别是经济结构、区域禀赋、人力资源和制度环境（如图14.4所示）。经济结构一直作为竞争力评价体系的焦点，属于这方面的关键性要素有经济成分、生产率、产出和附加值以及国内和国外的投资。区域禀赋是专属一个特定区域、基本上不可转移的地区性特征，包括地理位置、基础设施、自然环境等。人力资源是指技能水平、适用性和劳动力成本。人力资源的价值有越来越依赖其所在环境的趋势。制度环境是指企业文化、管理框架、政策导向和网络行为倾向。[①]

---

① 郭彬．城市竞争力理论及评价方法研究［J］．石家庄经济学院学报，2005（4）：149-153．

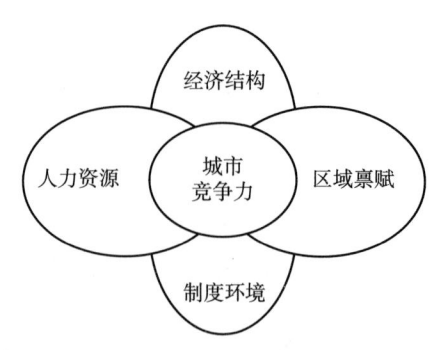

图 14.4　Douglas Webster 的城市竞争力模型

资料来源：作者自绘。

14.3.5　Rejia – Linnamaa 的城市竞争力模型

拉加 – 林纳马（Rejia – Linnamaa）不是把注意力放到微观领域的企业，而是将城市作为一个整体来看待，研究如何发展城市的核心竞争优势。他认为一个城市的竞争力主要由 6 个要素组成并决定，它们分别是基础设施、企业、人力资源、生活环境的质量、制度和政策网络、网络中的成员（如图 14.5 所示）。林纳马（Linnamaa）城市竞争力模型指出在经济全球化和国内经济政治管理变化的推动下，网络管理越来越成为城市竞争力的一个重要因素。世界各城市开始注意提升自己城市的竞争力，并且把城市的发展模式建立在合作和网络的基础之上。[①]

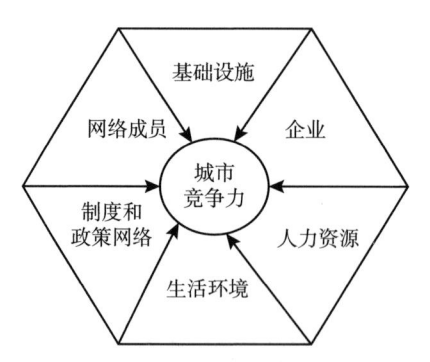

图 14.5　Rejia – linnamaain 的城市竞争力模型

资料来源：作者自绘。

[①] 郭彬. 城市竞争力理论及评价方法研究 [J]. 石家庄经济学院学报，2005（4）：149 – 153.

14.3.6 丹尼斯的城市竞争力模型

美国北卡罗来那大学丹尼斯教授在吸收前人研究成果的基础上，提出了如下分析城市竞争力的函数：

$$C = f(U, N, T, F) \tag{14.1}$$

式中，C——大都市地区的国际竞争力；U——支撑国际贸易和国际投资等商业活动的当地城市环境；N——影响大都市地区国际竞争力的国家因素；T——对国际贸易条约的依附程度；F——当地企业和产业的国际竞争力。

在比较样本大都市地区的竞争力时，丹尼斯将有关数据代入其数学模型，得出样本大都市地区的竞争力得分和排名，从而给出了一个评价城市竞争力的模型。

14.3.7 Granovetter 等学者的城市竞争力模型

格兰诺维特（Granovetter，2000）等学者认为，城市竞争力由城市活动和场所两者共同决定。城市活动是城市在现实世界中竞争的表现、过程和结果，例如，普吉岛（Phuket）和登巴萨（Denpasar）在旅游方面的竞争，香港和新加坡在竞争金融市场、曼谷和吉隆坡在汽车工业的竞争；而场所具有不可交易性（non-tradable），其中的人力资源、区域禀赋、制度环境等决定了城市活动的选址和定点、扩展或者压缩等。表 14.2 是相应评价城市竞争力的指标体系，其中经济结构是传统城市竞争力评价的主要指标，相关的因素包括经济构成、生产力、产出和增加值、可持续发展程度、引资（国外资金、国内资金），等等；区域禀赋指的是与特定场所密不可分的不可交易的因素，如区位、基础设施、自然资源条件、城市环境宜人程度、生活和业务费用以及城市区域的形象；人力资源包括劳动力的技术熟练程度，劳动力供给情况以及城市和区域的劳动力成本等。越来越多的迹象表明，人力资源的价值越来越与它们所配置的区域的环境成正相关关系，就如同不同的土壤生长出不同种类不同等级的植物一样。人力资源和制度环境是决定和解释城市竞争力的最为重要的因素，人力资源决定城市活动价值链程度。人力资源发展必须与城市经济的发展相协调、匹配，否则就不能很好地发挥作用。教育和训练的质量与毕业学生的数量同等重要。制度和文化氛围指的是企业文化、管治和政策体系,包括激励政策结构以及网络行为(如表14.2所示)。日益显著的是发展和竞争力是网络的产品,网络则是基于社会资本又创造着社会资本。除了文化和知识方面等优势外,一个场所的竞争力很大程度上取决于"非交易的依赖性",这种依赖性类似在很多成功场所里面所发现的"协同"作用。

表 14.2　　　　城市竞争力"活动"和"场所"决定要素

经济活动要素 (activityfactors)	科技实力 实质资本的存量及其增长 产业结构、产业簇群 生产力产出和增加值 引资情况(国内、国外资金) 开放情况
场所特质要素 (placefactors)	区域禀赋:区位、基础设施、自然资源条件、城市环境宜人程度以及城市区域形象(区域竞争力) 人力资源:数量和质量 企业文化、管治和政策体系

资料来源:于涛方. 国外城市竞争力研究综述 [J]. 国外城市规划, 2004 (1):28-35.

此外,英国的伊恩·迪斯(Iain Deas)既综合了有关城市竞争力概念不同分歧的两个阵营的基本出发点:企业与场所的理解,同时又将城市竞争资本和潜在竞争结果两者结合起来分析城市竞争力(如图14.6所示)。

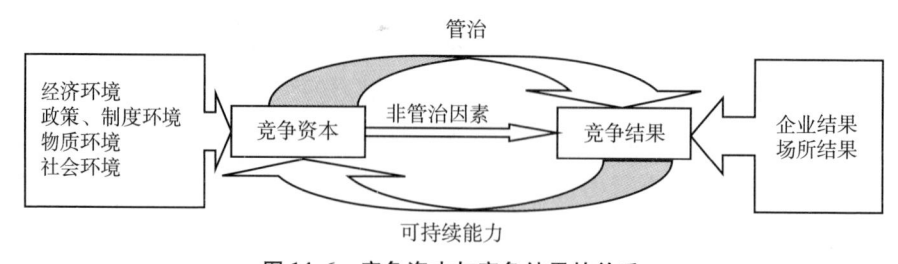

图 14.6　竞争资本与竞争结果的关系

资料来源:作者自绘。

贝格（Begg，1999）通过一个复杂的"迷宫"说明了城市绩效的"投入"（自上而下的部门趋势和宏观影响、公司特制、贸易环境、创新和学习能力）和"产出"（就业率和生产所决定的居民生活水平）的关系，将城市竞争力的显性要素和决定要素（或者是决定要素）的分析结合了起来（如图14.7所示）。

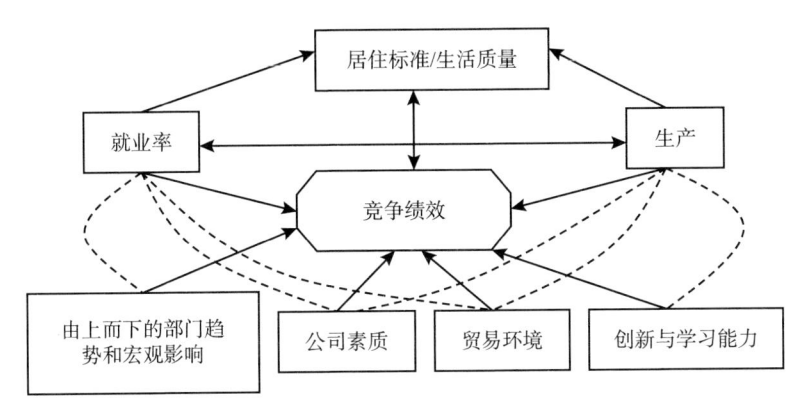

图 14.7 城市区域竞争力"迷宫"

资料来源：作者自绘。

还有学者把经济计量分析引入城市竞争力分析中，取得了一些新的进展。如索夫里诺（Sobrino，2002、2003）将城市竞争力定义为城市经济能够占领市场、促进经济增长以及提高居民生活质量的能力。在他看来，最能显示城市竞争力的为工业竞争力，因此，他用工业竞争力来代表城市竞争力。J. 索夫里诺（J Sobrino，2001）根据工业竞争力考察了1988~1998年墨西哥24个最大城市的城市竞争力。在回归分析中，J. 索夫里诺（2001）以城市工业总产值在整个国家中所占比重的增长作为因变量，以静态和动态两组解释变量作为自变量。上述回归模型用简单的函数可以表示为：

$$GVI = f(sv_1, sv_2, \cdots, sv_n; dv_1, dv_2, \cdots, dv_m) \quad (14.2)$$

式中，GVI——城市工业总产值所占比重；$sv_1, sv_2, \cdots, sv_n$——静态解释变量；$dv_1, dv_2, \cdots, dv_m$——动态解释变量。

在回归分析中，因变量由其所构建的4个被解释变量组成，即城市工业总产出所占比重的绝对和相对变化、产量的绝对增长、人均工业产值的增长和人

299

均工业出口的增长。静态解释变量包括资本—劳动比率、人均床位数、当地经济结构、生产者所提供的服务、交通枢纽数以及与市场的距离6个变量。动态解释变量包括劳动生产率、当地工业就业所占比重、产业集中度的提高、人均收入的增长和当地厂商的出口5个变量。J. 索夫里诺根据其构建的解释变量对墨西哥城市竞争力进行了排名。[1]

---

[1] 况伟大. 城市竞争力研究综述 [J]. 经济学动态, 2004 (10): 108-111.

第 15 章

城市与区域发展

长期以来,针对经济发展过程中城市与区域差异变动及其对周边区域的影响,以均衡概念为基础的新古典区域增长理论一度在区域经济分析中占有统治地位,它认为非均衡的空间会在完全竞争市场下自动实现平衡。但从现代城市与区域相互作用理论的角度来看,事实并非如此。增长极理论和中心—外围理论都是从非均衡发展角度来阐释城市与区域发展问题的。但在城市与乡村关系上,两者都带有城市中心论的色彩,麦吉提出了全新的有关城乡关系的城乡一体化理论。20世纪八九十年代兴起的新区域主义强调城市、区域之间的联系与合作,成为现代西方城市与区域发展理论的新趋势。

15.1 增长极理论

增长极（growth pole）概念最初由法国经济学家弗朗索瓦·佩鲁[1][2]（Francois Perroux）于20世纪50年代提出,随后在世界各地广泛流传和发展,法国经济学家布代维尔（Boudeville J R）推广和发展了增长极理论。

佩鲁认为,增长是指某一单位（通常指一个国家）以相对于居民人数的国民生产总值来表示的规模扩大。经济增长在区域内是一个不平衡的、连续的动态过程。经济空间和社会空间不是均质的,而且也不存在它们正趋于均质的

---

[1] 弗朗索瓦·佩鲁. 增长极概念 [J]. 经济学译丛, 1988 (9): 112–115.
[2] 弗朗索瓦·佩鲁. 新发展观 [M]. 张宁, 丰子义, 译. 北京: 华夏出版社, 1987.

迹象，因此不存在均匀分布的持续增长或发展。增长可能不足同时出现在所有区域。它首先会以不同的强度出现于一些增长点或增长极上，然后再通过不同的渠道向外扩散，并对整个经济产生不同的终极影响。增长与发展和某些在投资、人口、贸易、信息方面集中的地域集团相关。如果不对称的增长或不对称的发展现象出现在一个地域（集团），而且这些增长与发展现象至少在一个时期中不是同步而是相反的，那么，我们就可以将这个集团称为一个增长极或发展极。佩鲁所谓的增长极一般指某些具有现代大工业特征的领头产业以及在地理上集中的产业极，它的增长速度高于工业产值和国民经济产值的平均增长速度。

增长极的形成离不开三种力量：领头产业的带动作用、产业极之间的联系、在地域上集中的活动极之间的联系。在市场机制作用下，增长极形成一些具有规模效益的主导产业和具有创新能力的行业、企业，称之为"领头产业"。当领头产业达到最佳产出时，它可以用降价来引起"受推进产业"产出量的新的增长。这些主导产业、行业、企业又通过其广泛的前向和后向联系使其周围聚集着越来越多的其他相关部门和企业，这种在地理上聚集的产业极推动要素与经济活动的集中，从而带动周边地区的发展。

增长极理论以部门分工所决定的产业联系为主要内容，关注工业集团的集聚现象，提出增长极具有"推进效应"，它自身的增长和创新会促进其他单位的增长。增长极一旦形成，就变成了一种推进器，通过对原材料和劳动力的需求，或通过产品的供给，来实现其进一步的扩张。增长极通过不同的渠道向外扩散，并对整个经济产生不同程度的影响，区际不平等更增加了这种影响，甚至可能使区域经济整体得以改观。佩鲁从投资和分配两方面解释了这种"推进效应"。总投资增长等于最初增长极的投资增长加上这个增长极推动的劝诱投资。这种增长极推动的投资将反映到产出的产品上，同时也会增加劳动收入。因为投资效应提高付给工人的资本从而增加工人得到的产品，相应增加工人的实际收入。当然，在劳动收入分配上也不是平均分配，平均到每个工人头上资本的增加只能影响那些受到某种程度培训的工人。

$$\Delta I_T = \Delta I_E + \sum_1^n \Delta I \tag{15.1}$$

式中，ΔI_T——总投资增长；ΔI_E——增长极的投资增长；$\sum_1^n \Delta I$——增长极带动的劝诱投资之和。

增长极的优势并非能够长期保持，一般它加速发展一段时间后，达到一定极限就会出现减速现象。随着经济的发展，原有的推动性单位可能失掉它的推动性，而如果要维持经济增长，资本往往流向或重新投资于报酬高的部门、地区，旧的增长极将由其他的推动性单位所取代。佩鲁提出，资本流入的部门或地区对其他经济成分产生一种全面的推进效应。主要的增长极引起次要的增长极，当这些增长极与所处的环境联系在一起，新的经济结构就会形成。

此外，佩鲁提出增长极的产生与创新作用有关，"新的发明能产生新的产业"，经济运行中的创新要求经济结构中也有相应的变化。而且创新具有示范效应，为后进者所效仿，增加其获得优势地位的意愿，进而加剧了不平等。

虽然佩鲁也提出在工业化国家，大部分日常生活的变化来自对城市中心的模仿和对工业所产生的设备的使用，也提到了工业在城市集聚中产生的增长极现象，但他着重考虑的是产业间的关联推动效应，城市与区域之间的关系在研究中只是处于边缘地位，其追随者法国经济学家布代维尔利用增长极理论来解释区域空间结构的形成，将增长极概念用于分析城市与区域的关系。布代维尔将增长极概念定义在两个范围之内，一是推进型主导产业部门，二是区位条件优越的地区。经济增长总是最先发生在那些区位条件相对优越因而投资回报率较高的地方，实际上我们知道，城市相对于周围区域而言，它正是这样一种要素集中的地域集团和主导产业的集聚地，在一个区域中城市往往成为区域经济的增长极。由于外部经济和集聚效用，造成作为增长极的工业在空间上的集中分布，并与现存的城市结合在一起（Boudeville，1966）。这样，增长极就是城市增长中心，并且向周围扩散。布代维尔将增长极概念的经济空间推广到地域空间，认为经济空间不仅包含了经济变量之间的结构关系，也包括了经济现象的区位关系或地域结构关系。创新主要集中在城市的主导产业中，主导产业群所在的城市就是增长极，它通过扩散效应带动其腹地的发展。他将增长极理解为拥有推进型产业复合体的城镇，不同规模的中心城市构成增长极的等级体系，不同等级的增长极与其腹地构成地域空间的最基本的结构单位，而区域空间的二元结构是由区域经济的非均衡增长所导致的必然结果。[①] 增长极理论重视某些产业部门或地理集群的发展对整个区域发展的重要作用，确定主导产业和重点发展地区对发展城市经济、区域经济非常重要。

佩鲁于1957年提出了发展极（development pole）概念，并指出发展极是有能力导致经济、社会结构发展的一种经济组合，可以通过扩散效应增进整体发展的复杂性，扩大多元收益。这是对增长极理论的重要发展。

15.2 中心—外围模型

中心—外围理论（center-periphery theory）也称为核心—边缘理论（core-periphery theory），是20世纪六七十年代研究发达国家和不发达国家之间不平等经济关系时形成的相关理论观点的总称。这一理论本质上是一种非均衡发展理论，后来被引入城市经济、区域经济的研究中，形成了解释城市与区域之间、区域与区域之间经济发展关系和空间模式的中心—外围理论。瑞典学者冈纳·缪尔达尔（Gunnar Myrdal, 1957）提出了中心对外围的影响的扩散效应和回波效应，英国学者赫希曼（A O Hirschman, 1958）的不平衡增长战略也提出了类似的涓滴效应与极化效应，美国的弗里德曼（A J Friedmann）于1966年发表《区域发展政策——委内瑞拉案例研究》一书，提出了中心—外围模型，他可谓中心—外围理论的集大成者，克鲁格曼（Paul Krugman, 1991）建立了一个两部门、两区域的中心—边缘模型，这些理论其实质均在说明中心与外围的关系。

15.2.1 缪尔达尔的循环累积因果论

瑞典著名经济学家冈纳·缪尔达尔（G Myrdal）在《经济理论与不发达地区》（1957）一书中首先提出了循环累积因果论（cumulative circle causation），也称为"地理上的二元经济"（geographical dual economy）结构理论。1974年他获得了诺贝尔经济学奖。

[①] Boudeville J R. Problems of Regional Economic Planning [M]. Edinburgh: Edinburgh University Press, 1966.

缪尔达尔理论的核心是"循环累积因果",他认为动态的经济增长是一个累积因果过程,存在一系列相互依赖的因果关系,一个因素的变化会引起另一个因素发生次级变化,出现累积性的循环。他继承了非均衡增长理论,提出经济发展过程在空间上并非同时产生和均匀扩散,市场力趋于把经济活动吸引到优势区位,增长中心一旦形成,既得优势就会在循环累积因果机制作用下,出现累积性的正向循环。相反的,欠发达地区在循环累积因果关系作用下,会被长期锁定在恶性循环的落后状态中。例如,缪尔达尔在《亚洲的戏剧——南亚国家贫困问题研究》一书中分析了南亚国家的贫困问题,发现当西方科技高速发展的同时,只在很小程度上帮助了南亚,甚至对南亚的发展前景产生不利影响,引起南亚国家贸易状况恶化。"技术进步的动力将对不发达国家产生更加不利的作用,增加它们的困难,并降低它们的发展潜力。"[1]而国际贸易以及资本流动总体趋势将产生不平等,而且将加剧既有的不平等。

当然,缪尔达尔也提出这种情况在一个区域内部同样存在。循环累积因果机制表明,市场机制的作用倾向于增加而不是减少中心与外围的差距,并不必然产生恢复均衡的变化。"欠发达地区累积因果关系的恶性循环被持久化。现在的制度结构阻碍了社会、地区和职业流动性的增强,使社会和经济生活中的分隔持久化。这就是经济增长的主要障碍。"[2]

在市场力作用下,中心持续、累积加速增长,并对外围产生两种影响效应——起促进作用的扩散效应(spread effect)和起阻碍作用的回流效应(backwash effect,或译为回波效应)。外围地区劳动力、资金等不断涌入中心区,促进中心区增长,并抑制外围经济增长,这种效应称为回流效应。当然也存在利益从中心区向外围区流动的情况,称之为扩散效应,例如,中心向外围的投资活动和技术扩散增加,带动外围经济增长。但扩散效应随中心—外围距离拉大而衰减。在不发达地区也会形成飞地,但它往往与周围经济割裂,而同发达地区经济联系密切。"扩散效应能沿着这些路线传递的范围,实际上是文化、社会以及已经达到的经济水平的函数。在贫穷的国家企图取得很高的发展水平时,具有长期经济停滞历史和十分稳定社会状况的这些国家会遇到难以克

---

[1][2] 缪尔达尔. 亚洲的戏剧:对一些国家贫困问题的研究 [M]. 谭力文,张卫东,译. 北京:北京经济学院出版社,1992:241.

服的障碍，各种类型的潜在扩散效应容易遭受扼杀。"[1] 在两种效应作用下，中心地区的经济增长往往呈现上升运动，如果扩散效应不够强烈，将抑制外围地区的发展，甚至使之更加贫困。在"循环累积因果关系"作用下，经济增长过程将出现回波效应而促使不平等趋势扩大。"没有约束的市场力量将不会有助于达到任何包含某种收入均等化趋势的均衡。只要一切都交给随意发挥作用的市场力量去处理，那么通过累积效应的因果循环，一个在生产率和收入上处于优势的国家将趋于变得更具优势，而一个处于劣势水平的国家则趋于保持在原有水平，甚至进一步恶化。"[2] 处于优势的国家和地区持续获得外部和内部的经济利益，每一中心都对外围产生回流效应，经济发展水平越低，不良的趋势通常就越强烈，遗憾的是，扩散作用刚好相反，经济和社会发展水平越低，扩散效应的作用就越弱。所以较穷的国家比较富的国家具有更大的地区差别。

当中心—外围结构形成，区域差距持续拉大时，缪尔达尔认为政府要在经济中起积极作用和决定作用，需要通过国家干预，发挥扩散效应，缩小区域差异。例如，通过自身经营和投资，及对私人部门的诱导和限制，启动、鼓励和指导经济发展。一个现实的例证就是中心—外围差距在高度发达的国家正变得越来越小，主要原因之一是在较高的收入水平下扩散效应的作用变得更加强烈而回流效应的作用更为微弱，原因之二就在于经济高度发达的国家其政府在积极干预，而且确实具有干预市场力量的能力。[3]

15.2.2 赫希曼的不平衡增长论

美国的艾伯特·赫希曼（Albert O Hirschman）在《经济发展战略》（1958）一书中针对经济发展的恶性循环现象，指出解释不发达国家发展的理论本身还是"不发达的"，他反对平衡增长理论，提出了不平衡增长理论。

---

[1] 缪尔达尔. 亚洲的戏剧：对一些国家贫困问题的研究 [M]. 谭力文，张卫东，译. 北京：北京经济学院出版社，1992：242.
[2] 缪尔达尔. 世界贫困的挑战 世界反贫困大纲 [M]. 顾朝阳，等译. 北京：北京经济学院出版社，1991：242.
[3] 缪尔达尔. 世界贫困的挑战 世界反贫困大纲 [M]. 顾朝阳，等译. 北京：北京经济学院出版社，1991：243.

赫希曼提出，发展通常指从某一经济形态到更进步经济形态的变动过程，在这一动态过程中，增长点的出现以及引起的区域之间、国家之间的差异是不可避免的，也是任何地方进一步成长的条件。他认同佩鲁的增长极理论，认为经济进步不会在所有地方同时出现，而且它一旦出现，强有力的因素必然使经济增长集中于起始点附近地域，经济增长具有传递性，从经济主导部门向次要部门传递，从一个产业向另一个产业传递，也会从某个地区或国家传递到另一地区或国家，在此过程中可能出现二元经济结构。国际与区域间增长的不平衡性，是增长本身不可避免的伴随情况和条件。

对于增长极的动力来源，赫希曼认为是来自于增长极内部的聚集效应。他提出与瑞典经济学家缪尔达尔的"扩散效应"和"回流效应"相对应的"极化效应"（polarizing effect）和"涓滴效应"（trickling-down effect，也译为淋下效应）来解释经济增长在区域间与国际间的传递。赫希曼称增长的地区为"北方"，落后的地区为"南方"，并且指出北方的增长对南方将有双重影响：一方面存在涓滴效应，表现为南北经济互补，北方对南方购买的增加和投资的增加，以及北方吸收南方潜在失业人口，北方促进南方发展。另一方面存在极化效应，表现为由于缺乏竞争力，南方在制造业和出口方面败北于北方，使南方在贸易上处于不利地位；由于北方经济发达，经济增长中重要的要素——资金和人才由南向北流动，并且南方损失的利益高于北方所得到的利益。

在经济发展初期，极化效应起主导作用，其结果是南北差距拉大，当南北差距拉大到一定程度之后，如果北方的发展在相当程度上必须依靠南方的产品，涓滴效应最终将超越极化效应。而且如果出现相反的情况，在两种市场力量对比中极化效应暂时处于优势地位，南北差距拉大将造成区域整体经济利益受到损害，政府迫于经济压力，将采取积极行动来纠正这种情况。

极化效应与涓滴效应的力量对比对于城市与区域经济增长具有重要意义，需要经济政策来权衡两股市场力量。赫希曼重点讨论了如何通过公共投资在区域间的分配来实现调节作用。对区域的公共投资有三种方式：分散、集中于增长区域和集中于落后区域。赫希曼反对将政府公共投资分散到各个区域，认为资本是一种稀缺资源，公共投资从分散到集中投资于少数增长区域和中心城市，将产生示范效应，带动整个经济的发展。若将公共投资分散到各个区域，部分地区、中心城市等增长极的出现会产生更多的公共投资需求，从而使公共投资从分散到集中使用。在增长初期，增长极对公共投资的需求较大，当经济发展到一定阶段后，需求会降低，并且可以从前期投资的收入中获得公共投资增加的来源。因此，公共投资政策一定时期内会加大增长地区与不发达地区的差距，但到了一定阶段，公共投资政策就要克服极化效应，消除这一差距。所以，政府首先要发动增长，尽量采用诱导机制，产生诱导性决策及行动来获取经济增长的原动力，为进一步的增长创造前进的诱因与压力，接着采取各种措施缓解这种压力。"不平衡"与"平衡"，"被诱发"与"诱发"两种职能通常并存，在不同时期单项职能可能是主导。

政府的诱发性公共投资有两个途径：一是重点进行社会基础设施投资，这样能够产生有利于厂商发展的外部经济效应，有利于降低厂商的生产成本，从而刺激其扩大生产规模；二是政府进行生产活动投资，占用正的外部性。政府带头扩张直接生产部门，导致基础设施等资源的紧张，形成"瓶颈"制约，生产成本的上升必然导致社会对基础产业和设施投资的动机增强。无论选择哪种途径都会形成投资的诱因和压力，达到加快经济发展的目的。这种投资通过互补作用和外在经济引导其他投资，新的项目享受到了以前投资的正外部性，它本身也会对其后的项目产生正外部性。或者说当某一不均衡导致发展进步时，又进一步导致了类似的新的不均衡发生，出现不均衡增长的连锁演变过程。

赫希曼指出，投资存在"有效顺序"，要最大限度地"诱发"投资决策的有效顺序和机制。政府投资要选择不同的投资优先顺序，利用"联系效应"（linkage effect），优先选择那些能带动其他部门的发展的投资项目和联系效应强的产业，带来正的外部性。联系效应指一个部门的投资通过其他部门的投入产出关系而对其他部门产出的影响，分为前向联系和后向联系。应当选择具有显著的前向联系（forward linkage）和后向联系（backward linkage）效应的产业，而联系效应最大的产业就是产品需求收入弹性和价格弹性最大的产业，在发展中国家通常为进口替代工业。[1]

缪尔达尔的循环累积因果论与赫希曼的不平衡增长理论均属于中心—外围理论，具有许多相似点。例如，他们都认为经济增长是不平衡的，将会形

---

[1] 艾伯特·赫希曼. 经济发展战略 [M]. 曹征海，潘照东，译. 北京：经济科学出版社，1991：1-190.

成中心和外围差异，并指出了中心对外围地区正面和负面的影响，缪尔达尔称之为扩散效应和回流效应，赫希曼称之为极化效应和涓滴效应。二者都认为在经济发展初期，中心外围之间的差异会持续扩大。此外，二者都认同政府政策在缩小差异方面有积极作用，需要政府干预缩小差异。最大的区别点在于二者对中心与外围差异的发展前景看法不同，缪尔达尔持悲观态度，强调回流效应具有恶性循环，他没有明确说明中心外围差异是否最终将消除。而赫希曼认为，增长极的出现和由此产生的区域之间、国家之间的发展差异不可避免，也是任何区域进一步成长的条件，当中心与外围之间的差异扩大持续一段时间之后，就会出现强大的力量把它推向转折点，中心与外围差异将消除，若不消除会出现政府干预帮助解决这一问题。与缪尔达尔预测的黯淡前景相比，赫希曼设想了一个乐观的未来。由于两人的理论观点没有重大分歧，后人往往把这两个理论合称为"缪尔达尔—赫希曼假说"（myrdal-hirschman prognosis）。

15.2.3 弗里德曼的中心—外围模型

弗里德曼在《区域发展政策——委内瑞拉案例研究》（1966）、《极化发展的一般理论》（1967）等著作中，总结和发展了增长极理论，以及缪尔达尔、赫希曼等人的理论，并把城市化与经济增长联系起来，建立了中心—外围模型。[①]

他按照区域经济非均衡发展的演变趋势，提出在区域经济发展中"中心"地区率先发展起来，其他区域发展速度较慢而成为"外围"。任何地区都可以分为中心和外围两部分，区域中存在不同规模的中心—外围结构，高层次核心的外围区，是较低层次区域的核心区，不同层次的中心—外围结构相互镶嵌，组成中心—外围结构的等级系统。这种二元结构模型可以应用于不同的地域范围，城市以及周围的地区组成一个典型的中心—外围结构。现实中城市体系的形成，就是这种核心区与外围区相互作用的结果。在弗里德曼的中心—外围模型中，中心和外围之间存在极化和扩散效应，总体上看，中心区发展条件较优越，而外围区发展条件较差，经济发展必然伴随着各生产要素从外围区向中心

[①] Friedmann J. Urbanization, Planing and National Development [M]. London: Sage Publications, 1973.

区的净转移，所以中心区处于支配地位，外围区处于被支配地位。

弗里德曼将中心—外围结构分解为四个部分：核心增长区、向上转移地带、向下转移地带和资源边际区。核心增长区在资本、技术、政策方面具有明显优势，是创新的发源地，在区域中处于稳定发展和支配地位。向上转移地带是受核心增长区的辐射发展起来的地区，经济发展呈现上升趋势。向下转移地带是经济发展呈下降趋势的边缘农村，或是原料枯竭、工业衰退区域。资源边际区可能位于向上转移和向下转移地带之间，是资源富集区，核心增长区的创新、变革更容易到达这类地区。

弗里德曼结合罗斯托的经济发展阶段理论，提出了中心—外围模型演化的四阶段论，并分析指出了每个阶段区域空间结构的形成原因及其基本特征。[①]

中心—外围模型对制定城市区域发展政策具有指导意义，弗里德曼的中心—外围模型揭示了发达资本主义国家城市与区域空间结构演变的一般规律，但并不适用于一些欠发达国家的情况。他提出的中心外围关系在经济发展中重新组合，二元区域结构随经济进入持续增长阶段而消失的观点也引起了一些城市经济学家的争议。

15.3 城乡一体化理论

佩鲁、缪尔达尔、赫希曼和弗里德曼等人的理论都把城乡联系看成以城市为中心的、自上而下的一种联系，强调以城市为中心、资源要素从城市到乡村的流动来带动乡村地区的发展，这些理论存在明显的城市偏向。城乡分离的社会大分工，使城市和乡村的协作关系笼罩上了城市中心论的阴影，长期以来城市聚落和乡村聚落相互分离，形成两个社会地理空间系统以及两个经济空间系统。西方城市经济学家们普遍认可城乡关系的最高阶段将走向城乡一体化。马克思主义经典作家们提出了"城乡融合"的思想，为城市一体化理论指明了方向。霍华德的田园城市描绘了城乡一体化的美好蓝图。麦吉于1989年提出了城乡一体化的区域 Desakota（也译为灰色区域）。

---

① 参见第11章城市群理论中城市群的成长。

15.3.1 马克思主义经典作家的"城乡融合"理论

马克思主义经典作家从历史发展角度揭示了城乡之间的关系,提出了"城乡融合"理论,认为城市与乡村关系的发展可概括为乡育城市、城乡分离、城乡对立、城乡融合几个阶段。马克思在《资本论》中指出,"物质劳动和精神劳动的最大一次分工,就是城市和乡村的分离。"而且,"一切发达的、以商品交换为媒介的分工的基础,都是城乡的分离。可以说,社会全部经济史都概括为这种对立的运动。"①

针对城乡对立的现状,马克思主义经典作家们认识到经济社会发展到一定阶段后城乡对立将消除,城乡实现融合。而他们提出的"城乡融合",类似后人提出的"城乡一体化",是城乡关系发展的最高级阶段。在《共产党宣言》中,马克思、恩格斯就提出"把工业和农业结合起来,促使城乡对立逐步消灭"。② 恩格斯阐述了"城乡融合"的思想,认为"城市和乡村对立的消失不仅是可能的。它已成为工业生产本身的直接需要,正如它已经成为农业生产和公共卫生事业的需要一样。"③ "通过消除旧的分工,进行生产教育,变换工种、共同享受大家创造出来的福利,以及城乡融合,使全体成员的才能得到全面的发展。"④ 恩格斯进一步指出实现城乡融合的标志是工农之间阶级差别消失、人口分布不均衡现象消失。斯大林也认为,"城乡对立消失后,不仅大城市不会毁灭,而且还要出现新的大城市,它们是文化最发达的中心,不仅是大工业的中心,而且是农产品加工和一切食品工业部门强大发展的中心,这种情况将促进全国文化的繁荣,将使城市和乡村有同等的生活条件。"⑤

马克思主义经典作家们分析了人类社会各个历史发展阶段的生产关系,从生产力和生产关系辩证统一的高度阐述了实现城乡融合的途径,那就是要实现消灭剥削、消灭私有制,建立生产资料公有制。

---

① 马克思. 资本论: 第1卷 [M]. 北京: 人民出版社, 1975: 390.
② 马克思, 恩格斯. 共产党宣言 [M]//马克思恩格斯选集: 第1卷. 北京: 人民出版社, 1972: 273.
③ 恩格斯. 反杜林论 [M]//马克思恩格斯选集: 第3卷. 北京: 人民出版社, 1972: 335.
④ 马克思恩格斯全集: 第1卷 [M]. 北京: 人民出版社, 1979: 224.
⑤ 斯大林. 苏联社会主义经济问题 [M]//斯大林选集: 下卷. 北京: 人民出版社, 1952: 558.

15.3.2 霍华德的"城市—乡村"磁铁

其实早在1898年,霍华德的"田园城市"理论就提出了城乡一体化的城市规划与设计思想,对未来的城乡结构作了十分有益的探索。在城乡分离的社会,在产业形式上工业和农业截然分开,城市和乡村各自具有优势和劣势,像磁铁一样吸引着各自的人口。他认为,城市和乡村必须成婚,而这种愉快的结合将迸发出新的希望、新的生活、新的文明。[①] 第三块磁铁(城市—乡村,即田园城市)融合了城市生活和乡村生活的优点,将吸引大量的人口。霍华德的"三磁铁图"(如图15.1所示)为我们描绘了城乡一体化的美好前景,一个中心城市和若干个由农业地带分隔的田园城市共同构成城市群,"田园城市"组成的"社会城市","用城乡一体化的新社会结构形态来取代城乡对立的旧社会结构形态",正是一个城乡一体化的城市区域。从现代城乡一体化理论看来,田园城市与城乡一体化理论有一定关联。但霍华德设计的田园城市并不是为了消灭城乡差别,而是消极地避开了城市和乡村的缺点,融合了二者的优点,希望实现一种自给自足的生活方式,这并非真正意义上的城乡一体化。

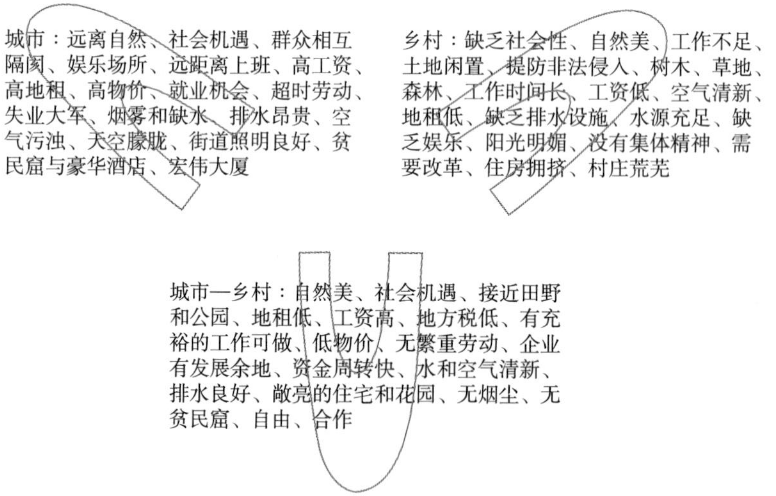

城市:远离自然、社会机遇、群众相互隔阂、娱乐场所、远距离上班、高工资、高地租、高物价、就业机会、超时劳动、失业大军、烟雾和缺水、排水昂贵、空气污浊、天空朦胧、街道照明良好、贫民窟与豪华酒店、宏伟大厦

乡村:缺乏社会性、自然美、工作不足、土地闲置、提防非法侵入、树木、草地、森林、工作时间长、工资低、空气清新、地租低、缺乏排水设施、水源充足、缺乏娱乐、阳光明媚、没有集体精神、需要改革、住房拥挤、村庄荒芜

城市—乡村:自然美、社会机遇、接近田野和公园、地租低、工资高、地方税低、有充裕的工作可做、低物价、无繁重劳动、企业有发展余地、资金周转快、水和空气清新、排水良好、敞亮的住宅和花园、无烟尘、无贫民窟、自由、合作

图 15.1 三磁铁图

资料来源:埃比尼泽·霍华德. 明日的田园城市 [M]. 金经元,译. 北京:商务印书馆,2002:1-128.

[①] 埃比尼泽·霍华德. 明日的田园城市 [M]. 金经元,译. 北京:商务印书馆,2000:1-128.

15.3.3 麦吉的"城乡一体化区域"理论

20世纪六七十年代以来，西方都市区的发展激发了学者们检验这一发展模式对发展中国家的适用性，以及探讨符合发展中国家的城市区域发展新模式的兴趣。人们发现，亚洲一些国家和地区，如印尼的爪哇、泰国、印度等，在城乡交接的地域内形成了一种城乡混杂的地域空间，表现为城市和农村之间的传统差别逐渐模糊，形成农业经济活动和非农经济活动融合的地域组织和空间结构，这种变化与西方发达国家的都市区发展类似又有着显著区别，引起了西方经济学家们的关注。基于对这些亚洲国家和地区的研究，加拿大学者麦吉（T G Mcgee）于1987年首次采用城乡一体化（Kotadesasi）一词来描述这种新型的城乡联系空间结构，他后来又提出了超级都市区（Megaurban region）和城乡融合（Rural-urbanmix）等概念来进一步阐释，1991年他最终采用城乡混合体（Desakota region）这个全新的概念来命名这一现象。

Desakota是个复合词（印尼语），Desa指乡村，Kota指城镇，对Desakota region的译称有城乡一体化区域、灰色区域等。它既不是传统意义的乡村，也不是通常意义的城市，而是聚合了乡村与城市特征的一种新型空间形态。从图15.2中可以看出，麦吉所研究的城市区域中有若干在区域内占有绝对优势和领导地位的中心城市，围绕各个中心城市的是边缘城市区域，通常在中心城市

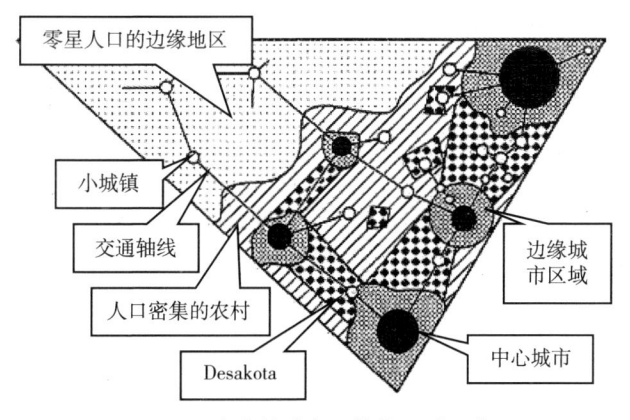

图 15.2 麦吉的城乡一体化区域示意图

资料来源：Mcgee T G. The Emergence of Desakota Regions in Asia: Expanding a Hypothesis. In: N Ginsburg, B Koppel and T G Mcgee, eds., The Extended Metropolis. Settlement Transition in Asia [M]. Honolulu: University of Hawaii Press, 1991.

通勤距离范围内。Desakota region 延伸在中心城市之间的交通走廊上，其间混合了密集的农业和非农业活动。Desakota 向外围延伸是密集人口的乡村区域，在亚洲国家常常是从事水稻种植的农业地区。区域外围还存在零星人口分布的边缘地区。两个或两个以上由发达的交通轴线联系起来的中心城市，以及通勤的城市外围区和核心城市之间的 Desakota region 构成超级城市区（Megaurban Region）的空间范围，这一概念同西方发达国家的大都市带接近但又有所区别。

麦吉提出的城乡一体化区域具有以下几点特征。[1][2]

（1）人口密度高，城乡联系紧密。亚洲的城乡一体化区域人口密度较高，人们从事以水稻种植为主的农业活动，这类传统种植业具有季节性特点，农闲季节必然有大量剩余劳动力需要寻找非农就业岗位。此外，城乡居民之间存在着千丝万缕的亲缘关系，这两个条件为城乡之间经济联系创造了条件。

（2）农业活动和非农活动混杂。城乡一体化区域中居民的经济活动多样化，既存在传统农业，又有劳动密集型工业、服务业及其他非农产业，而且非农产业增长很快，是一种农村及城市经济行为在同一空间高密度的混合区域。

（3）各种用地方式高度混杂。城乡一体化区域内农业、农副业、工业、住宅业用地方式及其他各种土地利用方式交错布局，既为农产品提供了便利的加工场所和消费市场，同时也带来了环境的污染与破坏。

（4）交通基础设施条件较好，人流、物流频繁。麦吉认为亚洲的城乡一体化区域内有着高度整合的"交易的环境"（transactive environment），即拥有人口与商品的聚集流动和网络组织，并提出城乡一体化是"特殊区域的增长过程，这种区域的农业和非农业活动的特征是商品和人频繁的相互作用"。密集的交通网络和良好的交通基础设施使城乡一体化区域与周围地区的联系极为方便，大量的居民到大城市上班以及从事季节性帮工。而且普遍采用摩托车、卡车等传统的运输手段，所以运费相对低廉。

---

[1] Mcgee T G. The Emergence of Desakota Regions in Asia: Expanding a Hypothesis: In: N Ginsburg, B Koppel and T G Mcgee, eds., The Extended Metropolis. Settlement Transition in Asia [M]. Honolulu: University of Hawaii, 1991.

[2] 史育龙. Desakota 模式及其对我国城乡经济组织方式的启示 [J]. 城市发展研究, 1998 (5): 10-14, 64.

(5) 跨越行政区划界限。城乡一体化区域不仅在于城市与乡村生活的融合，还在于它可能会跨越行政区划界限，成为政府行政管理的"灰色区域"。

基于对"城乡一体化区域"的特征分析，麦吉将东南亚发展中国家的都市区域划分为三种类型：第一类以日本的东京和韩国的汉城为代表，邻近大城市的乡村地区由于人口大量流入城市或转入非农产业部门而形成城乡一体化区域，人口快速地由乡村到都市的转换。第二类以中国的长三角地区、珠三角地区、京津唐地区和辽中南地区，泰国中部平原和印度加尔各达地区等为代表，大城市相互向对方扩散，通过交通轴线而形成狭长的发展地带。第三类以中国的四川盆地、孟加拉国、印尼南部的喀拉拉邦和爪哇岛的部分地区为代表，以高度的人口增长和偏低的经济发展为特征，引起这类地区空间结构转换的主要原因在于高密度的人口压力。[1][2]

可见，"城乡一体化区域"是一种既非城市又非农村，但又既是城市又是农村的各种城乡构成要素在一定地域空间高度混合而形成的特殊空间结构与形态。城乡一体化区域在城市化作用下逐步形成和演变，并随着社会经济的变迁而改变。西方发达国家的城市化带有明显的自上而下的特征，而东南亚国家的城市化显现出明显的自下而上的特征。"城乡一体化区域"是基于政府产业转移政策引导下中心城市的工业向外扩散而形成的，同时也是在政府支持下乡村地区非农产业的发展从而实现乡村城镇化而逐步形成的。麦吉重视城乡联系与城乡要素流动，他的理论既不同于传统的以城市为中心的自上而下的联系模式，也不同于自下而上分散的发展模式。传统意义上的城市与乡村是相互隔离的空间概念，而在城乡相互作用与相互联系的基础上达到整合状态时所产生的灰色区域——Desakota region，却淡化了城乡差别，创造出一种独特的城乡联系模式，其实质就是城乡之间的统筹协调和一体化发展，形成了城乡一体化的新理论。

---

[1] 史育龙. Desakota 模式及其对我国城乡经济组织方式的启示 [J]. 城市发展研究，1998 (5)：10 - 14，64.

[2] Mcgee T G. The Emergence of Desakota Regions in Asia: Expanding a Hypothesis: In: N Ginsburg, B Koppel and T G Mcgee, eds., The Extended Metropolis. Settlement Transition in Asia [M]. Honolulu: University of Hawaii, 1991.

15.4 新区域主义

当今世界经济存在两大并行不悖的发展趋势：区域化和全球化。早在20世纪五六十年代，区域主义（the regionalism）就伴随全球化、区域化浪潮而兴起，它是第二次世界大战后出现的一种区域合作理论与实践的总称。从20世纪50年代开始，全球范围内各种区域组织不断出现，成为国际关系中不容忽视的力量。区域化进程在广度和深度上的不断发展促进区域主义的出现，而区域主义又反过来推动着区域化进程。在区域主义实践不断发展的同时，区域主义的理论研究在持续了10多年的高潮之后，进入了一个相对冷落的时期。而随着冷战终结，全球化时代来临，世界经济越来越趋向以地区为中心的聚合发展，区域化和区域主义现象越来越突出，并且与之相伴出现了一种"世界性现象"的区域合作的新浪潮，区域主义理论研究再次迎来了新的高潮。20世纪80年代后期和20世纪90年代初伴随新的区域经济一体化全球蔓延而兴起的区域主义，被人们称为"新区域主义"（the new regionalism）。欧盟（EU）、北美自由贸易区（NAFTA）、亚太经合组织（APEC）等，都是具有新区域主义性质的区域合作组织。

新区域主义的理论研究方兴未艾，其中具有较强影响力的有：诺曼·帕尔默最早提出"新区域主义"这个术语，并撰写了《亚太地区的新区域主义》（1991）一书；比约恩·赫廷提出"新区域主义方法"，并首次定义了"安全区域主义"；还有贾米·德梅洛、阿文德·帕纳加里亚和戴尼·罗德里克的《新区域主义：国家观点》（1993），比约恩·赫廷与安德拉斯·伊诺泰的《新区域主义：对全球发展和国际安全的影响》（1994），詹姆斯·H. 米特尔曼的《全球化综合征》（2002），等等。

至于什么是新区域主义，西方学者们存在不同的解释。我们认为，新区域主义是一种区域合作理论及其实践的总称，并且是多个国家和地区为维护本国利益和本区域整体利益的国际交往的总和，涵盖了经济、政治、社会、文化等多个层面。经济理论的实践意义就在于它能够解释经济现实，一个不容置疑的经济现实是，新区域主义浪潮正在兴起，新区域主义理论来自新区域主义浪潮。严格说来，新区域主义尚属一种思潮，它是一定区域内的若干国家为维护本国与本区域的利益而进行国际合作与交往的总和，是伴随着区域组织的大量产生和区域合作实践的发展而产生出的一种意识形态或思潮，尚未形成完整的逻辑严密的理论体系，本质上是一种一体化理论。[①]

与旧的区域主义比较而言，新区域主义具有以下特征。

（1）外向性、非排他性。从经济一体化角度看，旧区域主义是内向性的和保护主义的，而新区域主义则具有开放性、非排他性，不只在区域内开放，还向世界其他地区开放，区域组织除了着眼于区域内部合作之外，还应加强跨区域的横向联系与交往。这以亚太经合组织首创的"开放的地区主义"为代表。所谓"开放的地区主义"，就是指区域组织成员之间的所有优惠性的措施或安排也适用于非成员。

（2）强调区域合作、共赢，以及全球化与区域化的融合。旧区域主义重视区域组织内部的合作和区域整合，在区域组织内部实行贸易、关税等方面的优惠政策，对外相对封闭，实行贸易保护主义，这在一定程度上阻碍了全球化。而新区域主义在全球化背景之下产生，它在强调区域内部合作的同时，还强调与其他区域的经济交往。在新区域主义框架下，城市成为全球经济系统网络的节点，其集聚中心地位不断增强，城市、区域的合作突破了国家的界限，在更大的范围内有效地配置资源和促进要素流动。区域性组织的发展促进经济全球化，同样经济全球化也带动了区域化，促成区域主义与全球主义的融合，这已成为当前新区域主义理论的基本出发点。

（3）南—北合作模式为主。欧洲共同体的建立引发了20世纪60年代第一次区域化的浪潮，旧的区域主义理论指导下区域组织的组建有两种模式：南—南合作模式和北—北合作模式，发达国家和发展中国家各自在其内部建立区域合作组织。而新区域主义下区域组织更倾向于采取南—北合作模式，如亚太经合组织既有美国、日本等发达国家，也有中国、菲律宾等发展中国家参加。

（4）注重全球体系中不同层面的交往与竞争。旧区域主义注重主权国家之间的交往与竞争，在全球化背景之下，新区域主义的发展和运作不再完全以国家为中心，而呈现多种形式。新区域主义注重全球体系的不同层面有不同的

---

① 钟海燕. 新区域主义与和谐城市空间构建[J]. 城市规划, 2006 (6): 32-35.

表现形式，主权国家内部区域联合的趋势正在加强，不同国家区域之间的联系已开始突破依托国家之间发生联系的旧模式，城市、区域之间的互动开始跨越国家主权层次直接与全球经济发生联系。综观西方学者对新区域主义的研究，多数集中在国际经济领域，研究跨国区域与所谓次区域问题，也有人认为新区域主义包含了从跨国区域到国内区域的所有区域层次。通常可分为三个层次。

第一层次是以国家为单位的超国家经贸组织及区域经济一体化协定，如欧盟、北美自由贸易区、亚太经合组织等，通常被称为大区域主义（macro-regionalism）。如埃思尔（Ethier，1998）从大区域主义角度提出新区域主义主要有以下几个特点：一个或更多小国家把自己与一个大国联系在一起；小国正式或者已经实施了重大的单边改革；区域协定很少只强调贸易壁垒，这通常涉及深层次的一体化问题；成员国之间的自由贸易还并不是全部，自由化的程度是适度的；所达到的自由化基本上因小国的让步而实现。①

第二层次是以国家内部的城市或经济区为主体，通过与其他国家内部的城市或经济区间的技术经济网络形成连结，称为小区域主义（micro-regionalism）。如我国的长三角洲经济区、珠三角经济区等互相连结的城市和经济区，呈现出以许多城市为多元中心的网络组合。

第三层次是国家内部的各类区域组织，通常是以大城市为核心的城市群或大都市区为主。如在欧洲已开始重视与现有政府机构权力的互补与协调，并采用更富有弹性的管理体制。1990 年以后设立的大都市政府包括：1994 年意大利的波各那省的 48 个自治市组成了大都市政府，1996 年成立的荷兰鹿特丹大都市政府以及 1994 年成立的德国斯图加特地区政府等。②

据不完全统计，到 20 世纪末，全球共有各种区域化组织近 200 个，仅在 WTO 注册的区域经济一体化协定就达 170 个，而其中主要的有欧洲联盟（EU）、北美自由贸易协定（NAFTA）和亚太经合组织（APEC）等。其他次区域经济组织有中美洲共同市场、加勒比共同体等。如图 15.3 所示，随着区域化向广度和深度迈进，区域化组织可以在理论上依次划分为几个层次：自由贸易区（FTA）、关税同盟（CU）、共同市场（CM）、经济联盟（EU）等。而

---

① 刘乃全. 区域经济理论的新发展 [J]. 外国经济与管理，2000（9）：17-21.
② 吴超，魏清泉. 新区域主义与我国的区域协调发展 [J]. 经济地理，2004（1）：2-7.

区域组织作用范围从区域内部到区域外部甚至融入全球经济，区域经济一体化也逐步实现市场一体化、功能一体化和制度一体化。

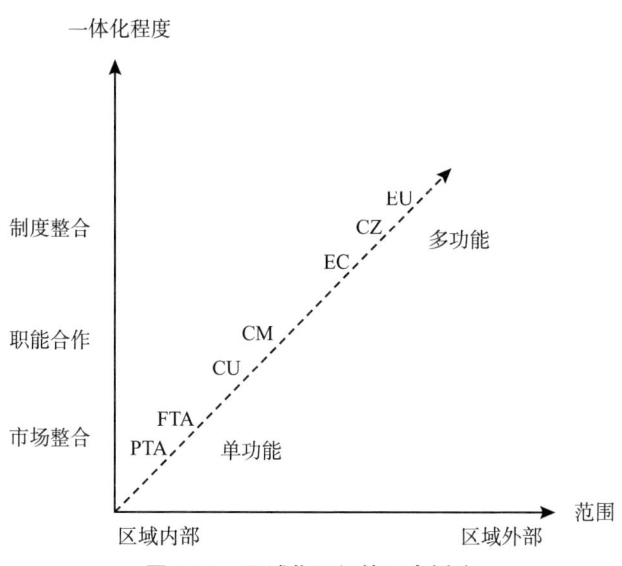

图 15.3　区域化组织的层次划分

注：PTA—Preferential Trading Area 特惠贸易区；FTA—Free Trade Area 自由贸易区；CU—Customs Union 关税同盟；CM—Common Market 共同市场；EC—Economic Community 经济共同体；EU—Economic Union 经济同盟；CZ—Cooperation Zone 一体化区域。

资料来源：Norman Girvan. Towards a New Regionalism [C]. The Inaugural Session 5th International Meeting on Globalization and Problems of Development, Havana, February 10, 2003.

（5）综合性、全方位。旧区域主义的功能是单一的，而新区域主义的功能具有综合性，主要是指某个区域根据不同的层面从相对的差异走向趋同，它既要求实现贸易和经济一体化，同时也要求经济一体化的基础上最终达到政治、安全和文化的趋同。在经济领域，提倡开放的多边主义，反对建立排他性的地区经济集团，使经济政策更加开放；在政治领域，要求政治体制更加民主化；在安全领域，主张进行区域多边安全合作，保障全球安全，解决分歧与冲突，建立安全共同体；在文化领域，实现文化趋同。特点是地理认同、政治趋同、集体安全和区域融合。这几点特征彼此相互联系，相互重叠。因此，新区域主义被定义为一体化的多层次的形式，它包括经济、政治、社会和文化层面。

（6）区域组织交叠。区域组织之间的重叠也是新区域主义不同于旧区域主义的一个显著特征。例如，美国、加拿大和墨西哥既是北美自由贸易协定的成员，也是亚太经合组织的成员。这种跨越地区的区域组织，有助于区域组织之间的交往，成为联系各区域组织之间的桥梁和纽带。

　　新区域主义的理论研究偏重于跨国区域的合作问题，其研究范畴在已有西方学者的研究中是模糊的，甚至新区域主义的倡导者阿明（Amin）认为：新区域主义不存在内部一致的经济理论，也不存在一致同意的必要政策行动。[1] 我们关注新区域主义理论带来的新型合作理念及将其纳入国内区域经济、城市经济的研究视野中，所能得到的借鉴和启示。从区域经济一体化的角度看，新区域主义的核心理念是从旧区域主义强调区域之间的竞争到强调区域之间的合作，目的是实现区域经济协调发展和区域经济一体化。新区域主义在解释当代全球化、区域化带来的某些问题，以及通过区域经济一体化推动城市、区域合作和实现区域协调等方面有不少值得重视的观点。

---

[1] Amin A. An Institutionalist Perspective on Regional Economic Development [J]. International Journal of Urban and Regional Studies, 1999 (2): 365 – 378.

第 16 章

城市公共经济理论

城市公共经济理论是城市经济理论与公共经济理论相融合的产物，它强调政府在城市经济中的作用。这一理论主要围绕城市公共产品供给展开，解释了为什么需要公共产品、为谁提供公共产品、如何提供公共产品以及如何获得收入来提供公共产品。城市公共经济理论来源于公共产品理论，包括城市财政收入、城市财政支出和城市财政预算决策等方面的理论。本章所介绍的现代城市公共经济理论中的最优税制理论、蒂博特模型、中间投票人模型等理论更多的是从财政收支两方面进行的综合性研究。

16.1 公共产品论

西方城市经济学认为，在市场经济中，各种资源主要是经由市场渠道，通过市场方式自发进行配置的。在完全竞争市场条件下，市场机制在资源配置方面发挥着基础性的作用，依靠自身力量的调节使社会上现有的各种资源达到有效配置状态。但是，在一些领域或场合，市场机制即使能够充分发挥作用，也无法达到符合整个社会要求的正确的资源配置结果。市场经济存在着自身无法弥补与克服的缺陷，称之为"市场失灵"（market failure）。市场失灵主要表现在几个方面：公共产品、外部效应、市场垄断、不完全市场、不完全信息、宏观经济总量失衡、分配不公平等。种种市场失灵问题的存在赋予了城市政府对社会经济活动进行直接干预的必要性。

(1) 公共产品。用于满足社会公共需要的产品，称之为公共产品。公共产品是相对于私人产品而言的，纯公共产品具有效用的不可分割性、消费的非竞争性和受益的非排他性。解决城市公共产品问题最重要的途径就是由政府提供。一方面，从城市公共产品的供给上看，需要由城市政府财政在资金上支持，直接参与提供；另一方面，针对公共产品中市场无法有效解决的"免费搭车"现象，政府可以运用政治权力，对公共产品的需求者——城市居民课税，由此获得公共产品的价值补偿。英国经济学家休谟就曾明确地涉及公共性问题，他在《人性论》一书中提到的"共用地的悲剧"实际上指出了公共产品消费中的"免费搭车"心理和行为，这就决定了必须由政府出面解决问题。

(2) 外部效应。外部效应是指在市场活动中没有得到补偿的额外成本和额外收益，即市场活动的外溢性，包括由生产或消费行为引起的负外部效应或正外部效应，也称为外部性。1932年庇古对外部效应进行了论证。[①] 他认为私人成本与收益和社会成本与收益可能发生背离。私人边际纯产品可能大于、等于或者小于社会边际纯产品。庇古举例说，当铁路驶过形成的火花对周围树木和农作物造成损害，而其所有者没有因此得到补偿，这种现象称之为负外部性；而私人种树使邻居受益，而邻居并不为此付费，这种现象称之为正的外部性。外部效应与资源配置效率之间存在一定的关系，负外部性会造成公共资源及其效率损失。

城市政府在纠正外部性方面的措施有：对从事具有负外部性的产品生产经营行为进行罚款或矫正性征税，从而使该产品的生产成本提高到实际的社会成本的水平；反之，对从事具有正外部性的产品生产经营行为则予以财政补贴，使该产品的个人收益能够与其所产生的社会效益对等，鼓励其生产经营行为。当然，政府对外部效应问题的干预还包括制定排污标准、实行限价措施、公共管制、法律措施等。

(3) 市场垄断。现实的市场并不是完全竞争市场，在市场中存在不同程度的垄断。在存在垄断因素的市场上，垄断组织为了确保自己的垄断地位和垄断利润，可能会设置障碍来阻碍生产要素的自由流动，使社会效率蒙受损失。政府应当制定促进竞争、限制垄断的政策。对于自然垄断的行业，竞争

---

① Arthur C Pigou. The Economics of Welfare: Fourth Edition [M]. London: Macmillan & Co, 1932.

反而会造成低效率。城市政府通常进行市场准入限制，维持某一地区只需要由一家企业进行独家经营的垄断局面，如供水、供电、供热、供气、电信、铁路、市内交通等部门。同时为了避免该行业依靠其垄断地位进行牟利，政府又需要对其服务收费制订标准，实行限价政策。而企业的亏损则需要财政补贴来弥补。

（4）分配不公平。市场经济的基本功能是效率优先，是在竞争和示范效应下促使人们永不满足地追逐财富。市场本身可以比较好地解决人们行为的效率问题，但是不能解决不平等问题。在市场经济条件下，解决社会分配不公问题，一般要依靠政府公共财政的力量。主要通过征收个人所得税、财产税等，将高收入阶层的部分收入集中到政府财政，通过转移支付等财政支出方式给低收入阶层提供各种补助和津贴。这样，削峰填谷，缩小收入差距，缓解分配不公的状态。

（5）宏观经济总量失衡。在市场机制作用下，经济中可能产生社会难以承受的通货膨胀、通货紧缩、失业、财政赤字和贸易收支不平衡等现象；也可能出现市场难以解决的结构性矛盾。为了解决宏观经济失衡以及由此而直接导致的失业、通货膨胀和经济剧烈波动等后果，政府可以通过增税或减税措施，加大或压缩政府支出总额，或者通过公债的发行、购买和偿还等活动进行调节，确保经济的稳定发展。

从城市公共经济理论角度看，城市政府通过利用各种手段克服和纠正种种市场失灵现象，即公共产品、外部效应、市场垄断、不完全市场、不完全信息、分配不公平、宏观经济失衡等问题，事实上是为城市居民和厂商提供具有共同消费性质的各种服务，即广义上的公共产品，而城市政府的这些行为可以看作提供公共产品的行为。城市公共经济理论就是围绕着这样一个问题展开：政府如何凭借其权力筹措财政资金和运用财政政策来矫正、解决市场失灵问题，提供公共产品，满足公共需要。

16.2 最优税制理论

城市政府为了提供公共产品，必须筹措财政资金，获得财政收入，而城市政府财政收入主要来源于税收。最优税制理论研究如何以最经济合理的方式征收税款。最优的税收制度就是参与公共选择的人们至少能够在理论上获得一致同意的税收制度，这种税收制度同财政收入和支出两个过程相联系，是指分摊给每个纳税人的税收份额及提供的公共产品均能获得纳税人广泛赞同的税制。最优税制理论的主要代表人物有拉姆塞（R Ramsey）、英国的詹姆斯·米尔利斯（James A Mirrlees）、美国的威廉·维克里（William Vickrey）等。

最优税制是帕累托最优在税收领域的延伸，它以资源配置的效率性和收入分配的公平性为准则，对构建经济合理的税制体系进行分析。在最优税制理论中，效率和公平是永恒的主题。早在20世纪20年代，庇古就从效率角度研究了最优税收制度。他认为任何引起纳税人行为改变或决策改变的税收都会产生超额负担，引起生产者或消费者的损失，超额负担越小或没有的税制就是最优的税制。拉姆塞同样从效率出发进行了研究。1946年威廉·维克里直接从不充分信息对优化税制设置的约束条件入手，开始从效率与公平两大原则并重来考虑税制对经济主体的激励作用，创造性地建立了使所得税效率与公平目标达到相对均衡的最优累进所得税理论。詹姆斯·米尔利斯发展了维克里的效率—公平模式。[①] 马斯格雷夫（Richard A Musgrave）提出"合适的税制"应满足几点要求：(1) 应保证足够的收入；(2) 税负分配公平；(3) 关注税收归宿；(4) 税收选择尽量不影响有效市场上的经济政策；(5) 税收结构有利于财政政策的运用；(6) 税制管理有效，税制被纳税人所理解；(7) 管理及征纳费用尽可能减少。[②] 可见，现代的理论家们试图将税收的效率与公平原则作为统一整体来思考最优税制。

最优税制理论的主要内容包括如何实现最优商品税、如何实现最优所得税、商品税与所得税如何合理搭配等。最优税制理论认为所得税和商品税是相互补充而非相互替代的关系，都有其存在的必然性。税制模式的选择取决于政府的政策目的：如果政府的政策目标以公平为主，应选择以所得税为主体的税制模式；如果政府的政策目标以效率为主，应选择以商品税为主体的税制模式。

商品税容易实现效率目标，而最适商品税理论要解决的问题是如何使商品税

---

① 张馨，等. 当代财政与财政学主流 [M]. 大连：东北财经大学出版社，2000：1-775.
② 理查德·A. 马斯格雷夫，佩吉·B. 马斯格雷夫. 财政理论与实践 [M]. 邓子基，邓力平，译. 北京：中国财政经济出版社，2003：228-229.

实现公平目标。关于最适商品税的理论以拉姆塞法则和科勒特—哈格法则为代表。

1927年拉姆塞用一般均衡分析方法研究了商品税的优化问题,他被认为是最优税制理论的创始人。拉姆塞将税率与商品的需求结构联系起来,得出了各种商品的需求相互独立时,对各种商品课征的最优税率(使税收的额外负担最小的税率)必须与该商品自身的价格弹性成反比例的结论。对弹性相对小的商品课以高的税率,对弹性相对大的商品课以相对低的税率,以实现总体超额负担最小化。这个结论称之为拉姆塞法则(Ramsey Rule),或者反弹性法则。为了使社会效益最大化,超额负担应尽量小,应对需求弹性大的商品课征低的税率,对需求弹性小的商品课征高的税率,拉姆塞的结论符合效率原则。但从公平角度看,需求弹性小的商品基本是生活必需品,需求弹性大的商品基本是非生活必需品(如奢侈品),对需求弹性小的商品课征高税率,对需求弹性大的商品课征低税率,显然不符合公平原则。

1953年科勒特和哈格提出,最适商品课税理论要求开征"扭曲性"税收。政府在大多数情况下不能获得完全的消息,而且征税能力受到限制,按拉姆塞法则课征商品税不能保证生产高效率,要使商品课税具有公平收入分配功能,需要制定一套差别税率,对生活必需品适用低税率或免税,对奢侈品适用高税率,因此需征收其他扭曲性税收。对于闲暇互补的产品如高尔夫球场、游艇等征收高税率,对于劳动互补的产品,如工作服,征收低税率。这个观点被人们称为科勒特—哈格法则(the Corlett-Hague rule)。

此外,斯特恩(1987)对拉姆塞法则进行了修正,提出对于高收入阶层偏好的商品无论弹性高低都应确定高税率,而对于低收入阶层偏好的商品即使弹性很低也应确定较低税率。

所得课税容易实现公平收入分配目标,而最适课税理论要解决的问题是如何使所得税促进经济效率。最适所得课税理论以维克里和米尔利斯的理论为代表,二人获得了1996年的诺贝尔经济学奖。

1946年美国经济学家威廉·维克里直接从不充分信息对优化税制设置的约束条件入手,建立了使所得税效率与公平达到均衡的模型。他认为所得税的边际税率不能过高。在政府目标是使社会福利函数最大化的前提下,社会完全可以采用较低累进程度的所得税来实现收入再分配。詹姆斯·米尔利斯发展了维克里的效率—公平模式,在1971年发表的《最优所得税的理论探讨》一文中，提出了一种分离均衡的税制理论：社会可以采用较低的累进所得税来促进收入再分配目标的实现，高累进税率不仅有损效率，对收入分配目标的实现也是不可取的。在完全信息条件下，高收入者应当适用高税率；但在不完全信息条件下，最适所得税率应当呈倒"U"型。对低收入者和高收入者适用相对较低的税率，而对中等收入者适用较高的税率。最高收入阶层的最优边际税率为零。在同样的效率损失情况下，政府通过提高中等收入者的边际税率，从较为富裕者那里取得更多的收入，而通过降低高收入者的边际税率，增加这一群体的福利，从而既能实现帕累托改进，又能促进收入分配公平。[①]

16.3 城市公共开支决策理论

西方学者认为，城市公共产品的有效供给建立在个人效用和偏好的基础之上。市民通过直接民主制或者代议制民主制度，按照一定的投票程序，将群体对公共产品的偏好反映出来，为政府提供公共产品的决策分析提供依据。例如，确定公共项目的种类，包括公共支出项目和公共投资项目；确定公共项目成本的分摊方式，即确定税种、税率、纳税人等事项；确定预算规模，实现预算效益最大化的目标等。城市公共开支决策过程可以是一个政治决定过程，选举原则、选举制度对公共选择和公共决策具有不同程度的影响，城市公共开支决策理论实质上偏重于"公共选择理论"，是运用经济学方法解释个人偏好与政府公共选择之间的关系，研究作为投票者的消费者如何对公共产品的决定表达意愿。约瑟夫·熊彼特（1942）、肯尼思·阿罗（1951）、詹姆斯·布坎南（1986）等人对政府抉择程序和选举制度进行了深入研究。

16.3.1 帕累托最优

城市公共预算决策理论来源于公共选择理论，其目标是要实现"帕累托改进"，而最终要实现"帕累托最优"（pareto optimality）。

迄今为止，人们一致认可的判断资源配置优劣的标准是意大利经济学家帕

---

① Mirrlees J A. An Exploration in the Theory of Optimum Income Taxation [J]. Review of Economic Studies, 1971, 38 (2): 175–208.

累托提出的"帕累托最优"。帕累托最优的实现不仅同资源配置紧密联系在一起，也同社会的价值观相关。当群体中一个或更多成员的处境被改善，而没有一个成员的处境被恶化时，社会福利就被增进了，在这一情形下，发生了"帕累托改进"。按照这一标准，在不降低一个人或更多人的效用的前提下，如果一旦无法提高一个人或更多人的效用水平，那么社会福利就处于最优状态。也就是说，如果不能进一步实现帕累托改进，社会福利就达到了"帕累托最优"。帕累托最优是资源配置的最佳状态，也是实现社会福利的最佳状态。

在一致同意的公共决策中，该决策没有任何一个投票人反对，即没有任何一个参与者受损，至少对其中一个有利，就达到帕累托最优。在决定某公共产品的决策时，全体当事人必须要一致同意投赞成票之后才能定案，我们称之为"一致规则"。按照全体一致规则决定议案，就可以照顾每一个当事人的利益，达到帕累托最优。由于一致通过的可能性比较小，人们通常遵循多数同意原则，而不是一致同意原则。

16.3.2 中间投票人理论

城市政府有关公共预算进行民主决策时一般采用多数票者胜出的规则。在多数投票规则下，只要50%以上的投票者赞成某一提案，就会获得通过。鲍恩（1943）、布莱克（1948）的投票模型指出：依据多数通过规则，只要全部投票者的偏好具备单峰性质（single peakedness property）时，多数投票的均衡结果必然反映中间投票人的偏好，这被称为"中间投票者定理"（median voter rule）。所谓中间投票人，是指比他期望更高和更低的公共预算规模的投票人数恰好相等的这样一些投票人，即偏好处于所有选民偏好组合中间的选民。

中间投票人模型把政治过程的均衡结果与投票人的基本偏好结构联系在一起。在一定规则下，就公共产品的供给以及相应的税收在人们之间分配所达成的协议称之为政治均衡。决定政治均衡的因素主要有公共产品的效益和成本、投票者获得信息难易程度等。投票者最偏好的政治结果是他所承担的税收份额与该公共产品的边际效益恰好相等条件下政府所提供的公共产品。由于人们的偏好结构有单峰形和多峰形，因而在多数规则下所得到的政治均衡有时不是唯一的。多峰偏好则意味着人们最理想的结果不止一个，投票结果可能出现循环现象。单峰偏好指的是每个选民的效用在一维政策空间中都存在唯一的最大值，随着政策变量水平远离该最大值，该选民的效用水平单调递减。如单峰偏好是在所有投票者的偏好都呈单峰的条件下出现的，其结果是多数规则仍可保证投票结果的唯一性。在这种情况下，投票者最偏好的政治结果中，符合中间投票者意愿的公共产品数量则往往是多数规则下的政治均衡。

在直接民主制下，由市议会或其他市政府当局的机构举行市民参与的投票，市民通过投票来表明他们对不同的公共预算方案的偏好，然后根据获多数票的方案通过的规则进行决策，决策结果将反映中间投票人的偏好。在代议民主制下，市民选择官员间接参与决策，而对于市政府重要政治人物的选举中也采用多数票者胜出的规则，最终的决策结果仍然反映中间投票人的偏好。[①]

当然，多数票决策规则也可能出现无效率。中间投票人偏好的方案胜出的结果不一定会与经济效率的要求相符。因为中间投票人偏好的公共支出规模是其本身由公共产品的消费带来的边际成本和边际收益相等的公共支出规模。当中间投票人偏好的公共支出规模自动满足社会边际收益等于社会边际成本，投票结果是有效率的。反之，中间投票人个人的边际收益占社会总边际收益的份额与他个人的边际成本占社会总边际成本的份额不一致时，反映中间人投票偏好的决策结果就不能实现最优地方公共产品规模。罗姆（Romer，1978），罗森塔尔（Rosenthal，1979）和格拉姆利克（Gramlich，1982）等人研究了官僚影响公共开支的理论和实践模型。在官僚模型中，利益集团、政党以及官僚机构及其人员的行为和活动以及他们之间的选票交易等可能对投票结果产生影响，均衡预算就不一定反映中间投票人的偏好水平。正如马斯格雷夫所说："政治家们为了使选票最大化，依从选民们的偏好，提出受欢迎的方案。但是，政治家们也可以通过引导这种偏好来行使领导权……如果大量存在投票交易，可以促进有效率结果的产生，但一部分利益政党之间互投赞成票将导致非效率的结果。"[②]

16.3.3 投票悖论

早在 1785 年，法国的康陀塞侯爵就提出，按照多数通过规则来决定社会偏好就会出现"投票悖论"（paradox of cyclical voting）。美国经济学家肯尼思·

[①] 杜莉. 城市财政学 [M]. 上海：复旦大学出版社，2006：95 - 98.
[②] 理查德·A. 马斯格雷夫，佩吉·B. 马斯格雷夫著. 财政理论与实践 [M]. 邓子基，邓力平，译. 北京：中国财政经济出版社，2003：115 - 116.

阿罗在1951年出版的《社会选择与个人价值》中，论证了在民主制度下，不可能从个人偏好次序基础上形成社会偏好的次序，循环投票会出现投票悖论，这个结论被称为阿罗的不可能定理（arrow's impossibility theorem）[①]，它表明没有任何一种投票规则能够在任何情况下达成唯一的政治均衡。阿罗于1972年获得诺贝尔奖。

阿罗的论证有几点假设，首先投票人的选择是理性的，从排序的备选方案中，选出序位最高的方案。其次投票满足递移性（transitivity），如果对A的偏好大于B，B又大于C，则A大于C，A胜出。另外，实行民主制度，不存在专制。

假设甲、乙、丙三个投票人从A、B、C三个备选方案中投票选择一个城市公共预算方案，三者对三个方案的偏好分别是：

甲：A > B > C

乙：B > C > A

丙：C > A > B

如果选择不同的投票顺序，将会得到不同的选举结果。若A、B间投票，则A胜出，再和C方案投票，则C最终当选；若A、C间投票，则C胜出，再和B方案进行表决，最终B胜出；若B、C间投票，则B胜出，而A、B间表决的结果，A反而获胜。从这个例子可以看出，投票次序可以影响投票结果，三个方案都有当选的可能。这种现象就是投票悖论。

阿罗论证了多数投票（majority voting）并不一定遵循递移性。在无数个人福利排序的基础上，推导出整个社会福利的排序，是不可能的。无论采用什么方法来加总个人偏好顺序以产生社会选择，总会存在一些个人偏好顺序，让社会选择不具备递移性。简单地说，就是任何一种多数同意规则，都不可能万无一失地保证结果符合大多数人的意愿。

作为对阿罗不可能定理的回应，阿玛蒂亚·森提出价值限制理论：如果在四项以上的方案中进行选择，每个包括三项选择的子集符合三个条件之一，产生的结果是大多数票者获胜。

（1）所有人都同意其中一项选择不是最优；

（2）所有人都同意其中一项选择不是次优；

[①] Arrow Kenneth J. Social Choice and Individual Values [M]. New York: Wiley, 1951.

(3) 所有人都同意其中一项选择不是最差。

例如，以上甲、乙、丙三者投票选择 A、B、C 三个方案，如果三人的偏好如下：

甲：B > A > C

乙：B > C > A

丙：C > A > B

结果无论投票程序如何，B 都会胜出。

阿玛蒂亚·森的研究成果揭示了阿罗不可能定理存在的原因，他指出，这一定理只适用于投票式的集体选择规则，该规则无法揭示出人际效用比较的信息，而阿罗的社会福利函数排除了其他类型的集体选择规则，因此不可能性的结果是必然的。阿玛蒂亚·森解答了阿罗的难题，于 1998 年获得诺贝尔经济学奖。

16.3.4 蒂博特模型

美国经济学家查尔斯·蒂博特（Tiebout）于 1956 年提出了一个"用脚投票"（voting with their feet）模型——蒂博特模型（Tiebout model），用来研究地方公共产品最优供给如何实现。这一模型是对萨缪尔森 1954 年、1955 年有关公共开支理论研究的直接回应。萨缪尔森在文中表示，不存在市场或其他机制来提供有效公共物品供给的适当激励。而蒂博特认为当家庭能够自由地选择他们想要居住的行政区时，就意味着形成了某种地方公共物品的市场，能提供适当的达到资源有效配置的制度结构。[1]

模型假设如下：[2]

(1) 存在足够多的社区供投票的消费者进行区位选择；

(2) 所有投票的消费者都得到有关社区的信息，并能对信息做出反应；

(3) 投票消费者充分流动，在社区间迁移无成本；

(4) 没有与地方公共产品相关的外部性，所有地方公共产品的利益归本社区所有；

(5) 无规模经济，平均生产成本与产出无关；

---

[1] 埃德温·S. 米尔斯. 区域和城市经济学手册：第 2 卷 [M]. 北京：经济科学出版社，2003：381.

[2] Tiebout C M. A Pure Theory of Local Public Expenditures [J]. Journal of Political Economy, 1956 (64): 416 - 424.

(6) 地方政府课征人头税来提供公共产品。

在这几个假设条件之下，该模型的结论是：

(1) 各个社区资源配置达到最优；

(2) 各社区规模达到最优；

(3) 相同偏好的人聚居在一起。

地方政府只对所属纳税居民提供公共物品和服务，消费者投票人（consumer voters）会在众多提供不同公共产品和服务，以及不同税收负担的社区中进行选择，选定一个社区居住，以便消费自己想要的公共物品和服务以及承担适当的税收。具有相同偏好的人会选择居住在同一社区。而众多的城市政府配置资源，是受居民"用脚投票"行为约束的。由于税收支出组合和公共产品供给在地方政府间存在差异，居民可以从一个社区搬到另一个社区，通过"用脚投票"表达自己对公共产品的偏好，为政府提供信号。而政府根据这些信号做出反应，力图以最低税收成本向具有相同偏好的居民提供满足他们需要的公共产品和服务。蒂博特指出：正如我们可以将消费者看作走到一个私人市场地点上购买物品一样……我们将他置于一个社会服务价格（税收）确定的社区，社会服务的价格（税收）是确定的，这两种途径都将消费者带到市场上，消费者不可能回避显示其在一维空间经济中的偏好。所以，城市居民的定位决策和城市政府对公共产品和服务供给决策之间存在着密切的联系，通过这种方式，就能够实现地方公共产品的有效供给。[①]

16.4 城市公共产品的融资理论

城市公共产品融资是为了城市公共产品投资活动的正常进行而事先筹集资金的活动。城市公共产品由不同的主体提供，西方国家提供城市公共产品的主要收入来源有使用者付费、地方政府税收、中央政府税收、贷款、财产收入和企业收入等。对于容易在某一价格下销售的服务，采用使用者付费方式。其他服务由地方政府提供并由地方政府融资，一般通过地方政府税收支付；地方政

---

① Tiebout C M. A Pure Theory of Local Public Expenditures [J]. Journal of Political Economy, 1956 (64): 416–424.

府税收不能应付的支出，由地方政府借款。地方政府也可以通过其他各级政府的转移支付，或由中央或地方政府直接提供城市公共产品。[①] 城市公共产品的融资有多种模式，传统的城市公共产品融资主要依靠政府财政，特别是通过税收，而公共经济除了政府活动之外，还包括其他非政府进行的公共活动，甚至还包括大量公私交叉领域的活动，现代西方城市公共产品的融资更多吸引民间资本参与。而且城市公共产品也不完全是纯公共产品，还有大量介于公共产品和私人产品之间的混合公共产品，需要公共部门和私人部门共同介入。这里主要介绍西方国家的 BOT、TOT、ABS、PPP 等混合经济融资模式。

16.4.1　BOT

BOT 是英文"Build – Operate – Transfer"的缩写，译意为建设—经营—移交，是作为私营机构参与政府公用事业项目的一种形式。这一词汇最早由土耳其总理厄扎尔于 1984 年提出，用于建造阿科伊核电厂。但这种融资模式早在 17、18 世纪就已经出现了，例如，在 17 世纪，英国政府就曾经采用类似的方式建造灯塔。

BOT 方式通常以一个特许协议为基础，该协议由城市政府或政府代理机构与项目发起人创立的项目公司双方签订，政府向项目公司颁布特许，允许其在一定时期内筹集资金建设某一公用事业项目，项目公司按照合约进行项目投资建设，实行市场化运作，并在合约期限内管理和经营该设施及提供相应的产品和服务，按约定获取投资收益。政府对该项目公司提供的公共产品和服务的数量和价格可以有所限制，但保证私人资本具有获取利润的机会。整个过程中的风险由政府和项目公司分担。BOT 具有有限追索的特性，即只能依靠项目资产或项目收入收回本金和利息。在合约期限内，项目公司必须接受政府有关部门对项目运营的服务质量和收费标准的监督和指导。当特许期限结束时，项目公司按约定将该设施移交给政府。在 BOT 融资模式中，政府是项目的控制主体，项目公司是项目的执行主体，所有关系到 BOT 项目的筹资、分包、建设、验收、经营管理体制以及还债和偿付利息都由项目公司负责。

具体执行的程序为（如图 16.1 所示）：

---

① 埃德温·S. 米尔斯. 区域和城市经济学手册：第 2 卷 [M]. 北京：经济科学出版社，2003：400 – 401.

（1）项目确定阶段，政府批准 BOT 项目，并进行可行性研究；
（2）项目招投标阶段，选定项目发起人；
（3）项目公司成立阶段，签订特许权协议；
（4）项目筹资阶段，项目公司利用项目发起人的股本，以及向金融机构贷款；
（5）项目建设阶段，项目公司在城市政府监督下，对项目进行设计、建设；
（6）项目运营阶段，项目公司收取使用费；
（7）项目移交阶段，经营期满后，项目无偿移交给政府或有关部门。

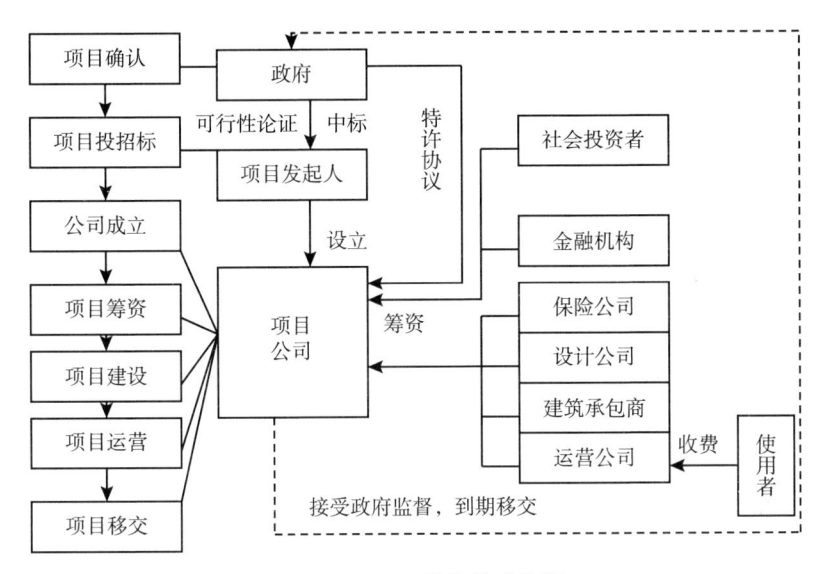

图 16.1 BOT 融资模式流程

资料来源：作者自绘。

BOT 模式的优点有：第一是提供了一种便捷的市政基础设施建设融资方式。既可以用于国内融资，又可以应用在国际融资领域，在财政资金有限的情况下，可以减轻政府财政压力，使城市政府集中资金提供其他公共产品和服务。第二是避免了政府和私营机构双方的风险。吸引民间资本参与提供公共产品和服务，投资风险由多方分担。在整个项目建设、运营期，风险转移到项目公司，政府可以避免损失。通过投资主体从政府向企业的根本转变，不仅可增强工程项目抵抗各种风险的能力，还可大幅减轻政府的财政投入和项目管理等方面的负担。对项目公司一方，以投产的基础设施项目为基础，减少了私营企业建设期的风险。作为项目的控制主体，政府在特许权协议中通常会提供一定的政策保证，为私营企业减少了风险。如政府可采用公共定价、财政补贴或土地批租收益等来保证项目的收益。第三是引入市场机制。私营机构参与 BOT 模式的动机在于盈利，而政府的参与目的是提供更多更好的城市公共产品和服务。BOT 模式融合了政府与民间部门两股力量，在公共产品和服务供给中引入市场机制，可以极大地提高效率。第四是保证了政府对公共事业项目的控制权。在整个项目执行过程中，城市政府都在发挥控制主体作用，而且在项目特许经营期结束后，项目无偿归还政府，保证了政府对公共事业项目的控制。

  市政基础设施建设，能通过收费获得收入的设施或服务项目等都是 BOT 的适用范围，具体包括：公共设施项目，如电力、电讯、自来水、排污等；公共工程项目，如大坝、水库、仓库等；交通设施项目，如铁路、公路、隧道、港口、机场等。还有一些政府投资的资源开发项目和产业项目等。[①] 澳大利亚悉尼港湾隧道、英法海底隧道、英国达特福德（Dartfold）大桥、美国加州第一条全自动收费公路、法国诺曼底大桥工程等是典型的交通基础设施 BOT 项目。

  BOT 的变形形式有：BOOT、BOO、BLT、BTO、BT、BOL、BOOST、ROT、TOT……。例如，BOOT 是英文"Build – Own – Operate – Transfer"（建设—拥有—经营—移交）的缩写，它与标准 BOT 的区别在于强调项目设施建成后在产权上的归属者是项目公司，而 BOT 项目中项目公司只拥有经营权。BOO 是英文"Build – Own – Operate"（建设—拥有—经营）的缩写，它与标准 BOT 的区别在于项目公司在建设并经营某项设施后并不是在一定时期内将此设施移交给政府。BLT 是英文"Built – Lease – Operate"（建设—租赁—转让）的缩写，它与标准 BOT 的区别是在工程完工后一定期限内出租给第三方，从第三方以分期付款方式获得工程投资和运营收益。TOT 是英文"Transfer – Operate – Transfer"的缩写，译意为移交—经营—移交，也有人认为它是 BOT 的变异模式。TOT 指城市政府部门将已建好的项目一定期限的产权和经营权有偿转让给项目公司（有的 TOT 项目只转让经营权），一次性融资以建设新的项目。项目公司对其进行运营管理，在约定的时间内通过经营收回全部投资和得到合理的回报，并在合约期满后，再交还给政府部门。实质上是城市政府通过转让

---

① 刘省平. BOT 项目融资理论与实务 [M]. 西安：西安交通大学出版社，2002：4.

项目在一定期限内的现金流量从而获得资金来建设新项目的一种融资方式。

BOT模式中的建设环节是一项复杂的系统工程，需要复杂的技术和良好的环境作为保障，还需要耗费大量的资源，而且项目周期一般较长。因为BOT建设环节中政府风险和政策风险都较大，私营方出于保障自己效益的目的，往往要求较高的投资回报，这样就会增加交易成本。例如，TOT模式和标准BOT模式的区别在于，TOT项目一般已经建成，直接转让给私人机构。TOT模式中没有建设环节，从而规避了项目新建过程中的各种风险，更能吸引私人机构进行投资。TOT模式还减轻了政府财政压力，政府可以通过TOT方式获得大量的资金用于建设更多的基础设施项目，减轻用于投资基础设施的预算内资金压力。所以风险小，项目引资成功率高。

16.4.2 ABS

ABS是英文"Asset – Backed – Securitization"的缩写，译意为资产证券化融资。它是指以目标项目所属的资产为基础，以该项目预期收益为保证，通过在国际资本市场上发行债券来筹集资金的一种项目证券融资方式，是以资产为支持的证券化。在美国，资产证券化市场已成为仅次于联邦债券市场的第二大市场。

具体执行的程序为（如图16.2所示）:[1]

（1）项目确定阶段，原始权益人（城市政府）确定ABS目标；

（2）创建特设信托平台（Special – Purpose – Vehicle，SPV）或者特殊目的公司（Special – Purpose – Corporation，SPC），SPV一般是具有较高资信等级的信托投资公司等独立法人机构；

（3）签订特许权协议，项目原始权益人（城市政府）与SPV签订特许协议，将项目资产未来收益权转让给SPV；

（4）发行债券，SPV以此项目为基础，实现信用增级，在国际或国内资本市场发行债券筹资，用于项目建设；

（5）项目建成，SPV用项目资产收入清偿债券本息，获取利润；

（6）特许期结束，SPV将项目的所有权归还原始权益人。

---

[1] 杜莉. 城市财政学[M]. 上海：复旦大学出版社，2006：277 – 278.

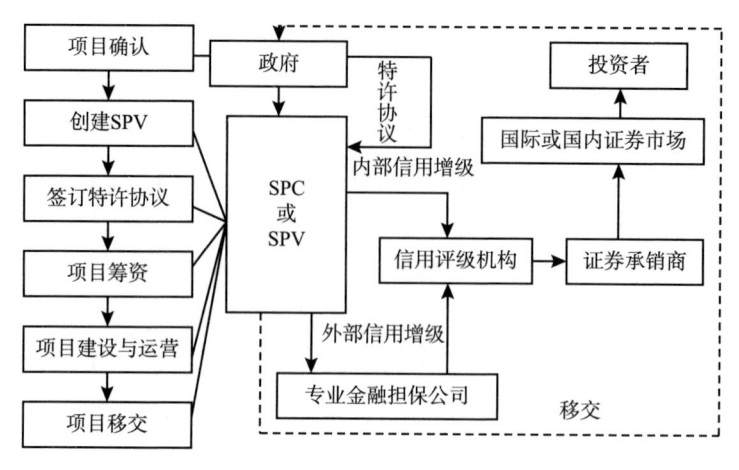

图 16.2　ABS 融资模式流程

资料来源：作者自绘。

　　ABS 融资与一般 BOT 模式的区别在于要以项目资产和可预见的现金流入量为基础发行债券，是以资产为支撑的证券化。SPV 通常组合一些流动性较差的资产，将不同利率、期限等的资产组合，形成"资产池"，使之产生可预计的现金流收益，以整个资产组合为担保，再通过中介机构的信用加强，把这些资产的收益权转变为可在金融市场上流动的、信用等级较高的债券，其实质是融资者将被证券化的资产的未来现金收益权转让给投资者。这是一种新型的资产证券化融资模式，特别在国际证券市场发行债券融资方面具有可操作性。只要投资目标形成资产在未来一定时期内能带来现金收入，就可以进行 ABS 融资。

　　ABS 融资模式优点首先在于运作相对简单，只涉及 SPV、投资者、证券承销商等几个主体，是一种主要通过民间的非政府的途径，按照市场经济规则运作的融资方式，它既实现了操作的简单化，又最大限度地减少了酬金、差价等中间费用，降低了融资成本。① 其次，在债券的发行期内，ABS 项目的资产所有权归 SPV 或 SPC 所有，但项目的资产运营和决策权仍然归原始权益人所有。而且特许期结束后，城市政府收回资产的所有权，保证了公共事业的安全性。再其次，ABS 项目通过在国际资本市场发行债券，吸引众多投资者，分散了投资风险。最后，ABS 项目重要的一步是进行"信用增级"。为了吸引更多的投

---

① 林晨. ABS 融资方式用于基础设施建设中的优劣分析 [J]. 交通科技. 2005 (2)：119–121.

资者，改善发行条件，就要提升所要发行证券的信用等级。具体的增级方式可以采取如破产隔离、回购协议、机构担保等。通过信用增级使 ABS 债券在资本市场具有较高的资信等级，也降低了项目本身的风险。

BOT、TOT 和 ABS 这三种模式都是市政公用产品或服务的市场化供给模式，由政府部门授予私营机构在一定时间和一定范围内对某市政公用产品或服务进行经营的独家权利，即特许经营权。三种模式具有广阔的应用前景，对我国进行市政公共服务筹资具有重要的借鉴意义。

16.4.3 PPP

PPP 是英文"Public – Private – Partnership"的缩写，译意为公私合作模式，是政府公共部门和私人部门合作来提供公共产品或服务的一种融资模式。虽然私人部门参与提供公共产品或服务已有很长历史，但 PPP 这个术语在 20 世纪 90 年代才出现。它可以指为了满足公共产品需要而建立的公共部门和私人部门之间的各种合作关系，也指为满足公共产品需要，公共部门和私人部门建立伙伴关系进行的大型公共项目的实施。

从图 16.3 可以看出 PPP 模式中各方之间的关系。城市政府通过政府采购与私人部门签订 PPP 合同，城市政府与金融机构达成协议，使私人部门能从这个金融机构获得贷款，私人部门设立的项目公司负责筹资、建设、经营以及向使用者收费。私人部门的投资目标是追求利润，城市政府的目标是提供公共产品，满足社会公共需要，PPP 方式的优点在于将市场机制引进了公共产品的投融资领域，能够发挥城市政府与私人机构的长处，双方共担风险、共同受益。

图 16.3　PPP 融资模式关系

资料来源：作者自绘。

在西方发达国家，PPP 的应用很广泛，既可以用于基础设施的投资建设，也可以用于很多非盈利设施的建设。如公路、铁路、医院、学校、机场等市政公用事业。PPP 常见的形式有特许经营（concession）、私人融资倡导（Private Finance Initiate，PFI）等，也可以认为 BOT 等模式也属于 PPP。

PPP 模式由于定义的差异性，因此有广义和狭义之分，广义的 PPP 即为公私合伙制，是公共部门和社会资本为了提供公共产品和服务而构建的风险共担、利益共享、各参与方双赢或多赢的合作模式，并且也包含了 BOT、BOOT、TOT 等多种模式，是一系列融资、操作模式的综合；而狭义的 PPP 多着重于本身的价值和风险分担。

关于 PPP 模式的内涵没有统一的表述，不同的国家或者地区由于国情差异，在其内涵上没有达成共识。欧美国家是率先较为成功运用 PPP 模式的，美国 PPP 国家委员会认为该模式是介于外包和私有化之间的，结合了两者特点来提供公共产品服务，主要强调私营部门的参与及投融资；加拿大则认为 PPP 主要是公私的合作关系，强调的是公共部门和私营部门在分担风险和共享利益的方面。根据我国国情及现阶段 PPP 模式在我国的实践情况来看，PPP 的内涵至少体现在三个方面：第一，PPP 需要社会资本的融资这一要素，私人部门参与投融资，为政府财政减负。第二，在项目产权这一部分，在所有权、经营权和收益权等方面，政府和私人部门根据项目的不同有相关的界定，特许经营权能够使得私营部门更好地进行建造、管理、创新等，使其能够高效的建设运营。第三，在风险分担方面，政府和社会资本根据自身能力大小或者合约要求承担相应的风险，与传统模式相比，使得政府在很大程度上减轻了压力，从而使整个项目的风险控制能力得到加强。总体而言，PPP 模式需要政府和社会资本各自发挥所长，在互惠互利的基础上，适当转移政府的财政压力，使民营资本有利可图，共担风险，利益共享，从而建立一种良好的合作关系。

由于各国及各地区对于 PPP 的定义和内涵的不完全统一性，因此在 PPP 模式的分类上也不尽相同，本书对于 PPP 模式的分类依旧界定在广义的 PPP 模式上。

广义的 PPP 其中一种分类方式是分为三大类，包括：外包、特许经营、私有化（如图 16.4 所示）。外包类的项目一般是由政府外包给私营部门，有模块式外包和整体外包，私营企业受政府委托提供相关建设、经营、管理等服务，在该种项目中，政府起主导作用，政府付费给私企，因此民营资本承担的风险较小。特许经营类主要是 BOT（建造—经营—移交）和 TOT（转移—经营—转让），主要重点落在"经营"上，也就是政府赋予的特许经营权，该种模式需要社会资本参与投资或全权投资，并制定相关的合作机制和政府进行风险的分担及利益的共享，在该种项目上，存在使用权或经营权到所有权的移交过程。其中私营部门获利的渠道就是通过在建造后的特许经营期中收费，待期满之后再移交给公共部门。特许经营类的也就是现如今我国 PPP 运用得最多的模式，大多是政府特许社会资本来建设运营，充分发挥多方优势，在资金上缓解公共部门的财政压力，由私企进入也在很大程度上提高了建设质量和建设效率，使项目的完成度更好更高。私有化类，包含完全和不完全的私有化。此类项目中，政府主要起监管作用，私人部门的付出回报和赢利主要来源于向用户收费，此类 PPP 项目私企承担的风险大，需要实力雄厚的私营资本才能进入。图 16.4 将 PPP 模式的分类用树状图表示出来。

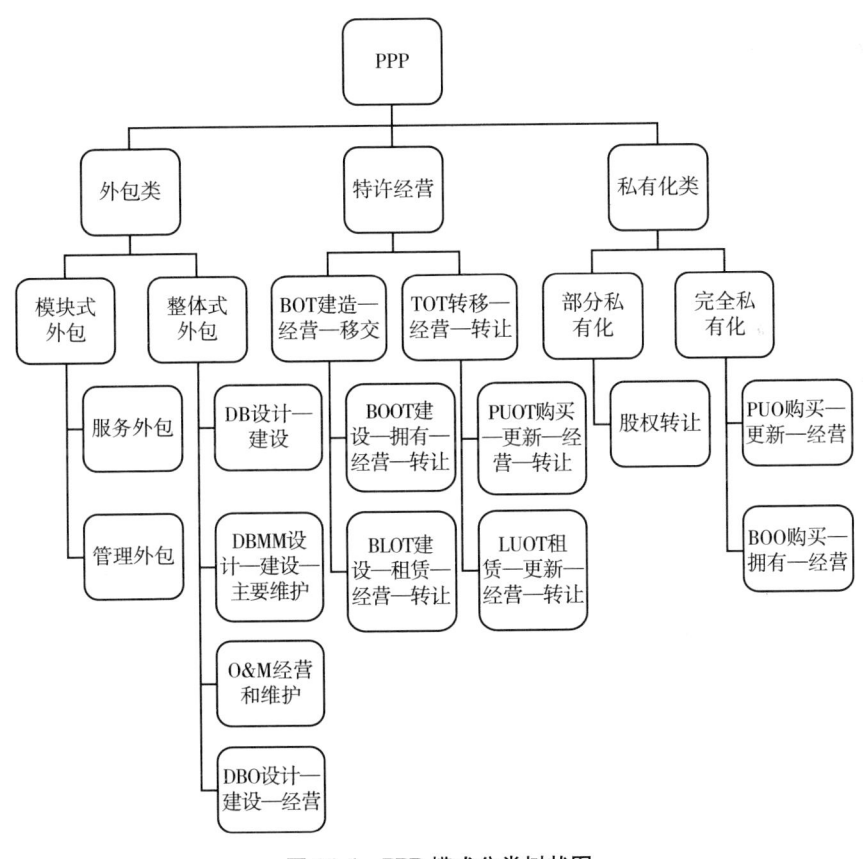

图 16.4　PPP 模式分类树状图

资料来源：世界银行，王灏（2004），民生证券研究院整理。

除以上的分类方式外，PPP 按照融资特点还有不同的分类，如表 16.1 所示。

表 16.1　　　　　　　PPP 模式按融资特点分类表

PPP 按照融资特点分类	运作模式
融资性质	BOT 建造—运营—移交
	PFI 民间主动融资
	BOOT 建造—拥有—运营—移交
	BTO 建设—移交—运营
	ROT 重构—运营—移交
	DB 设计建造
	DB—FO 设计—建造—融资及经营
	BOO 建造—拥有—运营
	BBO 购买、建造及营运
	只投资
非融资性质	作业外包
	O&M 运营与维护合同
	TOT 移交—运营—移交
股权产权转让	
合资合作	

资料来源：PPP 项目咨询服务中心。

PPP 模式本身就是相对灵活的，因此不同的 PPP 项目内部结构也存在差异，但是通常其主要的参与方是存在且必要的。众所周知，最主要的参与方有两大部分，即政府和社会资本。当然还包括在之后要成立的 SPC 项目公司，还有银行及其他金融机构、咨询公司、工程承包单位及施工单位、运营单位、民众或者用户，等等。

政府作为主要的参与方，一般承担着较为重要的职责，PPP 主要运用在基础设施方面，而基础设施一贯而言的特点就是建设周期长、投资资金大、回收期漫长且多为关系国计民生的大项目，这时候必须需要政府首先作为发起人吸引外来投资，使私人部门参与建设中。政府分散了一部分风险和财政压力，在这之中，社会资本也需要有利可图，因此，政府就需要在其职责范围内，做到该有的政策扶持，使社会资本愿意进入，争先进入，使项目能够更好更高质量地进行。政府主要可以进行财政税收支持，在财政方面，政府可以出资一部分，补贴一部分，让社会资本承担比较小的资金负担；在税收方面，政府在法律允许的范围内，在项目参与各方中适当且最大限度地分配和利用税收政策来减轻社会资本资金压力以及筹资成本，提高其项目债务的偿还能力[1]。且政府给予特许经营权，特许经营权的下放意味着社会资本在一定程度上减少了竞争，经营环境和盈利空间相对宽松，政府给予项目一定数额的贷款或贷款担保以此来支持项目建设、开发、融资。但必须要提及的是，私营企业本身一定要具有相当的实力，不能一味地依靠政府方面的各种扶持，如果过于依靠扶持，而自身缺乏一定的能力和潜力，对各参与方和项目本身而言，也是一个巨大的隐患，甚至会直接导致各参与方的时间、资金损失，进而导致项目最终失败。

另一个大的参与方是社会资本，社会资本在整个 PPP 项目中的重要性不言而喻。有时候社会资本的实力能直接决定着 PPP 项目的成败。这就要求政府在选择社会资本的时候睁大双眼，不能被表面现象所迷惑，要多方面全方位考察其实力，现实中不缺乏空有其表的社会资本妄图和政府合作获得多方面的优惠和扶持。所以，在眼花缭乱的外表下，一定要掌握其是否真的具有实力，在 PPP 的项目中，一般是投资金额巨大，偿还周期长，合作时间久的项目，因此更需要社会资本有强劲的实力，不能有"钻空子"的私营企业来对项目造成威胁，良好的实力和良好的信誉才是硬道理。

SPC 是 Special Purpose Company 的简称，即特别项目公司。项目公司是代表政府的股权投资机构和社会资本联合组成的，为了 PPP 项目的建设以及运营，是 PPP 项目的实施者，获得建设经营项目的特许权。它的优势在于非常熟悉项目的运营过程，拥有成熟的管理经验和较高的管理技术水平。它的主要职能是前期的谈判和投标，之后项目的开发建造、运营和移交，等等。在政府给予的特许经营期满之后，移交后项目公司才算完成自己的使命，进行清算解散。

PPP 还包括银行和其他金融机构、咨询公司、施工单位或者工程承包商、

---

[1] 王健. 基础设施建设引入 PPP 模式的研究 [D]. 济南：山东大学，2010.

运营单位、民众，等等。银行或者其他金融机构在PPP项目中也起着举足轻重的作用，在投资金额巨大，回收期长的PPP项目中，需要大量的资金支持，如果一味地依靠政府财政扶持和社会资本自身的资金投入，还是有巨大的负担，因此银行和其他金融机构可以提供其需要的资金，一般而言，是商业银行、信贷、信托机构等。在某些PPP项目中，因为投资金额的数量巨大，甚至一家银行或者金融机构不能完全负担，因而在某些项目中，是多家商业银行合作或者银行和金融机构合作提供资金。

由于PPP项目资金额大，程序复杂，中间过程参与方多，因此也需要非常熟悉PPP具体操作流程的咨询顾问公司，在此协助整个PPP项目的相关操作，包括前期的政策咨询，之后的融资方案、风险管理方案、选择合作伙伴，等等。

施工单位或工程承包商是负责设计施工的，可以算是最贴近项目的一个环节。施工单位通过投标和SPC签订合作合同，施工单位也要承担工期延误，工期停工等风险，施工单位需要在规定时间之内完工。

用户即是政府和民众，PPP用于基础设施建设，要求的是使用者付费。根据类型的不同，其付费方式也存在差异，对于某些项目，使用者通过向运营单位直接付费，而有些项目，用户是通过税收等方式付费，民众在使用时可以建议优化其质量和服务，监督管理，使其提供更好更高质量的服务。

保险机构参与可以分散风险、转移风险、降低风险，提高项目的效率和成功率。

PPP模式最理想的状态是使得各参与方都能得到想要的结果，政府在对基础设施的建设上，分散其财政压力，转变政府直接投资的方式，让社会资本参与其中，不仅减轻了资金负担，而且可以由更专业的建造运营单位负责，提高了基础设施的质量，让社会资本也有利可图，让民众更好地享受到了服务，达到共建共享、风险同担、多方获利的多赢结局。

第 17 章

城市环境经济理论

随着城市化进程的加快，世界城市人口急剧增长。世界城市化给全人类带来经济效益和社会效益的同时也带来诸多问题，尤其是出现了自 20 世纪 60 年代以来一系列的城市生态环境问题。因此，如何利用生态取向的城市政策、规划管理及城市设计等手段来控制城市发展蔓延、减少环境冲击、保护自然资源并创造宁静安适的环境品质，以实现城市的可持续发展，已成为当前全球城市的共同问题，也是西方城市环境经济理论主要探讨的问题。

17.1 城市与环境

由于城市—经济—环境三者紧密联系，使城市化与生态环境关系的研究内容十分庞杂，各学科对它们的研究存在一定差异，而城市环境经济理论则主要从城市环境经济学角度来研究城市发展对环境的影响并得到相关理论。而这一研究领域的代表人物是美国著名经济学家格罗斯曼（Grossman）和克鲁格（Krueger）等人，他们在 1995 年，运用计量经济学方法分析了 42 个发达国家的面板数据，揭示了城市经济水平与城市生态环境质量的倒"U"型演变规律，并提出著名的环境库兹涅茨曲线（EKC）假设[①]。

城市与环境的关系，除了格罗斯曼和克鲁格等人从经济学角度去研究城市

[①] Grossman G, Krueger A. Economic Growth and the Environment [J]. Quarterly Journal of Economics, 1995 (110): 353-377.

发展对环境的影响外，在实际中更多的学者是从生态学、历史学、社会学、人口学、规划学等角度来探讨城市发展对环境的影响。

埃里克·兰巴德将生态学理论与城市史研究结合起来，认为城市的社区结构本身是一种"生态合成体"，是由人口、环境、技术、组织四种因素构成的。他在1961年发表的《美国历史学家与城市化研究》中充分展示了他的"生态合成体"理论。在文中他把城市的发展解释为一种广阔的社会进程，强调城市要素之间的相互关系，并认为从城市生态合成体的角度来研究城市经济活动的增长、人口的增长等是人类了解城市环境历史的第一步。埃里克·兰巴德的另外两篇文章《城市化的历史观》和《美国城市的演进体制：城市化与经济发展》也都有力地阐述了他的这种主张。

随后，罗伊·卢博夫的研究对兰巴德的主张作了补充，他认为，城市是典型的人造环境，在城市生态组织的演变进程中，人的行为和主观作用很重要，来自城市建筑、住房与住房投资、不动产市场和不动产体制、交通运输、卫生保健、工业技术与组织等方面的人为因素应该得到更为充分的研究。他的《20世纪匹兹堡：政府、商业与环境的变化》和《20世纪匹兹堡：后钢铁时代》两本著作就体现了他的这种主张。而刘易斯·芒福德的《城市发展史》、阿兰·普莱德的《美国城市——工业增长的空间动力1800 - 1914》以及约翰·瑞波斯的《城市化美国的形成》也都是反映这一主张的重要成果。[1]

另一些学者更为宽泛地探讨了城市与自然环境的关系。如韦斯里·马克斯《人与环境：废弃物》以及韦恩·摩根的《工业化美国：环境与社会问题1777 - 1920》，他们从社会发展角度探讨了城市环境演变对人类社会的深刻影响。

而哈布拉谢（AI - Kharabsheh）等人则利用先进的 GIS 与 RS、数值模拟等方法，从城市化具体可能导致的众多资源环境问题等方面去开展研究，如 AI - Kharabsheh 的城市化与地表水质量的定位跟踪研究[2]，德奥斯塔利（Deosthali）的城市化对城市局部气候的影响研究[3]，德普拉泽斯（Deplazes）等的

---

[1] 姜立杰. 美国城市环境史研究综述 [J]. 雁北师范学院学报，2005 (1)：55 - 58.

[2] Atef Al - Kharabsheh, Rakad Ta'any. Influence of Urbanization on Water Quality Deterioration during Drought Periods at South Jordan [J]. Journal of Arid Environments, 2003 (53)：619 - 630.

[3] Vrishali Deosthali. Assessment of Impact of Urbanization on Climate：An Application of Bio - climatic Index [J]. Atmospherics Environment, 1999 (33)：4125 - 4133.

城市化对城市野生生物的多重影响研究①，等等。

另外，为了揭示城市化进程中的郊区化发展对环境的影响，还有人纷纷从不同区域的郊区化趋势中去寻找城市发展对环境的影响证据，如 H. C. 宾福德的《首次出现的郊区：波士顿边缘的居住区 1815—1860》，K. T. 杰克逊的《马唐草边疆——美国郊区化》，山姆·沃纳的《有轨电车的郊区：在波士顿的成长进程 1870—1900》，M. H. 艾伯纳的《芝加哥北岸的出现：郊区化的历史》，等等。②

17.2 城 市 病

17.2.1 城市病的含义和表征

城市化对人类社会的发展会产生正负两方面的影响。从正的方面分析，城市化会给人类社会带来巨大的经济效益和社会效益，促进社会进步和繁荣；从负的方面看，在城市化进程又会出现某种"病态"形式（如交通拥挤、住房紧张、犯罪率上升、环境污染等）来抵消城市化带给人类社会的正效应，在一定程度上阻碍经济社会前进的步伐。因此，人们常称城市化进程中所出现的这些"病态"现象为"城市病"。

"城市病"，既然是一种病态，就有诸多表征。归纳起来，城市病的一般表征有以下几个方面。

人满为患，交通拥挤。随着城区规模的扩大，城市空间结构的变化，大、中城市的枢纽地位更加突出，带动人、财、物空前大流动，由此产生了在一些大、中城市的火车站、码头、汽车站周围人满为患，交通异常拥挤等现象。

住房紧张，"贫民窟"与"豪宅"并存。世界上最早实现城市化的英国，

---

① Peter Deplazes, Daniel Hegglin, Sandra Gloor, et al. Wilderness in the City: The Urbanization of Echinococcus Multilocularis [J]. Trends in Parasitology, 2004, 20 (2): 77-84.

② Joel A Tarr. The Search for the Ultimate Sink: Urban Pollution in Historical Perspective [M]. Akron: The University of Akron Press, 1966.

大约在1775年就已实现城市化[1]，到了19世纪晚期，英国70%的人口已居住在城市中，一批规模大、产业结构新的近代城市纷纷崛起。如1545年伦敦人口只有8万人，到1700年增至67万人，一举超过巴黎成为欧洲第一大城市，1901年已高达658万人，为世界上前所未有的繁华大都市[2]。当城市人口激增后，城市"贫民窟"与"豪宅"并存现象愈加明显。尽管城市人口激增，但因城市基础设施建设滞后，使得原有的基础设施和其他公共服务设施不堪重负，住房供应不足日益严重。资本家们关心的是如何以最少的代价赚取更多的利润，根本不愿意在市政建设及改善工人居住状况方面投入更多资金。正如英国社会史学家阿萨·勃里格斯所写的那样：像"过分拥挤"和"贫民窟"这样一些词，在19世纪尚属新创，而到19世纪末，人们越来越多地感受到其现实性。仅伦敦万人聚居的贫民窟就有20个以上，这些贫民窟成为"霍乱国王的巢穴"[3]。创造财富的工人，住在城市中最糟糕的地区最糟糕的房屋里，房子质量差，采光、通风及卫生条件都极恶劣。有的甚至住在1/3的空间都在地面4~5英尺之下的地下室里，通风不良，且特别潮湿。曼彻斯特市内有2万人住在地下室里，占工人数的12%[4]。"普莱费尔在1842年告诉市镇卫生委员会说，在整个兰开夏郡（Lancashire）只有一个城市普雷斯顿（Preston）有一个公园；只有一个城市利物浦有公共澡堂"[5]。"贫民窟，次贫民窟，超级贫民窟——这就是城市进化的进程"[6]。另外，这种"贫民窟"与城市的高楼大厦、豪宅别墅却形成了鲜明对比，并已逐渐演化成社会不和谐因素（如城市犯罪率上升）的重要导火线。

环境污染严重，公共卫生设施条件差。"环境恶化，在一个世纪之中，发展得如此之广，大城市市民对这种情况已司空见惯而麻木不仁，以致较富裕的

---

[1][2] 克拉潘. 现代英国经济史：上[M]. 北京：商务印书馆，1975.

[3] 恩格斯. 英国工人阶级状况[A]//马克斯恩格斯全集：第2卷[C]. 北京：人民出版社，1957：62.

[4] 恩格斯. 英国工人阶级状况[A]//马克斯恩格斯全集：第2卷[C]. 北京：人民出版社，1957：348.

[5] 刘易斯·芒福德. 城市发展史：起源、演变和前景[M]. 北京：中国建筑工业出版社，2005：476.

[6] 刘易斯·芒福德. 城市发展史：起源、演变和前景[M]. 北京：中国建筑工业出版社，2005：477.

阶级今天也常常漠不关心地习惯于这种糟糕的环境。"① 由于在工业化早期，城市尚未建立清扫垃圾的制度，垃圾粪便随意堆放，严重影响居民的身体健康。詹姆斯·史密斯曾这样描述：在英国利兹，最不卫生的地区是工人住的狭窄的房屋区，这类建筑物里不具备任何一种排水设施。厕所少且前后无遮无盖，空气污染，造成大批的人体弱多病，养成了依赖烈酒和麻醉剂的嗜好。② 1830年，曼彻斯特的一半房屋，利物浦的大部分房屋都没有排水系统和卫生设施。③ 排水沟通往小河、水坞，水坞常常塞满腐物而臭气熏天。居民从河流和水井中取水，疾病通过被细菌和病毒污染的水传播开来。在格拉斯哥，1821年工人因疾病而死亡的比例为2.8%；1838年上升为3.8%；1843年达到了4%。④ "在英国整个19世纪中，农业工人虽然是一个下层阶级，但是他们的平均寿命比城市里的产业工人为长""对生命如此重视的城市是依靠从农村不断输入的新的生命才能生存下去的。新的城镇是由大批移民建立起来的。1851年时，在伦敦和其他61个英国城镇上居住20年以上的3336000居民中，只有1337000人是他们所居住的城镇上出生的"。⑤

工人处境艰难，犯罪率上升。因推进城市化进程的主要动力——工业化的需要，带动城市产业的劳动力需求猛增，使城市人口呈爆炸性增长，造成城市工人的就业难、工资低，处境异常艰难。例如，不列颠的人口1751年为725万人，1781年约为925万人，到1801年增加到1094.3万人，1819年为1259.7万人，1821年为1439.2万人。⑥ 因人口大量增加后，使得就业竞争更加激烈。据亨利·梅休的调查，在工业化时期的英国，仅有1/3工人能充分就业，另外1/3处于半就业，剩下1/3的工人完全失业。⑦ 与此同时，工人的处境也更加艰难，城市化早期，英国工人工作时间一般在12小时以上，有

---

① 刘易斯·芒福德. 城市发展史：起源、演变和前景 [M]. 北京：中国建筑工业出版社，2005：475.

② E. 罗伊斯顿. 被遗忘的苦难——英国工业革命人文实录 [Z]. 福州：福建人民出版社，1983：296.

③ 梅雪芹. 19世纪英国的环境问题初探 [J]. 辽宁师范大学学报（社科版），2000，23 (3)：105 – 108.

④⑦ 钱乘旦，刘金源. 寰球透视：现代化的迷途 [M]. 杭州：浙江人民出版社，1999：129.

⑤ 刘易斯·芒福德. 城市发展史：起源、演变和前景 [M]. 北京：中国建筑工业出版社，2005：480.

⑥ 克拉潘. 现代英国经济史：上 [M]. 北京：商务印书馆，1975：81.

时达 15~16 小时，工人进入工厂就像进入兵营或监狱，受到监工的严密监视，占工人绝大多数的女工和童工境遇更为凄惨，童工有时仅仅提供食宿算是唯一的报酬。而棉纺厂的女工每天 14 个小时被禁锢在华氏 80~84 度高温之中，空气流通不畅，到处飞舞棉毛尘埃，对妇女的身心摧残尤其严重。①

因工人生活环境和生活方式的改变导致其行为失控、犯罪率上升就在所难免，特别是背井离乡的农民往往产生"被连根拔起的失落感"，② 生存的压力使人堕落，赤贫使人缺乏法制和道德观念，极易染上恶习，使犯罪率上升。据统计，1819 年苏格兰因刑事罪被捕的案件只有 89 件，1837 年就上升到 3176 件，1842 年进一步增加到 4189 件。③ 而 1841~1850 年，在伦敦的 7 个辖区中，贫民阶层集中的居住区犯罪率高得惊人。④

市民间往往互不往来，邻里关系日渐淡化。现代城市，特别是大中城市中由于城市经济的发展，原有的居住环境变化，加之城市人口进一步密集，居民住宅高楼化，居民结构多元化、杂居化，居民之间基本上素不相识，互不往来，邻里关系日趋淡化。这正是现代"城市病"在人际关系方面的一个重要表现。

城市规划建设滞后，发展盲目无序。人们对城市规划无理性认识，城市街道狭窄拥塞，建筑恶俗且杂乱无章，城市建设明显缺乏规划，绿化更无从谈起，管理滞后十分普遍。如 1726 年，丹尼尔·丹佛称伦敦是一座"古怪的城市"。城市化进程中的英国一味追求财富的积累，进入了富裕和贫困并存，繁荣与悲惨交织的怪圈中。正如 1835 年托克维克在论及曼彻斯特市时所说的那样："从这污秽的阴沟里流出人类最伟大的工业溪流，肥沃了整个世界；从这肮脏的下水道中流出了纯正的金子。人性在这里获得了最为充分的发展，也达到了最为野蛮的状态，文明在这儿创造了奇迹，而文明人在这儿却几乎变成了

---

① 李冈原. 英国城市病及其整治探析——兼谈英国城市化模式 [J]. 杭州师范学院学报（社会科学版），2003（6）：105-108.
② 杜建人. 城市犯罪研究 [M]. 台北：五南图书出版公司，1997：20-21.
③ 霍布斯鲍姆. 非凡的小人物 [M]. 北京：新华出版社，2001：81.
④ 恩格斯. 英国工人阶级状况 [A]//马克思恩格斯全集：第 2 卷 [C]. 北京：人民出版社，1957：395.

野蛮人。"①

17.2.2 城市病的治理

为了医治"城市病",人们纷纷从不同角度探索如何对城市弊端进行改革,特别是在最早实现城市化的英国尤为突出。

空想社会主义者罗伯特·欧文成了医治"城市病"的开路先锋,他的主张至今仍在城市发展、城市形态、城市管理、城市社会生活等诸多领域闪烁着独特的思想光芒。欧文对理想城市的设计蓝图是:城市主要建筑物设在市中心,公共食堂、学校、图书馆和会议厅亦设在中央地区,四周为民宅、医院和招待所,建筑外围被花园环绕,花园外面是工厂、饲养场、田地、牧场。他拟创造出城乡优势兼而有之的"理想城市"。1800年,欧文开始着手在苏格兰的新拉纳克进行"新和谐村"的试验,使这个多年来犯罪率居高不下的地方,变成了一个完善的模范社区,酗酒、刑事案件、诉讼、贫困等现象消失殆尽,一个新的城市社区结构诞生了。欧文的这一改革影响遍布英国、远及欧洲大陆甚至美国。

社会改革家埃德温·查德威克,也终身致力于城市化中的英国社会改革事业,被公认为是完善济贫法、供水排水、污水处理、公共卫生、城市服务、学校建设、贫困儿童教育等多项计划的倡导者。埃德温·查德威克从1839年起对工人卫生状况进行了长达3年的调查,并发表了《关于英国劳动居民情况的报告》,披露了住房、饮水等诸多问题,并提出了可行的建议。1848~1854年他又领导了公共卫生的改革运动,力促《公共卫生法》得以通过。有人称他是世界上"第一批最伟大的卫生改革家之一,如果没有他以及他的挑选、鼓舞、推动和指挥人们的努力,在工业革命中出现的大批城镇必然会消亡,为自己的发展所窒息,被自己的废物所毒害。"②

而提出著名的"田园城市"理论的埃比尼泽·霍华德也对英国"城市病"的医治立下了汗马功劳。1898年埃比尼泽·霍华德(E Howard)出版了《明天——通向真正改革的和平之路》一书,创立了"田园城市"理论。在1899年6月,又成立了"田园城市协会"。田园城市运动由此引发了英国城市规划

---

① 欧文. 欧文选集:第1卷 [M]. 北京:商务印书馆,1981:196.
② W. H. B. 考特. 简明英国经济史 [M]. 北京:商务印书馆,1992:279.

运动的兴起，同时也成为第一个较为成功地治理了"城市病"的国家，难怪有人称英国为世界城市化的试验基地。霍华德的"田园城市"理念也影响了以后英国乃至世界城市发展规划的趋势。

当然，在各种力量的支配下，英国政府也逐渐开始对城市治理承担更多的社会责任，并制定了一系列法规和制度用于城市治理，也收到了良好的效果。可以说，英国城市化进程中的"先发展，后治理"的道路，以及其医治"城市病"的方法，对于当今处于城市化进程中的国家而言，无疑将提供诸多启迪。[①]

17.3 城市生态思想

17.3.1 城市生态思想的形成与发展

城市作为人类的聚居地，其形成和发展与环境条件密切相关。实际上，城市化引发的城市生态环境问题早已引起人们的广泛注意。[②] 城市的发展依赖于良好的自然环境，同时也深刻地影响着自然环境。城市与环境之间的关系其实质是人类社会与生物圈之间的联系，这是城市生态思想的本质所在。城市生态思想从城市形成之初就有所体现[③][④]。在工业革命以前的几千年的城市发展过程中，人类社会和生物圈基本保持着平衡关系，城市的规模和形态受自然生态平衡的制约。工业革命引发了现代城市化过程，并伴生一系列的城市环境问题。对这些问题的解决刺激了城市生态思想的进一步发展。19 世纪末期，英国学者霍华德提出的"田园城市"规划理论正是工业化初期城市生态思想应用于城市开发规划中的具体体现。

进入 20 世纪以后，随着资本主义国家生产力和生态科学的迅猛发展，城市研究及其开发规划中开始大量吸收生态学的原理与方法，也奠定了城市生态

---

① 李冈原. 英国城市病及其整治探析——兼谈英国城市化模式 [J]. 杭州师范学院学报（社会科学版），2003（6）：105-108.

② 杨士弘. 城市生态环境学 [M]. 北京：科学出版社，2003：20-27.

③ 沈基清. 城市生态与城市环境 [M]. 上海：同济大学出版社，1998：50-51.

④ 杨小波，吴庆书，邹伟，等. 城市生态学 [M]. 北京：科学出版社，2000：3.

学研究的良好基础。20世纪初，美国芝加哥学派的创始人帕克（R E Park）等人发表了《城市：有关城市环境中人类行为研究的建议》的著名研究成果，他们通过对城市的调查研究提出了纲领性的结论意见，特别是他们将生物群落学的原理和观点用于研究城市社会并取得可喜成绩，奠定了城市生态学的理论基础，并在后来的社会实践中得到广泛的应用和发展。

20世纪70年代，由于系统科学的发展，特别是生态系统理论的形成，为城市生态研究提供了新的思维空间。以联合国教科文组织（UNESCO）发起的人与生物圈（MAB）计划为契机，展开了多学科广泛参与的城市生态系统研究，取得了城市生态学研究方面的丰硕成果。

20世纪80年代后，随着可持续发展理论及生态环境评价的研究热潮高涨，城市化及其生态环境问题又围绕着城市可持续研究而展开，从而提出了城市的可持续发展理论。

可见，从朴素的城市生态思想走向理论体系不断完善的城市生态学，城市生态研究领域不断拓展，并形成了代表不同发展阶段的城市生态研究方向。

17.3.2 城市生态研究的不同阶段与内容

根据西方社会对城市生态问题关注程度的差异，大致可将城市生态研究历程划分为三个不同阶段，每个阶段有不同的研究内容。

第一阶段，起始阶段。

城市化与生态环境的关系问题应起始于城市规划学家的关注。城市规划学家首先尝试从规划角度去解决这个问题，如1898年英国学者霍华德（Howard）的"田园城市"理念就激起了规划学界对城市与环境问题的广泛关注。随后，1904年和1915年社会学家戈德斯（Geddes）相继出版了《城市开发》《进化中的城市》，使人地关系间问题又进入到社会学家的研究领域中。

这一时期，城市生态研究最重要的是芝加哥学派所开创的人类生态学方向。所谓芝加哥学派是以美国芝加哥大学社会学系为代表的人类生态学及其城市生态学术思想的统称。兴盛于20世纪二三十年代，代表人物为帕克（R E Park）、伯吉斯（E W Burgess）、麦肯齐（R D Mckenzie）等。帕克等人在吸收了 19 世纪欧洲社会和生态学家，如达尔文（Darwin）、斯宾塞（Spencer）等的研究思想，并深受 20 世纪初在美国兴起的动植物生态学研究理论的影响，形成了人类生态学的研究方向。其标志性的著作是《城市》，明确提出了社会和城市研究的人类生态学方向[1]。这标志着人类生态学家已开始对城市环境问题的重视。他们充分利用生态学和社会学的原理将城市化外部生态问题的研究转变到城市内部社会空间结构和土地利用方向上来，从此奠定了城市化与生态环境问题的生态学研究方法的主流研究方向，并提出了该学派的一系列理论，如伯吉斯（E W Burgess）的城市同心圆增长理论、赫特（H Hoyt）的城市发展的扇形理论以及哈里斯（Harris）和厄曼（Uiman）考虑到汽车对通勤方面的重要影响而提出的城市发展的多核理论。在实践方面，菲特（Fitter）和齐维特（Jovet）则分别从生态规划的角度研究了伦敦和巴黎等城市的过度城市化与城市生态环境演替关系问题。[2]

第二阶段，展开阶段。

20 世纪 60 年代，美国学者卡逊（R Carson）在其《寂静的春天》一书中，提示了人类活动对生态环境的影响，引起世人的瞩目。随后在 20 世纪 70 年代初，罗马俱乐部发表的一部研究报告——《增长的极限》，利用系统动力学方法对世界工业化和城市化前景进行了"有极限增长"的估计，进一步激发了人们从生态学角度研究城市问题的兴趣。1970 年联合国教科文组织（UNESCO）的第 16 次会议决定发起人与生物圈（MAB）计划。1971 年 MAB 委员会在巴黎会议上提出了 14 个研究项目，其中项目 11 为"城市和工业系统能量利用的生态学前景"，确立了 MAB 的城市系统的生态学研究方向。MAB 的城市研究计划一般是基于问题的具体案例研究，从 20 世纪 70 年代以来，MAB 计划组织了不同学科的科学家（包括生物地理学家、生物化学家、社会科学家及政治学家），在世界范围内建立了 150 多个研究基地，其中有代表性的包括中国的香港、德国的法兰克福、瑞典的哥特兰岛、新几内亚的莱城、阿

---

[1] J Morgan Grove, William R Burch. A Social Ecology Approach and Application of Urban Ecosystem and Landscape Analyses: a Case Study of Baltimore [J]. Maryland: Urban Ecosystems, 1997 (1): 259 – 275.

[2] 刘耀彬，李仁东，宋学锋. 城市化与城市生态环境关系研究综述与评价 [J]. 中国人口·资源与环境，2005 (3): 55 – 60.

根廷的布宜诺斯艾利斯、韩国的汉城等。在美国，巴里（Berry）首次应用生态因子分析法提取了城市化对城市生态环境影响的主要因子，开创了生态因子研究法。1986 年在卢布尔雅那举行的国际森林研究组织联盟（IUFRO）又建立"城市森林"计划工作组，开始研究城市化对森林破坏的危害并寻求解决办法。同期，世界卫生组织（WHO）也展开了健康城市研究，并把城市健康问题列入研究议题。

虽然 MAB 计划的研究成果，极大地推动了城市生态学的发展，并对其理论体系的形成起了至关重要的作用，但 MAB 城市生态系统研究还没有走出城市中的生态学概念框架，距离一体化的城市生态系统研究还有一定差距。实际上，真正一体化的城市生态系统研究是由美国国家科学基金（NSF）资助的美国长期生态系统动态研究（LTER）项目网络中进行的巴尔的摩和凤凰城的城市生态系统研究[1][2]，该项目通过将自然因素与人类活动因素综合进入城市生态系统的研究，建立了以城市生态系统为核心的完整的城市生态学理论体系。

第三阶段，多元化阶段。

1987 年，随着《我们共同的未来》的报告提出，拉开了城市可持续研究的序幕，使城市化与其生态环境关系问题的研究紧紧围绕着可持续城市、生态城市、卫生城市、健康城市等主题而深入，相关的国际学术会议也非常活跃。世界环境与发展大会通过了《21 世纪议程》、1990 年以来的五次国际生态城市大会、1996 年联合国人居环境大会以及国际城市环境研究所（IIUE）的"可持续城市指标体系研究"序列会议等，表征着对此问题的关注进入了多元化的研究阶段。2002 年发表的《深圳宣言》对城市化、生态城市建设和可持续城市等问题进行一系列总结，特别关注生态城市建设中的人文和经济城市化的压力问题，为世界城市一体化进程中城市问题的复合系统研究指明了方向。[3]

尽管可持续城市与生态城市两个概念存在较大的差异，但由于可持续发展

---

[1] 王如松. 转型期城市生态学前沿研究进展 [J]. 生态学报, 2000, 20 (5): 830–840.

[2] Nancy B Grimm, J Morgan Grove, Steward T A Prickett. Integrated Approaches to Long-term Studies of Urban Eoclogical System [J]. BioScience, 2000, 50 (7): 571.

[3] 刘耀彬, 李仁东, 宋学锋. 城市化与城市生态环境关系研究综述与评价 [J]. 中国人口·资源与环境, 2005 (3): 55–60.

思想与许多城市生态系统所遵循的生态学原理一致,生态城市从本质上说是可持续发展的城市。① 因此,生态城市往往与可持续发展城市一并列于城市可持续研究的大框架之下。对于此类问题的研究,国外学者多从区域资源、环境、经济和社会的角度,应用系统的方法来分析城市化进程中的城市可持续发展或生态城市建设的障碍,特别在分析城市现实问题的基础上,利用生态原则、可持续发展原则和城市化发展规律来调控和解决现实问题,以达到城市的可持续发展,这也是西方城市可持续发展研究的基本思路。②

17.3.3 城市生态系统的特点

城市生态系统是一个结构复杂、功能多样,庞大开放的自然—社会—经济复合人工生态系统,与自然系统相比,有其独特的特征。

首先,城市生态系统是一个人工干预式的生态系统。

城市生态系统是通过人的劳动和智慧创造出来的,人工干预对该系统的存在与发展起着决定性作用。城市生态系统以人为主体,城市居民无论从数量上,还是从分布密度上都远远多于自然生态系统。目前,全球城市的占地面积仅为地球总面积的一小部分,但却聚集了大多数的世界总人口。人口高度集中,在城市中人类占据了绝大部分空间,而其他生物的种类和数量都很少,绿色植物,各种营养级的野生生物及作为"还原者"的微生物等生物种群在人类的"威胁"下从城市中消退。

在城市生态系统中,由于人类的频繁活动,人类对自然环境的干预最强烈,自然景观变化也最大。除了大气环流、大的地貌景观类型基本保持原来自然特征外,其余的自然因素都发生不同程度的变化,而且这种变化常常是不可逆的。城市区域集中了大量的工矿企业、城市居民住宅、工商业、行政、文化娱乐等建筑物和道路、桥梁等,人类的生产生活活动消耗了大量的能源和物资,伴随形成大量的废弃物,城市成为污染最严重的地区。

---

① Register R. Village Wisdom/Future Cities: The Third International Ecocity and Ecovillage Conference [M]. Oakland: Ecocity Builders, 1970: 1-229.

② Maclaren V M. Urban Sustainability Reporting [J]. Journal of the American Planning Association, 1996, 62 (2): 185-202.

其次，城市生态系统是一个高度开放的非自律系统。

自然生态系统是一种自律系统，因为它的结构和营养结构比较协调，只要输入太阳能，靠系统内部的物质循环、能量交换和信息传递，就可以维持各种生物的生存，并能保持生物生存环境的良好质量，使生态系统能够持续发展。而与自然生态系统的自律特征相比，城市生态系统则是一个高度开放的非自律系统，因为在城市生态系统内，大量的能量与物质不仅需要从其他生态系统（如农业、森林、湖泊、矿山、海洋等系统）人为地输入，同时城市生态系统内部经过生产消费和生活消费所排出的废物，往往不能就地进行分解，需要异地分解才能完成还原过程，因此，城市生态系统的能量变换与物质循环是开放式的非自律系统。

最后，城市生态系统是一个层次功能复杂、脆弱的生态系统。

城市生态系统一般由三个层次功能复杂的系统构成：生物（人）—自然（环境）系统、工业—经济系统和文化—社会系统。各层次子系统内部不仅有自己的能量流、物质流和信息流，且各层次之间又相互联系，构成不可分割的一个整体。城市正是依靠这些连续不断的"生态流"的流动而生存，一旦缺少某一个环节，都会引起多个系统的失调，成为无序的混乱状态，所以，城市生态系统也是一个脆弱的生态系统。

17.3.4 城市生态足迹与城市生态组织结构的变迁

"生态足迹"概念是加拿大生态经济学家威廉姆·里斯（William Rees）[1]于1992年首先提出并由瓦克纳格尔（Wackernagel）[2]进一步完善的，是指能够持续地提供资源或消解废物并具有生物生产力的地域空间，它是从具体的生物物理角度研究自然资本消耗的空间测度问题。生态足迹理论从另一个全新的角度去研究人类及其发展与生态环境的关系。

人们为了计算生态足迹，构建了相应的生态足迹计算模型，该模型主要用来计算在一定的人口和经济规模条件下维持资源消费和废弃物吸收所必需的生

---

[1] Rees W E. Ecological Footprint and Appropriated Carrying Capacity: What Urban Economics Leaves out [J]. Environment and Urbanization, 1992, 4 (2): 121 – 130.

[2] Wackernagel M. Ecological Footprint and Appropriated Carrying. Capacity: a Tool for Planning Toward Sustainability [D]. Vancouver: The University of British Columbia, 1994.

物生产面积，包括人均生态足迹和总生态足迹，其具体计算公式如下①：

$$EF = N[ef] = \sum (a_i A_i) = \sum \left(\frac{C_i}{P_i}\right) \qquad (17.1)$$

式中，i——消费商品和投入的类型；P_i——i 种消费商品的全球平均生产能力；C_i——i 种商品的人均消费量；a_i——第 i 类生态生产性土地的均衡因子；A_i——人均 i 种交易商品折算的生物生产土地面积；N——人口数；ef——人均生态足迹；EF——总的生态足迹。

城市生态组织结构的变迁方面，芝加哥学派学者沃思（1967）认为，城市生态组织"是指城市的人口和机构的空间布局以及城市结构和功能的时间变化。这种空间布局和时间变化是受城市内部的各种选择、分配和竞争力量的支配而发生的。由于这些力量的支配作用，城市的结构和功能会逐渐形成各种典型结果"。[②] 也就是说，城市内部存在的各种力量推动着城市的生态组织结构的变迁，这些力量既有来自技术和经济方面的，也有来自环境、政治和社会文化等方面的。而在所有这些力量中，技术条件，尤其是交通运输条件的变化，对于城市的生态组织结构的发展演变具有支配作用，是其他力量发挥作用的基本前提。如步行城市时代，城市的结构十分紧凑，没有区位功能的分化[③④]；城市有轨交通的发展，推动了城市区位功能的分化，大都市区的生态组织初步形成[⑤]；汽车和高速公路的发展，推动了大都市区规模的急剧膨胀和向多中心结构的演变，形成了规模庞大、结构复杂的大都市连绵区。[⑥⑦]

---

① 李翔，许兆义，孟伟. 城市生态承载力研究 [J]. 中国安全科学学报，2005（2）：3-7.
② Robert E Park, Ernest W Burgess, Roderick D. McKenzie: The City [M]. Chicago, London: The University of Chicago Press, 1967: 187.
③ Monkkonen E H. America Becomes Urban: the Development of U. S. Cities & Towns, 1789-1980 [M]. Los Angeles: University of California Press, 1988: 161.
④ Raymond A Mohl. The New City: Urban America in the Industrial Age, 1860-1920 [M]. Arlington Heights, Illinois: Harlan Davidson, Inc., 1985: 28.
⑤ Kenneth Fox. Metropolitan America: Urban Life Urban Policy in the United States, 1940-1980 [M]. Jackson: University Press of Mississippi, 1986: 39.
⑥ George B Tindall. The Emergence of the New South, 1913-1945 [M]. Baton Rouge: Louisiana State University Press, 1967: 16.
⑦ 孙群郎. 美国城市交通的发展与城市生态组织的变迁 [J]. 史学集刊，2001（2）：67-72.

17.4 城市可持续发展理论

17.4.1 城市可持续发展的含义

1987 年,联合国环境与发展委员会在《我们共同的未来》一书中首先正式提出可持续发展(sustainable development)概念,可持续发展是指"既满足当代人的需求,又不对后代人满足其自身需求的能力构成危害的发展"。在联合国的可持续发展概念提出后,就迅速成为地理、环境、经济、规划等学科研究的焦点。[①]

依据可持续发展的定义和内容,城市可持续发展(sustainable urban development)是指在一定的时空尺度上,以长期持续的城市增长及其结构进化,实现高度发展的城市化和现代化,从而既满足当代出于发展的现实需要,又满足未来城市的发展需求[②]。就宏观而言,城市可持续发展是指一个地区的城市在数量上的持续增长,最终实现城乡一体化;就微观而言,城市可持续发展是指城市在规模(人口、用地、生产)、结构、等级、功能等方面的持续变化和扩大,以实现城市结构的持续性转变,并实现质的提高。[③]

城市可持续发展是在城市出现了一系列严重问题后提出来的。一方面,随着人口的激增,城市规模越来越大,这无疑给地球带来了巨大的压力;另一方面,在不同历史时期和阶段,城市环境、经济和社会问题相互作用和累加,使得本来问题已十分严重的城市更加脆弱,因此,城市发展也只有走可持续发展之路,才会有国家乃至全球的可持续发展。

城市可持续发展命题提出后,不同的学者从不同的角度对其内涵进行了深入的讨论,归纳起来,主要有以下不同角度的城市可持续发展内涵[④]。

(1) 在资源开发利用上的可持续。尾西(Onishi,1994)认为,城市可持

---

① 顾朝林. 论中国城市持续发展研究方向 [J]. 城市规划汇刊, 1994 (6): 1-9.
② 汤茂林. 城市化进程与城市可持续发展 [M]. 南京: 东南大学出版社, 1997: 41-48.
③ 郑登贤, 伊武军. 城市可持续发展的生态建设 [J]. 宜春学院学报 (自然科学), 2004 (2): 51-53.
④ 张俊军, 许学强, 魏清泉. 国外城市可持续发展研究 [J]. 地理研究, 1999 (2): 207-213.

续发展是一个城市不断追求其内在的自然潜力得以实现的过程,目的是建立一个以生存容量为基础的绿色花园城市[1]。沃尔特(Walter)也认为城市要想可持续发展,必须合理地利用其本身的资源,寻求一个友好的使用过程,并注重其中的使用效率,不仅为当代人着想,同时也为后代人着想[2]。可见,两位学者对城市可持续发展的理解都是建立在资源开发利用基础上的,要实现城市的可持续发展,必须遵循资源开发利用间的平衡的基本原则。

(2) 在生态环境上的可持续。豪(Haugh, 1996)认为,城市可持续发展是公众不断努力提高自身社区及区域的自然、人文环境,同时为全球可持续发展作出贡献的过程[3]。恰林基(Tjallingii, 1995)在谈到城市环境问题时,他认为,人们对环境问题的慎重处理应是一种责任和义务,因此,从这一角度理解,可持续城市又可称为责任城市(responsible city)[4]。经济与合作发展组织(OECD)的一个项目组更为具体地提出了可持续城市在生态环境上的要求:①减少对水和空气的污染,减少具有破坏性的气体的产生和排放;②减少能源和水资源的消耗;③鼓励生物资源和其他自然资源的保护;④鼓励个人作为消费者承担生态责任;⑤鼓励工商业采用生态友好技术,采用生态上可持续的方法,保护工作环境,开发、销售生态友好产品;⑥鼓励减少不必要出行的城市交通;⑦提供必要的公共设施以适应城市的物质形态,采用先进的或在环境上可接受的技术,提供基础设施服务[5][6]。

(3) 在经济上的可持续。世界卫生组织(WHO)提出,城市可持续发展应在资源最小利用的前提下,使城市经济向更富效率、稳定和创新方向演进。内坎普(Nijkamp, 1994)也指出,城市应充分发挥自己的潜力,不断地追求高数量和高质量的社会经济人口和技术产出,长久地维持自身的稳定和巩固其

---

[1] Onishi T A. Capacity Approach for Sustainable Urban Development: an Empirical Study [J]. Regional Studies, 1994, 28 (1): 39 – 51.
[2] Walter B, et al. Sustainable Cities: Concepts and Strategies for Eco – city Development [M]. Los Angeles: Eco – home Media, 1994.
[3] Haughton G, et al. Sustainable cities [M]. London: Jessica kingsley publishers, 1996.
[4] T jallingii S P. Ecopolis: Strategies for Ecologically Sound Urban Development [M]. Leiden: Backhuys Publishers, 1995.
[5] 汤茂林. 城市化进程与城市可持续发展 [M]. 南京: 东南大学出版社, 1997: 41 – 48.
[6] 王祥荣. 生态与环境——城市可持续发展与生态环境调控新论 [M]. 南京: 东南大学出版社, 2000: 356 – 386.

在城市体系中的地位和作用。对大多数城市来讲，特别是第三世界的城市，只有提高城市的生产效率和物质产品的产出，才能永葆其生命活力，实现城市的可持续发展[①]。

（4）在社会层面上的可持续。耶夫塔克（Yiftachel，1993）提出，城市可持续发展在社会层面上应追求一个人类相互交流、信息传播和文化得到极大发展的城市，以富有生机、稳定、公平为标志，没有犯罪等[②]。恰林基（1995）也指出，可持续城市的社会特性既包括充分发挥其生态潜力，使城市成为一个健康的城市，同时又包括市民的广泛参与，使公众、社团、政府机构等所有的人积极参与城市问题讨论和城市决策等[③]。

在以上不同含义的城市可持续发展内涵中，资源开发利用的可持续是手段或途径，城市环境的可持续是基础，城市经济的可持续是条件，而城市社会的可持续才是最终目的，这四者的协调发展是城市可持续发展的关键。

17.4.2 实现城市可持续发展的对策

以上分析了城市可持续发展的不同内涵，因此，要寻求实现城市可持续发展的对策也应从这些角度去考虑。

17.4.2.1 发展循环经济，循环利用城市资源

城市资源分为可再生资源和非再生资源两大类。在处理这两类资源时的一个基本原则应是：保护非再生资源，最大限度地利用可再生资源和循环利用资源。

托曼（Toman，1992）进一步从经济学角度提出了资源循环利用的两种方法：一是通过建立最低安全标准来要求当代人承担某种责任，二是通过费用—效益分析来权衡利弊得失[④]。而世界银行经济学家赫尔曼·戴利（Daly）将资源循环利用的最低安全标准规定为三条："社会使用可再生资源的速度，不得

[①] Nijkamp P, et al. Sustainable Cities in European [M]. London: Earth Scan Publications Limited, 1994.

[②] Yiftachel O, et al. Urban Social Sustainability: the Planning of an Australian City [J]. Cities, 1993 (5): 139-157.

[③] T jallingii S P. Ecopolis: Strategies for Ecologically Sound Urban Development [M]. Leiden: BackhuysPublishers, 1995.

[④] Toman M T. The difficulty in defining sustainability [A]//In: Darmstadter J. Global development and the environment: perspectives on sustainability, resources for the future [C], 1992.

超过可再生资源的更新速度;社会使用非再生资源的速度,不得超过作为其替代品的、可持续利用的可再生资源的开发速度;社会排放污染物的速度,不得超过环境对污染物的吸纳能力"。[1]

目前,循环经济的理论和实践已成为世界潮流。循环经济是相对于传统经济而言的一种新的经济形态,其本质是一种生态经济,它要求遵循生态学规律,合理利用自然规律和环境容量,在物质不断循环利用的基础上发展经济,使经济系统和谐地纳入自然生态系统的循环过程中,实现经济活动的生态化。传统经济增长模式是通过"资源—产品—废弃物"的单向熵增,把资源持续不断地变成废物来实现经济的数量型增长。循环经济要求经济活动按照自然生态系统的模式,组织成"资源—产品—再生资源"的物质反复循环流动过程,最终实现"最佳生产,最适消费,最少废弃"。这样的循环克服了传统社会发展单向熵增的特点,使资源在社会发展中得到充分利用,增大能量在循环中的使用率,减少熵的产生。

循环经济在三个层面上实现物质闭环流动:第一个层面是循环型企业,即通过推行清洁生产,减少生产和服务中的物料和能源使用量,实现废物排放的最小化;第二个层面是循环型区域,即通过企业间的物质、能量、信息集成,形成企业间的工业代谢和共生关系,建立生态工业园区;第三个层次是循环型社会,即通过废弃物的再生利用,实现消费过程中和消费过程后物质与能量的循环。

废弃物与资源也是一对相对概念,某一过程中产生的废弃物,可能是另一过程所需的原料(资源)。通过建立废弃物循环系统,使废弃物不断纳入新的生产体系中,就等于从环境系统向社会经济系统输入了负熵流,既可延缓熵值的增加过程,又增长了社会的物质财富,提高系统的有序性。已经在国外盛行的废弃物交易,就是循环经济的积极尝试。可持续性很强的清洁生产技术和废弃物最小量化技术都具有向社会经济系统输入负熵流,从而提高系统自组织能力的功能。循环经济是建立在不同层次、不同生产过程的以"减量化、再使用、资源化"的行动(3R)原则基础上的。"减量化"(reduce)原则属于输入端控制方法,其基本目的是减少进入生产和消费过程的资源;"再利用"

---

[1] Daly H E, et al. Valuing the Earth: Economics, Ecology, Ethics [M]. Massachusetts: The MIT Press, 1993.

(reuse)原则属于过程控制方法,目的是延长产品和服务的时间强度;再循环(recycle)原则属于输出端控制方法,实现废品回收利用和废物综合利用。因而,循环经济实质上就是实现资源永续利用,最终实现可持续发展。①

17.4.2.2 实现城市环境成本与收益的平衡

20世纪60年代以前,世界上大多数城市的内在成本与收益能实现基本平衡,而从20世纪70年代开始,由于城市急剧膨胀,城市环境出现严重恶化,致使二者的平衡被打破②,直接影响了城市的可持续发展。

由于城市环境具有遗弃性、长期性、可扩展性、积累性与交叉性和流动性等基本特点③,从经济学意义上分析,这些特点很容易使环境成本在市场价格体系中不能被市场这个"无形的手"通过合理的行为得到公正的分配,即环境成本具有明显的外部性(externality)特征。城市环境成本的外部性,说明城市环境成本与收益在进行比较时将会带来比较信息的失真,也容易使大家忽略环境的完全成本,造成环境的过度消耗。

解决环境外部性的方法,一般是将其内部化(internality),即主要通过直接管制(direct regulatory)和经济刺激(economic incentive)两种手段使外部成本实现内部化。其中比较典型和全面的为皮尔思(Pearce)城市发展阶段环境对策模型④。城市发展阶段环境对策模型,主要根据城市发展的不同阶段(起飞、膨胀、顶峰、下降、低谷)所出现的资源环境问题(土地的过量使用、大气污染、噪音污染、水资源的过量消耗、交通堵塞等),采取相对适宜的环境策略,特别是加强环境规划和土地规划控制等策略。

17.4.2.3 兼顾经济发展的效率与公平

经济发展的效率是指城市作为一个生产实体,应注意提高其经济活动的效率,提高投入产出比,即以最小的成本(包括环境成本)获取最大的收益。经济发展的公平是指通过征税、转移支付等手段实现各地区城市经济发展的相对平衡,最终实现社会经济的协调发展。

为了更进一步理解城市经济的可持续发展,一些学者将城市经济可持续发

---

① 钟海燕. 中国经济增长的熵思考[J]. 西南民族大学学报,2004(11):159-161.
②④ Pearce D, et al. Economics of Natural Resources and the Environment [M]. New York: Harvester Wheatsheaf, 1990.
③ Button K J, et al. Improving the Urban Environment: How to Adjust National and Local Government Policy for Sustainable Urban Growth [M]. Oxford: Pergamon Press, 1990.

展的内涵归纳为：（1）提高经济活动的环境效率，降低每个单位经济活动环境成本；提高物资产品的耐用性，使资源延长寿命；提高生产、使用过程中资源的利用率；减少产品库存和运输；重复利用回收和循环物质进行生产。（2）在城市与区域范围内发展可持续的工业；清醒地认识资源在城市和区域内流动；协调发展利用工业各个部门、各种技术和各个公司，以便最优地利用资源；减少物质调入、废物产出和半成品运输；提供可持续的设施，如能源、废物等处理服务和公共交通的货物运输；鼓励厂商选址靠近原料供应地、市场等。（3）以经济活动为基础，支持社会可持续性；通过所有公民参与经济活动，增强他们的社会凝聚力。（4）绿化经济，发展环境保护产业，为地方居民增加就业机会。（5）开展经济空间规划，协调人口、资源、环境与经济之间的关系，做到整体最优。（6）发展高新技术产业和第三产业，促使城市职能更新，提高城市经济的活力。（7）实施交通规划，促使城市经济运行流畅。（8）实施绿色商标产品工程，提倡绿色消费，转变传统的消费观。（9）实行可持续商业行为市场化，实施环境税收政策；资金机构实行长期投资战略，放弃短期行为[①②]。

17.4.2.4 建立平等、和谐的社会模式

平等和谐的社会模式应包括以下几个方面的内容：（1）保证每个居民能获得基本适宜的环境权利，即政府必须保证使他们获得干净空气、水、住房等基本需要；（2）保证每个公民的教育和培训权利，增强公民素质；（3）保证每个公民获得充分、平等的就业机会；（4）消除贫困与社会对抗，市政当局应努力发展经济，消除贫穷，协调好各方利益，尽量避免社会冲突；（5）提高城市的空间质量，提倡公民义务植树，同时规划公园绿地，调节人们紧张的生活方式；（6）增加各种医疗措施，增强人们防御疾病意识；（7）鼓励公众（特别是妇女）积极参与社会活动，增强其公民意识和服务社会的能力；（8）形成和谐邻里关系，避免形成各个单独家庭，通过社区公共活动，增加他们之间的相互交往，增强社会整体凝聚力；（9）养成良好健康的生活方式。[①]

17.4.2.5 运用生态学原理和方法建设可持续发展城市

运用生态学原理和方法建设的城市称为生态城市。生态城市是在乌托邦、

[①③] Expert Group on the Urban Environment. European Sustainable Cities Report [R]. Brussels，1996.
[②] 张俊军，许学强，魏清泉. 国外城市可持续发展研究 [J]. 地理研究，1999（2）：210.

花园城等理想城市的基础上发展而来的,由苏联城市生态学家 O. 亚尼斯基(O Yanistky)于 1987 年提出的一种理想城市模式。生态城市能实现自然、技术、人文充分融合;物质、能量、信息高效利用;人的创造力和生产力得到最大限度的发挥;居民的身心健康和环境质量得到保护。生态城市的最终目的,是把社会、经济发展与生态环境建设结合起来,努力创造人工环境与自然环境互惠共生、高效、和谐的人类栖境。生态城市是人与自然高度和谐的可持续发展城市的新模式,也是现代理想的人类聚居形式。

生态学方法的基本原则有:循环再生原则;协调共生原则;持续自生原则;保持和扩大多样性原则;最小风险原则;废物最小化原则。

而生态环境调控途径主要有:生态规划;生态工程(工艺)设计;生态与环境建设;生态与环境管理;生态意识的普及与提高。

17.4.3 城市可持续发展的评价

城市发展本身是一个包括自然、经济、社会等各方面要素此消彼长的复杂过程。因此要想真正地评价一个城市是否具有可持续发展特性,也是一个比较复杂的过程。人们一般借助城市可持续指标来评价这一过程。

城市可持续指标是反映城市经济、社会和环境长久健康发展的根本要素和可持续发展的标尺[1]。因此建立城市可持续指标对评价城市可持续发展具有重要意义。

但是,在设计城市可持续发展评价指标时,必须要明确一些基本原则。马克劳伦(Maclaren,1996)首先提出设计评价城市可持续发展指标的基本原则有:(1)综合性,即可持续指标应综合地表述资源、经济、社会和环境各要素可持续发展的关联性;(2)前瞻性,即这些指标通过表述过去和现在资源、经济、社会和环境各要素之间的关系,以指示未来发展趋向;(3)分布性,城市可持续发展指标应该考虑一定人口规模或地理空间各要素的分布特点,能区别不同空间要素相互之间的关联;(4)广泛性,即评价过程中应使各种利

---

[1] Zachary J. Sustainable Community Indicators: Guideposts for Local Planning [M]. Gildea: The Community Environment Council, Inc. Gildea Resource Center, 1995.

益集团参与，以保证其公平合理①。而布罗特（Broat，1994）则指出了城市可持续指标制定的三项原则：（1）层次性，即评价指标应分为专家层、管理决策层和公众层三个层次；（2）科学性，即评价指标应客观地表述城市可持续发展的实际；（3）数字化，即评价指标应容易测度，并便于分析、比较和预测②。

从以上学者们在设计城市可持续发展评价指标所考虑的原则来看，我们认为，评价指标至少应考虑其客观、综合、全面等的基本特征。

评价指标的具体设计方法，主要采用三种：（1）范围法（domain-based framework），即按城市可持续的主要方向（资源、环境、经济、社会）分类，然后逐类定出指标，如可持续的西雅图指标（Sustainable Seattle Indicator）；（2）目标法（goal-based framework），这种方法是首先确定城市可持续发展的目标，然后在每一目标或每组目标下建立一个或数个指标，如圣莫尼卡可持续指标（Santa Monica Sustainable Indicator）③；（3）复合法（combination framework），就是把两种或两种以上的指标组合在一起，突出各指标的优点，同时克服其原有的缺点，如社区生活质量模式（community oriented model of the lived environment）④。

我们认为，采用范围法与目标法相结合的方法来设计城市可持续发展评价指标比较常用，也相对较为科学和简单。城市可持续发展能力评价指标体系的基本框架由三个层次构成：目标层、准则层和指标层。目标层是由反映城市可持续发展能力的一系列目标所构成；准则层按反映城市可持续发展的范围或方向分成不同的方向系统；指标层就包括每个范围或方向上的具体指标（如图17.1所示）⑤。

---

① Maclaren V W. Urban Sustainability Reporting [J]. Journal of the American Planning Association, 1996, 62 (2): 185 – 202.

② Broat L. The Predictive Meaning of Sustainability Indicators [A]//In: Kuik O, et al. In Search of Indicators of Sustainable Development [C]. Dordrecht: Kluwer Academic Publishes, 1994: 57 – 67.

③ Zachary J. Sustainable Community Indicators: Guideposts for Local Planning [M]. Gildea: The Community Environment Council, Inc. Gildea Resource Center, 1995.

④ Murdie R A, et al. Modelling Quality of the Life Indictors in Canada: a Feasibility Analysis [M]. Ottawa: Canada Mortgage and Housing Corporation, 1992.

⑤ 姜太碧. 城镇化与农业可持续发展 [M]. 成都：四川科学技术出版社，2004：14.

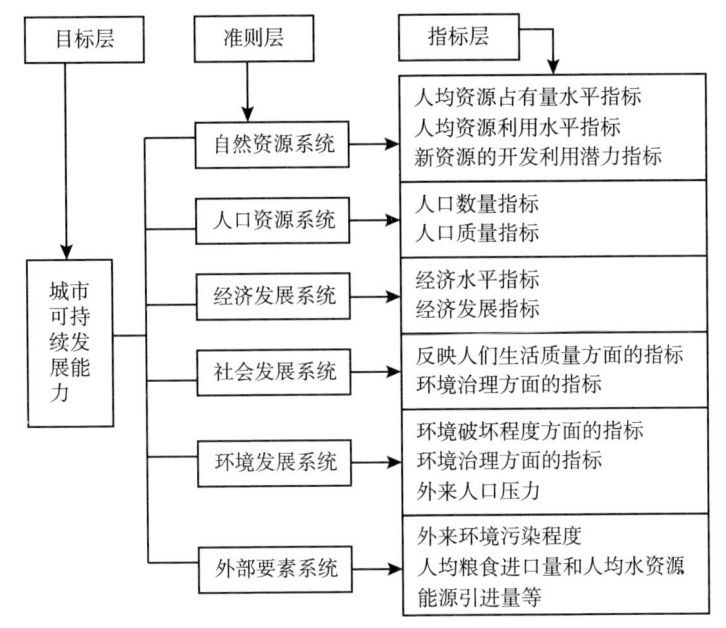

```
目标层        准则层           指标层

              自然资源系统 ── 人均资源占有量水平指标
                              人均资源利用水平指标
                              新资源的开发利用潜力指标

              人口资源系统 ── 人口数量指标
                              人口质量指标

城市          经济发展系统 ── 经济水平指标
可持                          经济发展指标
续发
展能          社会发展系统 ── 反映人们生活质量方面的指标
力                            环境治理方面的指标

              环境发展系统 ── 环境破坏程度方面的指标
                              环境治理方面的指标
                              外来人口压力

              外部要素系统 ── 外来环境污染程度
                              人均粮食进口量和人均水资源
                              能源引进量等
```

图 17.1　城市可持续发展评价指标及指标体系

资料来源：作者自绘。

17.5　健康城市

17.5.1　健康城市基本概念

17.5.1.1　健康

(1)"三维"健康观的形成。随着时代的发展，人们对健康的认识也在一直改变。起初人们将"健康"狭义地理解为机体器质性的健康，忽视了心理和社会交往的健康；20世纪随着医学技术的进步，人的寿命不断延长，对健康的认识也不仅仅停留在四肢健全、生理无疾病，还需要一个良好的精神状态。1948年WHO给了"健康"一个全新定义，即"健康不仅仅是没有疾病，而是身体上、心理上和社会适应上的完好状态"，至此，包括身体、心理、社会健康的"三维"健康观念形成（陈柳钦，2010）[①]。

---

① 陈柳钦. 健康城市建设及其发展趋势 [J]. 中国市场，2010（33）：50 – 63.

(2) 影响健康的人居环境因素。WHO 执行理事休·巴顿（Huge Barton, 2003）等人综合以人为本思想、采用生态学方法，从人的健康与整体人居环境系统的关系角度出发，建立出影响健康的人居环境"圈层"模型（如图 17.2 所示）。模型显示：社区、地方活动、场所、自然资源四个"圈层"，任何一个圈层因素的变化都会对相邻圈层产生影响，各圈层紧密结合形成人居环境整体，共同决定了人的健康和幸福。

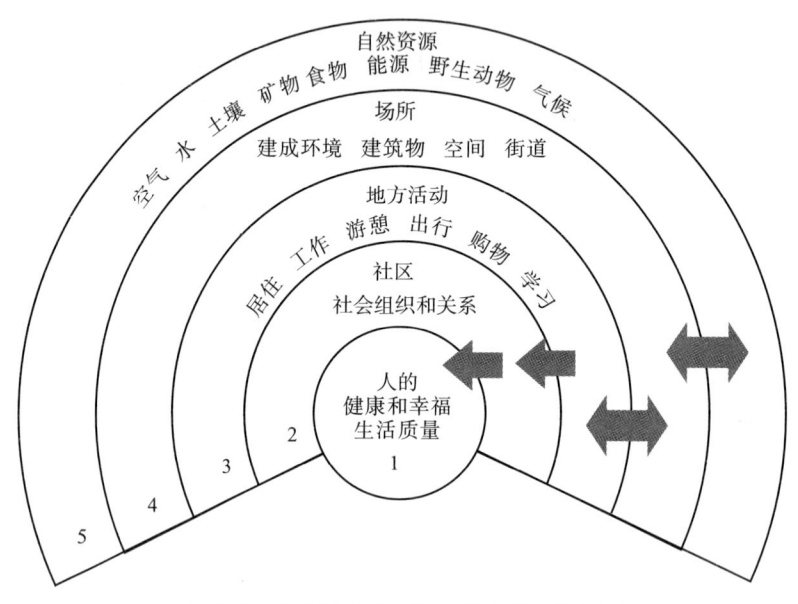

图 17.2 影响健康的人居环境"圈层"模型

资料来源：陈柳钦. 健康城市建设及其发展趋势 [J]. 中国市场, 2010（33）: 50-63.

17.5.1.2 健康城市

(1) 健康城市概念。自 1984 年多伦多会议提出"健康城市"理念后，城市健康问题已成为世界性的议题，对于"健康城市"的内涵，其创办人汉考克和顿尔（Hancock and Duhl, 1986）、WHO（1994）及复旦大学公共卫生学院傅华教授（1994）分别给出了不同的定义（如表 17.1 所示），但本质上均是将城市作为人类生活和成长的现实空间，以人的健康快乐为出发点，实现城市的自由、舒适、宜居。

第17章 城市环境经济理论

表 17.1　　　　　　　　　　　　健康城市概念梳理

	出处	年份	定义
健康城市	汉考克 & 顿尔（Hancock and Duhl）	1986	一个有连续性、创造性、改良生活和社会环境的城市，扩展社会资源，使市民能够互相支持日常的一切生活运作，并协助他们使他们的潜能达到最高峰点
	WHO	1994	不断开发，发展自然和社会环境并扩大社会资源，使人们能够在享受生命和充分发挥潜力方面相互帮助的城市
	傅华	1994	从城市规划、建设到管理各个方面都以人的健康为中心，保障市民健康生活、工作，成为人类社会发展所必须的健康环境和健康社会的有机体

资料来源：陈柳钦．健康城市建设及其发展趋势［J］．中国市场，2010（33）：50-63．

从健康城市构成要素及作用原理上看（如图 17.3 所示），健康城市由健康人群、健康环境及健康社会关系三大要素组成，其中，健康人群、健康社会关系为主体要素，健康环境是客体要素；城市居民及公共、私人部门是健康城市建设的行为主体，健康环境为支撑系统，健康的社会关系为基本保障，而人群的健康则为其终极目标，三者相辅相成、相互作用，共同构成健康城市整体（梁鸿等，2003）[①]。

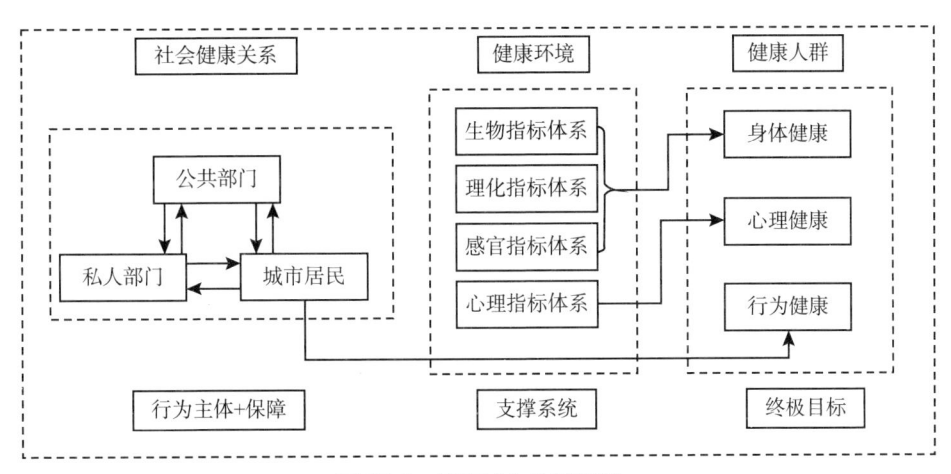

图 17.3　健康城市作用原理

资料来源：作者根据梁鸿，曲大维，许非．健康城市及其发展：社会宏观解析［J］．社会科学，2003（11）：70-76．自绘。

[①] 梁鸿，曲大维，许非．健康城市及其发展：社会宏观解析［J］．社会科学，2003（11）：70-76．

(2) 健康城市建设。1996 年 WHO 着手健康城市建设的均等化标准化研究，起草了 9 个方面 79 条指标，以协助各国对健康城市进行量化评估：(1) 内在指标 24 条；(2) 外在指标 9 条；(3) 影响指标 7 条；(4) 进展指标 8 条；(5) 管理及监督指标 4 条；(6) 提供服务指标 11 条；(7) 预算与财政指标 4 条；(8) 能力发展指标 5 条；(9) 社区服务指标 7 条。WHO 之后又与 47 个欧洲城市探讨、修订了 32 项可具体量化的健康城市指标，作为创建健康城市的基础性指标，以期在检查推动时可以参考。

(3) 健康城市和传统城市的区别。健康城市同传统城市有着本质区别，为了厘清二者之间的差异，戴维·克拉克（D Clark, 1996）从 12 个方面分析了二者间的不同（如表 17.2 所示）：城市角色上，城市从服务提供者转变为协调者、组织者等；行政人员的角色由专家转变为咨询者；小区的营造途径上，传统城市是标准化、正式、一体适用的，而健康城市是非正式、多元、因地制宜的；除此之外，二者在价值追求、城市与邻里/小区/民众关系、城市的主要职责及解决问题的途径等方面亦有很大差异。

表 17.2　　　　　　　　　　传统城市 VS 健康城市

项目	传统城市	健康城市
城市的角色	服务提供者	协调者/组织者/连结者/刺激者/召集者
城市与邻里/小区/民众之关系	视为消费者/供给者	视为顾客/伙伴
增进城市与人民关系/角色的策略	消费者服务、调查、公听会等	出席相关会议、研究小组、召集、刺激
城市的主要职责	治安、消防、休闲	小区健康、社会福利、预防
行政人员的角色	专家	咨询者
小区与城市的互动	政府中的公民参与	公民议题/公民发起会议中的政府参与
对城市资源的看法	拥有者/分配者	受托者/管理者
解决问题的途径	确认需求	确认资源与组织是否已介入议题处理
价值追求	效率、公平、秩序、权利	信任、参与、责任、关系

续表

项目	传统城市	健康城市
市长的角色	领导者、排除者	促进者、包容者
小区营造途径	标准化、正式、一体适用	非正式、多元、因地制宜
预测度与控制度	高	低至无

资料来源：陈柳钦. 健康城市建设及其发展趋势［J］. 中国市场，2010（33）：50-63.

17.5.2 健康城市理论基础

健康城市的理论基础主要是服务型政府理论。服务型政府理论亦称"新公共服务理论"。20世纪80年代西方发达国家开始了行政改革，政府重塑运动开始传遍欧美各国，新公共管理运动成为当时公共行政理论与实践的主导范式。新公共服务理论的主要内容包括：掌舵而不是划桨；妥善授权而非事必躬亲；注重竞争机制；注重目标达成而非繁文缛节；重产出而非投入；倡导顾客意识；重预防而不是治疗；重参与协作分权而非层级节制的集权。以美国著名公共行政学家罗伯特·B. 登哈特为代表的一批公共行政学者，针对作为新公共管理理论精髓的企业家政府理论缺陷，批判建立了这一新的公共行政理论，即新公共服务理论。

公共服务型政府具备的条件：一是公共服务型政府是没有私人利益的政府。如果公器私用，就不可能是一个公共型的政府。二是公共服务型政府应该是最小化政府。政府最小化才符合经济学意义、符合纳税人利益，政府规模越大，纳税人成本越高，社会损失越大。三是公共服务型政府必须是民主政府。改变政府和政府官员只对上级负责、不对社会公众负责的局面；政府官员出于公心、服从民意，以社会公众的满意程度为最高标准。

17.5.3 健康城市规划的基本原则

（1）平等原则。该原则源于WHO对健康的定义，认为健康作为人的基本权利之一，应超越种族、宗教、政治信仰或经济社会条件的差异影响。这意味着即使每个人存在着与他人在年龄、性别、种族、文化传统和宗教信仰等方面的差异，亦同样享有实现其健康潜能的权利。因此，健康城市规划应能够发现城市现状中所存在的不平等，从住房、公共服务设施、交通等层面着手，积极寻求改善不平等状况的措施。

(2) 可持续性原则。人的健康与福利状况本身即为可持续发展战略的一个重要目标，因而健康城市是可持续发展战略实施的主要领域之一。健康城市规划对于公共健康的目标有着广泛而深刻的理解，不仅应保护当前人类的健康，亦应将合理开发、利用自然资源、保持资源再生性为前提，以保障未来人类生存与发展的基础和条件。可持续性亦要求城市规划应保证公共健康改善的持续性，而非在达到某种状态后就停止努力。

(3) 多方协作原则。健康城市规划强调应以整体化的途径解决城市问题，多方协作是出于这种要求所产生的，因而应创建健康城市规划行动小组作为实施单位，其中应包含来自于政府、机构、公众等多方部门与专业的共同合作，从而减少不必要的重复性工作并避免单个部门所造成的消极影响和疏漏。此外，应特别重视公众的参与，创造意见征询与监督机制，使城市居民成为健康城市规划的参与者。

17.5.4 健康城市规划的实施路径

健康城市规划目标的实现不是一蹴而就的，当前国外的健康城市规划基本随着健康城市项目的落实而逐步开展，健康城市项目是健康城市规划实施的基础，能为健康城市规划的实施提供全面支持，因此健康城市项目的启动是实施健康城市规划的第一步。健康城市规划研究是基于健康理念而产生的城市规划与公共健康的联合研究，旨在为健康城市规划的实施提供科学依据，使其能真正符合居民所需，因此，在开启健康城市项目后，应随即开展健康城市规划的研究，并使成果能够转化为具有政策相关性，能够为政策决策者所采纳的建议及具体措施。

17.5.4.1 健康城市项目的启动

健康城市项目的启动是实施健康城市规划的第一步。当前健康城市项目在城市管理组织框架中的定位主要有四种类型[1]：(1) 自治非盈利型：该种健康城市项目有独立的董事会以及宪章，在政治中保持中立态度，与社区团体有着紧密的联系，能够强力推动公众参与；(2) 政府下属机构：通常为市长的下属办公室，与市议会有着紧密的联系，能快速推进政府部门间的协作；(3) 公共

---

[1] Webster P, Sanderson D. Healthy Cities Indicators——A Suitable Instrument to Measure Health? [J]. Journal of Urban Health, 2013, 90 (S1): 52–61.

健康部门下属机构：在推动医疗卫生改革层面有较大作用，但与其他领域联系较少；（4）不同层级政府之间的机构：成员来自市政府、区域政府或县政府之间，主要负责协调不同层级政府之间的工作。

尽管健康城市项目在城市管理组织框架中的定位不同，其组织框架体系基本采取三级形式（如图17.4所示）[1]。首先，设立政治决策系统，获得政治支持并进行社会动员；其次，建立项目协调系统，通过成立项目执行委员会，赋予其一定决策权和立法权，以此制订健康城市行动计划；最后，组建项目实施系统，通过调动各部门的协作，分步骤落实健康城市项目的行动计划，实现健康促进的目标。

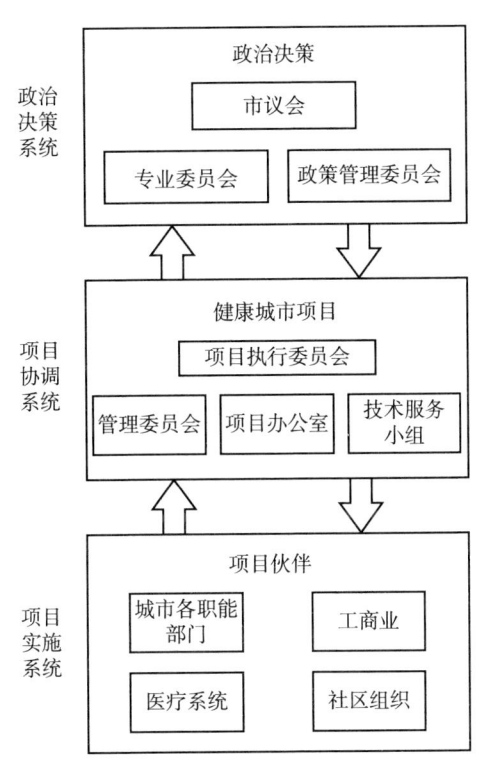

图 17.4 城市项目组织框架体系

资料来源：潘家华，单菁菁，李国庆，等. 中国城市发展报告——迈向健康城市之路［M］. 北京：社会科学文献出版社，2016：1-363.

---

[1] 潘家华，单菁菁，李国庆，等. 中国城市发展报告——迈向健康城市之路［M］. 北京：社会科学文献出版社，2016：1-363.

17.5.4.2 健康城市规划研究的开展及其成果转化

已有的关于国外城市的健康城市规划大多起步于健康城市项目的建立，依托着健康城市项目的平台，建立由城市规划部门所主导的执行小组机构（以下简称"规划小组"），以此展开实施。在关于如何具体实施健康城市规划以及在何种层面执行健康城市规划的问题上，不同的城市根据自身情况制定实施步骤和实施内容。参与欧洲健康城市项目的研究学者 H. 巴顿（Barton H）为健康城市规划总结出以下五个建议实施步骤[1]：（1）设定清晰的规划目标：规划小组应与包括公共健康从业者、规划从业者、公众和政府部门等在内的相关人员展开咨询听证会，讨论健康城市规划应涉及的范畴及目标。首先应将促进公共健康作为健康城市规划的核心价值观，再进一步确定其中所涉及的住房、交通、资源和环境等相关目标。（2）设定基本原则：应通过建立一个包括社会、健康、经济和环境等情况在内的城市健康档案以设定规划小组的行动基本原则。基本原则能够使规划小组正视城市当前的问题，并且给予重要问题足够的关注度，这也是促进相关部门合作的关键。（3）研究并探索规划选项：调查研究当前政策的发展是剖析当前城市问题的必要过程；应当考虑并评估最优选项以及其他一系列的替代选项，考量其是否能够克服政策惯性的影响并保证实施过程能够符合相关健康和环境影响评估工具的要求。（4）评估并改进政策：重要政策的评估和筛选过程应公开透明；政策的制定应注意平衡其定量与定性两方面评估；应尽可能满足多方诉求。（5）协调和实施：健康城市规划的从业者应当有谈判和协调的能力，并通过建立项目实施的协调机制的方式使来自不同领域的从业者能够在某些目标上达成一致并通力合作，努力促成健康城市规划的实施。

---

[1] WHO/Europe. Healthy Cities and the City Planning [R]. Geneva：World Health Organization.

第 18 章

智 慧 城 市

18.1 智慧城市的概念和内涵

城市化发展进程中也出现了不少社会问题。前联合国秘书长潘基文在联合国人口居住署发表的《2008/2009 年度世界城市化进程的序言：和谐城市》中指出："城市化过程中社会所面临的最大挑战是，污染、疾病、就业和住房问题，但城市正在经历快速的显著变化，这些变化不仅仅是海市蜃楼"。美国生物学家雷切尔·卡森在其的著作《寂静的春天》(*Pranvera Silent*)中也分析了随着城市化的进程，越来越多农药以及其他化学物质对于地表水、土壤、植物、动物和人类的影响。[①]

"智慧城市"的提出，使人们看到了一个切实可行的办法来解决城市化进程中遇到的各种问题，同时，智慧城市也将是未来各国城市发展的一个方向。2008 年 IBM 提出了"智慧地球"概念，"智慧城市"是 IBM "智慧地球"的一个方面。但是，根据 IBM 的观点，智慧城市主要是对于现有的城市体系，如公用事业、能源、电力、交通等进行智能化改造，从而有效地减少城市的压力，因此不能充分代表智慧城市的所有意义。在严格意义上说智慧城市是使用各种先进的技术，尤其是信息技术工具，来改善城市的条件，使

---

① 钱大群. 智慧的城市在中国 [R]. IBM 商业价值研究院，2009：1-37.

城市生活的便利。① 智慧城市应是优化整合不同资源，重新进行总体城市规划。总之，智慧城市是适用于城市的全面发展的智能规划城市，用更智慧的手段来规划城市，用更智能的方式来管理和监管城市，提高城市空间的立体性，使城市以一种更加活灵活现的方式发展。②

城市化迅猛发展，在城市的人口不断膨胀的情况下，对于提升城市居民的生活质量和便利程度，信息化扮演着不可小觑的重要角色。在信息化迅速发展的当下，城市生活也通过信息技术连结起来，在为城市居民提供方便的同时，科技方面也得到了迅速的提升。③ 智慧城市的推广为居民带来了更便捷和更舒适的生活，为城市管理者的协调管理等多方面工作提供了辅助和协调的功能。科技的进步和人们知识水平的提高不断为智慧城市的建设扫清障碍，为信息化及高速运转的城市发展创造了良好的智慧环境。智慧城市正以惊人的速度在我们身边发展着，在信息技术的高度发展下，城市居民在交通方式、生活模式、工作环境和各项基础设施方面体验着前所未有的便利和快捷。智慧城市对于城市建设和城市居民生活质量提高等方面所具有的优势已经得到了国内外学者的广泛认同。

国内外学者也针对运用何种发展模式和途径来建设智慧城市展开研究，方便居民的同时也便于城市的管理和运转。顺应现今城市的发展速度和方向，原本作为独立学科的城市规划也不断地与信息技术相结合，试图通过新型的智慧城市模式对城市的发展进行规划，进而促成城市建设模式的转型，以建设智慧城市的方式提升城市化的水平和质量。典型的案例是 IBM 公司将智慧城市的软硬件技术和咨询业务向全球各界的推广。

智慧城市的内涵包括以下几点。

（1）健康可持续发展的经济。智慧城市应该首先在经济体系和产业结构上是智能的，在城市经济增长方面是高效的。智慧城市经济应该是遵循生态规律，促进生态系统的稳定，可持续的，和谐的，是促进整体体系发展的绿色经济。广义上讲，智慧城市经济是渗透在人类生产活动之中。狭义上讲是智慧城

---

① Colin Harrison, Ian Abbott Donnelly. A Theory of Smart Cities [R/OL]. (2011 - 09 - 23). http://journals.isss.org/index.php/proceedings55th/article/view/1703.
② 钱大群. 智慧的城市在中国 [R]. IBM 商业价值研究院，2009：1 - 37.
③ Krassimira Antonova Paskaleva. The Smart City: A Nexus for Open Innovation? [J]. Intelligent Buildings International, 2011 (3): 153 - 171.

市经济是指不仅生产能耗低、环保,甚至在产品报废之后的处理过程中对环境也是无害的。[①] 科学技术贯穿了经济和生态两个领域,只有研发出绿色技术,才能保证整个环节的环境无污染。绿色技术,包括清洁能源技术,生产和管理环节的智能。清洁能源技术,即尽可能将能源的消耗降到最低,或者开发使用新能源。生产和管理环节的智能化即指通过科学智能的管理体系,使在生产过程中将物料的浪费降到最低,使各部门之间产生高效的配合,提高工作效率。低碳经济是智慧经济的一种体现。低碳经济体系通过对低碳技术和产业的开发来控制对能源的低消耗率,从而达到温室气体低排放率的目的。[②]

可持续发展是智慧经济的另一种表现。可持续发展的经济是一种以有效利用、循环利用资源为主旨,以"3R"(Reduce、Reuse、Recycle)为准则,以资源的高效利用为核心要求,杜绝资源的大量浪费的一种可持续发展的经济发展模式。可持续发展经济从根本上改变了以往高消耗、高浪费的传统经济增长模式。可持续经济,是全面考虑城市环境的符合承受能力,尽可能地利用现有资源,回收资源,不断提高效率,创造社会财富的良性增长。可持续经济更多地使用风能、水能、太阳能等可再生的新生能源,提高资源利用率,建设和谐的绿色城市。

(2) 更为舒适方便的生活。智慧城市是智能的、和谐的、便捷的,是人类未来理想的居住城市。智慧城市的和谐不仅仅是人类与自然界的和谐,还包涵了人类与其他物体包括人类自身之间的和谐。智慧城市通过高端的科技手段,将服务于人们的公共服务、卫生、医疗、交通、消费和休闲等各个领域。智慧城市是生活舒适便捷的城市。这主要反映在以下方面:居住舒适,要有配套设施齐备、符合健康要求的住房;交通便捷,公共交通网络发达;公共产品和公共服务如教育、医疗、卫生等质量良好,供给充足;生态健康,天蓝水碧,住区安静整洁,人均绿地多,生态平衡。人文景观如道路、建筑、广场、公园等的设计和建设具有人文尺度,体现人文关怀,从而起到陶冶居民心性的功效。智慧城市是具有良好公共安全的城市。良好的公共安全是指城市具有抵

---

① Sotiris Z. Smart City Reference Model: Assisting Planners to Conceptualize the Building of Smart City Innovation Ecosystems [J/OL]. Journal of the Knowledge Economy, 2012 (1): 217 – 231 (2012 – 03 – 08). http://www.springerlink.com/content/p80672k75w74n679/; 2012 – 03 – 08.

② 李仁涵, 顾煌. 上海大都市交通圈发展模式的探讨 [J]. 世界城市交通, 2004 (3): 134 – 136.

御自然灾害如地震、洪水、暴雨、瘟疫的能力，防御和处理人为灾害如恐怖袭击、突发公共事件等方面的能力，从而确保城市居民生命和财产安全。公共安全是智慧城市建设的前提条件，只有有了安全感，居民才能安居乐业。

(3) 管理的科技智能信息化。城市管理包括政府管理与居民自我生活管理，管理的科技化要求不断创新科技，运用智能化信息化手段让城市生活更协调平衡，是城市具有可持续发展的能力。智慧城市最明显的表现即是广泛运用信息化手段，这也是"smart city"（精明城市）所包含的意义。精明城市理念是进入21世纪伴随着信息化技术不断应用而提出的，该概念是全球信息化高速发展的典型缩影，它意味着城市管理者通过信息基础设施和实体基础设施的高效建设，利用网络技术和IT技术实现智能化，为各行各业创造价值，为人们构筑完美生活。我们通常所说的数字城市、无线城市等都可以纳入该范畴。简单来说，精明城市就是城市的信息化和一体化管理，是利用先进的信息技术随时随地感知、捕获、传递和处理信息并付诸实践，创造新的价值。[①]

18.2 智慧城市的核心特征

顾名思义，智慧城市的核心特征在于其"智慧"，而智慧的实现，有赖于建设广泛覆盖的信息网络，具备深度互联的信息体系，构建协同的信息共享机制，实现信息的智能处理，并拓展信息的开放应用，即如下五个方面。

(1) 广泛覆盖的信息感知网络。广泛覆盖的信息感知网络是智慧城市的基础。任何一座城市拥有的信息资源都是海量的，为了更及时全面地获取城市信息，更准确地判断城市状况，智慧城市的中心系统需要拥有与城市的各类要素交流所需信息的能力。智慧城市的信息感知网络应覆盖城市的时间、空间、对象等各个维度，能够采集不同属性、不同形式、不同密度的信息。物联网技术的发展，为智慧城市的信息采集提供了更强大的能力。当然，"广泛覆盖"并不意味着对城市的每一个角落进行全方位的信息采集，这既不可能也无必

---

① 李晓鹏. 基于客户关系管理的YF公司营销体系设计[D]. 北京：华北电力大学，2011.

要，智慧城市的信息采集体系应以系统的适度需求为导向，过度追求全面覆盖既增加成本又影响效率。

（2）多种网络的深度互联。智慧城市的信息感知是以多种信息网络为基础的，如固定电话网、互联网、移动通信网、传感网、工业以太网等，"深度互联"要求多种网络形成有效连接，实现信息的互通访问和接入设备的互相调度操作，实现信息资源的一体化和立体化。梅特卡夫法则指出，网络的价值同网络节点数量的平方成正比。在智慧城市中，我们也会看到，将多个分隔独立的小网连接成互联互通的大网，可以大大增加信息的交互程度，使网络对所有成员的价值获得提升，从而使网络的总体价值显著提升，并形成更强的驱动力，吸引更多的要素加入网络，形成智能城市网络节点扩充与信息增值的正反馈。

（3）各种资源体系协同共享。在传统城市中，信息资源和实体资源被各种行业、部门、主体之间的边界和壁垒所分割，资源的组织方式是零散的，智慧城市"协同共享"的目的就是打破这些壁垒，形成具有统一性的城市资源体系，使城市不再出现"资源孤岛"和"应用孤岛"。在协同共享的智慧城市中，任何一个应用环节都可以在授权后启动相关联的应用，并对其应用环节进行操作，从而使各类资源可以根据系统的需要，各司其能的发挥其最大的价值。这使各个子系统中蕴含的资源能按照共同的目标协调统一调配，从而使智慧城市的整体价值显著高于各个子系统简单相加的价值。

（4）海量信息的智能处理。智慧城市拥有体量巨大、结构复杂的信息体系，这是其决策和控制的基础，而要真正实现"智慧"，城市还需要表现出对所拥有的海量信息进行智能处理的能力，这要求系统根据不断触发的各种需求对数据进行分析，产生所需知识，自主地进行判断和预测，从而实现智能决策，并向相应的执行设备给出控制指令，这一过程中还需要体现出自我学习的能力。智能处理在宏观上表现为对信息的提炼增值，即信息在系统内部经过处理转换后，其形态应该发生了转换，变得更全面、更具体、更易利用，使信息的价值获得了提升。在技术上，以云计算为代表的新的信息技术应用模式，是智能处理的有力支撑。[1]

---

[1] 连玉明. 中国城市蓝皮书［M］. 北京：中国时代经济出版社，2002：1-381.

（5）信息的开放应用。智能处理并不是信息使用过程的终结，智慧城市还应具有信息的开放式应用能力，能将处理后的各类信息通过网络发送给信息的需求者，或对控制终端进行直接操作，从而完成信息的完整增值利用。智慧城市的信息应用应该以开放为特性，并不能仅仅停留在政府或城市管理部门对信息的统一掌控和分配上，而应搭建开放式的信息应用平台，使个人、企业等个体能为系统贡献信息，使个体间能通过智慧城市的系统进行信息交互，这将充分利用系统现有能力，大大丰富智慧城市的信息资源，并且有利于促进新的商业模式的诞生。

18.3 智慧城市的作用及价值

18.3.1 智慧城市的作用

智慧城市的作用大致可以分为以下几类：基础业务、行政业务、智慧服务、智慧城市运行管理。

18.3.1.1 基础业务

基础业务是智慧城市的基础功能和应用，完成城市信息的实时获取，实施即时的城市管理。通过城市网格化管理，实现城市管理信息化、标准化、精细化和动态化，提高管理效率并且改善市容市貌和维护城市安全。

数字城管。例如，可将城区划分为以 1 万平方米为单位的网络状单元，应用物联网技术对流动摊贩、违反市容规定行为等进行实时监控和精确管理，明确管理责任人，实现分层、分级、全区域管理。

平安城市。通过犯罪实时监控技术为犯罪侦查提供及时丰富的信息和分析支持，实现公安系统各级别监控联网，整合安防监控系统、城市报警系统、电子警察系统等，构建城市安全的基础平台。

18.3.1.2 行政业务

智慧城市的行政业务系统指构建综合电子政务平台，整合公共服务。将一系列行政事务进行整合和管理优化，形成"多个部门、一个政府"的格局，主要系统功能有以下两点。

并联审批。实现市（区）级社区横向联系，建立跨政府各职能部门的数据标准及交换体系。实现各类行政业务的共享，树立服务型政府为民办事的形象。通过信息透明公开，加强社会监管，实现"阳光式"权力运行。

建立网上虚拟电子政务大厅。实现"一站式"市政服务，精简政务流程，不仅降低了行政成本，而且让市民和企事业单位足不出户完成行政审批和其他政府服务。以上两个业务层次智慧程度比较低，是智慧城市的低级应用，但可以有效提高管理效率和降低行政成本。[①]

18.3.1.3 智慧服务

智慧服务针对城市面临的具体问题提出智慧解决方案。

智慧城市交通。智慧城市交通整合公共汽车系统、出租车系统、城市捷运系统（MRT）、城市轻轨系统（LRT）、城市高速路监控信息系统（EMAS）、车速信息系统（traffic scan）、电子收费系统（ERP）、道路信息管理系统（RIMS）、优化交通信号系统（GLIDE）、电子通讯系统和车内导航系统信息等，提供综合的实时信息服务，并对交通流量进行预测和智能判断。如果遇到突发事件可以优化应急方案，调动救援资源。

智慧城市交通还可以通过感知交通流量并进行预测和建立模型，提供智能的"拥堵费"收取系统、停车位管理收费系统，通过"收费"杠杆引导车流，有效缓解城市交通压力，缓解拥堵和污染问题。例如，瑞典斯德哥尔摩建立了智慧交通体系，按照拥堵程度对交通实行智能收费，使该市汽车使用量降低了25%，汽车碳排放降低14%。

智慧城市医疗。不仅可以实现智慧医疗的基本功能，智慧城市医疗还可以解决城市的特色问题。例如，可以通过建立"语义化个人健康电子病历"，使医疗机构间信息对接，医疗资源得以整合，解决社区医院、专科医院和大医院之间分工协作的问题。使得"小病进社区、大病进医院、康复回社区"成为现实，有助于解决"看病难、看病贵"的问题。在这样的模式下，还可以有效提升用药安全水平和临床诊疗水平。

智慧食品。智慧食品系统包括三个子系统：（1）追踪系统。通过物联网技术对农、林、畜、牧、渔的食品原料生产、原料加工、物流运输环节和销售

---

① 刘国新，娄宏毅，李兴文．论我国城市规划管理机制的问题与创新［J］．特区经济，2006 (10)：132–134.

环节，再到餐桌上整个闭合圈全程监控，明确供应链上各个企业责任，控制风险。（2）生产评估系统。原料企业、加工和深加工企业可以通过数学模型，把食品质量和工艺联系起来，分析工艺的风险程度，确保符合国家标准。（3）食品行业应急机制。包括食品安全的早期预警和突发问题应急管理。当出现突发食品安全事故时，可以追踪事发点、当事人，并查明食品去向，把影响控制在最小范围。

智慧城市水管理系统。（1）实施日常监管工作，实时掌握水环境。对流域的整体分布、自然降水、水流、地下水、水质、人工蓄水、生活用水、工业农业用水和污水排放实时感知监控。（2）数据分析做出响应，提高水资源使用效率。一方面，通过分析海量监控数据，合理规划政府、水务部门、自来水公司、污水处理厂、市政建设部门流域取水和农田灌溉布局，科学决策调水、取水、污水排放、水再生、地下回灌等；另一方面，及时预知管网故障、输水情况和水压等管网健康状况，进行维护、检修和建设。（3）加强水污染和突发事件响应，一方面事前发出预警，另一方面污染事件发生后根据污染物、污染源和污染情况的监测数据分析，估计灾害波及程度和制订快速应对方案。

智慧的城市规划。城市规划是对城市未来发展的预测和指导，智慧城市规划的关键点在于，结合城市发展的经济、地理、人口、交通的历史和现状等海量信息，对未来趋势进行科学预测，智慧布局交通道路、物流枢纽、中央商务区、工业园区、卫星城、警务、商业网点、医院、银行、公交站点、学校、娱乐设施、文体设施、博物馆、公园等城市规划项目，达到绿色、环保、以人为本的要求。智能城市规划同时能够制订城市调整和优化解决方案，如老工业区的外迁和升级改造、老商业区和居住区的升级和功能再定位、城中村改造等。智慧服务还包括工业园区和城市一体化平台、绿色供应链、智慧城市电力供应和社保决策系统，等等。随着城市运行中问题的不断涌现，智慧城市的智慧服务也将不断丰富。

18.3.1.4 智慧城市运行管理

日常运行管理。智慧城市系统的综合运行，需要智慧城市的综合指挥指令中心来指挥协调。促使智慧城市的运行和短、中、长期综合规划衔接，达到各时期目标。综合指挥指令中心，作为智慧城市的"总中心"，指挥协调各智慧服务系统的"分中心"，形成智慧城市系统的宏观运行。负责智慧城市系统日常维护和升级工作。如数据的储存、维护，软硬件设施的运转维护以及系统升级等。

城市应急系统。在城市面临突发事件时，城市应急系统启动。突发事件是指自然灾害（地震、洪水、海啸、山洪、滑坡、冰雪等）、公共安全事件（污染物化学品泄漏、突发不明传染病等）以及群体性突发犯罪事件等。（1）科学建立应急预案。智慧的预案有较强的预见性（做出预警）、针对性，对风险做出准确预计和分析并做好科学的人员疏散、物资分配、救援和生产恢复计划，确定责任人和岗位责任。（2）应急管理和指挥系统。物联网、互联网和计算机系统可以准确地分析灾情进展，分析救灾物资需求数量和投放地点，察看应急物资储备和补给供应情况，和消防、交管、医疗等多部门协作，实施综合指挥，妥善处置灾情并力争灾后损失最小。[①]

18.3.2 智慧城市的价值

智慧城市的价值主要表现在三个方面。

18.3.2.1 智慧城市经济价值

据世界银行测算：一个百万人口的智慧城市建设，当其达到实际应用程度的75%时，该城市的GDP在不变的条件下将能增加3.5倍。这意味着智慧城市可促进经济翻两番，完全有可能实现"四倍跃进"的城市可持续发展目标。可见智慧城市将成为城市经济增长的倍增器。智慧城市的经济价值在于不仅可提高GDP，同时智慧城市和智慧化基础设施的建设，除了带动钢铁、水泥、电力、能源等传统行业的就业，还将消耗芯片、光纤、传感器、嵌入式系统等大量的计算机软硬件产品，从而拉动高科技产业增长，创造大量的知识型就业岗位，促进城市服务转型和服务经济增长。智慧城市的建设不是一蹴而就，而是需要一定的经济基础和信息基础的。

18.3.2.2 智慧城市的社会价值

21世纪西方现代城市发展到后工业化阶段，规模日益扩张，人口增长、城镇化、老龄化、经济转型等问题逐渐成为城市发展所面对的核心问题。当城市面临这些实质性的挑战时，可以了解到当前的模式不再是可行的方式。城市

---

① 刘敬山. 中国发电企业核心竞争力评价与培育研究 [D]. 哈尔滨：东北林业大学，2006.

必须使用新的措施和能力使城市管理变得更加智能，必须使用新的科技去改善他们的核心系统，从而最大限度地优化和利用有限的能源。在社会价值体现上，智慧城市将是解决城市病的有效手段。通过智慧城市的规划，一方面是发展以智慧政府、智能交通、智慧能源为代表的城市应用，解决交通拥堵，实现减能环保，提高政府服务效率等，这些与城市发展水平、生活质量、区域竞争力密切相关，并推动城市可持续发展。另一方面是拓展产业发展领域，包括智慧产业发展、传统产业改造与升级，选择、引进、培育和发展战略性新兴产业中的物联网核心产业、相关产业，充分利用物联网技术对传统产业进行改造与提升，强化产业之间的互动与促进等。通过产业发展带动经济转型，并从更高起点和总体架构的角度进行智能化基础设施的建设，从而解决产业规划中的重复建设问题和一建就落后的问题。重视新兴智慧产业的选择与培育，在精选的基础上进行壮大，并通过其辐射带动其他产业；重视对传统产业的智慧改造，营造智慧化的城市生活环境，以及智能化的公共服务体系。同时，通过合理的智慧城市规划，有效地分解超大城市的压力，形成以一点为中心的城市群落，避免由于过度发展超大城市带来的诸多城市病，让城市生活更美好。

18.3.2.3 智慧城市的服务价值

智慧城市的建设，特别显现于智慧型的服务政府，因为它是智慧城市的核心，政府运行的高效，极大地体现了智慧城市的行政服务价值。服务型的政府是为人民服务的政府，用政治学的语言表述是为社会服务，用专业的行政学语言表述就是为公众服务。服务是一种基本理念和价值追求，政府定位于服务者的角色上，把为社会、为公众服务作为政府存在、运行和发展的基本宗旨。世界银行1997年发展报告指出政府应至少有五个方面的任务：（1）建立法律基础；（2）保持非扭曲性的政策环境，包括宏观经济的稳定；（3）投资于基本的社会服务与基础设施；（4）保护承受力差的阶层；（5）保护环境。

建设服务型的政府其实就是要完成建设一个行为规范、公正透明、勤政高效、清正廉洁的政府，建设一个人民群众满意的政府，核心就是以民为本、让民满意。智慧的服务型政府除了政府体制上的改变，更重要的是通过信息公开，服务透明高效来实现，政府相关部门之间的流转也变得更简单、高效、合理，行政服务职能效率提高、作用明显，才能让百姓放心、安心。

18.4 智慧城市的分类

智慧城市是随着信息技术的发展及其在城市运行系统中的应用而出现的新概念，同时，近些年来也存在一些其他的城市概念，如数字城市、智能城市、知识城市、创新型城市、创意城市、生态城市等，智慧城市与这些新的城市概念既存在区别，又有着千丝万缕的联系，本节将对相关概念进行辨析。

18.4.1 数字城市

提及智慧城市，不得不提的就是数字城市这一概念。所谓数字城市就是指将城市的生产生活过程的各类信息汇总，运用相应的数字、信息及网络等科学技术，将城市内的人口、资源、社会、经济及环境等要素数字化、网络化、智能化以及可视化的全部过程。[1] 数字城市建设关注于信息技术硬件方面的建设，是建设智慧城市的必备基础。国际电信联盟秘书长哈马德·图埃提出，通过智慧城市理念的推广和实施，每个国家的城市都将通过信息通信技术的应用和普及，使居民的生活变得更加便捷，城市的建设更加美好。智慧城市作为一种新的城市理论，其实质就在于对物联网等现代信息技术的综合应用，改善城市生产，优化生活环境。智慧城市的建设过程中需要利用和优化已建成的数字城市基础，而不是避而不视。[2] 智慧城市是基于数字城市的进一步发展，运用更高端的技术来提升数字城市的功能性，更加强调了感知与物连的重要性。1998年1月31日美国副总统戈尔（Al Core）做了《数字地球：理解21世纪我们这颗星球》的报告，数字地球便成为了一个风靡全球的概念，数字城市是数字地球应用的主要方面之一，戈尔也在1998年9月提出了"数字化舒适社区建设"即数字城市建设的倡议。[3] 数字城市也有如数码城市、数字化城市、电子城市、数码港、信息港、数位城市等多种提法，但学术界较多地统一称之

---

[1] 李黎，李剑. 基于城市规划的信息化测绘体系框架初探［J］. 工程勘察. 2007（3）：64-67.
[2] 李仁涵，顾煌，沈荣芳. 交通枢纽理论研究是规划大都市交通圈重要基础［J］. 交通与运输（学术版），2006（2）：50-52.
[3] 赵燕霞，姚敏. 数字城市的基本问题［J］. 城市发展研究，2011，8（1）：20-24.

为数字城市。① 数字城市是对信息时代城市状态的形象刻画，它在原有的花园城市、生态城市等工业城市文明的基础上，将信息技术嵌入城市的发展运行中，即以计算机技术、多媒体技术和大规模存储技术为基础，宽带网络技术为纽带，综合运用 3S 技术（遥感 RS、全球定位系统 GPS、地理信息系统 GIS）、遥测、虚拟仿真技术对城市进行多分辨率、多尺度、多时空和多种类的三维描述。② 在数字城市中，城市每一个角落的信息都可以被收集、整理、归纳起来，并可以按照地理坐标信息建立完整的空间数据模型，依托丰富的数据资源，凭借地理信息系统和虚拟现实技术，所有人都可以通过网络连接快速、完整、形象地了解城市的过去、现在、未来以及宏微观层面上的各种情况。因此，也有人将数字城市描述为"信息化基础设施完备、信息数据资源丰富、信息化应用与信息产业高度发达、工业化与信息化持续协调发展、人居环境舒适"的良性城市状态。③

数字城市在城市规划、城市建设和城市管理中具有重要的应用前景。④ 在城市规划领域，可视化技术和计算机仿真技术能帮助设计人员置身于其所设计的虚拟环境中，帮助设计人员在现实环境中感知其设计方案，合理评价设计方案。目前，在城市规划、建筑设计、小区规划、破坏地区重建等领域，虚拟现实技术已经得到广泛应用。在城市建设领域，数字城市建设的完备的、数字化的城市基础设施信息能够方便地为城市工程人员获取和使用，提高城市建设工作的效率和安全性。数字城市建设的城市交通地理信息系统、数据库操作系统和空间分析技术能够及时地为城市交通管理、车辆导航、客货运输调度、居民出行等提供实时数字交通信息。在城市管理领域，数字城市通过遥感技术能够方便地调查城市的基础地理信息和城市发展的资料，便于对城市进行科学管理。同时，数字城市的信息技术和信息系统应用于防灾减灾领域也有效率更高、成本更低的优势。

---

①③ 李琦，刘纯波，承继成. 数字城市若干理论问题探讨 [J]. 地理与地理信息科学，2003，19 (1)：32 - 36.

② 顾朝林，段学军，于涛方，等. 论"数字城市"及其三维再现关键技术 [J]. 地理研究，2002，21 (1)：14 - 24.

④ 王要武，郭红领，杨洪涛. 我国数字城市建设的现状及发展对策 [J]. 公共管理学报，2004，1 (2)：58 - 64.

18.4.2 智能城市

智能城市也是随着物联网技术的发展和应用以及网络社会到来而被人们广泛提及的概念，它以网格化的传感器作为城市的神经末梢，依托实时反馈的数字神经网络和自主决策系统，全面实现城市管理和基础设施的智能化，使城市成为一个自组织、自适应并具有进化能力的智能生命体。一般都认为数字城市是智能城市的初级阶段，在有的研究中，智能城市与智慧城市是完全相同的一个概念，其相关研究与本书对智慧城市的阐述一致，这里不再赘述。而在另外一些研究中，智能城市是位于数字城市和智慧城市之间的一个过渡性阶段。数字城市是对原有实体城市的信息化，智能城市是在数字城市基础上将各类信息系统连接起来，实现各类信息系统的兼容、互操，而智慧城市是在智能城市提供的技术平台基础上实现全面的服务创新应用。从智能城市到智慧城市是从创新到应用、从后勤办公到前台服务的转变，用政策性的术语来讲，是实现从商业应用到民生应用，从市场到社区、从经济部门的行政管理到自由的民主治理的转变。[①] 因此，对于智慧城市建设来讲，重要的是依托数字城市和智能城市建立的技术平台实现城市中各个部门、各个领域的创新应用，实现政治、经济、社会、文化、环境的全面可持续发展。

18.4.3 知识城市

20 世纪八九十年代以来，随着经济一体化的步伐加快以及信息网络技术的发展，传统的劳动力、资金等生产要素对经济增长的贡献程度下降，知识这一生产要素在经济发展中日益重要，全球进入了知识经济时代，具体表现为：科学技术研究和开发成为知识经济发展的重要基础；信息与通讯技术在知识经济的发展中处于中心地位；服务业在知识经济中扮演了主要角色；劳动力的素质和技能成为知识经济实现的先决条件。[②] 作为人才、信息、资金等主要要素聚集地的城市则面临着知识经济带来的各种机遇和挑战。于是人们提出了基于

---

① Sam A, Peter C. Creating Smarter Cities: An Overview [J]. Journal of Urban Technology, 2011, 18 (2): 1-16.

② 王志章. 全球知识城市与中国城市化进程中的新路径 [J]. 城市发展研究, 2007, 14 (3): 13-19.

知识的城市发展理念，即知识城市，认为城市应该有意识地鼓励知识培育、技术创新、科学研究，并为知识的创造、传播、分享和应用提供良好的条件。知识城市应该通过为市民提供良好的信息通信技术环境和发展教育以提高市民的信息通信技术水平和技能，从而使所有市民能够低成本地接触知识、分享知识、表达意见和主张。同时，知识城市应该尊重市民文化的多样性，为市民提供足够的场地、资源和文化服务设施，以便于市民开展文化活动和建立面对面的直接联系，以保障每一位市民参与社区活动和接受教育，获得平等的知识社会权益。从这个意义上来讲，知识城市是"有创造力的城市"和"数字城市"的合成体。也有很多学者更加广义地认识知识城市，认为知识城市不是单纯地发展经济，而应该兼顾城市的经济、社会和环境三个领域，是一个具有丰富的人力资本、高质量的人文环境、活跃的社会文化生活、富有远见卓识的城市政府以及保存完好的丰富的自然环境的整合城市，这一概念在实体和制度上融合了科技园功能、城市的市政和居住的功能，涵盖了科技城市、创新城市、生态园林城市等概念。①

18.4.4 创新型城市

进入21世纪以来随着城市的经济功能逐渐由传统产业向高新产业转变、由制造和生产向研发和服务转变，传统的自然资源、地理位置、非技术或半技术劳动力等初级生产要素的重要性逐渐被技术、知识、信息、人才等高级生产要素所取代，信息、技术、人才、品牌、知识等创新要素的融合发展成为影响城市发展的主要驱动要素。并且，这些创新要素不断与城市相关产业结合而发展成为高新技术产业和知识服务业等城市新兴的主导产业，特别是与知识有关的咨询、广告、信息等知识密集型服务业越来越成为城市经济增长的核心，以"创新驱动"为主要特征的城市发展模式应运而生。

创新型城市是以创新为核心驱动力的一种城市发展模式，它一般是由区域科技中心城市发展演变形成的，是知识经济和城市经济融合的一种城市演变形态，它的主要特征是拥有完善的城市创新系统，在集聚和配置创新资源、不断

---

① 吴敏华. 知识城市研究综述 [J]. 城市问题, 2011 (1): 29-35.

自我平衡调整的基础上，推动建立创新驱动的集约型城市经济增长，最终实现城市可持续发展。[①]

从总体来看，创新型城市的核心内涵是具有较强的自主创新能力，因此，它应该具有较完善的城市科技创新制度、高水平的城市科技创新投入、完善的基础设施条件、大量创新型的企业，并建立以科技创新为驱动力的城市发展模式。[②] 创新型城市与知识城市具有很多相似之处，但知识城市强调城市知识的培育、传播、分享和应用，创新型城市把知识作为一种重要的创新资源，结合信息、人才等其他创新资源建立城市的创新系统，使城市实现以创新为核心驱动力的持续发展。

18.4.5 创意城市

世界经济社会的发展主要经历了农业经济时代、工业经济时代、服务经济时代和创意经济时代。在1900年以前，世界主要处于农业经济时代，进入20世纪之后，世界经济社会发展先后经历了工业经济时代、服务经济时代，虽然服务经济占主导地位，但创意经济快速增长，创意及创意产业对经济增长的贡献越来越重要，国家和城市的竞争力主要取决于其吸引和留住具有创意才能的人才的能力。在创意经济时代，除了劳动者阶层和服务业阶层以外，从事"创意性"工作的创意阶层成为一个新兴阶层，他们经常会有新的想法、发明新技术，在工作中通过发挥个人的创造性进行创新，如科学家、大学教授、小说家、艺术家、设计师、建筑师、编辑、文化人士，以及高科技、金融、法律及其他知识密集行业的专业人士等。这一阶层的存在也在就业结构、文化生活和物质外表等方面使城市呈现特定的发展特征：新经济中较为高端的智力型工作成为城市的主导性职业；城市拥有较为丰富的文化福利设施（博物馆、图书馆、艺术画廊、音乐厅、多功能娱乐区等）；城市的外观通常体现为繁华的街景、昂贵高端的购物设施和良好的居住社区。[③] 而这些符合创意人才生活方式的城市特征又成为城市吸引创意人才的重要优势。

[①] 杨冬梅，赵黎明，闫凌州. 创新型城市：概念模型与发展模式 [J]. 科学学与科学技术管理，2006（8）：97-101.
[②] 胡钰. 创新型城市建设的内涵、经验和途径 [J]. 中国软科学，2007（4）：32-38，56.
[③] 艾伦·J. 斯科特，汤茂林. 创意城市：概念问题和政策审视 [J]. 现代城市研究，2007（2）：66-77.

20世纪70年代以来,西方一些国家的城市中心出现了衰落的景象,如何对城市中心区重新定位、重塑形象,使城市中心区重获生机,成为一个实现经济和社会复兴的场所成为人们关心的重要问题,而通过创意产业的兴起和发展来赋予城市发展的生机和活力,解决城市发展的问题,则成为创意城市出现的推动力量。创意产业是在传统产业发达的基础上,对城市的文化资源进行产业化经营的经济形态,它具有经济目标性、市场运作方式和产业管理的特征,以追求利润、产品的价值补偿和增值为目标,如科学、工程、设计、艺术、医疗、管理、法律等智力型产业均属于创意产业的范畴。创意产业的发展不断吸引创意阶层,进而带来一个地区和城市的经济繁荣和增长。同时,创意城市必须具有一定的包容性、开放性和多样性,这对吸引创意人才、促进高科技产业的集中和成长、促进城市的经济繁荣具有重要意义。[1] 因此,创意城市是在经济全球化和创意经济时代背景下,围绕城市创意产业的兴起、产业的转型升级和城市更新运动而出现的新型的城市形态,它融合了科技(高科技产业)、文化、艺术和经济等各方面,以消费文化和创意产业为基础向社会其他领域延伸,一般具有创意氛围宽松、知名大学众多、创意人才密集、创新能力强大等特点。[2] 由此可见,创意城市至少应该满足四个条件:一是具有多元性和开放性的社会文化,促进创意人才、创意产业和企业的交流和合作创新;二是城市应该具备良好的经济基础和社会文化条件,为创意人才的集聚和创意产业的发展提供社会经济基础;三是城市应该具有较为发达的高科技产业和信息通讯基础设施,为创意产业的发展创造技术上的条件;四是城市应该具有符合创意阶层生活方式的居住社区、文化休闲娱乐设施和城市景观,以吸引和留住创意阶层。

18.4.6 生态城市/低碳城市/宜居城市

近代工业革命以来,城市的发展模式是不断向大自然攫取生产原料和能源来进行大规模的工业化生产,然后向大自然排出工业化生产所产生的废水、废气、废弃物等,这种以"人类战胜自然""人定胜天"为基本理念和"忽略自然生态规律"的发展模式导致生态环境日益恶化,城市发展的生态环境问题引

---

[1] 褚大建,黄晓芬. 创意城市与大学在城市中的作用 [J]. 城市规划学刊,2006 (1):27 – 31.
[2] 李明超. 创意城市与英国创意产业的兴起 [J]. 公共管理学报,2008,5 (4):93 – 100.

起了人们的高度重视。自19世纪末20世纪初以来，人们就开始探索城市发展与自然环境相互融合、相互协调的发展模式，相继提出了生态城市、低碳城市、宜居城市等城市发展理念。

生态城市：20世纪70年代联合国科教文组织发起了"人与生物圈研究计划"，该计划强调了人类生产活动对生态系统的影响，并提出通过建设生态城市来科学处理人类活动与城市生态系统的关系。美国城市生态学家理查德·瑞吉斯特对生态城市的理论和实践发展作出了巨大贡献。他通过出版书籍《生态城市》和《生态城市：重建与自然平衡的城市》、创办期刊《城市生态学家》、组织生态城市的国际会议等方式宣传生态城市规划、设计、建设的理念，并在伯克利等城市贯彻实践他的生态城市构想。[①] 综合瑞吉斯特提出的生态城市理念以及后来其他学者对生态城市的阐述，生态城市的内涵可以概括为以下五个方面：（1）在政策法规方面，制定鼓励就近工作的"邻近"政策以及修改公共交通投资补贴法规等相关的政策法规以保障生态城市的建设；（2）在社会生活方面，控制城市人口规模、进行合理的人口布局，加强生态环保的宣传活动和教育项目，提高公众生态意识，建设公平、安全、宜居的社会生活环境；（3）在经济发展方面，调整经济结构，支持具有较好生态效益的经济活动，抑制对自然环境造成危害的经济活动，实现经济的集约、高效发展；（4）在自然环境方面，加强城市的绿化建设，保护物质的多样性，加强自然资源的节约和回收利用，最大限度地保护和恢复自然环境；（5）在空间布局方面，按照就近出行的原则规划城市土地利用，建立以步行、自行车和公共交通等出行方式为导向的交通体系，建设空间布局合理、基础设施完善、生态建筑广泛应用的城市建成环境。生态城市相关理论为世界各地城市改善生态环境、建设生态城市提供了理论参考和依据。

低碳城市：生态恶化的一个重要方面就是矿物能源的大量消耗产生了大量温室气体，带来了全球气候的变暖，危及全球生态平衡，并且能源的过度消耗带来的能源危机也日益严重。因此，减少人类活动碳排放的发展理念深入人心，通过构建低碳城市来改变生活理念和生活方式、减少温室气体排放、实现以最少的能源消耗获得最大的产出成为解决由于碳排放带来的气候和能源危机

---

① 黄肇义，杨东援. 国内外生态城市理论研究综述 [J]. 城市规划，2011，25（1）：59–66.

的主要手段。低碳城市主要是指城市以较低的能源消耗和二氧化碳排放实现城市经济的高速发展，因此，发展低碳经济成为低碳城市建设的必由之路。低碳经济就是在经济发展过程中，以能源的技术创新和制度创新为基础，不断提高能源利用效率，改善能源结构，增加清洁能源使用比重，打造低污染、低消耗的经济发展方式。[1]

低碳城市建设应该推广低碳生产、低碳消费，发展低碳技术，提高生产、生活中的能源利用效率，并调整经济发展结构，减少、取消或转移重消耗、重污染的产业，大力发展清洁的高新技术产业和现代服务业。由分析可知，低碳城市是从减少碳排放角度对生态城市的具体化，生态城市侧重于从城市的经济、社会、政策、文化、环境等多个方面进行整体规划，以促进城市生态状况的全面改善，低碳城市更为注重从减少碳排放这一角度来改善城市的气候和能源危机。在政府实践中，由于低碳城市易于测量，政府对低碳城市的提法更多一些。

宜居城市：在城市发展的后工业时代，人们逐渐意识到城市应当是适宜居住的人类居住地，一个宜居的城市是具有良好的居住和空间环境、人文社会环境、生态和自然环境和清洁高效的生产环境的居住地。因此，从狭义上来讲，宜居城市是具有良好的生态环境和气候条件的人类居住地，从广义上来讲，宜居城市是城市经济、社会、文化、环境各方面的协调发展，人们对其提供的工作、生活、居住环境满意并愿意长期居住下去的城市居住地。在实践中，人们通常突出宜居城市的生态环境建设，重视城市的生态绿化，因此，很多人将宜居城市看作类似于生态城市的概念。从本质上来讲，宜居城市和生态城市具有不同的出发点，前者是建设良好的人类居住环境，后者是全面改善城市的生态系统和生态环境，但二者的最终目的都是促进人的发展。

18.5　智慧城市的空间系统分析

城市是人类经济社会活动在空间上的投影。就"空间"而言，一般是指

---

[1] 辛章平，张银太. 低碳经济与低碳城市 [J]. 城市发展研究，2008，15 (4)：98 – 102.

具有一定的长、宽、高所围合，可以容纳一定"事物"的体积，是一种三维空间。在城市范畴中，不同研究领域对空间的认识有所不同。城市空间与人类活动密切相关，它是人类经济社会活动的场所，也是在人类经济社会活动的塑造影响下形成的，是一种复杂的人工自然复合系统。从空间的二象性看，硬质空间是城市的物质空间，主要反映城市空间的实体物质构成，由物质环境和物质资源两大部分内容组成，一般属于城市生态学和城市建筑学研究的范畴，软质空间是城市空间的属性空间，主要反映城市空间的功能和特征，由空间结构和空间功能两大部分内容组成，一般属于城市地理学和城市规划学研究的范畴。

18.5.1 信息社会时代流动空间的形成

随着新一代信息通讯技术的发展，城市空间日益发展成为一种实体空间和虚拟空间融合而成的新的空间形态。在物理学和地理学意义上，空间是依托于某种具体的实体物质而存在的，人们在这种固定不变、相对稳定的空间中，进行有限的迁移和交往活动。然而，随着信息通讯技术的发展和信息社会的到来，传统绝对的、实在的空间概念受到了极大的挑战，出现了实体空间和虚拟空间并存的空间形态。

实体空间是现实生活中人的活动的物质载体，主要由人的活动和自然景观共同构成，是我们通常意义上的物质空间，对应的空间和区域可以被感知。虚拟空间是一个由计算机和数字信息组成的拟人化的空间形态，由纯粹的技术空间和人的参与共同塑造而成，它在空间上具有无限超越性和很强的渗透功能，在形态上表现出跳跃、蔓延等特点。

实体空间和虚拟空间的相互影响、相互融合形成了一种新的混合型的空间形态——流动空间。流动空间是一个对照于具有固定位置的空间的概念，它强调了信息流动对生产和组织的影响作用，它的一个核心特征是具有较强的流动性，即它能够实现人流、物流、资金流、技术流、信息流等基本流态在城市—区域—国家—全球范围内的顺畅流动。在信息流的引导下，生产和组织不再局限于固定的地理位置，而是在全球范围内流动，并带来经济社会组织结构和组织方式的变化。

18.5.2　智慧城市空间系统的内涵与要素

智慧城市的空间系统是智慧城市中人们经济社会活动的资源空间和容纳场所的统一，也是人们的经济社会活动在城市空间上的投影，它是城市物质空间和属性空间的统一体。其中，物质空间系统主要体现了智慧城市中物质资源和环境运作呈现的新形态，它反映了物质实体之间组织、联系和互动方式的变化，以及对应的人们对它们的获取、组织、管理、调度和利用方式的变化，这些变化推动了城市物质空间向流动空间的转化。属性空间系统主要反映了随着流动空间的形成与发展，城市物质空间在分布形态、结构形式及功能特征等方面发生的新变化。

在物质空间系统中，无论是自然资源、自然环境还是人工设施，以物联网为代表的新一代信息通讯技术的应用使物质实体具备了感知和智能响应的能力，相应的物质实体之间不再是分散、孤立、封闭的状态，它们通过物联网、互联网以及移动互联网连接起来形成了智能水网、智能电网、智能能源、智能应急、智能环境监测、智能交通、智能建筑等智能应用系统，物质实体的存在状态和运动特点能够被实时捕捉，能够被更好地管理、调度和利用。同时，随着新一代信息通讯技术的运用，网络虚拟空间形成了新的发展形态，物联网、无线网、移动通信网的发展实现了城市中人与人、人与物、物与物之间随时随地的广泛连接，进一步打通了虚拟空间和实体空间之间联系和互动的通道，加速了虚拟空间和实体空间的融合发展，推动了城市物质空间向流动空间的转化。在属性空间系统中，信息通讯技术的发展在一定程度上使物理空间的邻近性变得没有那么重要，资本、信息、技术等基本流态的流动跨越了地域的限制，很多区位选择对交通的依赖性也逐步降低，导致了城市物质空间的逐步分解，使城市的空间结构从集聚型向分散型转化，从圈层式向网络化转变。与此同时，随着城市实体空间不断向虚实结合的灰体空间转化，城市的居住、就业、休闲等活动空间的边界也日益模糊，城市的功能发生了解构和重构，城市的功能日益多元化和复合化，城市不同功能空间的融合发展成为城市空间发展的重要趋势。

18.5.3　智慧城市空间系统的主要内容

智慧城市中流动空间的形成和发展推进了人们对物质资源获取、管理和利用方式的创新与变革。城市中的物质资源是多种多样的，包括了土地、空气、淡水、矿产、原料、化石燃料、食物（动植物）等各类自然资源和能源，它们是人类社会生存和发展的基础，也是人类经济社会活动所必须依托的物质源泉。人们对这些物质资源的使用水平与人类的生产力水平和劳动工具的复杂程度密切相关。随着科技的进步与信息技术的发展，对数字化、智能化的劳动工具的利用深刻地改变了人类改造自然的方式，人类社会的生产力水平也得到了前所未有的、突飞猛进的发展。反映在人类对物质资源的使用方面，感知、定位、通信等新一代信息技术的发展及应用拉近了人类与物质资源的距离，人类具有了更加智能化的技术手段来实时、精确地获取物质资源的状态和运动信息，大大提升了人们对物质资源的获取、管理和利用水平。智慧城市中土地、水、电力、化石燃料、空气、事物（动植物）等物质资源的智能化运作形态包括智能测绘、智能水务、智能电网、智能能源、智能食品体系等，它们推动了城市物质空间向流动空间的转化。

城市物质空间的流动化发展改变了城市物质环境的运作形态，一方面改变了人类对自然环境的管理方式，形成了智能化的自然环境管理和保护方式，另一方面改变了人工环境的存在和运动形式，使其呈现出智能化的运作形态。城市的物质环境空间主要由自然环境空间和人工环境空间构成。其中，自然环境主要包括水环境、气候、地质、地貌、土壤等主要受自然条件影响形成的环境条件，人工环境等主要包括基础设施、交通运输、道路设施、市政管网设施、通讯设施、建筑物、绿地等在人类活动主导下形成的物质环境条件。随着新一代信息技术的发展及广泛应用，城市的物质空间环境出现了一些新的变化发展趋势：体现在自然环境方面，人类虽然不能改变自然环境运行发展的规律，但新兴的、先进的工具和技术使人类能够更好地掌握和利用自然环境的运行发展规律，人们可以利用新兴的信息技术来了解自然环境的状态，实时掌握自然环境的变化发展态势，探索和发现自然环境的运行发展规律，并能够及时、准确地对自然环境的变化发展进行明智应对；体现在人工环境方面，为了更好地运行和管理人工环境中的物质要素，人们将新一代信息技术融入对应的物质要素之中，使其变得数字化、信息化、智能化，能够具有一定的感知、连接、反馈和控制功能，从而更好地服务于人类的经济社会活动。

新一代信息技术影响下城市自然环境和人工环境出现的智能化运作形态包

括智能水资源环境监测、智能大气环境监测、智能森林生态安全监测、智能交通、智能安全、智能建筑、智能管网、智能物流等，它们推动了城市物质空间向流动空间的转化。

18.5.4 智慧城市的空间结构

城市的空间结构是城市空间组成要素的分布模式与组合形态，它是人类的经济社会结构在土地使用上的投影，反映了构成城市经济、社会、环境发展的主要要素在一定时间形成的相互关联、相互影响、相互制约的关系。信息通讯技术的发展对传统的城市物质空间产生了较大影响，它逐步分解了城市的物质空间，使城市的空间布局形态出现了新的发展形态。这种新的变化可以通过以下三个方面来具体分析。

第一，智慧城市中城市的空间布局形态逐渐由集聚型向分散型转化。信息通讯技术的发展使城市的空间范围不断扩大，出现了城市媒体空间、虚拟空间等全新的空间形态，虚拟空间与物质空间的结合使城市物质空间的信息化程度不断加强，并使城市空间转化为以信息流动为主导的、具有较强的流动特征的流动空间。在流动空间中，虚拟空间中出现的虚拟社区和BBS、E-mail和电脑会议等在一定程度上替代了传统的城市物质空间，大大减少了人们对城市中物质场所的要求，同时，远程通讯和互联网服务的发展也使城市的物质空间出现了流动化的发展趋势，消费者和生产者、服务需求者与服务供给者通过信息流建立联系，出现了流动的商店、银行、学校、医院等设施空间，使得这些设施原先所依赖的物质场所变得不再那么必需。因此，在流动空间中，城市的一部分交易和交往活动不再单纯地以物质空间为场所，生产和服务位置的选择有了更大的自由度和灵活性，人们对城市物质空间的临近性要求降低了，工业、商业、服务、制造业和娱乐休闲活动的分布出现了分散化的发展趋势。由于流动空间使得各行各业可以逐渐摆脱交通条件的限制，而且由于市中心较高的地租和拥挤的环境，很多城市功能逐步离开市区向城市外围、乃至国外转移，城市功能布局出现了由集聚型向分散型转化的趋势。

第二，智慧城市中城市的空间布局形态由圈层式向网络化转变。在城市的发展中，一般采用由内向外呈同心圆式的紧凑连续扩展方式，从中心到外围依次为中央商务区、轻型制造业、住宅区、重型制造业、外围商务区、郊外住宅区、郊外工业区、通勤区等，形成了城市空间的圈层结构。这种扩展模式有利于保持城市的连贯性和基础设施的完善，但也容易造成交通拥挤和环境的恶化，我国很多大城市的空间拓展都是这种圈层结构。在信息时代，以区位条件为主导的城市功能布局在流动空间中不再那么重要，城市的功能区（如居住、工业等）呈现了分散布局的趋势，而城市的商业、金融、信息服务等职能仍然在城市中心区集聚，城市的郊区和中心区成为城市的活跃地带，拥有大量科研机构、高技术人才、先进的管理水平并临近全球信息网络重要节点位置的地区成为城市发展的前沿地带，城市空间形态处于整体分散与局部集聚的状态，城市的结构形态由圈层结构向网络结构转变。

第三，兼顾区位布局的可达性，采用"多中心、组团式、网络型"的空间结构形态，成为很多大型城市空间布局的未来发展趋势。在智慧城市的流动空间中，尽管空间邻近性不再那么必需，但并不意味着距离的消失。无论是远程办公、远程购物、远程保健服务还是远程教育，都无法取代原先具有固定场所的办公、购物、保健服务以及教育机构的存在，信息通讯技术只是增加了人们选择的多样性，人们有了更多选择的自由度和灵活性，但虚拟空间和虚拟交流根本无法取代面对面的交流。[①] 在信息时代的流动空间中，时间变得越来越有弹性，地方变得越来越独特，人群也以越来越流动的模式徘徊于其中，人们选择多样性的增加使他们对于流动性的要求更高，很多时候不是取代和减少了对交通的需求，甚至是增加了对交通的需求。因此，在流动空间中，可达性成为城市空间规划布局需要考虑的重要因素。可达性也叫通达性、易达性，是指从一个地方到另一个地方的容易程度。在流动空间中，可达性反映了节点与节点之间联系的范围与质量，它的表现形式有两个：信息的可达性、人和物的移动能力，二者分别依赖于信息网络和交通网络的发达程度。智慧城市背景下的信息网络具有了更广的覆盖范围、更高的带宽、更快的速度、更强的稳定性，交通网络具有了更高的智能性，不同交通系统之间具有了更深入的连通性，信息网络和交通网络的升级发展都使城市空间中的流动性和可达性大大增强。但不可否认的是，信息网络和交通网络的建设和发展都要依附于一定的城市空间规划布局，都要以科学合理的城市功能布局为基础，否则，在糟糕的功能布局

---

① 曼纽尔·科斯特. 流动空间 [J]. 国外城市规划，2006，21（5）：69-87.

中，再发达的信息网络和交通网络都不能从根本上解决城市空间的流动性不足的问题。建设城市的副中心，以功能组团来优化城市的空间效率，将城市功能分解到相对综合的城市组团中，是我国很多大型综合性城市克服传统的"摊大饼"式蔓延带来的弊端的有效方法。在功能组团内部加强基础设施和公共服务配套建设，使组团内部成为功能完整、布局合理、通勤就业均衡的城市功能区，功能组团之间以发达的信息网络和交通网络相连，形成紧凑、高效、有序的网络化城市空间格局。

参 考 文 献

[1] 马克思. 资本论：第1卷 [M]. 北京：人民出版社，1975.

[2] 马克思恩格斯选集：第1卷 [M]. 北京：人民出版社，1972.

[3] 马克思恩格斯选集：第3卷 [M]. 北京：人民出版社，1972.

[4] 马克思恩格斯全集：第2卷 [M]. 北京：人民出版社，1957.

[5] 列宁全集 [M]. 北京：人民出版社，1972.

[6] 刘易斯·芒福德. 城市发展史——起源、演变和前景 [M]. 宋俊岭，倪文彦，译. 北京：中国建筑工业出版社，2005.

[7] 彼得·尼茨坎普. 区域和城市经济学手册：第1卷 [M]. 北京：经济科学出版社，2001.

[8] 埃德温·S. 米尔斯. 区域和城市经济学手册：第2卷 [M]. 北京：经济科学出版社，2003.

[9] 沃纳·赫希. 城市经济学 [M]. 刘世庆，等译. 北京：中国社会科学出版社，1987.

[10] 瓦尔特·艾萨德. 区域科学导论 [M]. 北京：高等教育出版社，1990.

[11] 冯·杜能. 孤立国同农业和国民经济的关系 [M]. 吴衡康，译. 北京：商务印书馆，1986.

[12] 沃尔特·克里斯塔勒. 德国南部中心地原理 [M]. 常正文，王兴中，等译. 北京：商务印书馆，1998.

[13] 奥古斯特·廖什. 经济空间秩序——经济财货与地理间的关系 [M]. 王守礼，译. 北京：商务印书馆，1995.

[14] Alan W. Evans. 城市经济学 [M]. 甘士杰，等译. 上海：上海远东出版社，1992.

[15] 巴顿. 城市经济学: 理论和政策 [M]. 北京: 商务印书馆, 1984.

[16] 山田浩之. 城市经济学 [M]. 魏浩光, 等译. 大连: 东北财经大学出版社, 1991.

[17] 保罗·诺克斯, 史蒂文·平齐. 城市社会地理学导论 [M]. 北京: 商务印书馆, 2005.

[18] 保罗·切希尔, 埃德温·S. 米尔斯. 应用城市经济学 [M]. 北京: 经济科学出版社, 2003.

[19] 丝奇雅·沙森. 全球城市: 纽约 伦敦 东京 [M]. 周振华, 等译. 上海: 上海社会科学院出版社, 2005.

[20] 山鹿诚次. 城市地理学 [M]. 朱德泽, 译. 武汉: 湖北教育出版社, 1996.

[21] 藤田昌久, 雅克-弗朗科斯·蒂斯. 集聚经济学: 城市, 产业区位与区域增长 [M]. 刘峰, 张雁, 陈海威, 等译. 成都: 西南财经大学出版社, 2004.

[22] 埃比尼泽·霍华德. 明日的田园城市 [M]. 金经元, 译. 北京: 商务印书馆, 2000.

[23] 丹尼斯·迪帕斯奎尔, 威廉·C. 惠顿. 城市经济学与房地产市场 [M]. 龙奋杰, 译. 北京: 经济科学出版社, 2002.

[24] 迈克尔·波特. 国家竞争优势 [M]. 北京: 华夏出版社, 2002.

[25] 艾伯特·赫希曼. 经济发展战略 [M]. 曹征海, 潘照东, 译. 北京: 经济科学出版社, 1991.

[26] 缪尔达尔. 亚洲的戏剧: 对一些国家贫困问题的研究 [M]. 谭力文, 张卫东, 译. 北京: 北京经济学院出版社, 1992.

[27] 缪尔达尔. 世界贫困的挑战 世界反贫困大纲 [M]. 顾朝阳, 等译. 北京: 北京经济学院出版社, 1991.

[28] 罗斯托. 从起飞进入持续增长的经济学 [M]. 成都: 四川人民出版社, 2000.

[29] 弗朗索瓦·佩鲁. 新发展观 [M]. 张宁, 丰子义, 译. 北京: 华夏出版社, 1987.

[30] 弗朗索瓦·佩鲁. 发展新概念 [M]. 郭春林, 等译. 北京: 社会科

学文献出版社，1988.

[31] 菲利普·潘什梅尔. 法国（下册，环境：农村、工业和城市）[M]. 叶闻法，译. 上海：上海译文出版社，1980.

[32] 马歇尔. 经济学原理：上 [M]. 北京：商务印书馆，1997.

[33] 小罗伯特·E. 卢卡斯. 经济发展讲座 [M]. 罗汉，应洪基，译. 南京：江苏人民出版社，2003.

[34] 罗伯特·M. 索罗. 经济增长理论：一种解说 [M]. 胡汝银，译. 上海：上海人民出版社. 上海三联书店，1994.

[35] 克拉潘. 现代英国经济史：上卷 [M]. 北京：商务印书馆，1975.

[36] E. 罗伊斯顿·派克. 被遗忘的苦难——英国工业革命人文实录 [Z]. 福州：福建人民出版社，1983.

[37] 霍布斯鲍姆. 非凡的小人物 [M]. 北京：新华出版社，2001.

[38] 欧文. 欧文选集：第1卷 [M]. 北京：商务印书馆，1981.

[39] W. H. B. 考特. 简明英国经济史 [M]. 北京：商务印书馆，1992.

[40] 迈克尔·波拉德. 亨利·福特与福特公司 [M]. 北京：世界图书出版公司，1997.

[41] 理查德·A. 马斯格雷夫，佩吉·B. 马斯格雷夫. 财政理论与实践 [M]. 邓子基，邓力平，译. 北京：中国财政经济出版社，2003.

[42] 霍利斯·钱纳里，莫尔塞斯·塞尔昆. 发展的格局 1950－1970 [M]. 北京：中国财政经济出版社，1989.

[43] 钱大群. 智慧的城市在中国 [R]. IBM 商业价值研究院，2009.

[44] 安虎森. 区域经济学通论 [M]. 北京：经济科学出版社，2004.

[45] 蔡竞. 可持续城市化发展研究 [M]. 北京：科学出版社，2003.

[46] 陈桥驿. 中国历史名城 [M]. 北京：中国青年出版社，1987.

[47] 陈顺清. 城市增长与土地增值 [M]. 北京：科学出版社，2000.

[48] 蔡孝箴. 城市经济学 [M]. 天津：南开大学出版社，1998.

[49] 成德宁. 城市化与经济发展——理论、模式与政策 [M]. 北京：科学出版社，2004.

[50] 陈宗兴，等. 经济活动的空间分析 [M]. 西安：陕西人民出版社，1989.

[51] 崔功豪,等. 城市地理学 [M]. 南京:江苏教育出版社,1992.

[52] 曹荣湘. 蒂布特模型 [M]. 北京:社会科学文献出版社,2004.

[53] 城市规划译文集 [M]. 北京:中国建筑工业出版社,1981.

[54] 杜肯堂. 区域经济管理学 [M]. 北京:高等教育出版社,2004.

[55] 杜莉. 城市财政学 [M]. 上海:复旦大学出版社,2006.

[56] 冯云廷. 城市经济学 [M]. 大连:东北财经大学出版社,2005.

[57] 傅崇兰. 中国运河城市发展史 [M]. 成都:四川人民出版社,1985.

[58] 顾朝林,等. 集聚与扩散——城市空间结构新论 [M]. 南京:东南大学出版社,2000.

[59] 高汝嘉,罗明义. 城市圈域经济论 [M]. 昆明:云南大学出版社,1998.

[60] 郭培章. 中国城市可持续发展研究 [M]. 北京:经济科学出版社,2004.

[61] 郭牧,赵闯. 中国会展产业年度报告. 2012 [M]. 北京:中国商务出版社,2012.

[62] 胡荣涛,等. 产业结构与地区利益分析 [M]. 北京:经济管理出版社,2001.

[63] 姜太碧. 城镇化与农业可持续发展 [M]. 成都:四川科学技术出版社,2004.

[64] 剧宇宏. 我国会展业可持续发展研究 [M]. 北京:中国法制出版社,2014.

[65] 陆大道. 区位论及区域研究方法 [M]. 北京:科学出版社,1988.

[66] 刘再兴. 区域经济理论与方法 [M]. 北京:中国物价出版社,1996.

[67] 刘省平. BOT 项目融资理论与实务 [M]. 西安:西安交通大学出版社,2002.

[68] 罗澍伟. 城市、城市理论与城市史 [A]//城市史研究(第 17 - 18 辑)[C]. 天津:天津社会科学院出版社,2000.

[69] 连玉明. 中国城市蓝皮书 [M]. 北京:中国时代经济出版社,2002.

[70] 孟晓晨. 西方城市经济学——理论与方法 [M]. 北京:北京大学出版社,1992.

[71] 彭震伟. 区域研究与区域规划 [M]. 上海：同济大学出版社, 2004.

[72] 潘家华, 单菁菁, 李国庆. 中国城市发展报告——迈向健康城市之路 [M]. 北京：社会科学文献出版社, 2016.

[73] 孙久文. 城市经济学 [M]. 北京：中国人民大学出版社, 2016.

[74] 钱乘旦. 寰球透视：现代化的迷途 [M]. 杭州：浙江人民出版社, 1999.

[75]《城镇合理规模》课题调研组. 研究城镇合理规模的理论与方法 [M]. 南京：南京大学出版社, 1986.

[76] 饶会林. 城市经济学 [M]. 大连：东北财经大学出版社, 1999.

[77] 沈基清. 城市生态与城市环境 [M]. 上海：同济大学出版社, 1998.

[78] 汤茂林. 城市化进程与城市可持续发展 [M]. 南京：东南大学出版社, 1997.

[79] 魏后凯. 现代区域经济学 [M]. 北京：经济管理出版社, 2006.

[80] 王兴中. 行为地理学导论 [M]. 西安：陕西人民出版社, 1988.

[81] 王祥荣. 生态与环境——城市可持续发展与生态环境调控新论 [M]. 南京：东南大学出版社, 2000.

[82] 许学强, 周一星, 宁越敏. 城市地理学 [M]. 北京：高等教育出版社, 2003.

[83] 许宏. 先秦城市考古学研究 [M]. 北京：北京燕山出版社, 2000.

[84] 姚士谋, 等. 中国的城市群 [M]. 北京：中国科学技术大学出版社, 1992.

[85] 姚士谋. 区域与城市发展论 [M]. 北京：中国科学技术大学出版社, 2004.

[86] 杨小凯. 经济学原理 [M]. 北京：中国社会科学出版社, 1998.

[87] 杨宽. 中国古代都城制度史研究 [M]. 上海：上海古籍出版社, 1993.

[88] 于洪俊, 宁越敏. 城市地理概论 [M]. 合肥：安徽科学技术出版社, 1983.

[89] 杨吾扬. 区位论原理 [M]. 兰州：甘肃人民出版社, 1989.

[90] 杨士弘. 城市生态环境学 [M]. 北京：科学出版社，2003.

[91] 杨小波，等. 城市生态学 [M]. 北京：科学出版社，2000.

[92] 周一星. 城市地理学 [M]. 北京：商务印书馆，2003.

[93] 郑长德. 世界不发达地区开发史鉴 [M]. 北京：民族出版社，2001.

[94] 周大鸣. 现代都市人类学 [M]. 广州：中山大学出版社，1997.

[95] 张馨，等. 当代财政与财政学主流 [M]. 大连：东北财经大学出版社，2000.

[96] 赵宏. 总部经济 [M]. 北京：中国经济出版社，2004.

[97] 赵燕霞. 论总部经济与提升中心城市产业结构，中国总部经济发展报告（2005－2006）[M]. 北京：社会科学文献出版社，2005.

[98] 邹树梁. 会展经济与管理 [M]. 北京：中国经济出版社，2008.

[99] 李晓鹏. 基于客户关系管理的YF公司营销体系设计（D）. 北京：华北电力大学，2011.

[100] 刘敬山. 中国发电企业核心竞争力评价与培育研究（D）. 哈尔滨：东北林业大学，2006.

[101] 牟丽娟. 我国城市总部经济发展研究 [D]. 哈尔滨：哈尔滨商业大学，2010.

[102] 孙蛟. 跨国公司地区总部的区位选择研究 [D]. 上海：复旦大学，2006.

[103] 田敏. 总部经济与中心城市产业升级研究 [D]. 成都：西南财经大学，2008.

[104] 王健. 基础设施建设引入PPP模式的研究 [D]. 济南：山东大学，2010.

[105] 钟海燕. 成渝城市群研究 [D]. 成都：四川大学，2006.

[106] 弗朗索瓦·佩鲁. 增长极概念 [J]. 经济学译丛，1988（9）：112－115.

[107] 曼纽尔·科斯特，王志弘. 流动空间 [J]. 国外城市规划，2006，21（5）：69－87.

[108] 艾伦·J. 斯科特，汤茂林. 创意城市：概念问题和政策审视 [J]. 现代城市研究，2007（2）：66－77.

[109] 陈存友，等. 世界城市网络作用力：评 Taylor 等人的相关研究 [J]. 国外城市规划，2003（18）：47-49.

[110] 陈光庭. 再论汉译马克思著作中"城市化"一词系误译 [J]. 城市问题，1998（5）：11-13.

[111] 陈昌海. 试论城市空间结构的密度优化 [J]. 社会研究，2004（6）：111-112.

[112] 陈淳. 城市起源之研究 [J]. 文物世界，1998（2）：59-65.

[113] 陈柳钦. 健康城市建设及其发展趋势 [J]. 中国市场，2010，33：50-63.

[114] 褚大建，黄晓芬. 创意城市与大学在城市中的作用 [J]. 城市规划学刊，2006（1）：27-31.

[115] 董大敏. 城市化与经济发展研究综述 [J]. 商业经济，2004（10）：25-27.

[116] 丁爽. 浅论会展经济与城市发展 [J]. 科技、经济、市场，2009（3）：51-52.

[117] 方凌霄. 美国的土地成长管理制度及其借鉴 [J]. 中国土地，1999（8）：42-43.

[118] 方磊，刘虹，丁金宏. 论城市发展与产业分工——兼谈中国城市化方针 [J]. 地理学与国土研究，1988（1）：1-4.

[119] 冯俊. 中国城市化与经济发展协调性研究（续二）[J]. 城市发展研究，2002（4）：24-35.

[120] 顾朝林. 论中国城市持续发展研究方向 [J]. 城市规划汇刊，1994（6）：1-9，65.

[121] 顾朝林，段学军，于涛方，等. 论"数字城市"及其三维再现关键技术 [J]. 地理研究，2002，21（1）：14-24.

[122] 高松凡，等. 关于我国早期城市起源的初步探讨 [J]. 文物季刊，1993（3）：48-54.

[123] 郭彬，等. 城市竞争力理论及评价方法研究 [J]. 石家庄经济学院学报，2005（4）：149-153.

[124] 郭克莎. 工业化与城市化关系的经济学分析 [J]. 中国社会科学，

2002，(2)：44-55.

［125］洪银兴. 从比较优势到竞争优势［J］. 经济研究，1997 (6)：20-26.

［126］何景明，等. 主导产业选择基准的探讨［J］. 西南师范大学学报，1998 (1)：28-31.

［127］贺灿飞，等. 区域主导产业的选择［J］. 开发研究，1994 (4)：9.

［128］韩俊. 关于增加农民收入的思考［J］. 新视野，2001 (1)：31-34.

［129］胡刚. 论我国工业结构升级与产业组织结构调整［J］. 中国经济问题，1999 (6)：29-34.

［130］胡钰. 创新型城市建设的内涵、经验和途径［J］. 中国软科学，2007 (4)：32-38，56.

［131］何添锦. 国内外城市竞争力研究综述［J］. 经济问题探索，2005 (5)：21-24.

［132］黄肇义，杨东援. 国内外生态城市理论研究综述［J］. 城市规划，2011，25 (1)：59-66.

［133］姜立杰. 美国城市环境史研究综述［J］. 雁北师范学院学报，2005 (1)：55-58.

［134］李青. 管视西方城市经济学和城市地理学研究的流变［J］. 城市问题，2001 (4)：8-10，49.

［135］李青. 全球化下的城市形态——世界城市的论说及现实涵义［J］. 数量经济技术经济研究，2002 (1)：113-116.

［136］刘文鹏. 古埃及的早期城市［J］. 历史研究，1988 (3)：163-175.

［137］梁兴辉. 城市成长的制导系统、路径选择和核心过程［J］. 城市，2004 (2)：17-19.

［138］梁鸿，曲大维，许非. 健康城市及其发展：社会宏观解析［J］. 社会科学，2003 (11)：70-76.

［139］梁鹤年. 城市理想与理想城市［J］. 城市规划，1999 (7)：17-20.

［140］吕斌，等. 美国城市成长管理政策研究及其借鉴［J］. 城市规划，2005 (3)：44-48，54.

［141］李芳，等. 国外 CBD 研究及规划实例简介（一）［J］. 城市问题，

1994（2）：59-64.

[142] 李芳，等. 国外 CBD 研究及规划实例简介（二）[J]. 城市问题，1994（3）：61-65.

[143] 刘乃全. 区域经济理论的新发展 [J]. 外国经济与管理，2000（9）：17-21.

[144] 李冈原. 英国城市病及其整治探析——兼谈英国城市化模式 [J]. 杭州师范学院学报（社会科学版），2003（6）：105-108.

[145] 林晨. ABS 融资方式用于基础设施建设中的优劣分析 [J]. 交通科技，2005（2）：119-121.

[146] 李翔，等. 城市生态承载力研究 [J]. 中国安全科学学报，2005（2）：6-10.

[147] 李黎，李剑. 基于城市规划的信息化测绘体系框架初探 [J]. 工程勘察，2007（3）：64-67.

[148] 李仁涵，顾煌，沈荣芳. 交通枢纽理论研究是规划大都市交通圈重要基础 [J]. 交通与运输，2006（12）：50-52.

[149] 李仁涵，顾煌. 上海大都市交通圈发展模式的探讨 [J]. 世界城市交通，2004（3）：134-136.

[150] 李琦，刘纯波，承继成. 数字城市若干理论问题探讨 [J]. 地理与地理信息科学，2003，19（1）：32-36.

[151] 李明超. 创意城市与英国创意产业的兴起 [J]. 公共管理学报，2008，5（4）：93-100.

[152] 刘耀彬，等. 城市化与城市生态环境关系研究综述与评价 [J]. 中国人口资源与环境，2005（3）：55-60.

[153] 刘国新，娄宏毅，李兴文. 论我国城市规划管理机制的问题与创新 [J]. 特区经济，2006（10）：132-134.

[154] 毛曦. 试论城市的起源和形成 [J]. 天津师范大学学报（社会科学版），2004（5）：38-42.

[155] 梅雪芹. 19 世纪英国的环境问题初探 [J]. 辽宁师范大学学报（社科版），2000（3）：105-108.

[156] 况伟大. 城市竞争力研究综述 [J]. 经济学动态，2004（10）：

108 – 111.

[157] 宋俊岭. 城市的定义和本质 [J]. 北京社会科学, 1994 (2): 108 – 114.

[158] 史育龙, 周一星. 戈特曼关于大都市带的学术思想评介 [J]. 经济地理, 1996 (3): 32 – 36.

[159] 史育龙. Desakota 模式及其对我国城乡经济组织方式的启示 [J]. 城市发展研究, 1998 (5): 10 – 14, 64.

[160] 石忆邵. 城市化理论问题三议 [J]. 城市规划汇刊, 1999 (4): 25 – 27.

[161] 孙群郎. 美国现代城市郊区化动因初探 [J]. 世界历史, 2003 (1): 8 – 15.

[162] 孙群郎. 美国城市交通的发展与城市生态组织的变迁 [J]. 史学集刊, 2001 (2): 69 – 73.

[163] 王明浩, 高微. 城市经济学理论与发展 [J]. 城市, 2003 (1): 15 – 23.

[164] 王圣学. 城市的起源及其发展 [J]. 现代城市研究, 1995 (1): 37 – 41.

[165] 王晓玲. 城市成长动因新探 [J]. 社会科学辑刊, 2005 (6): 200 – 222.

[166] 王如松. 转型期城市生态学前沿研究进展 [J]. 生态学报, 2000 (5): 830 – 840.

[167] 王宏伟, 等. 城市增长理论述评与启示 [J]. 国外城市规划, 2003 (3): 36 – 39.

[168] 王慧. 新城市主义的理念与实践、理想与现实 [J]. 规划研究, 2002 (3): 35 – 39.

[169] 王要武, 郭红领, 杨洪涛. 我国数字城市建设的现状及发展对策 [J]. 公共管理学报, 2004, 1 (2): 58 – 64.

[170] 王志章. 全球知识城市与中国城市化进程中的新路径 [J]. 城市发展研究, 2007, 14 (3): 13 – 19.

[171] 吴传清, 李浩. 西方城市区域集合体理论及其启示 [J]. 经济评

论，2005（1）：84-89.

[172] 吴超，魏清泉. 新区域主义与我国的区域协调发展[J]. 经济地理，2004（1）：2-7.

[173] 吴林军，余长景. 国际城市理论研究综述[J]. 湖北行政学院学报，2004（5）：91-95.

[174] 吴敏华. 知识城市研究综述[J]. 城市问题. 2011（1）：29-35.

[175] 汪涛，曾刚. 新区域主义发展及对中国区域经济发展模式的影响[J]. 人文地理，2003（10）：52.

[176] 辛章平，张银太. 低碳经济与低碳城市[J]. 城市发展研究，2008，15（4）：98-102.

[177] 谢守红，宁越敏. 世界城市研究综述[J]. 地理科学进展，2004（9）：56-66.

[178] 虞蔚. 城市社会空间结构的研究与预测[J]. 城市规划，1986（6）.

[179] 叶玉瑶. 中外城镇群体空间研究进展与评述[J]. 城市规划，2005（4）：83-88.

[180] 阎耀军. 城市可持续发展评价指标体系的理论依据和基本框架[J]. 天津行政学院学报，2002（2）：57-61.

[181] 余迎新，等. 技术创新空间扩散的研究现状与展望[J]. 天津工业大学学报，2001（12）：124-128.

[182] 杨玲. 国内外城乡一体化理论探讨与思考[J]. 生产力研究，2005（9）：23-26.

[183] 杨忠伟，等. 中外城市郊区化的比较研究[J]. 苏州科技学院学报（社会科学版），2005（4）：36-39.

[184] 于涛方. 国外城市竞争力研究综述[J]. 国外城市规划，2004（1）：28-35.

[185] 颜鹏飞，等. 经济增长极理论研究[J]. 财经理论与实践，2001（2）：2-6.

[186] 张世银. 1%的城市化水平测度与现状研究[J]. 科技情报开发与经济，2005（2）：153-155.

[187] 朱玮. 从"最佳规模"到"有效规模"[J]. 城市规划，2003

(3): 91-96.

[188] 张疑,等. 论城市化与经济发展的相关性——对钱纳里研究成果的辨析与延伸 [J]. 城市规划汇刊, 2003 (4): 10-18, 95.

[189] 张俊军,等. 国外城市可持续发展研究 [J]. 地理研究, 1999 (2): 207-213.

[190] 张洪. 城市空间结构均衡理论及在我国的应用 [J]. 城市问题, 2004 (5): 66-68.

[191] 杨冬梅,赵黎明,闫凌州. 创新型城市:概念模型与发展模式 [J]. 科学学与科学技术管理, 2006 (8): 97-101.

[192] 郑世英. 城市生态系统的特征 [J]. 生物学通报, 2001 (5): 8-37.

[193] 郑登贤,等. 城市可持续发展的生态建设 [J]. 宜春学院学报(自然科学), 2004 (2): 51-53.

[194] 褚劲风. 试论全球城市的基本特征 [J]. 人文地理, 1996 (6): 33-36.

[195] 赵弘. 总部经济:中心城市产业升级的动力引擎 [J]. 中国城市经济, 2006 (7): 80.

[196] 赵燕霞,姚敏. 数字城市的基本问题 [J]. 城市发展研究, 2011, 8 (1): 20-24.

[197] 钟海燕. 新城市主义与城市的和谐发展 [J]. 经济纵横, 2006 (5): 66-68.

[198] 钟海燕. 新区域主义与和谐城市空间构建 [J]. 城市规划, 2006 (6): 32-35.

[199] 钟海燕. 城镇化、工业化与民族地区经济发展方式转变 [J]. 广西民族研究, 2013 (2): 131-141.

[200] Adams R. M. The Evolution of Urban Society [M]. Chicago: Aldine, 1966.

[201] Arthur C. Pigou. The Economics of Welfare Fourth Edition [M]. London: Macmillan & Co., 1932.

[202] Kenneth J. Arrow. Choice and Individual Values [M]. New York: Wi-

ley, 1951.

[203] Alonso W. Location and Land Use [M]. Boston: Harvard University Press, 1964.

[204] Hirschman A. O. The Strategy of Economic Development [M]. New Haven: Yale University Press, 1958.

[205] F. Auerbach. Das Gesetz der Bevolkerungskonzentration [M]. Petermann's Geographische Mitteilumgen, 1913.

[206] Aoki A., Tachiki D. Overseas Japanese Business Operation: The Emerging Role of Regional Headquarters [J]. Pacific Business and Industries, 1992, 24 (1): 28–39.

[207] Berry B. J. L. City Size Distributions and Economic Development [J]. Economic Development and Cultural Change, 1961, 9 (4): 573–588.

[208] Berry B. J. L. The Geography of the United States in the year 2000 [J]. Transactions of the Institute of British Geographers, 1970 (51): 21–54.

[209] Berry B. J. L. City Classification Handbook: Methods and Application [M]. John and Sons, 1972.

[210] Boudeville J. R. Problems of Regional Economic Planning [M]. Edinburgh: Edinburgh University Press, 1966.

[211] Bergman E. M., Maier G., Todtling F. Regions Reconsidered: Economic Networks: Innovation, and Local Development in Industrialized countries [M]. New York: Marsell, 1911.

[212] Button K. J. Improving the Urban Environment: How to Adjust National and Local Government Policy for Sustainable Urban Growth [M]. Oxford: Pergamon Press, 1990.

[213] Bruecker J. K. Influence of Urbanization on Water Quality Deterioration during Dought Periods at South Jordan [J]. Journal of Arid Environment, 2003 (53): 619–630.

[214] Bruecker J. K. The Structure of Urban Equilibria: a Unified Treatment of the Atefal Al – Kharabsheh [M]. Raked Ta'any, 1987.

[215] Behan K., Maoh H., Kanaroglou P. Smart Growth Strategies, Trans-

portation and Urban Sprawl: Simulated Futures for Hamilton, Ontario [J]. Canadian Geographer, 2008 (3): 291 – 308.

[216] Childe V. G. The Urban Revolution [J]. Town Planning Review, 1950, 21 (1): 3 – 21.

[217] Carlabbott. The International City Hypothesis, An Approach to the Recent History of U. S. Cities [J]. Journal of Urban History, 1997, 24 (1): 28 – 52.

[218] Clenn Ellsion, Edward Glaeser. Geographic Concentration in U. S. Manufacturing Industries: A Dartboard Approach [J]. Journal of Political Economy, 1997, 105 (5): 889 – 927.

[219] Harris C. D. , Ullman E. L. The Nature of Cities [J]. Annals of the American Aacdemy of Political Science, 1945: 243.

[220] Chinitz, Benjamin. Growth Management: Good for the Town, Bad for the Nation? [J]. Journal of American Planning Association, 1950, 56 (1): 3 – 9.

[221] Cindy C. , Fan. The Vertical and Horizontal Expansions of China's City System [J]. Urban Geography, 1999, 20 (6): 493 – 515.

[222] Carrier M. A. Pictures at the New Economy Exhibition: Why the Antitrust Modernization Commission Got it (Mostly) Right [J]. Ruters Law Journal, 2007, 38 (2): 473 – 492.

[223] Cao H. , Meng S. Y. Study on the Sustainable Development Strategy of China's Exhibition Buildings [J]. Applied Mechanics & Materials, 2011, 71 – 78: 537 – 542.

[224] Colin Harrison, Ian Abbott Donnelly. A Theory of Smart Cities [R/OL]. Available at: http: //journals. isss. org/index. php/proceedings55th/article/view/1703, 2011.

[225] Daly H. E. Valuing the Earth: Economics, Ecology, Ethics [M]. Massachusetts: The MIT Press, 1993.

[226] Ding C. Spatial Structure and City Competitiveness [J]. ACTA Geographic Sinica, 2004 (59): 85 – 92.

[227] Ren L. Z. . International Conference and Exhibition Center, Dongguan [J]. Time Architecture, 2004, 1 (6): 486 – 494.

[228] Webster D., Muller L. Urban Competitiveness Assessment in Developing Country Urban Regions: The Road Forward [R]. Paper Prepared for Urban Group, INFUD.

[229] Daniels T. Smart Growth: A New American Approach to Regional Planning [J]. Planning Practice and Research, 2001 (3 –4): 271 –279.

[230] Daniels T., Lapping M. Land Preservation: An Essential Ingredient in Smart Growth [J]. Journal of Planning Literature, 2005 (3): 316 –329.

[231] Davis J. C., Henderson J. V. The Agglomeration of Headquarters [J]. Regional Science and Urban Economics, 2008, 38 (5): 445 –460.

[232] Edward J. Msleck. Technology and Economic Development: The Dynamics of Local Regional, and National Change [M]. New York: Longman Scientific & Technical, 1991.

[233] Eric Hlmonkkonen. America Becomes Urban. The Development of U. S. Cities & Towns: 1789 –1980 [M]. Los Angeles: University of California Press, 1988: 161.

[234] Ebenezer Howard. Tomorrow: A Peaceful Path to Real Reform [M]. Swan Sonnenschein, 1898.

[235] Friedman J. Cities in Social Transformation [J]. Comparative Studies in Society and History, 1964 (4): 92.

[236] Friedman J., Wolff G. World City Formation: An Agenda for Research and Action [J]. International Journal of Urban and Regional Research, 1982, 6 (3): 309 –344.

[237] Friedman J. The World City Hypothesis [J]. Development and Change, 1986.

[238] Friedman J. Where We Stand: A Decade of World City Research, World Cities in a World System [M]. U. K.: Cambridge University Press, 1995.

[239] Friedman J, Alonso W. Regional Development Planning: A Reader [M]. Cambridge, Mass: MIT Press, 1964.

[240] Friedman J. Territory and Function: The Evolution of Regional Planning [M]. London: Edward Arnold, 1976.

[241] Friedman J. Urbanization, Planning and National Development [M]. London: Sage Publications, 1973.

[242] Friedman J. Regional Development Policy: A Case Study of Venezuela [M]. Cambridge, Mass: MIT Press, 1966.

[243] Fischer M. M. Spatial Choice and Process [M]. Amsterdam: Elsevier Science Publishers, 1990.

[244] Fonder, Eben. Better Not Bigger: How to Take Control of Urban Growth and Improve Your Community [M]. Vancouver: New Society Publishers, 1999.

[245] Gaile G. L. Spatial Statistics and Models [M]. British: D. Reider Publishing Company, 1984.

[246] George B. Tindall. The Emergence of the New South, 1913 – 1945 [M]. Rouge: Louisiana State University Press, 1967: 16.

[247] Grossman G., Krueger A. Economic Growth and the Environment [J]. Quarterly Journal of Economics, 1995 (110): 353 – 377.

[248] Hirshman A. O. The Strategy of Economic Development [M]. New Haven, Conn: Yale University Press, 1958.

[249] Hall P. The World Cities [M]. London: Weidenfeld and Nicoson, 1984.

[250] Harrison B. Industrial Districts: Old Wind in New Bottles? [J]. Regional Studies, 1992, 26 (5): 469 – 484.

[251] Hoyt H. The Structure and Growth of Residential Neighborhoods in American Cities [R]. Washington D. C. : Federal Housing Adminstration, 1939.

[252] Harris C. D., Ullamn E. L. The Nature of Cities [M]. Annals of the American Academy of Political and Social Science, 1945.

[253] Hagerstrand T. Innovation as a Spatial Process [M]. Chicago: University of Press, 1967.

[254] Hans B., Threlli. Networks: Between Markets and Hierarchies [J]. Strategic Management Journal, 1986 (7): 37 – 51.

[255] Humphrey J., H. Schmitz. How Does Insertion in Global Value Chain Affect Upgrading in Industrial Cluster [J]. Regional Studies, 2002, 36 (9):

1017-1027.

［256］Shirvani H. Urban Design Process ［M］. Cambridge: Harvard University Press, 1988: 34-57.

［257］Haughton G. Sustainable Cities ［M］. London: Jessica Kingsley Publishers, 1996.

［258］Heenan D. A. The Regional Headquarters Decision: A Comparative Analysis ［J］. The Academy of Management Journal, 1997, 22 (2): 410-415.

［259］Hu H., Dan Z. A Control Model of Region Economy and Its Multiplier Effect Analysis for China Exhibition Industry ［M］. New York: IEEE Computer Society, 2009.

［260］Ho C. Corporate Regional Function in Asia Pacific ［J］. Asia Pacific Viewpoint, 1998, 39 (2): 179-191.

［261］Gibson J. E. Designing the New City: A Systematic Approach ［J］. Systems Man & Cybernetics IEEE Transactions on, 1978, 8 (4): 334-335.

［262］Vernon Henderson J. Urbanization and Economic Development ［M］. Beijing: Peking University Press, 2003.

［263］Jonathan Eaton, Zvi Eckstein. Cities and Growth: Theory and Evidence from France and Japan ［J］. Boston University – Institute for Economic Development, 2000, 27 (4): 443-474.

［264］Jean Gottmann. Megalopolis, or the Urbanization of the Northeastern Seaboard ［J］. Economic Geography, 1957, 33 (3): 189-200.

［265］Jean Gottmann. Megalopolis: The Urbanized of the Northeastern Seaboard of the United States ［M］. Cambridge: The MIT Press, 1961.

［266］Jean Gottmann, A. H. Robert. Metropolison the Move: Geographers Look at Urban Sprawl ［M］. Chicester: John Wiley & Sons, Inc., 1967.

［267］Jean Gottmann. Megalopolis Revisited: Twenty-five Yeas Later ［M］. College Park, Maryland: Unversity of Maryland, Institute of Urban Studies, 1987.

［268］Jean Gottmann, R. A. Harper. Since Megalopolis, the Urban Writings of Jean Gottmann ［M］. Baltimore: The John Hopkins University Press, 1990.

［269］John M. Levy. Contemporary Urban Planning ［M］. New Jersey: Prentice

Hall, 1999.

[270] Boudeville J. R. Problems of Regional Economic Planning [M]. Edinburg: Edinburg University Press, 1966.

[271] Joel A. Tarr. The Search for the Ultimate Sink: Urban Pollution in Historical Perspective [M]. Akron: The University of Akron Press, 1966.

[272] Morgan Grove J., William R. Burch. A Social Ecology Approach and Application of Urban Ecosystem and Landscape Analyses: A Case Study of Baltimore, Maryland: Urban Ecosystems [J]. Urban Ecosystems, 1997, 1 (4): 263 – 279.

[273] John Holt. Decision Factors Influencing the Regional Headquarters Location of Multinationals in the Asian Pacific [R]. Working Paper, 2000.

[274] Krugman P. Increasing Returns and Economic Geography [J]. Journal of Political Economy, 1991 (3): 483 – 499.

[275] Krugman P. Development Geography and Economic Theory [M]. Cambridge, MA: MIT Press, 1996.

[276] Khruleva M. A., Kmet S. K., Urbanskaia O. A. Exhibition of Achievements of the National Economy of the USSR [J]. Metal Science & Heat Treatment of Metals, 1962, 4 (11 – 12): 526 – 527.

[277] Knaap, J. Gerrit. The Price Effects of Urban Growth Boundaries in Metropolitan Portland, Oregon [J]. Land Economics, 1985, 61 (1): 26 – 35.

[278] Karl Kresl. The Determinants of Urban Competitiveness: A Survey, in: P. K. Kresl and G. Gappert (Eds), North American Cities and the Global Economy [M]. Thousand Oaks, CA: Sage Publications, 1995: 45 – 68.

[279] Kenneth Fox. Metropolitan America: Urban Life Urban Policy in the United States, 1940 – 1980 [M]. Jackson: University Press of Mississippi, 1986: 39.

[280] Krueger R., Gibbs D. Third Wave Sustainability? Smart Growth and Regional Development in the U. S. A [J]. Regional Studies, 2008, 42 (9): 1263 – 1274.

[281] Klier T., Testa W. Location Trends of Large Company Headquarters

during the 1990 [J]. Economic Perspectives, 2002, 26 (2): 12-26.

[282] Kreassimira Antonova Paskaleva. The Smart City: A Nexus for Open Innovation? [J]. Intelligent Buildings International, 2011 (3): 153-171.

[283] Lotka A. J. Element of Physical Biology [M]. Baltimore: Williams and Wilkins, 1925.

[284] Lancaster K. J. A New Approach Consumer Theory [J]. Journal of Political Economy, 1966, 74 (2): 132-157.

[285] Masahisa Fujita, Jacques-Francios Thisse. Economics of Agglomeration: City, Industrial Location, and Globalization (second edition) [M]. Cambridge University Press, 2013.

[286] Mark Jefferson. The Law of the Primate City [J]. Geographical Review, 1939, 29 (2): 226-232.

[287] Gunnar Myrdal. Economic Theory and Under-developed Regions [M]. London: Duckworth, 1957.

[288] Mcgee T. G. Metro Fitting the Emerging Mega-Urban Regions of ASEAN: An Overview [C]. Paper Presented at an International Conference on "Managing Mega-Urban Region in ASEAN Countries: Policy Challenges and Responses". AIT. Bangkok. November 30-December 3, 1992.

[289] Mcgee T. G. The Emergence of Desakota Regions in Asia: Expanding a Hypothesis: In: N. Ginsburg, B. Koppel and T. G. Mcgee, eds., The Extended Metropolis. Settlement Transition in Asia [M]. Honolulu: University of Hawaii, 1991.

[290] Mcgee T. G. Urbanisasi or Kotadesasi? Evolving Patterns of Urbanization in Asia [C]. Paper Presented to the International Conference on Asia Urbanization, Akron: The University of Akron, 1985.

[291] Mcgee T. G. Urbanisasi or Kotadesasi? The Emergence of New Regions of Economic Interaction in Asia [M]. Honolulu: EWCEAPI, 1987.

[292] Mcgee T. G. New Regions of Emerging Rural-Urban Mix in Asia: Implication for National and Regional Policy [C]. Paper Presented at the Seminar on "Emerging Urban-Regional Linkages: Challenge for Industrialization, Employment

and Regional Development". Bangkok: August, 1989.

[293] Mary E. Burfisher, Sherman Robinson, Karen Thierfelder. Regionlism: Old and New, Theory and Practice [C]. The International Agricultural Trade Research Consortium Conference Capri. Italy, June 2, 2003.

[294] Murphy R. E. The Central Business District: A Study in Urban Geography [M]. London: Longman, 1972.

[295] Markusen A. Studying Regional by Studying Firms [J]. Professional Geographer, 1994, 46 (4): 477-490.

[296] Porter M. E. Clusters and the New Economics of Competition [J]. Harvard Business Review, 1988, 76 (6): 77-90.

[297] Maclaren V. V. Urban Sustainability Reporting [J]. Journal of the American Planning Association, 1996, 62 (2): 185-202.

[298] Mirrlees J. A. An Exploration in the Theory of Optimum Income Taxation [J]. Reviews of Economic Studies, 1971, 38 (2): 175-208.

[299] Mills E. S. An Aggregative Model of Resource Allocation in a Metropolitan Area [J]. American Economic Review, 1967 (57): 197-210.

[300] Mills. E. S. Muth-Mills Model. Handbook of Regional and Urban Economics Vol. II [M]. Amsterdam: North Holland Amsterdam, 1987.

[301] Castels M. The Informational City: Informational Technology, Economic Restructuring and the Urban-Regional Process [M]. Oxford: Blackwell, 1989.

[302] Porter M. E. The Competitive Advantage of Nations [M]. New York: The Free Press, 1998: 553-599.

[303] Michael J. Enright, Edith E. Scott, David Dodwell. The Hong Kong Advantage [M]. Oxford: Oxford University Press, 1997: 65.

[304] Castels M. The Informational City: Informational Technology, Economic Restructuring and the Urban-Regional Process [M]. Oxford: Blackwell, 1989.

[305] Porter M. E. The Competitive Advantage of Nations [M]. New York: The Free Press, 1998: 553-599.

[306] Norman Girvan. Towards a New Regionalism [C]. The Inaugural Session 5th International Meeting on Globalization and Problems of Development, Havana,

February 10, 2003.

[307] Nadvi K. Small Firm Industrial Districts in Padistan [D]. Doctoral Thesis Institute of Development Studies, University of Sussex Brighton, 1996.

[308] Nohria N., Ecoles R. G., Ellison Ed. Networks and Organizations [M]. Boston, M. A.: Harvard Business School Press, 1993.

[309] Nijkamp P. Sustainable Cities in European [M]. London: Earth Scan Publications Limited, 1994.

[310] Nancy B., Morgan Grove J., Steward Prickett T. A. Integrated Approaches to Long–Tem Studies of Urban Ecological System [J]. BioScience, 2000, 50 (7): 571–584.

[311] Noishi T. A Capacity Approach for Sustainable Urban Development: An Empirical Study [J]. Regional Studies, 1994, 28 (1): 39–51.

[312] Petter Hall. Global City Regions in the Twenty First Century. In: Scott A Global City Regions [M]. Oxford: Oxford University Press, 2001.

[313] Porter, Douglas R. Managing Growth in America's Communities [M]. Washington: Island Press, 1997.

[314] Pearce D. Economics of Natural Resources and the Environment [M]. New York: Harvester Wheatsheaf, 1990.

[315] Peter Deplazes, Daniel Hegglinl, Sandra Gloor. Wilderness in the City: The Urbanization of Echinococcus Multilocularis [J]. Trend in Parasitology, 2004, 20 (2): 77–84.

[316] Paul Cheshire, Gianni Carbonaro, Dennis Hay. Problems of Urban Decline and Growth in EEC Countries: or Measuring Degrees of Elephantness [J]. Urban Studies, 1998, 23 (2): 131–149.

[317] Peter Karl Kresl, Balwant Singh. Competitiveness and Urban Economy: Twenty–four Large US Metropolitan Areas [J]. Urban Studies, 1999, 36 (5): 1017–1027.

[318] Rosen S. Hedonic Prices and Implicit Markets: Product Differentiation in Pure Competition [J]. Journal of Political Economy, 1974, 82 (1): 34–55.

[319] Romer P. Increasing Returns and Long-run Growth [J]. Journal of Polit-

ical Economy, 1986, 94 (5): 1002 - 1037.

[320] Park R. E. , Burgess E. W. , McKengie R. D. The City [M]. Chicago: The University of Chicago Press, 1967.

[321] Roberta Capello, Roberto Cmagni. Beyond Optimal City Size: An Evaluation of Alternative Urban Growth Pattern [J]. Urban Studies, 2000, 37 (9): 1479 - 1496.

[322] Ron Martin, Peter Sunley. Deconstructing Cluster: Chaotic Concept or Policy Panacea? [J]. Journal of Economic Geography, 2003 (3): 5 - 35.

[323] Robert Steuteville. The New Urbanism: An Alternative to Modern Automobile - Oriented Planning and Development [N]. New Urban News, 2004 - 07 - 08.

[324] Robert E. Park, Ernest W. Burgess, Roderick D. McKenzie: The City [M]. Chicago, Lodon: The University of Chicago Press, 1967: 187.

[325] Rees W. E. Ecological Footprint and Appropriated Carrying Capacity: What Urban Economic Leaves Out [J]. Environment and Urbanization, 1992, 4 (2): 121 - 130.

[326] Register R. Preface. Village Wisdom [C]. Future Cities: The Third International Ecocity and Ecovillage Conferece, edited by Register and B. Peeks, Ecocity Builders, Oakland CA, USA, November, 1996.

[327] Raymond A. Mohl. The New City: Urban America in the Industrial Age, 1860 - 1920 [M]. Arlington Heights, Illinois: Harlan Davidson, Inc. , 1985: 28.

[328] Ricart J. E. , Enright M. J. , Ghemawat P. , Stuart L. Hart, Tarun Khanna. New Frontiers in International Strategy [J]. Journal of International Business Studies, 2004, 35 (3): 175 - 200.

[329] Rees J. Manufacturing Headquarters in a Post - Industrial Urban Context [J]. Economic Geography, 1978, 54 (4): 337 - 354.

[330] Singer H. W. The "Courbe Des Populations": A Parallel to Pareto's law [J]. Economic Journal, 1936 (46): 254 - 263.

[331] Stouffer S. Intervening Opportunities: A Theory Relating Mobility to Distance [J]. American Sociological Review, 1940, 5 (6): 845 - 867.

[332] Saxenian A. Regional Advantage: Culture and Competition in Silicon Valley and Route 128 [M]. Cambridge: Harvard University Press, 1994.

[333] Sassen S. The Global City: New York, London, Tokyo [M]. Princeton: Princeton University Press, 1991.

[334] Scott A. J. Industrial Organization and Location: Division of Labor, the Firm and Spatial Process [J]. Economic Geography, 1986, 62 (3): 215 – 231.

[335] Swann. The Dynamic of Industrial Clustering [M]. London: Oxford University Press, 1998.

[336] Shevky E., Williams M. The Social Areas of Los Angeles [M]. Los Angeles: University of Los Angeles Press, 1949.

[337] Campbell S. Reading in Planning Theory [M]. New York: Blackwell, 1996: 145 – 149.

[338] Nicholas S., Gray S., Purcell W. Japanese Multinationals in Thailand: The Impact of Incentives on the Location Decision [R]. Working Papers, Australian Centre for International Business, University of Melbourne, DEC. 1999.

[339] Stein, Rolf. Producer Services, Transaction Activities, and Cities: Rethinking Occupational Categories in Economic Geography [J]. European Planning Studies, 2002, 10 (6): 723.

[340] Strauss – Kahn V., Vives X. Why and Where Do Headquarters Move? [J]. Regional Science and Urban Economics, 2009, 39 (2): 168 – 186.

[341] Sotiris Z. Smart City Reference Model: Assisting Planners to Conceptualize the Building of Smart City Innovation Ecosystems [J]. Journal of the Knowledge Economy, 2013, 4 (2): 217 – 231.

[342] Sam A., Peter C. Creating Smarter Cities: An Overview [J]. Journal of Urban Technology, 2011, 18 (2): 1 – 16.

[343] Thomas Wagner, John Nystuen. An Inquiry into the Form and Function of Zipf's Law [R]. China Data Center, University of Michigan, 2003.

[344] Trigger B. G. Determinants of Urban Growth in Pre – Industrial Societies [J]. Man, Settlement and Urbanism, 1972: 575 – 599.

[345] Tiebout C. M. A Pure Theory of Local Public Expenditures [J]. Journal

of Political Economy, 1956 (64): 416 - 424.

[346] Taylor P. J. Specification of the World City Network [J]. Geographical Analysis, 2001, 33 (2): 191 - 194.

[347] Thomas H. Klier. Geographic Concentration in U. S. Manufacturing: Evidence from the U. S. Auto Supplier Industry [R]. Federal Reserve Bank of Chicago Working Paper, 1998.

[348] Toman M. T. The Difficulty in Defining Sustainability. In: Darmstadter J. Global Development and the Environment: Perspective on Sustainability. Resources for the Future, 1992.

[349] Tjallingii S. P. Ecopolis: Strategies for Ecologically Sound Urban Development [M]. Leiden: Backhuys Publishers, 1995.

[350] Ullman E. L. American Commodity Flow – A Geographical Interpretation of Rail and Water Traffic Based on Principle of Spatial Interchange [M]. Seattle, W. A.: University of Washington Press, 1957.

[351] United Nations Center for Human Settlements. An Urbanizing World: Global Report on Human Settlements [M]. Oxford: Oxford University Press, 1996.

[352] Vrishali Deosthli. Assessment of Impact of Urbanization on Climate: An Application of Bioclimatic Index [J]. Atmospherics Environment, 1999 (33): 4125 - 4133.

[353] Reilly W. J. The Law of Retail Gravitation: Second Edition [M]. New York: Knickerbocker Press, 1953.

[354] Wirth L. Urbanism as a Way of Life [J]. American Journal of Sociology, 1938, 44 (1): 1 - 24.

[355] Wackernagel M. Ecological Footprint and Appropriated Carrying. Capacity: A Tool for Planning Toward Sustainability [M]. Vancouver: The University of British Columbis, 1994.

[356] Wackernagel M. Ecological Footprints of Nations [EB/OL]. http://www.encoumal.ac.ce/rio/foucus/report/English/footprint.html, 1997.

[357] Wang L. China's Exhibition Economy Maintained Rapid Growth in Spite of Global Recession [J]. China's Foreign Trade, 2016 (1): 40 - 42.

[358] Webster P., Sanderson D. Healthy Cities Indicators – A Suitable Instrument to Measure Health? [J]. Journal of Urban Health, 2013, 90 (S1): 52 – 61.

[359] Xavier Gabaix, Yannis M. Ioannides. The Evolution of City Size Distributions [R]. August 7. 2003, Written for the Handbook of Urban and Regional Economics, Volume Ⅳ: Cities and Geography, J. Vernon Henderson and Jacques Francois Thisse, editors, North – Holland Publishing Company, Amsterdam.

[360] Yiftachel O. Urban Social Sustainability: The Planning of an Australian City [J]. Cities, 1993 (5): 139 – 157.

[361] Yeung H., Poon J., Perry M. Towards a Regional Strategy: The Role of Regional Headquarters of Foreign Firms Singapore [J]. Urban Studies, 2001, 38 (1): 157 – 183.

[362] Yan G. Zhangye Strives to Build Exhibition Economy Center [J]. China's Foreign Trade, 2014 (z1): 56.

[363] Zipf, George K. Human Behavior and the Principle of Least Effort [M]. Cambridge, Mass: Addison – Wesley, 1949.

[364] Zachary J. Sustainable Community Indicators: Guideposts for Local Planning [R]. The Community Environment Coucil, Inc. Gildea Resource Center, 1995.

[365] Zhen L. Exhibition Economy Set to Boost City Development [J]. China's Foreign Trade, 2010 (5): 26 – 27.

后　记

　　城市经济学是经济学中的一门应用性分支学科。在西方，它的产生可以追溯到20世纪初，是以微观经济学和宏观经济学为理论基础的。在西方城市经济学产生后的几十年中，一方面，西方的微观经济学和宏观经济学的理论和研究方法有了很大的发展；另一方面，世界的城市化进程加快，城市化已经成为一种重要的全球性事件，基于这些理论和现实的诉求，城市经济学的理论供给如雨后春笋般涌现。本书把西方城市经济理论划分为城市宏观经济理论和城市微观经济理论两大部分，并以此建立分析框架。在本书的前半部分介绍的主要是城市微观经济理论，后半部分介绍的主要是城市宏观经济理论。实际上，二者密切关联，有的理论既可看成是微观的，也可从宏观的角度去认识。

　　当前，我国正处于城市化的高速发展时期，城市经济学的研究也方兴未艾，虽然有很多文章和书籍介绍西方城市经济学理论，但相对分散和不完整。本书试图较为全面完整地介绍西方城市经济理论，意在为我国研究城市经济理论的学者提供借鉴。

　　西方的城市经济研究以解决城市问题作为出发点和己任，随着全球城市化进程的加快，城市问题产生的背景、表现等在不断变化。例如，近年来，随着经济全球化和世界经济一体化的加速发展，生产要素流动的速度和规模达到空前的程度，一国的经济发展不仅取决于该国的资源禀赋，还取决于如何更好地利用外部资源。因此，原本研究一国内部城市问题的城市经济学研究，其内容也逐渐发生了变化。我们把城市经济学放在经济全球化的背景下进行研究，无疑扩大了城市经济研究的视野和范围，同时也加大了研究的难度和深度。但是，由于篇幅、时间和编著者的知识水平的限制，本书还存在不少的问题，恳请读者批评指正。

　　本书由郑长德、钟海燕提出选题并拟定写作提纲。参加本书初稿写作的

后　记

有：第 1 章郑长德，第 2 章姜太碧，第 3 章郑长德，第 4 章钟海燕，第 5～8 章郑长德，第 9 章姜太碧、王新利，第 10～11 章钟海燕，第 12 章刘芝芝、叶燚，第 13 章张小兰，第 14 章郑长德，第 15 章钟海燕，第 16 章钟海燕、张芮嘉，第 17 章姜太碧、王新利，第 18 章陈锁、王新利。最后由郑长德、钟海燕统纂和定稿，曹丹丹、陈思宇、周重阳负责文字修订。

　　本书在编写过程中，参考了大量的中外文文献，都已在脚注和书后的参考文献中标明，编著者诚挚地感谢这些文献的作者。

郑长德　钟海燕
2022 年 9 月 30 日